ACTA DIURNA

Michael Klonovsky

Die neuesten Streiche der Schuldbürger

Reaktionäres vom Tage

Acta diurna 2019

Edition Sonderwege

Für alle Gefallenen im »Kampf gegen rechts«

Der Populismus ist der Schrei der Völker, die nicht sterben wollen.
Philippe de Villiers

Der eigentliche Wert eines Buches hängt nicht von der Qualität oder der Bedeutung des Sujets ab, sonst wären die Theologen die besten Schriftsteller.
E. M. Cioran

Die Kultur der Entweihung lehrt uns etwas: Indem sie behauptet, unsere Ideale seien wertlos, beweist sie nur, dass sie selbst wertlos ist.
Roger Scruton

Goebbels sprach zu Hitler das:
Auf die Künste ist Verlaß.
Peter Hacks

INHALT

VORBEMERKUNG

Auf der Waage, welche misst, ob die jährliche Buchversion der *Acta diurna* mir eher eine liebe Gewohnheit oder eine Last ist, neigt sich die Schale gen Bürde. Deswegen wird der vorliegende Band sechs der letzte seiner Art sein. Ich will nicht ausschließen, dass, so es Allah gefällt, in den Folgejahren noch *Best of*-Versionen entstehen, aber als beharrliche, verlässliche, ja penible Chronik werden die gedruckten Tagebücher enden. Sechs Bände über nunmehr acht Jahre sind ja wirklich genug!

Da ich weiß, dass zwischen Etsch und Belt nun doch das eine oder andere bekümmerte »Aber warum denn?« ertönt, will ich die beiden Gründe für diesen Entschluss vortragen.

Grund eins ist, dass ich meine, inzwischen alles gesagt zu haben, was vorzutragen ich bestellt wurde. Ich könnte praktisch einfach wieder mit der Veröffentlichung von Band eins beginnen, aber den gibt es ja bereits. Oft passiert es, dass mir Leser der Online-Version Texte, Links und Hinweise zusenden, die ich mit einem Link auf einen früheren *Acta*-Eintrag oder dessen Kopie aus einem der Vorgänger-Bücher beantworte. Es reicht vollauf, wenn sich die Medienkommentatoren und das Gestammel der Kanzlerin wiederholen – allein wenn ich sehe, wie oft diese triste Figur hier im Register auftaucht, wird mir ganz blümerant zumute –, ich muss es nicht auch noch selber tun. Sogar die geschilderten Ereignisse sind von enervierender Ähnlichkeit und bekümmernder Monotonie, bei aller realsatirischen Zuspitzung, mit welcher die sogenannte Wirklichkeit täglich vorstellig wird. Der Online-Leser bemerkt dies nicht, weil er meist sowieso nur die aktuellen Einträge liest und die älteren noch schneller vergisst als ich selber; außerdem lösche ich aus Aberglauben regelmäßig die alten Jahrgänge, denn ich fürchte, dass meine Webseite sonst in deren schierer Masse erstickt. Oder ertrinkt. Jedenfalls platzt.

Der zweite Grund ist – um eine neckische contradictio in adiecto zu formulieren – technischer Natur. Bildeten die in den ersten Bänden versammelten Notate auch online noch eine Art von corpus hermeticum, so bestehen die aktuellen Texte aus einer Fülle von Fotografien, Bildmontagen, Grafiken, unzähligen Verlinkungen und Leserzuschriften. Die Webseite ist in hohem Maße bunt, weltoffen, divers und interaktiv geworden. So werden Sie, geneigte Leserin, sogar in diesem Bändchen erstmals auf zwei Grafiken stoßen, die sprechender sind als Worte, außerdem ab Seite 129 auf ein Kompendium von Leserinnenzuschriften zu der für einen Sexisten fundamentalen Frage, wo eigentlich die intelligenten Frauen zu finden sind, denn in der sogenannten Medienöffentlichkeit kommen sie ja offenbar nicht vor, zum Donnerdrummel! Kurz: Die Kluft zwischen der gedruckten und der Online-Version klafft inzwischen so klaftertief, dass sie nicht mehr übersteigbar ist, zumindest nicht für einen zügig, wenn auch ohne Hast den Sechzig Entgegensterbenden, quatsch: -strebenden. Und wissen Sie, wie anstrengend allein diese ewigen Vorworte sind?

München, in den Tagen von Covid-19 *Michael Klonovsky*

ACTA DIURNA 2019

1. Januar

Ich gestatte mir, hier den Neujahrsgruß eines Lesers einzurücken, der sich erfreulich abhebt vom üblichen Geschleime der in meinem kleinen Eckladen herumlungernden Reactionäre, Salonfaschisten und Toleranzkraftzersetzer:

»Sehr geehrter Herr Klonovsky, eine Freundin hat mir Ihre Seite empfohlen.

Ich habe nach nur oberflächlicher Lektüre ein Lob und eine Kritik: Das Lob: passables Deutsch eines hinreichend intelligenten Menschen Die Kritik: Ihr Werk enthält nicht nur unerträgliche Polemiken, Verleumdungen und Boshaftigkeiten, sondern hat diese zum eigentlichen Ziel Ihres Schreibens gemacht. Bleibt mir nur, mit Betroffenheit festzustellen, dass Sie sich da in einer Gemeinschaft gleichgesinnter (und sich gegenseitig befeuernder und überbietender) Verleumder wähnen und wahrscheinlich sogar befinden. Und mit Befriedigung zu vermerken, dass Ihr Kampf in einem demokratischen Staat und einer modernen, zukunftsfähigen Gesellschaft, die mit überwältigender Mehrheit Harmonie, Frieden und Toleranz sucht – und findet – wirkungslos ist.

Ich wünsche Ihnen ein schönes 2019 und menschliche Erkenntnisse.«

Das wünsche ich umgekehrt natürlich auch! Und allen anderen Lesern erst recht!

2. Januar

Nachdem ich am letzten Tag des vergangenen Jahres die Hetzjagd auf Deutsche, welche zu Amberg von einer vierköpfigen

Asylantenhorde zelebriert wurde, als einen strukturellen bzw. symptomatischen Vorfall beschrieben habe, will ich heute den deutschen Amokfahrer von Bottrop und Essen nicht beschweigen. Beide Taten stehen schließlich in einem mittelbaren Zusammenhang. Jene von Bottrop resultiert nicht direkt aus jener von Amberg, aber indirekt durchaus, sofern man eben ein wenig zurücktritt und nicht die einzelnen Fälle in den Blick nimmt, sondern den gesamten Kontext.

In einem Land, in dem durch Migranten täglich Gewalttaten gegen Einheimische begangen werden – wo also der von Hans Magnus Enzensberger 1993 prophezeite »molekulare Bürgerkrieg« dank der Erhöhung der Kombattantenzahl vor allem seit 2015 allmählich Fahrt aufnimmt (molekularer Bürgerkrieg bedeutet nichts anderes als: regional vereinzelte, aber regelmäßige Gewalttaten entlang ethnisch-kultureller Bruchlinien) –, in einem solchen Land muss leider, leider und nochmals leider damit gerechnet werden, dass Straftaten auch in der umgekehrten Richtung und mit Opfern unter Ausländern begangen werden. Das ist keine Rechtfertigung, sondern eine Feststellung. Der Einfachheit halber will ich auf die Erwägung verzichten, der Täter von Bottrop könnte tatsächlich psychisch gestört sein, wie die Polizei mutmaßte. Gestehen wir ihm die volle Verantwortung für seine Tat zu, um widerspruchsloser zu der These zu gelangen, dass »Bottrop« als Fall auf »Amberg« als Struktur reagiert. Kann auch »Bottrop« Struktur werden? Und was wäre dagegen zu tun?

Eine Antwort hat unter anderen Helmut Schmidt zu geben versucht, der mehrfach darauf insistierte, dass die Migration nach Deutschland gestoppt werden müsse und 1981 auf einer DGB-Veranstaltung sagte: »Wir können nicht mehr Ausländer verdauen, das gibt Mord und Totschlag.« Seine Prognose hat sich als völlig korrekt erwiesen, aber er sagte und meinte nicht, es gäbe dann Mord und Totschlag gegen Deutsche, sondern Schmidt rechnete mit Opfern auf beiden Seiten. Er sah den sozialen Frieden gefährdet, dessen Erhaltung die erste und elementarste Aufgabe eines deutschen Kanzlers (außer einem) ist resp. sein sollte. Da er die verantwortungsethischen Motive über die gesinnungsethischen stellte, weigerte sich Schmidt, als Kollateralschäden für eine politische Vision Opfer in den Kauf zu nehmen. Das CDU/CSU-Programm für die Bundestagswahl 2002 schlug einen ähnlichen Ton an: »Wir erteilen einer Ausweitung der Zuwanderung aus Drittstaaten eine klare Absage, denn sie würde die Integrationsfähigkeit unserer Gesellschaft überfordern. Verstärkte Zuwanderung würde den inneren Frieden gefährden und radikalen Kräften Vorschub leisten.«

Schmidts heutige sozialdemokratische Nachfahren sehen das bekanntlich anders; gemeinsam mit der Merkel-CDU, den Grünen und den meisten Linken haben sie nicht nur die Einwanderung Schwerintegrierbarer rasant beschleunigt, sondern sie stellen obendrein denjenigen Eingeborenen, die sich dagegen wehren – die sich, neben allerlei Unannehmlichkeiten, die ihren Töchtern und Söhnen drohen, letztlich gegen ihre Verdrängung wehren –, unbeirrt den Nazi-Blankoscheck aus. Das heißt, aus der Perspektive des molekularen Bürgerkriegs betrachtet, sie stärken permanent die eine Seite und schwächen permanent die andere – der Wille, wirkliche Fachkräfte ins Land zu holen, die aus diesem Zusammenhang automatisch herausfallen, ist ja noch unterentwickelter als Merkels Deutsch (als Physikerin weiß die Kanzlerin selbstverständlich genau Bescheid über den Unterschied von reversiblen und irreversiblen Prozessen). Der faire Blick Schmidts auf das Problem wurde durch eine einseitige Schuldzuweisung *a priori* ersetzt, und die gelenkten Medien werden dieses Programm bis an ihr Ende durchziehen.

Deswegen sind deutsche Täter immer ein bisschen schuldiger als ausländische, bei denen mildernde Umstände zuhauf zutage gefördert werden (Traumata, kulturelle Gepflogenheiten, Unzurechnungsfähigkeit, Diskriminierung, Unterprivilegierung, Minderjährigkeit bis ins höhere Alter etc. pp.).

Allerdings hat freilich selbst der keckste Linke noch nie behauptet, dass migrantische Messerstecher, Kopftreter und Vergewaltiger sich bloß gegen »Rassisten«, »Nazis« und spröde weiße Emanzen zur Wehr setzten. Die Delinquenz sogenannter Flüchtlinge wird auf andere Weise verharmlost, entschuldigt und entpolitisiert, während umgekehrt gegen Migranten verübte Straftaten Deutscher sofort eine politische Dimension erhalten. Unsere Frage lautet nun: Wie verhindert man Fälle wie in Bottrop? Eine Antwort im Sinne Helmut Schmidts wäre: Indem man Fälle wie in Amberg verhindert. Und wie verhindert man Fälle wie in Amberg? Indem man die »Einwanderung aus primitiven Entwicklungsländern« (Schmidt) drosselt oder inzwischen besser ganz beendet.

Das wirft wiederum die Frage auf: Wer ist schuld an »Bottrop«, jenseits der individuellen strafrechtlichen Schuld des Pkw-Fahrers? Reflexhaft wurde in den sozialen Medien »die« AfD in Vorschlag gebracht, weil sie die gesellschaftliche Stimmung gegenüber Ausländern verschlechtert habe. Ich erlaube mir die These, dass die gesellschaftliche Stimmung ohne die AfD ungefähr so viel anders wäre wie die Temperatur eines Fiebernden ohne Thermometer. Für die verschlechterte gesellschaftliche Stimmung gegenüber Migranten sind ausschließlich Migranten verantwortlich – nicht »die Ausländer«, liebe Bunte und Braune, sondern ein exponierter Teil davon –, und um die Gründe zu erfahren, muss ein Mensch weder eine AfD-Veranstaltung besuchen noch eine AfD-Facebookseite lesen; volkswirtschaftliche Elementarkenntnisse, eigene Erfahrungen und, wenn diese fehlen, ein Blick in die Polizeiberichte oder die Meldungen der Regionalpresse genügen vollauf.

Wer von Amberg nicht reden will, soll also von Bottrop schweigen.

***

Das tun die Spitzbübinnen und -buben in den Redaktionsstuben natürlich nicht. Die erste Meldung der *Tagesschau* heute (wie auch den ganzen Tag auf der Webseite) war der Amokfahrer von Bottrop und Essen. Seine Nationalität wurde umstandslos erwähnt, niemand fühlte sich bemüßigt, vor Verallgemeinerung oder linker Instrumentalisierung der Untat zu warnen. Wer auf *tagesschau.de* indes den Suchbegriff »Amberg« eingibt, findet zu der Hetzjagd auf Einheimische: nichts.

***

Mit der Migration verhält es sich wie mit dem IQ: Sie erklärt kein Problem ausschließlich, aber korreliert mit jedem.

4. Januar

»Schwere Explosion vor AfD-Büro im sächsischen Döbeln – Hintergründe unklar«, melden *Focus* und andere Organe der Qualitätspresse. Vollkommen klar und bis zum Führerbefehl zurückzuverfolgen sind allerdings die Hintergründe zur Amokfahrt in Bottrop, wie dieselbe Qualitätspresse verbreitet (»rassistischer Angriff»).

Währenddessen hat die *Welt* den Kommentar eines Kriminologen zu Bottrop aus Gründen der sozialen Sensibilität wieder von ihrer Webseite entfernt. In Rede steht Prof. Hans-Dieter Schwind, ein Emeritus (natürlich), der in Bochum lehrte und heute beim »Weißen Ring« engagiert ist, Oberstleutnant der Reserve, CDU-Mitglied, von 1978-82 niedersächsischer Justizminister, der als eine Ursache der Amokfahrt in der Silvesternacht das wachsende Bedrohungsgefühl durch die Zuwanderung ins Spiel bringt. »Es brodelt in den Leuten, und dann kommt es plötzlich zum Ausbruch«, sagte Schwind zuerst wohl gegenüber der *Westdeutschen Allgemeinen Zeitung*. Er habe einen derartigen Fall »schon viel früher erwartet«. Solche Amokfahrten oder auch die Angriffe auf Flüchtlingsunterkünfte der vergangenen Monate seien die extreme Spitze einer allgemeinen Entwicklung, »und ich befürchte, dass sich dies fortsetzt. Die Willkommenskultur ist am Ende.«

Dass die *Welt* so etwas von ihrer Webseite nimmt, wäre insofern folgerichtig, als Friede Springer und die Kanzlerin schon vor Zeiten erst ihre Poesiealben und dann ihre Händi-Nummern ausgetauscht haben. Man bedenke, welche Idee hier plötzlich als dunkler Gast im Raume steht! In seinem berühmten Aufruf an die Muslime in aller Welt hat der IS unter anderem empfohlen, die Frommen mögen bei ihrem gottgefälligen Kampf gegen Juden, Christen und Ungläubige, wenn es an richtigen Waffen mangele, einfach Fahrzeuge als Waffe einsetzen, und viele Muslime sind diesem Aufruf gefolgt, nicht nur Stars der Szene von Mohamed Lahouaiej-Bouhlel, der in Nizza 86 Personen zu Brei fuhr und mehr als 400 verletzte, bis zu dem hierzulande noch bekannteren Anis Amri, sondern auch die namenlosen Lenker jener leichteren Gefährte, die nur in kleinere Gruppen fuhren und es nicht in die Hauptnachrichten schafften. Bekanntlich ist die deutsche Zivilgesellschaft, verglichen etwa mit der amerikanischen, israelischen oder schweizerischen, eher unbewaffnet, aber ein Auto hat jeder brave Deutsche. Doch, liebe Mitbürger und schon länger hier Lebende, ich rate, auch im Namen der Bundesregierung, von solchen unüberlegten Taten ab. Wenn Sie 2019 schon etwas ändern wollen, ändern Sie besser Ihr Wahlverhalten!

Übrigens hat Sachsens stellvertretender Ministerpräsident Martin Dulig, SPD, die motivisch ungeklärte Explosion vor dem AfD-Büro verurteilt, als stecke eine Tat dahinter, denn »sie helfe nur der AfD«. Wer also der kollabierenden Sozialdemokratie helfen will, muss Dulig zufolge wohl *nolens volens* Explosionen vor SPD-Büros veranstalten.

5. *Januar*

Seitdem die Christenheit der Geschichte ein Ziel verhieß, nistet diese *Idée fixe* in den Gehirnen des Westens. In der Parusie-Vorstellung der aktuellen Progressisten stehen wir zwar kurz vor dem Einzug ins multikulturelle Gottesreich der Einen Welt, aber noch in der Endzeit des Antichristen, der auf Pseudonyme wie Trump, Orbán, Salvini oder Gauland hört.

* * *

»In Budapest haben etwa 10 000 Menschen erneut gegen die ungarische Regierung des rechtsnationalen Ministerpräsidenten Viktor Orban demonstriert«, meldet die *Tagesschau*. »Nach einem Marsch durch die Innenstadt zogen sie bei nasskaltem Wetter vor das Parlament.«

Fehlt da nicht etwas? Gegenkundgebungen, Blockaden, Proteste, der Schwarze Block? Angriffe auf die Demonstranten, Polizeiabsperrungen, lautstarke Regierungsclaqueure? Aufgebrachte Politiker, die den Oppositionellen vorwerfen, Stimmung zu machen und die Gesellschaft zu spalten? Zivilgesellschaftliche Initiativen pro Orbán? Künstler, Gewerkschaften, Kirchen, Satiriker gegen Hass und Hetze? Es-reicht!-Kommentare in den Gazetten und im Staatsfernsehen? Nichts? Zumindest wurde nichts dergleichen gemeldet. Daraus kann man entnehmen, dass die ungarische Demokratie anscheinend vorbildlich funktioniert.

»Die Kundgebungen richten sich auch gegen andere Missstände unter der Orban-Regierung, darunter die als einseitig und regierungsfreundlich kritisierte Berichterstattung des staatlichen Rundfunks«, heißt es weiter. Nein so was! Wahrscheinlich ist dieses Ungarn doch einem schrecklich repressiven Regime in die Hände gefallen.

***

Immer mal wieder steht der verbliebene Zeitungsleser vor der diffizilen Abwägung, ob er gerade ein Werk der Lügen-, Lücken- oder Lumpenpresse studieren durfte. Etwa dieses: »Seitdem mehr Migranten in Deutschland leben, stieg die Zahl der Patentanmeldungen von 58 000 auf 62 000.« Also frohlockt die *FAZ* unter Berufung auf eine DIW-Studie.

In einem Gastbeitrag auf der Webseite von Vera Lengsfeld indes heißt es: »Sucht man im Text den Begriff ›Erteilte Patente‹, wird man nicht fündig, ›Patentanmeldungen‹ findet man 30 mal. … Da ahnt man, warum diese ›Studie‹ erstellt wurde.« Man ahnt überdies, was Peter Sloterdijk im Sinn gehabt haben mochte, als er den Terminus »Lügenäther« prägte.

Die DIW-Erhebung verschweigt, dass die Anzahl der *erteilten* Patente zurückging, von 21 000 anno 2006 auf nur noch 14 000 zehn Jahre später. Das Fazit in *FAZ*-Prosa: »Fast jedes zehnte aus Deutschland angemeldete Patent stammte im Jahr 2016 von einem Erfinder mit Migrationshintergrund, berichtete am Donnerstag das Institut der deutschen Wirtschaft in Köln. Das entspreche rund 3 000 Patenten. Im Jahr 2005 lag der Anteil noch bei 6 Prozent.« Was kann der brave Abdul dafür, wenn sein famoser Falafelpürierer am Ende nicht patentiert wird?

Am Rande: Es empfiehlt sich, die Patentanmeldungsraten in den Herkunftsländern der aktuellen Migrantenscharen zu studieren, um die Faktenzurechtbiegerei der Qualitätspresse angemessen würdigen zu können. Da bleiben wohl nur zwei Möglichkeiten: Die Patentanmelder mit dem edlen Hintergrund stammen fast alle aus Asien, Russland, Osteuropa – oder aber gewisse Orientalen resp. Nordafrikaner werden mit der Überquerung der deutschen Grenze genial.

PS: Passend dazu die Tatarenmeldung vom Dezember 2015. »86 Prozent der syrischen Flüchtlinge sind hochgebildet«, verkündete das UN-Flüchtlingshilfswerk UNHCR damals, und die Willkommenspresse verbreitete die Relotiade (= erwünschte Illusion), ohne sich von des Zweifels Blässe ankränkeln zu lassen.

* * *

Apropos: Immer neue Details des Falls Relotius sickern an die Öffentlichkeit. Der »Star-Reporter« hat sogar Reportagen geschrieben, ohne dafür den Schreibtisch zu verlassen, beispielsweise ein Propagandastück namens »Der Kapitän weint« von Bord eines Flüchtlings- bzw. Schlepperschiffs, erschienen im Juli 2018 im *Spiegel.* Der Kapitän allerdings »weint überhaupt nicht. Im Gegenteil: Er ist richtig wütend auf den Autor«, ist bei *Tichys Einblick* zu lesen, denn der Relotius-Text sei eine Fiktion. Es schließen sich zwei angemessen peinliche Fragen an: Warum empört sich der Kapitän erst ein halbes Jahr später über die Märchenstunde?

Und warum haben die drei Co-Autoren des Relotius-Märchens, die eigentlichen Rechercheure der Story, ebenfalls geschwiegen?

Wie ich schon sagte: Relotius ist kein Ausnahmefall, sondern ein struktureller. Jetzt sind es schon vier *Spiegel*-Redakteure, die im Zuge der Affäre ihre Glaubwürdigkeit verloren haben, plus zwei Chefredakteure und x Dokumentare. Und dabei wird es nicht bleiben. Wer soll denen je wieder etwas glauben?

6. Januar

Was haben ein *Époisses de Bourgogne*, ein *Bleu d'Auvergne*, ein Roquefort, Gorgonzola oder Stilton mit einer *Foie gras* gemeinsam? Sie verlangen gebieterisch nach einem edelsüßen Weißwein. Der Wunsch des Hummers nach einem Puligny-Montrachet – oder der des Ossobuco nach einem Barolo – ist fast schon zurückhaltend, verglichen mit jenem der Entenstopfleber nach einem Sauternes. Die glanzvolle Vereinigung beider am Gaumen vermittelt eine Ahnung davon, was das sein könnte: Vollendung. (Aus Patriotismus will ich darauf hinweisen, dass es deutsche Riesling-Beerenauslesen oder -Eisweine gibt, die den Vergleich auch mit dem größten aller Sauternes nicht scheuen müssen.) Die Sehnsucht nach Vollendung ist eine künstlerische Regung. In seinem Buch *Die Formen der Zeit. Theorie des Sauternes* (Berlin, 1999; Erstveröffentlichung: Bordeaux 1996) rechnet der Philosoph Michel Onfray den Wein zu den Kunstwerken und die Weinherstellung folglich zu den Künsten. »Die Kunst der Weine ist gleicher Abstammung wie die Musik: beides sind *Ästhetiken der skulpturalen Formung der Zeit.*« In einer Klassifikation der Schönen Künste »würde die Weinprobe problemlos neben der Musik Platz finden«.

Wie ein bedeutendes Kunstwerk benötigt ein großer Wein ein kundiges, verständiges, empfängliches Gegenüber, um seine ganze Wirkung zu entfalten. Ein Stumpfsinniger wird so achtlos an einem Vermeer vorübergehen, wie er ein Schubert-Impromptu überhört oder einen großen Burgunder nicht schmeckt. »Bevor er nämlich verstanden werden kann, bildet und erzieht der Wein den, der ihn trinkt«, erläutert Onfray. »Dasselbe gilt für alle anderen Künste, selbst für die zeitgenössischen, denn alle bedürfen eines Künstlers, damit der Zauber, die Magie in Erscheinung treten kann. Vom Bild bis hin zur Flasche, von der Sonate bis hin zu einem Text gilt: die eine Hälfte des Weges wird vom Objekt zurückgelegt, die andere vom Subjekt.«

Meist ist der Weg eine Kurzstrecke; von solchen Tropfen ist hier nicht die Rede. Es geht um jene Weine, die einen geschmacklichen Taumel auslösen, bei deren Genuss »der Aufnehmende an der Ewigkeit teilhat« – um die Kunstwerke unter den Weinen eben. »Aufgrund seiner privilegierten Beziehung zur Zeit, aufgrund des deutlichen Vorrangs der Qualität gegenüber der Quantität, aufgrund seiner Seltenheit, aufgrund der tausenden von Handgriffen, die ihn produzieren und der ebensovielen Vorsichtsmaßnahmen, die ihn in seiner Integrität und Majestät ermöglicht haben, aufgrund seiner Einzigartigkeit verlangt der Sauternes dieselbe Sorgfalt wie ein Werk der Malerei, der Musik oder der Architektur.«

Eine meiner derzeitigen Marotten besteht darin, abends edelsüße Weine zu trinken, teils mit, teils ohne die passende Speise dazu, und heute ist es ein Sauternes, der mir assistiert. Seit einigen Tagen wiederum lese ich periodisch in Onfrays aktuellem Opus *Niedergang. Aufstieg und Fall der abendländischen Kultur – von Jesus bis Bin Laden*, anfangs abgestoßen, sodann fasziniert, schließlich mit einem Gefühl tiefen Einverständnisses, obwohl es ein durch und durch schreckliches und deprimierendes Buch ist (ich werde im Laufe der Woche darauf zurückkommen). Es war bei dieser Gelegenheit, dass ich nach anderen Schriften des mir bis dato völlig unbekannten Autors Ausschau hielt, und schnell fiel mir die Theorie des Sauternes in die Hände. Ah, diese Franzosen! Sie verstehen es einfach zu leben, egal wie verkommen und verloren ihr schönes Land inzwischen auch sein mag. Und die Angst vor einer abseitigen eigenen Meinung ist dortzulande längst nicht so ausgeprägt wie bei den rechtsrheinischen Nachbarn. Onfray ist bekennender Atheist, aber zugleich statuiert er, dass eine Kultur ihre Kraft einzig aus der Religion schöpft; er hat eine abendländische Geschichte im Geiste Spenglers verfasst, versteht sich aber zugleich als Linker; er ist mit seinen Büchern finanziell so unabhängig geworden, dass er eine freie Volksuniversität gründen konnte, hat aber keine sogenannten Berührungsängste mit radikal rechten oder radikal linken Intellektuellen. Zu seinen Leitfiguren zählen Epikur, Nietzsche und Camus.

Doch zurück zum Sauternes. Dieser Wein ist das Geschenk eines Schimmelpilzes, *Botrytis cinerea*, auch Edelfäule genannt. Mit seinen ultrafeinen Sporen – korrekt: Hyphen – durchlöchert der Pilz die Haut der Beeren, so dass sie schrumpfen, eindicken und zu Gefäßen reinsten Nektars werden können. Im berühmtesten aller Châteaux des Sauternes, dem Château d'Yquem, gewinnen die Winzer mitunter aus einem Rebstock pro Lese nur ein einziges Glas. »Aus dieser natürlichen Fäulnis, in der unter anderen Umständen schlicht und einfach das Entropiegesetz der Welt zum Ausdruck käme, machten die Bauern einen Wein, einen Alkohol, einen Göttertrank. Die Menschen haben die Fäulnis, die das Nichts bedeutet, zu einem Trank sublimiert, der die Quintessenz des Lebens erzählt. (…) Als Triumph der Eigenschaften *sapiens* und *faber* über Thanatos bringt der Wein aus Sauternes auf der Grundlage des Botrytis eine neue Gestalt der Zeit hervor.«

Irgendwo habe ich noch ein Fläschchen …

7. Januar

»Präsident Trump hat kürzlich erklärt: ›Sie wissen, was ich bin? Ich bin ein Nationalist!‹ Genau wie ich. Nationalisten können miteinander reden; seltsamerweise funktionieren Gespräche mit Internationalisten nicht so gut.« (Michel Houellebecq)

* * *

Der Berliner Politikwissenschaftler Hajo Funke meint, dass die AfD bald »in Gänze oder in größeren Teilen« vom Verfassungsschutz beobachtet wird. Das sei gerechtfertigt, zitiert ihn der *Tagesspiegel* – und fährt fort: »Funke sieht Tendenzen zu Geschichtsrevisionismus, Relativierung des Holocausts und Antisemitismus, dazu die Entfesselung von ›Ressentiments gegen alle größeren ethnischen und religiösen Minderheiten in Deutschland – das Ganze in Verbindung mit dem Anstreben einer anderen Republik.‹«

Der Verfassungsschutz sollte also nach Ansicht dieses Experten gegen »Geschichtsrevisionismus« und die »Relativierung des Holocausts« vorgehen; man wüsste nur gern, aufgrund welches Verfassungsartikels. Außerhalb von totalitären Gesellschaften gehört der Revisionismus zur Historiographie wie der Wandel zum Klima, und die »Relativierung des Holocausts« – was auch immer damit gemeint sein mag; genügt schon der Hinweis auf die kommunistischen Lager? – ist nicht verboten.

»Ressentiments gegen alle größeren ethnischen und religiösen Minderheiten« hält Herr Funke ebenfalls für verfassungsschutzrelevant. Wenn die Schlapphüte sich auch noch mit den im Lande grassierenden Ressentiments befassen sollen, müsste die Behörde ihre Planstellen mindestens vertausendfachen. Und gegen welche »größeren religiösen Minderheiten« hegen und pflegen die rechtspopulistischen Schwefelbuben denn die ihren? Laut Funke gegen *alle größeren*. »Entfesselt« die AfD »Ressentiments« gegen Hindus? Gegen Buddhisten? Gegen die orthodoxe Kirche? Zeugen Jehovas? Shintoisten? Neuheiden? Die grüne Jugend? Und wie verhält es sich mit dem »Antisemitismus«, einem beliebten, aber nach dem regierungsoffiziellen Hereinwinken von Abertausenden darin geschulten religionspädagogischen Fachkräften inzwischen etwas kraftlosen Vorwurf, zumal er sich gegen die israelfreundlichste aller Bundestagsparteien, in deren Mitte sich die Gruppe »Juden in der AfD« konstituiert hat, durchaus bizarr ausnimmt?

Wahrscheinlich ist der Herr Funke bloß ein armer Huschel, der an Fascholalie leidet und sich in einer vor Publikum schreibenden Selbsthilfegruppe ähnlich Gehandicapter zu therapieren müht.

Was indes die »andere Republik« angeht: Die ist bekanntlich zwar nicht unbedingt Regierungsprogramm, aber sturheiles Regierungshandeln.

Nachschrift. Mehrere Leser weisen mich darauf hin, dass Herr Funke mitnichten ein Huscherl sei, sondern ein lupenreiner Gesinnungstäter mit extrem linker Agenda und der typischen Biographie, die unsere westdeutschen Progressisten so sympathisch macht: Vater Nazi, Sohnemann strammer 68er, SDS, AStA, Neue Linke, nie mit seinen Händen gearbeitet, Geschwätzwissenschaften studiert, zeitlebens dumpfdeutsch gegen »rechts« gekämpft. Glanzpunkt dieses couragierten Lebens dürfte Funkes Engagement für die Märchenerzähler-Familie Kantelberg-Abdullah aus Sebnitz gewesen sein, deren Kind von mehreren hundert sächsischen Skinheads im städtischen Freibad unter dem Absingen aller drei Strophen des Deutschlandliedes ertränkt wurde.

* * *

Die *Spoekenkiekerei* veröffentlicht einen entlarvenden Text über die »para-staatliche grüne Ideologie-Miliz« Deutsche Umwelthilfe (DUH), dem sich entnehmen lässt, dass ein gewisser Rainer Baake, der 2014 zum beamteten Staatssekretär ins Bundesministerium für Wirtschaft und Energie berufen wurde, zuvor von 2006 bis 2012 Bundesgeschäftsführer der DUH war. »Die deutsche Regierung hatte also von 2014 bis 2018 den langjährigen Chefideologen der DUH an entscheidender Stelle im Pelz sitzen – wo er fleißigst daran mitarbeiten konnte, absurde Grenzwerte und Horrorzahlen, fragwürdige Messpraktiken und in Folge dann auch bürgergängelnde Gesetze und Verordnungen auf den Weg zu bringen. Er kannte das Geschäft bestens: Denn bevor Baake 2006 DUH-Chef wurde, diente er von 1998 bis 2005 als beamteter Staatsekretär im Bundesministerium für Umwelt, Naturschutz und Reaktorsicherheit – unter seinem Kumpel Jürgen Trittin.«

* * *

»(Roland) Barthes hatte lange geplant, einen Roman nach Proust'schem Vorbild zu schreiben. Stattdessen verbrachte er sein Leben damit, die Texte anderer zu analysieren. (...) Er, der unzählige Notizen für seinen ungeschriebenen Roman hinterließ und abends im Bett mit Genuss Chateaubriand las, verkündete den Tod des Autors, weil es ihm nicht gelang, selber einer zu werden. Barthes mochte keine Biographien. Aus gutem Grunde: Sie sind der Schlüssel zu jeder Theorie. Auch Foucault mochte keine Biographien. Und er hatte die gleichen guten Gründe wie Barthes.« (Michel Onfray, *Niedergang*, S. 576)

Das herausragende Individuum ist die Klippe für jede munter dahersegelnde Geschichtstheorie. Über ein Phänomen wie den Autor des Koran, der von sich behauptete, ein Erzengel habe ihm Gottes Wort diktiert, und dessen Gebote heute von fast anderthalb Milliarden »Lesern« (»Followern«) befolgt werden, haben Strukturalisten, Poststrukturalisten, Konstruktivisten *e tutti quanti* nichts zu sagen.

8. Januar

Der AfD-Bundestagsabgeordnete und Bremer Landesvorsitzende Frank Magnitz ist in Bremen von drei Männern angegriffen und bewusstlos geschlagen worden.

Dass eine Gesellschaft politisch verroht und intellektuell verkommt, bemerkt man daran, dass nach einer Gewalttat mehr über die Gesinnung des Opfers als über jene der Täter gesprochen wird (komme mir keiner mit: Man weiß doch gar nicht, wer's war; wenn's die Mafia gewesen sein sollte, fällt automatisch auch die Gesinnung des Opfers weg). Unsere Leitmedien bzw. -fossile werden dafür sorgen, dass rasch der Kaftan des Schweigens über den Vorfall gebreitet wird, der, wie wir seit dem Anschlag in Döbeln wissen, am Ende nur der AfD nützt.

***

Nach der *Relotiade* über Fergus Falls machte ein amerikanisches Magazin einen Gegenbesuch beim *Spiegel*, um seine Leser zu informieren, unter welchen Umständen in Deutschland kritischer Qualitätsjournalismus entsteht. Ein Auszug:

»Die Büros befinden sich hoch in den Alpen, in einem Schloss. (...) Die Empfangsdame, Ilsa Shewolff, 32, eine ehemalige Gefängniswärterin, musterte mich mit einem furchteinflößenden Blick, entfernte einen Tabakkrümel von ihren blutroten Lippen und führte mich durch eine Halle mit Büsten der ehemaligen Chefredakteure (...) Adolph B. Beethoven saß hinter einem massiven Schreibtisch, auf dem eine Europakarte ausgebreitet lag, und unterhielt sich mit einem Mann in brauner Uniform. Ich dachte zuerst, sie planten eine Invasion, aber wie sich herausstellte, handelte es sich um einen UPS-Boten.

Der Chefredakteur war ein beleibter Mann in den Fünfzigern. Er trug Lederhosen und auf dem Kopf eine spitze grüne Filzmütze mit einer Feder. In seinem Gürtel steckte eine Luger. ›Schnaps?‹ fragte er. ›Schnitzel?‹«

* * *

Das war eine Relotiade im engsten Sinne. Relotiade im weiteren Sinne bedeutet, dass ein Journalist mit seinem Text nicht ausschließlich versucht, die Wirklichkeit abzubilden, sondern sie färbt, wie er sie gern hätte, dass er die Wirklichkeit also *tendenziell* seiner Gesinnung anschmiegt (wobei das besitzanzeigende Fürwort eine gewaltige Übertreibung ist; die journalistische Meinung ist ungefähr so individuell wie die Schwimmrichtung einer Sardine). Im weiteren Sinne besteht der deutsche Journalismus also mindestens zur Hälfte aus Relotiaden. Alexander Wendt hat das anhand der unterschiedlichen Bewertung einiger Gewalttaten der letzten Tage untersucht, mit einer plausiblen Pointe und dem erwartbaren Resultat: Sie wollen ihre doppelte Optik einfach nicht »hinterfragen«, wie ein Qualitätsjournalist schreiben könnte, und zwar nicht aus Routine und Gewohnheit, sondern aus Opportunismus und Treue zum Zeitgeist – ob stramm zum derzeitigen oder bloß flexibel zum jeweiligen, wird zu beobachten sein.

Ein Beispiel. Im *Zeit*-Interview äußert sich die Gießener Kriminologie-Professorin Britta Bannenberg zu der Amokfahrt von Bottrop. Nachdem sich herausgestellt hat, dass der Täter wegen einer Schizophrenie in Behandlung war, versucht das Hamburger Humanistenblatt, vom Terroranschlag eines Rechtsextremen zu retten, was zu retten ist. Freilich perlt das Insistieren der Interviewerin an nahezu jeder Antwort der Kriminologin ab, die – für meine Begriffe allzusehr – auf psychische Störungen solcher Täter insistiert. Nun gut, es ist ihr Job, ihre Klientel, und für die tut man was. Die Journalistin hat aber auch ihre Klientel, den *Zeit*-Leser, der meistens Pädagoge, Sozialwissenschaftler oder dergleichen und »linksliberal« ist, und folglich versucht sie, die passende, in im Tenor längst feststehende Schlagzeile aus ihrer Gesprächspartnerin zu locken:

»Ist es denkbar, dass der mutmaßliche Täter von Bottrop und Essen ähnliche irrationale Ängste vor Ausländern entwickelt hatte und sich in seiner Wahnvorstellung wehren musste? Bannenberg: Wenn der Täter tatsächlich schizophren ist, ist es sehr wahrscheinlich, dass sein Wahn ihn zur Tat getrieben hat.«

Mist, das ging schief. (Wir lassen hier den von der Fragerin ausgeblendeten Unterschied zwischen irrationalen und rationalen Ängsten von »Ausländern« ebenfalls ausgeblendet.) Nächster Versuch:

»Wie viele solcher Taten entfallen denn auf psychisch Erkrankte? Bannenberg: Was Amoktaten angeht, sind psychische Erkrankungen eine relevante Ursache. Und was ist mit dem Rest? Bannenberg: Die restlichen Täter wiesen in den meisten Fällen eine Persönlichkeitsstörung auf. Und wie hoch ist der Anteil derer, die keine Diagnose haben und so eine Tat begehen? Bannenberg: In der Regel ist kein Amoktäter psychisch gesund.«

Spätestens hier hat die Maid begriffen, dass sie es auf dem Weg über Fakten nicht mal bis ins *Tiebreak* schafft. Also feuert sie die jedes Experten-Teflon durchbrechende Frage ab:

»Liefert die Stimmung in der Gesellschaft Inhalte für die Wahnvorstellung solcher Menschen? Bannenberg: Das tut sie immer. Generell sind Mehrfachtötungen, auch versuchte, sehr seltene Taten. Diese Täter nehmen gesellschaftliche Einflüsse, aber auch ihre ganz persönliche Wahrnehmung als Futter für ihre Hassfantasien.«

Bingo. Damit ist die Überschrift im Sack. Sie lautet: »Die Gesellschaft liefert Futter für Hassphantasien«. Das ist zwar allenfalls die Hälfte der erteilten Antwort, außerdem eine für den gesamten Gesprächsverlauf eher abseitige Auskunft und eine Binse sowieso, die immer und überall gilt – Robinsons Insel natürlich ausgenommen –, aber auf diese Weise hat die *Zeit*-Schreiberin endlich die rechten Hetzer in ihrer Story. Und dass die Gesellschaft am Ende immer an allem die Schuld trägt, ist ohnehin ein linkes Mantra, denn unsere Linken leben ja davon, die Unvollkommenheiten der Gesellschaft anzuprangern und dann ihre Therapien anzubieten, die zwar nie funktionieren, aber trotzdem ein *Perpetuum mobile* am Laufen halten, das angeblich auch nicht funktioniert, in diesem Falle aber verblüffenderweise doch.

Sela, Psalmenende.

9. Januar

Aus der Reihe *Propheten im eigenen Land*: »Wenn die Bundesrepublik Deutschland einen fundamentalen Richtungswandel in Richtung Rot-Grün vollziehen würde, dann wäre unsere Arbeit der letzten 40 Jahre umsonst gewesen. Das Schicksal der Lebenden wäre ungewiss, und das Leben der zukünftigen Generationen würde auf dem Spiele stehen. (...) Wir stehen vor der Entscheidung: Bleiben wir auf dem Boden trockener, spröder, notfalls langweiliger bürgerlicher Vernunft und ihrer Tugenden, oder steigen wir in das buntgeschmückte Narrenschiff ›Utopia‹ ein, in dem dann ein Grüner und zwei Rote die Rolle der Faschingskommandanten übernehmen würden?«

Also sprach Franz Josef Strauß am 7. Oktober 1986, nicht ahnend, dass seine CSU den Ersten Offizier auf der von einer CDU-Kanzlerin geführten und erstmals als FDJ-Sekretärin angeheuerten, über die Toppen rot-grün geflaggten ›Utopia‹ stellen werde.

* * *

»Antifa bleibt Handarbeit«, ermannt sich und ihre Leserinnen die *Spiegel online*-Autorin Margarete Stokowski in einer Kolumne namens »Linksfaschismus muss Alltag werden« – sie schrieb »Antifaschismus«, meinte aber den anderen –, womit sie couragiert in den Spuren meiner trotzdem unangefochtenen *Spiegel*-Lieblingstörin Sibylle Berg wandelte, die ebenfalls allwöchentlich ihre filigrane Faust gegen rechts schüttelt und in einer besonders schweren Stunde aus der Sicherheit des Schweizer Exils ins Vierte Reich drohte: »Vielleicht ist der Schwarze Block, die jungen Menschen der Antifa, die Faschisten mit dem einzigen Argument begegnen, das Rechte verstehen, die einzige Bewegung neben einem digital organisierten Widerstand, die eine Wirkung hat. Es wird nichts mehr von alleine gut. Die Regierung wird uns nicht retten. (...) Die Zeit des Redens ist vorbei.«

In der *taz* sekundierte nach dem Überfall auf den Bremer AfD-Bundestagsabgeordneten Frank Magnitz, der übrigens sechs Kinder und eine türkischstämmige Ehefrau hat, eine Schild- und Schwertmaid namens Veronika Kracher: »Dass #Magnitz zusammengelatzt wurde ist übrigens die konsequente Durchführung von #NazisRaus. Abhauen werden die nicht. Die werden sich bei der größten möglichen Bedrohungssituation aber zweimal überlegen, ob sie offen faschistische Politik machen. Deshalb: mit ALLEN Mitteln.« Aber wehe, die wehren sich!

Es fällt auf, dass es oft Mädels sind, die solche Gewaltphantasien entwickeln. Wie sicher sich unsere Linken dabei fühlen, ist ein verlässlicher Indikator für die Friedfertigkeit der angeblich so gefährlichen Opposition, gegen die sie sich gemeinsam mit der Regierung, allen etablierten Parteien, Kirchen, Gewerkschaften, Universitäten, Theatern, NGOs, Redaktionen, Schulen und Bordellen stemmen. Von den meisten Kämpfer*innen gegen »rechts« würde man nicht einmal die Nasenspitze sehen, wenn sie Nachteile davon hätten.

* * *

Aus Izmir, dem ehemaligen Smyrna (also einer Stadt, die den Namen einer Amazone trug), schreibt Hüseyin *** eine »kurze Anmerkung zu Bremen. Von linker Seite hört man jetzt Argumente wie: Gewalt gegen ›Nazis‹ die Hass schüren sei legitim oder wer Hass sät, wird Hass ernten oder ähnliches wie, eine andere Sprache verstünden diese Leute nicht usw. Jetzt also, wenn es in ihrem Sinn passt, dann ist Gewalt ok, richtig und legitim.

Aber, gehen wir mal davon aus, dass die Angreifer höchstwahrscheinlich männlich waren. Ist das dann am Ende nicht ein Eingeständnis, für das Grobe, für die Drecksarbeit auf Männer angewiesen zu sein? Ohne Männer kann also Kampf gegen ›rechts‹ in ihrem Sinne nicht stattfinden. Grüne, Feministen und Buntisten sind auf Männer, hinlangende, Brutalität anwendende Männer angewiesen. Wenn es ihren Zwecken dient, dann ist Gewalt von Männern wieder gut und nützlich.«

12. Januar

»Sieh da! Sieh da, Relotius,
Die Kraniche des Ibykus!« –
PS: »Sieh da! Sieh da, Timoteus,
Die Enten des Relotius!«
(Leser ***)

* * *

Apropos: Der allzeit lesenswerte Wolfgang Röhl erklärt auf so luzide wie deftige Weise, warum die Affäre um den Verbreiter erwünschter Märchen bzw. Lügen folgenlos bleiben wird: »Kurz bevor der Skandal durch eine amerikanische Internetseite ins Rollen gebracht zu werden drohte, schaltete Klusmann (*Spiegel*-Chefredakteur – M.K.) in den Modus Vorneverteidigung. Gab vor, man sei dem hauseigenen Fälscher sozusagen hauseigen auf die Schliche gekommen. Dies ungeachtet der Tatsache, dass es ein misstrauischer Kollege war, der Relotius entlarvt hatte. Und zwar gegen den Widerstand seiner Vorgesetzten, die zu Relotius hielten und den Fotografen wegen seines Verdachts monatelang gemobbt und implizit mit Kündigung bedroht hatten.

Der Dreistigkeit, die erzwungene Enttarnung eines jahrelang vom Spiegel hofierten Gauners so zu verkaufen, als zeige sich gerade darin die Größe und Ehrenhaftigkeit des Hamburger Magazins, dieser abgekochten Rotzfrechheit gebührt allerhöchste Anerkennung. Die Nummer sollte rhetorischer Baustein künftiger Seminare über die Kunst der Krisenkommunikation werden.«

***

Wenn die Welt draußen vorm Balkonfenster so weiß aussieht wie der Park um die Ecke, dann war früher Winter. Heute ist Klimakatastrophe. Die Bewertung der Auswirkungen muss sich freilich erst noch einpendeln. »Schon jetzt gibt es messbar weniger Schnee. Werden unsere Winter grün? Und was bedeutet das für die Skigebiete?«, bangte vor zehn Tagen der Bayrische Rundfunk. Merke: Egal ob viel Schnee oder keiner, Schuld trägt der Mensch, also praktisch Sie, und wer Zweifel anmeldet, denkt im günstigsten Falle unterkomplex, ansonsten schlicht bösartig. Ich war im sogenannten Extremwinter 1978/79 in einem mecklenburgischen Kaff eingeschneit (die Armee suchte damals mit Stangen nach komplett vom Schnee zugedeckten Eisenbahnzügen), in meine Amtszeit bei *Focus* fiel die Lawinenkatastrophe von Galtür, und im sogenannten Jahrhundertsommer 2003 war sogar Lance Armstrong dehydriert, aber damals wussten wir noch nicht, dass die Natur *zurückschlägt*. Heute kann keiner mehr sagen, Claudia Kipping-Eckardt hätte ihn nicht gewarnt. Aber einige wollen ja nicht hören ...

***

»Woher kommt es, dass ein Hinkender uns nicht erzürnt und ein hinkender Geist uns erzürnt? Das kommt, weil ein Hinkender erkennt, dass wir gerade gehen, und ein hinkender Geist sagt, wir seien die Hinkenden«, notierte Pascal (dem die *Affirmative Action* noch nicht geläufig sein konnte).

* * *

Und nochmals Pascal: Das »ganze Unglück der Menschen«, so schrieb er bekanntlich, rühre daher, »dass sie nicht ruhig in einem Zimmer bleiben können«. »Doch da ich es genauer bedachte und nachdem ich den Grund für all unser Unglück gefunden hatte, wollte ich dessen Ursache(n) entdecken, und ich habe gefunden, dass es eine ganz sichere gibt, die im natürlichen Unglück unserer schwachen und sterblichen Beschaffenheit besteht, die so elend ist, dass uns nichts trösten kann, wenn wir sie recht bedenken.«

Also, schließt Pascal, bestehe das wirkliche Glück – er sagt wörtlich »das einzige Gut« – der Menschen darin, »dass sie von den Gedanken an ihre Lage abgelenkt werden«. Der Franzose stellt sich praktisch gegen die gesamte Zunft der Philosophen, indem er nicht Sammlung, Kontemplation und ein maßvolles Leben preist, sondern die Zerstreuung, weil ausschließlich Zerstreuungen – nicht Ruhm und Besitz, nicht Königtum, ja nicht einmal die Wonnen der Transzendenz – den Menschen sein Elend komplett vergessen lassen, wenn auch nur für kurze Zeit. Stimmt, notierte ich mir an den Rand des Buches, niemand denkt während eines großen Fußballspiels an den Tod. Außerhalb von Kriegs- und Krisenzeiten vermag nichts die Zeitspanne von anderthalb Stunden vollständiger und fesselnder zu füllen, nicht einmal ein erradelter Alpenpass oder eine erotische Feier. Vor die Wahl gestellt zwischen entweder Bayern gegen Dortmund oder, sagen wir: Megan Fox, wäre meine Entscheidung klar. (Und das hat nichts mit meinem relativen Angegammeltsein zu tun; vor vielen Jahren, damals befand ich mich noch in jenem Alter, wo sich im Grunde alles um die Balz dreht, saß ich in Erwartung eines wichtigen Fußballspiels, das gleich angepfiffen werden würde, mit zwei Freunden in meiner Schwabinger Wohnung vor dem Fernseher, als es klingelte. Nicht aufmachen, lautete der spontane Entschluss. – »Und wenn es eine Frau ist?« – »Dann erst recht nicht.« – »Und wenn Pamela Anderson vor der Tür stünde?« – »Dann würde ich ihr sagen: Sind Sie wahnsinnig, jetzt hier zu klingeln?!«)

Nun lese ich in Michel Houellebecqs soeben erschienenem Roman *Serotonin* den Satz: »Das Verlangen nach einem Sozialleben lässt mit zunehmender Reife nach, irgendwann sagt man sich, dass man sich ausreichend mit der Sache beschäftigt hat, und außerdem hatte ich in meinem Zimmer einen SFR-Decoder installiert, ich hatte Zugang zu mehreren Sportkanälen und verfolgte die französischen, deutschen, spanischen und italienischen Fußballmeisterschaften, das waren einige Stunden erklecklicher Unterhaltung, hätte Blaise Pascal einen SFR-Decoder gehabt, dann hätte er vielleicht ein anderes Liedchen angestimmt.« Nein, im Gegenteil, es hätte ihn beim Absingen seines Liedchens bestärkt, aber ansonsten *d'accord*, Monsieur H.

* * *

Das führt zu der Frage, ob ich auch Houellebecqs neuen Roman empfehlen kann. Im Grunde schreibt der Franzose ja immer wieder denselben Roman in immer neuen Variationen fort, aber ich *musste* jedes dieser Bücher sofort lesen; insofern ist die Empfehlung ausgesprochen. Als Brennpunkt sämtlicher

Zeitströmungen, als Symptombeschreiber (und -verkörperer!), als unabhängiger, freier und zuweilen prophetischer Kopf – diesmal scheint er mit den blutigen Bauernprotesten, die der Roman thematisiert, die »Gelbwesten« vorweggenommen zu haben – ist Houellebecq der bedeutendste Literat unserer Zeit, also einer der wenigen, die *bleiben* werden. Als Stilist, Personenschilderer, Handlungskonstrukteur, im engsten Sinne Romancier ist er obere Mittelklasse. Mit diesem Zwiespalt muss der Leser leben. Seine Frauenfiguren unterscheiden sich kaum voneinander – es gilt der alte Spruch: *Woman is a life support system for a cunt* –, und der Ich-Erzähler ist stets derselbe. Seine notorischen Sex-Szenen überfliege ich, in *Serotonin* erspart er uns nicht einmal eine Version mit drei verschiedenen Hunden, und doch schafft dieser Kerl es immer wieder, in wenigen Sätzen eine Trostlosigkeit und Verzweiflung zu erzeugen, wie es eben nur große Literatur vermag. Außerdem ist Houellebecq auf verlässlich schamlose Weise zynisch, er erteilt dem intellektuellen Gesellschaftsklimaschädling das Wort, der heutzutage oft ein situiertes Dasein auf Kosten anderer mit linksgrünen Anschauungen und der unnachsichtigen Verfolgung von Falschmeinern verknüpft (und meistens kinderlos ist):

»Wenn ich als junger Mann jeden Sonntagabend Senlis verlassen hatte, wo ich eine sehr behütete Kindheit verlebt hatte, um in der Pariser Innenstadt mein Studium weiterzuverfolgen, wenn ich durch Villiers-le-Bel, dann durch Sarcelles, dann durch Pierrefitte-sur-Seine, dann durch Saint-Denis gefahren war, wenn ich gesehen und gehört hatte, wie um mich herum die Bevölkerungsdichte und die Plattenbauten Stück für Stück anstiegen, wie die Gespräche im Bus aggressiver wurden und das Maß der Gefährlichkeit zunahm, hatte ich jedes Mal das Gefühl gehabt, in die Hölle zurückzukehren, und zwar in eine von den Menschen nach ihren Wünschen gebaute Hölle. Jetzt war es anders, ein nicht besonders bravouröser, aber annehmbarer sozialer Aufstieg hatte mir erlaubt, dem physischen und sogar visuellen Kontakt mit den gefährlichen Schichten hoffentlich endgültig zu entkommen.«

***

Und das wiederum verschafft mir Gelegenheit, ein großes deutsches Magazin zu rühmen, wo der Autor von *Serotonin* so präsentiert wird: »Schlabbergarderobe, Rotwein und immer mit Zigarette: Houellebecq pflegt sein Image als Außenseiter der französischen Literatur«.

Rotwein und Zigarette, in der Tat, das macht einen in der französischen Literatur schnell und verlässlich zum *outlaw*. »Meint der Mann, was er da schreibt?«, fragt es aus dem Artikel, der übrigens im *Focus* steht, »Heißt er es gut? Oder will er warnen vor gefährlichen Strömungen in einer Art Rollenprosa?« So wie Melville vor dem Walfang oder Tolstoi vor dem Ehebruch resp. Einmarsch in Russland? »Wie in jedem seiner Romane treibt Houellebecq ein ausgebufftes Versteckspiel.«

Aber der Redakteur arbeitete nicht für ein renommiertes Magazin mit inzwischen Kiosk-Spitzenverkäufen von 35 658 Exemplaren pro Woche, wenn er den »provokanten Propheten« nicht doch durchschaut hätte, denn wie der »Antiheld des Buches« hat Houellebecq »ebenfalls Agrarwissenschaften studiert und pflegt eine radikale Weltanschauung«. Was das ist? Auch hier hat *Focus* Fährte und Witterung. Kurz vor dem Erscheinen des Romans hat der »Skandalautor« schließlich einen Artikel im amerikanischen *Harper's Magazine* veröffentlicht, in dem er die EU für gescheitert und Donald Trump für einen guten, ja den besten US-Präsidenten erklärte, an den er sich erinnern könne.

Das ist erstens radikal und zweitens effektive PR (»Provokation«). »Die Leser des Pamphlets waren wie so oft bei Houellebecq mindestens irritiert, viele aber auch entsetzt.« Wenn man in Rechnung stellt, dass es den Text online zu lesen gab und er in der angelsächsischen sowie der restlichen des Englischen mächtigen Welt wahrscheinlich millionenfach abgerufen wurde, und, am Rande, dass ihn zumindest alle Leute, die ich kenne, eher amüsant fanden, dann ist das eine kecke Einschätzung, die vielleicht damit zu tun hat, dass man sich bei *Focus* so etwas wie Millionen Leser nicht mehr richtig vorstellen kann, während die Verallgemeinerung der eigenen Ansicht – die in dieser Branche, wie ich hier bereits nahezu speioft dargelegt habe, ungefähr so eigenständig ist wie die Schwimmrichtung einer Sardine – unter Journalisten Brauch und Sitte ist, weshalb am Kiosk auch 35 658 Leser enthusiasmiert zugreifen.

Vielleicht, schließt der Artikel, geben ja die Hochzeitsbilder des »Provokateurs« (bzw. »Skandalautors«) Aufschluss über dessen wahre Gesinnung und gesellschaftliche Stellung – und nicht die »Attitüde« seines »gebisslosen Mundes« –: »Der Dichter-Underdog in grauem Frack mit Melone und einem Orden am Revers, unter den Gästen der französische Kulturhochadel« (wer oder was das immer auch sein mag), »das scheint die wahre Lebenswelt des vielfachen Auflagenmillionärs zu sein«, und dort ist man mangelhaften Gebissen gegenüber auch toleranter, sofern es sich nicht um abstoßende Elendsfolgen, sondern um eine ausgefallene und schicke Attitüde handelt. »Vielleicht geht es ihm gar nicht so sehr um die Warnung vor dem Untergang des Abendlandes. Vielleicht hat er bloß mal wieder ein besonders umstrittenes Thema aufgegriffen, das sich gewinnbringend ausschlachten lässt in der Ökonomie der Aufmerksamkeit.«

Und von der versteht man beim inzwischen in Berlin residierenden und umstrittene Themen ausschlachtenden Kioskbuster *Focus* am Ende sogar noch mehr als von Literatur.

16. Januar

»In der Gegenwart gewinnt die Erkenntnis Boden, daß die Gefährdung der individuellen Freiheit von der Gesellschaft ausgeht und daß der Staat dazu berufen ist, die Freiheit zu schützen.« Ernst Forsthoff (im *Merkur,* Mai 1968, also praktisch am Beginn des Paradigmenwechsels vom eher staatlichen zum eher gesellschaftlichen Gesinnungsterror)

***

Übrigens: »Gender« ist *haram*.

***

Der vorwitzige Handballer Stefan Kretzschmar wird seine Lüge, in Deutschland herrsche keine Meinungsfreiheit, noch bitter bereuen.

***

Andrea Nahles twittert: »Frauen stellen die Hälfte der Bevölkerung, aber nur 31% der Abgeordneten im Bundestag. Das muss sich ändern! Wir brauchen ein Wahlgesetz, welches für eine bessere Vertretung von Frauen im Deutschen Bundestag sorgt.«

Ich habe hier schon oft darauf hingewiesen, dass die Größen in dieser Gleichung nicht stimmen. Wir leben in einer Parteiendemokratie (oder -demokratur, aber dieses Fass mache ich heute nicht auf), und jeder Staatsbürger hat die Freiheit, sich in einer dieser Parteien zu engagieren. Der Anteil der Frauen unter den SPD-Mitgliedern beträgt 32,0 Prozent; auch in diesem Belang ist die SPD also von vorbildlicher Durchschnittlichkeit. Der Anteil der weiblichen Abgeordneten stiege automatisch mit der Zahl weiblicher Parteimitglieder – und wenn nicht, geschähe immer noch niemandem Unrecht, weil es kein Recht darauf gibt, wegen seiner Geschlechtszugehörigkeit in den Bundestag berufen zu werden –, und keine SPD-Justizministerin müsste Quoten via Wahlgesetz fordern, was ja, bei Lichte betrachtet, auf einen Verfassungsbruch und die Beseitigung des Gleichbehandlungsgrundsatzes hinausläuft.

PS: »Anlässlich Ihrer Anmerkungen zur der von Nahles angestoßenen Proporz-Debatte Männlein/Weiblein/Diverslein im Bundestag« stellt Leser *** folgende Frage: »Es gibt ca. 14% funktionale und echte Analphabeten in Deutschland, wobei ich (wie Wikipedia) die noch nicht so lange hier Nichtlesenden noch nicht mitzähle. Ist diese Bevölkerungsgruppe – schließlich verfügt sie über dieselben Bürgerrechte wie Taxifahrer mit Germanistikstudium – ausreichend im Bundestag vertreten?«

Ja und nein, geehrter Herr ***, ja und nein.

* * *

Wenn wir schon bei twitternden Sozis sind: Ralf Stegner, eine der unbestritten hellsten Kerzen auf der antifaschistischen Torte, trug Gott und den Menschen vor: »Die Rechtspopulisten von der AFD kommen endlich in den Fokus des Verfassungsschutzes. Dazu musste der unselige Herr Maaßen gehen, damit das passieren kann, was längst überfällig war.«

Don Alphonso kommentiert: »Verschwörungstheorien sind das eine, ihre Bestätigung ist das andere.«

* * *

Womit wir beim Thema wären. Gestern meldete die *Tagesschau*, dass der Verfassungsschutz – das ist eben jener Verein, dessen Chef vor kurzem seinen Schlapphut nehmen musste, weil er eine Lügengeschichte der Kanzlerin dementiert hatte –, dass der Verfassungsschutz die AfD fürderhin als »Prüffall« einstufe. Als verfassungsschutzrelevant bewerteten die Experten des Staatssenders exemplarisch einige Worte von Alexander Gauland, gesprochen auf dem letztjährigen Kyffhäusertreffen:

»Kyffhäuser ist der Berg genannt,
Und drinnen ist eine Höhle;
Die Ampeln erhellen so geisterhaft
Die hochgewölbten Säle.«

Das sagte Gauland nicht, sondern: »Andere Länder holen sich Einwanderer, damit sie arbeiten« – diesen Teil des Satzes haben die Wahrheitsausschütter prophylaktisch weggeschnitten –, »die Bundesregierung will, dass wir für die Einwanderer arbeiten, damit sie in Ruhe Kinder in die Welt setzen und den Bevölkerungsaustausch bewerkstelligen können.« Was an diesen Ausführungen verfassungsfeindlich sein soll, teilte der Sender nicht mit. Auch wenn wir aus dem Fall Maaßen gelernt haben, dass der binäre Code richtig/falsch nicht zwingend den Rahmen für die Aktivitäten des Inlandsdienstes bilden muss, stellen wir die Frage, nur experimentellerweise, anders: Was wäre an Gaulands Worten falsch?

Der Berliner *Tagesspiegel* ließ Anfang August seine Leser wissen, dass es nur noch eine Frage der Zeit sei, »bis in größeren Städten Menschen mit Migrationshintergrund die Bevölkerungsmehrheit stellen. In Frankfurt am Main ist es bereits so weit: Schon 2017 waren 51,2 Prozent der Stadtbewohner nicht in Deutschland geboren oder hatten nichtdeutsche Eltern. Augsburg und Stuttgart sind die nächsten Kandidaten oder haben den Status gerade erreicht.« Die grüne Hamburger Bürgerschaftsabgeordnete Stefanie von Berg hat in einer vielbeachteten Rede erklärt: »Unsere Gesellschaft wird sich ändern, unsere Stadt wird sich radikal verändern. Ich bin der Auffassung, dass wir in 20, 30 Jahren gar keine ethnischen Mehrheiten mehr haben in unserer Stadt. Und ich sage Ihnen ganz deutlich, gerade hier in Richtung rechts: Das ist gut so.« In den *Tagesthemen* am 20. Februar 2018 sprach der deutschstämmige Harvard-Dozent Yascha Mounk die inzwischen geflügelten Worte, »dass wir hier ein historisch einzigartiges Experiment wagen, und zwar eine monoethnische und monokulturelle Demokratie in eine multiethnische zu verwandeln. Das kann klappen, das wird, glaube ich, auch klappen, dabei kommt es aber natürlich auch zu vielen Verwerfungen.« Die Moderatorin nickte damals und sozusagen in alle Ewigkeit wissend und stellte keine dummen Fragen.

Ein Bevölkerungsaustausch findet offenbar statt, und wer das feststellt und zugleich lobt, den erhebt der Verfassungsschutz nimmermehr zum »Prüffall«. (Dass ich mich hier wiederhole, mögen Sie mir, geneigter Leser, bitte nachsehen; man zwingt mich dazu.)

Der saarländische Ministerpräsident Tobias Hans, CDU, fordert nun einen neuen, nämlich »modernen« Nationenbegriff, nicht mehr die Nation des Grundgesetzes, sondern eine »Bekenntnisnation«, die, wie der ambitionierte Begriff andeutet, alle einschließen soll, die sich zu ihr bekennen, »gleich welcher Herkunft, Hautfarbe oder Religion« – und Staatsangehörigkeit?

Zur deutschen Nation kann demnach jeder gehören, der sich dazu entschließt oder dies fingiert, zumindest bis auf Widerruf; das Staatsbürgerschaftsrecht wäre passé. – Erwähnte ich schon, dass dieses Land in seiner gesamten Geschichte wahrscheinlich niemals von dümmeren Menschen regiert worden ist als heute? Obwohl wir schon veritable Schwachköpfe an der Spitze hatten, aber hallo! – Diese Forderung eines immerhin Ministerpräsidenten wenn auch nur des Saarlandes ist so verfassungswidrig wie das Bundestagsfrauenquotenforderungsgedöns der Damen Nahles und Barley, bleibt aber ebenfalls vom Verfassungsschutz ungewittert, ungeprüft und ungetwittert obendrein.

Zur Erinnerung, Artikel 20 GG schreibt vor:

»(2) Alle Staatsgewalt geht vom Volke aus. Sie wird vom Volke in Wahlen und Abstimmungen und durch besondere Organe der Gesetzgebung, der vollziehenden Gewalt und der Rechtsprechung ausgeübt.

(3) Die Gesetzgebung ist an die verfassungsmäßige Ordnung, die vollziehende Gewalt und die Rechtsprechung sind an Gesetz und Recht gebunden.

(4) Gegen jeden, der es unternimmt, diese Ordnung zu beseitigen, haben alle Deutschen das Recht zum Widerstand, wenn andere Abhilfe nicht möglich ist.«

Was Gauland in seiner Rede vortrug, besitzt aus einem anderen Blickwinkel durchaus Verfassungsschutzrelevanz, freilich eben nicht der Vortrag, sondern der darin beschriebene Vorgang.

Thilo Sarrazin, der deutsche Mike Tyson unter den Lügnern mit Fakten, hat darauf hingewiesen, dass von den laut Ausländerregister 1,9 Millionen »Schutzsuchenden« in Deutschland im Oktober 2018 298 000 sozialversicherungspflichtig beschäftigt waren, also 15 Prozent, was in einem gewissen Widerspruch zu der kurz vor Weihnachten auf die deutschen Gabentische gewuchteten Behauptung des Arbeitgeberpräsidenten Ingo Kramer stünde, die Integration der Flüchtlinge laufe besser als erwartet, Angela Merkel habe mit ihrem Satz »Wir schaffen das« recht behalten, »von mehr als einer Million (sic!) Menschen, die vor allem seit 2015 nach Deutschland gekommen sind, haben heute bald 400 000 einen Ausbildungs- oder Arbeitsplatz.« Was bei der Verwendung korrekter Zahlen immer noch bedeutet hätte, dass 79 Prozent der Hereingeschneiten ihren Lebensunterhalt nicht selber verdienen.

Die große Masse der seit Merkels Großem Sprung ins Offene zu uns gekommenen Migranten, egal welche erwünschten Gerüchte von hochdero Adlaten verbreitet werden, lebt also auf Kosten ihrer Gastgeber (übrigens nicht nur in 'schland selbst; die deutschen Behörden haben im vergangenen Jahr 402 Millionen Euro Kindergeld ins Ausland überwiesen). Aus Geburtskliniken, Kindergärten und Grundschulen hört man Erfreuliches über den Kindersegen, den uns die Neumitbürger bescheren; es gibt einen Geburtenanstieg seit 2014, damals wurde das erste Mal seit 2004 die 700 000er Marke überschritten, 2016 gab es mit 792 000 Geburten die höchste Zahl seit 1997, 2015 hatte jedes fünfte Neugeborene eine ausländische Mutter. Da *ich* das ausdrücklich begrüße, darf *ich* von einem Bevölkerungsaustausch sprechen, die AfD natürlich nicht.

Ein Bekannter, der geschäftlich viel in der arabischen Welt umherreist, hat berichtet, ein Geschäftspartner in den Emiraten habe ihm erklärt, dass man dortzulande Ausländer als Arbeitskräfte ins Land hole, aber partout nicht verstehe, warum die doch im Großen und Ganzen als praktisch veranlagt und zurechnungsfähig geltenden Deutschen sich für die Version entschieden hätten, Ausländer zu sich zu holen, *um für sie zu arbei-*

ten. Wenn diese Kameltreiber nicht aufpassen, werden sie wohl bald vom deutschen Verfassungsschutz beobachtet.

* * *

Am Montag Zaungast bei der Sitzung des Petitionsausschusses zur Petition von Herrn Dr. Englmeier gegen den Globalen Migrationspakt. Ich war erstaunt über die große Zahl von Angehörigen der Bundestagspolizei, allein auf meiner Balkonseite drei Mann (ich dachte zuerst, irgendein V.I.P. sitzt im Publikum und hat seine Bodyguards dabei), man schien mit gefährlichen Hospitanten zu rechnen. Für die Bundesregierung stieg Staatsminister Nils Annen, SPD, in die Bütt, ein Mann mit einer beeindruckenden akademischen Karriere, und er sagte lauter festhaltenswerte Dinge, etwas dass die Bundesregierung alles getan habe, um die Öffentlichkeit über den Pakt zu informieren (Ende Oktober gestanden die Chefs von ARD und ZDF *coram publico*, noch nie von diesem Papier gehört zu haben), und dass überhaupt kein Zusammenhang zwischen der Migration und solchen Dokumenten bestünde, Erstere mithin eine Art Naturereignis darstelle. Die satirische Dimension der Veranstaltung bestand darin, dass ein Staatsminister eines Landes, in dem um die 700 000 illegalen Einwanderer herumstromern, vor Publikum über »Migrationsmanagement« dozierte, wie überhaupt die gesamte Session oder Séance einmal mehr erkennen ließ, dass die Vertreter der sogenannten politischen Klasse die Bürger bzw. Wähler eher als lästige Störenfriede und deren Wahlauftrag als eine Art Vorschlag zur Güte betrachten.

Die luziden und messerscharfen Antworten des dem Petenten beigesellten Juristen Ulrich Vosgerau waren die eigentlichen Höhepunkte der Veranstaltung, doch auch der Petent schlug sich achtbar, am besten an jener Stelle, wo er auf die Frage eines Unions-Vertreters, ob er etwas gegen multilaterale Abkommen habe, die Antwort erteilte: Wenn es sich um ein Abkommen mit Ländern wie Marokko und Saudi-Arabien handle, welche uns gleichzeitig von Ländern wie Österreich und Tschechien entfremde, dann ja, doch doch, durchaus.

20. Januar

Er machte, was alle machten: mit.

* * *

Ein wesentliches Charakteristikum des besten Deutschlands, das es je gab, besteht darin, dass dieses beste Deutschland unglaublich viel besser ist – und sein wird! – als alle Deutschlands zuvor, und es sich theoretisch leisten könnte, von der dümmsten Politikergeneration, die unser Land je hervorbrachte, regiert zu werden, von der dümmsten Publizistengeneration, die unser Land je hervorbrachte, desinformiert, der dümmsten Pfaffengeneration, die unser Land je hervorbrachte, betrogen etc. pp., und seit Neuestem wissen wir auch, dass dem besten Deutschland, das es je gab, auch kein Schaden daraus entstünde, wenn es von der dümmsten Verfassungsschützergeneration behütet resp. bespitzelt würde, die dieses beste Deutschland jemals, also auch als es noch nicht das beste Deutschland *ever*, sondern nur das jeweils beste Deutschland seiner Zeit und insgesamt viel schlechter war, in seinen Dienst stellte.

Dieser Verdacht stieg in mir auf, als ich im *Tagesspiegel* Zitate aus einem Gutachten las, mit welchem das Bundesamt für Verfassungsschutz »Anhaltspunkte für Bestrebungen gegen die freiheitliche demokratische Grundordnung« in den mit ruhigem, festen Tritt flanierenden Reihen der AfD nachzuweisen sich anheischig macht. So soll, sofern der *Tagesspiegel* korrekt zitiert, folgender Abschnitt aus einer Rede von Alexander Gauland auf dergleichen Bestrebungen hindeuten, nämlich: »Wir befinden uns in einem Kampf gegen Kräfte, die ihr globalistisches Programm der Nationenauflösung, der ethnisch-kulturellen Vereinheitlichung und der Traditionsvernichtung als die Menschlichkeit und Güte selbst verkaufen. Wir sollen uns im Dienst des Menschheitsfortschritts verdrängen lassen. Wir sollen uns als Volk und Nation in einem großen Ganzen auflösen. Wir haben aber kein Interesse daran, Menschheit zu werden. Wir wollen Deutsche bleiben.«

Dem *Tagesspiegel* zufolge lautet die Bewertung durch den oder die Verfassungsschützer, in dem zitierten Passus fänden sich – genaugenommen: fänden sie – »erste tatsächliche Anhaltspunkte« dafür, dass Gauland, wie sein Name schon sagt, »ein ethnisch-biologisch bzw. ethnisch-kulturell begründetes Volksverständnis« propagiere, »das gegen die Menschenwürdegarantie des Art. 1 Abs. 1 GG verstößt« – also, wie der Genosse Journalist sofort Bescheid weiß, »gegen die erste, zentrale Aussage des Grundgesetzes: ›Die Würde des Menschen ist unantastbar. Sie zu achten und zu schützen ist Verpflichtung aller staatlichen Gewalt.‹« Das konstatiert, wie gesagt, ein Verfassungsschützer, also ein echter, hauptamtlicher, kein *taz*-Redakteur – aber wie wir von Günter Maschke wissen, kann in der BRD jeder zum Verfassungsfeind des anderen werden, und gewisse Grundgesetzformeln sind daran nicht ganz unschuldig. Damit bringt der Beamte, theoretisch, die Sichtweise des Staates zum Ausdruck, praktisch würde aber selbst der linkeste Staatsanwalt zögern, aus jemandes Wunsch, Deutscher bleiben zu wollen, eine Verletzung der Menschenwürde Nichtdeutscher herzuleiten.

Beiseite gesprochen: Die anderen, Türken, Nordkoreaner, Usbeken, Senegalesen etwa, haben Glück, sie dürfen Türken, Nordkoreaner, Usbeken, Senegalesen bleiben und unbeirrt Nichttürken, Nichtnordkoreanern, Nichtusbeken und Nichtsenegalesen ihr Nichttürke-, Nichtnordkoreaner-, Nichtusbeke- und Nichtsenegalesesein unter die nichttürkischen, nichtnordkoreanischen, nichtusbekischen und nichtsenegalesischen Nasen reiben, weil in ihren Verfassungen – der Einfachheit halber wähle ich diesen Sammelbegriff – kein so hochherziger erster Satz steht, dessen teils göttlich-kippingeske, ja claudiarothige, teils wiederum bisweilen an die satanischen Verse im Koran erinnernde Großartigkeit heute nicht erörtert werden soll.

Als Symptom ist dieser übergeschnappte Befund freilich hochinteressant und wahrscheinlich typisch, denn was der vermeintliche Verfassungsschützer da vorträgt, ist nicht nur schwachsinnig – wenn ich auf meine Identität bestehe, wenn ich beispielsweise gern männlich, schwarz, homosexuell und deutsch bin, verletze ich keineswegs die Würde einer weißen belgischen Hete, ich verletze damit überhaupt niemandes Würde, wobei hier noch anzumerken ist, dass sogar unser in korannaher Heiligkeit im moralischen Orbit kreisendes Grundgesetz einzig und allein die Würde des Menschen in Deutschland schützen kann –, davon abgesehen, um den Faden wieder aufzunehmen, ist diese Aussage verfassungsfeindlich, denn sie behauptet, es sei verfassungsfeindlich, Deutscher bleiben, also zum Souverän des Grundgesetzes gehören zu wollen. Es kann aber auch sein, dass der Verfasser bloß sein Abi in Berlin gemacht hat, womit sich der Kreis zu meiner eingangs geäußerten Idee schlösse, auch deutsche Verfassungsschützer könnten die dümmsten aller Zeiten sein, ohne dass das Bessersein des heutigen Deutschlands gegenüber all den früheren davon tangiert würde, *hélas* und *ahimè*!

Für den sensiblen *Tagesspiegel*-Leserbriefschreiber, der den Hinweis auf die extremistische Inschrift über dem Reichstagsportal – »Dem deutschen Volke« steht dort (noch!) – mit der Replik konterte, mit diesem Begriff sei damals etwas anderes gemeint gewesen als heute, gestatte ich mir noch den Hinweis, dass das staats- und völkerrechtlich nicht ganz stimmt, ansonsten aber zum Teil durchaus. Dass es keine deutsch-arische Rasse gibt, mussten freilich bereits die Nationalsozialisten und musste speziell deren Führungspersonal zerknirscht und selbstkritisch anerkennen. Zu allen Zeiten fanden europäische Binnenwanderungen statt, es gibt kein ethnisch homogenes deutsches Volk. Deutscher heißt heute: deutscher Staatsbürger. Die Staatsbürgerschaft sollte genau deshalb nicht verschenkt, sondern von Einwanderern durch Bildung, Edelmut und große Taten erworben werden. Ist so ungefähr übrigens AfD-Position.

Gauland fährt in der besagten Rede nach dem Satz: »Wir wollen Deutsche bleiben, damit sind wir Menschheit genug« nämlich fort mit den Worten: »Unser Kampf ist vollkommen defensiv. Es geht uns einzig um die Erhaltung unserer Art zu leben und zu sein. Und wer diese Art zu leben mit uns teilt, sie annimmt und mit uns lebt und arbeitet, ist uns willkommen.«

* * *

Wie steht es aber aus Schlapphutsicht mit dieser, im *Tagesspiegel* nicht zitierten Passage:

»Deutschland muss Zuwanderung stärker steuern und begrenzen als bisher. Zuwanderung kann kein Ausweg aus den demografischen Veränderungen in Deutschland sein. Wir erteilen einer Ausweitung der Zuwanderung aus Drittstaaten eine klare Absage, denn sie würde die Integrationsfähigkeit unserer Gesellschaft überfordern. Verstärkte Zuwanderung würden den inneren Frieden gefährden und radikalen Kräften Vorschub leisten. Man schafft mit der angeblichen ›Härtefallregelung‹ und der Ausweitung der Aufenthaltsrechte über die Genfer Flüchtlingskonvention hinaus massive Anreize für Armutsflüchtlinge aus aller Welt. Dies würde in kurzer Zeit zu einer erheblich höheren Zuwanderung nach Deutschland führen, die nicht im Interesse unseres Landes ist. (...) Deutschland soll seine Identität bewahren. Die Umgestaltung in eine multikulturelle Einwanderergesellschaft lehnen wir ab.«

Der Text stammt aus dem Regierungsprogramm von CDU/CSU 2002-2006.

Das Oberhaupt der identitären Zündlertruppe hieß damals Angela Merkel, der Verfassungsschutzchef allerdings noch lange nicht Maaßen, sondern Heinz Fromm (SPD). Gauland befand sich damals noch in der CDU. Womöglich war der's.

***

»Ein Verfassungsschutz, der in erster Linie die Regierung schützt, sollte in Betracht ziehen, sich in Regierungsschutz umzubenennen.« (Leser ***)

***

Medien melden: »Erschreckender Fund: In Spanien rotteten Invasoren die männliche Bevölkerung aus.«

Keine Sorge, nicht am vergangenen Wochenende, sondern ein paar Sündenjährchen früher.

»Wissenschaftler haben bei der genetischen Untersuchung von Grabfunden in Spanien eine erschreckende Entdeckung gemacht. Demnach wurden vor rund 4 500 Jahren auf der Iberischen Halbinsel praktisch über Nacht alle Männer getötet. Das publizierten Forscher nun im New Scientist.«

Das nur als Appendix zur inzwischen staatsreligiösen Ansicht, Migration sei immer und zu allen Zeiten eine Bereicherung (gewesen), also ich meine, für die Aufnahmegesellschaft. Die Ankömmlinge hatten damals ja plötzlich Land, Weiber und Spaß.

* * *

Den Geisteszustand unserer parlamentarischen Elite bezeugt recht eindrucksvoll das Verhalten des Auditoriums in der Feierstunde zum Frauenwahlrecht in dem Moment, als die Schauspielerin Susanne-Marie Wrage eine Rede vortrug, die die Sozialdemokratin Marie Juchacz am 19. Februar 1919 in der Weimarer Nationalversammlung gehalten hatte. Frau Juchacz begann damals ihre Rede mit dem Satz: »Es ist das erste Mal, dass eine Frau als Freie und Gleiche im Parlament zum Volke sprechen darf« – heute genießen wir dieses Glück ja täglich –, »und ich möchte feststellen, dass es die Revolution gewesen ist, die auch in Deutschland die alten Vorurteile überwunden hat.« Und nun passierte etwas Seltsames: Viele Abgeordnete begannen zu klatschen. Also ich meine nicht damals in Weimar, sondern diese Woche im Bundestag. Davon abgesehen, dass unsere parlamentarischen Demokratiegaranten eine Revolution beklatschen, mit der nach der damaligen Lage der Dinge ja nur die kommunistische Novemberrevolution oder allenfalls auch die russische Oktoberrevolution gemeint gewesen sein kann und man gern wüsste, was es daran zu beklatschen gibt, wirft sich die Frage auf, wie es in Köpfen von Menschen aussieht, die einer Schauspielerin Szenenapplaus spenden – es geschieht während des Vortrags mehrfach –, während sie eine 100 Jahre alte Rede vorträgt. Wenn dort morgen ein Mime eine Cicero-Rede vorliest, sagen wir, aus gegebenem Anlass, die erste (oder die vierte? nein, die erste) Rede gegen Catilina, klatschen die dann auch dazwischen?

23. Januar

Man wird einmal sagen: Es war nicht alles schlecht in der BRD.

* * *

Die Stadt Hannover führt die »gendergerechte Sprache« ein. Lehrer werden zu Lehrenden, Wähler zu Wählenden – und die Prophet*in zu einer/m Prophezeienden. Wetten?

* * *

Dass es rechtspopulistisch sei zu behaupten, nur deutsche Staatsbürger seien Deutsche, gelte mittlerweile bis zur CDU als durchgesetzt, bemerkt Freund ***. »Vielleicht sollte man die Kategorie der Grundgesetzpopulisten schaffen?«

* * *

Das Grundgesetz muss so lange geändert werden, bis es keine verfassungsfeindlichen Stellen mehr enthält.

* * *

In Minden sind zwei Mädchen von zwei »Männern« trotz der deutschen Vergangenheit so sehr gemocht worden, dass eine von beiden beim Zicken unter einen Bus geriet und schwer verletzt wurde. Man kann darüber sensibel berichten: »Jugendliche nach Attacke von Bus überrollt« (*Der Westen*), oder eben gruppenbezogen menschenfeindlich: »Bus überrollt Mädchen nach Attacke durch Flüchtling« (*Junge Freiheit*). Aber es ist nicht nötig, darauf hinzuweisen, dass es sich um einen Einzelfall handelt, nicht um eine Sache für *#metoo* oder *#aufschrei,* sonst nämlich *#wirsindmehr,* claro?

28. Januar

Ein entfernter Bekannter, der in Berlin eine konservative Bildungseinrichtung betreibt, erzählt, dass Abtreibungspropagandisten dort die Fassade beschmiert haben, weil drinnen eine Veranstaltung von Lebensschützern stattfand. Kurz darauf habe ihm ein großer, vollbärtiger türkischer Lieferant irgendetwas gebracht und sich erkundigt, was denn hier passiert sei. Nachdem der Hausherr es ihm erklärt hatte, habe es einen Moment gedauert, bis der Mann begriff und noch einmal nachfragte: »Die das hier geschmiert haben, sind *für* Abtreibung?«

Nicken.

»Was sind das denn für Penner?! Das ist doch Mord!«

* * *

Die fatale Idee, dass die Geschichte nicht mehr Sinn produziere als ein mahlendes Affenmaul (eine Gottfried Benn zugeschriebene Formulierung), und der Planet, auf welchem sie stattfindet, kaum mehr sei als eine »um ihre eigene Achse rotierende Folterkammer« (Ulrich Horstmann), diese Idee ist heute eher unpopulär. Dank eines gewissen zivilisatorischen sowie gewaltigen technischen Fortschritts, vor allem in Fragen des Komforts und der Anästhesie, geriet sie gegenüber der Hegelei permanenter Höherentwicklung unter Rechtfertigungsdruck. Bei den Alten galt sie noch als unstrittig. Als der phrygische

König Midas den weisen Silenos fragte, was für den Menschen das Beste sei, gab der zur Antwort, das Allervorzüglichste wäre für ihn, gar nicht erst geboren zu werden; wenn er aber schon einmal auf der Welt sei, empfehle sich ein baldmöglicher Tod. (Kurz nach dieser Auskunft erfüllte der Satyr dem König übrigens den bekannten verhängnisvollen Wunsch.) Wie jeder Berliner Einser-Abiturient weiß, war Silen der Lehrer und Begleiter des Dionysos, auf dessen lärmende, in Bocksfelle gehüllte Entourage der Begriff Tragödie zurückgeht – *tragos* ist der Bock, näherhin der Ziegenbock, *odia* heißt Gesang –, und das tragische Weltbild kennt den Sinn nicht, sondern nur das Verhängnis.

Diese kleine Abschweifung führt zu dem französischen Philosophen oder philosophischen Autor Michel Onfray, der gelegentlich schon durch diese Notate irrlichterte. In seinem Buch *Niedergang. Aufstieg und Fall der abendländischen Kultur – von Jesus bis Bin Laden* (Original: *Décadence: Vie et mort du judéo-christianisme*), das im vergangenen Jahr in deutscher Übersetzung erschien, versichert Onfray, er schreibe weder eine optimistische noch pessimistische Geschichte, sondern eine tragische. Die Geschichte des Abendlandes als Tragödie. Das hört man nicht oft.

Der Franzose ist ein sogenannter Vielschreiber (oder er hat wie Brecht mehrere Frauen, die für ihn schreiben), jedenfalls publiziert Onfray in einem irritierenden Tempo: Seit dem Erscheinen des 700-Seiters *Décadence* anno 2017 hat er schon wieder vier Bücher veröffentlicht, darunter eine Art Fortsetzungswerk namens *Sagesse: Savoir vivre au pied d'un volcan* (»Weisheit: Zu leben verstehen am Fuße des Vulkans«; seit Kant folgt auf die reine Vernunft bzw. Torheit bekanntlich die praktische). Auf dem Cover von *Niedergang* wirbt der Verlag mit dem Zitat aus einer Rezension: »Ein Albtraum à la Houellebecq«. Der französische »Krawallphilosoph«, wie die *FAZ* ihn liebevoll nennt, ist folglich so etwas wie der Patachon oder Pollux seines unisono als »Skandalautor« gehandelten Landsmannes. (»Was machen Sie beruflich?« – »Ich bin Skandalautor. Und Sie?« – »Ich finde mein Auskommen als Krawallphilosoph.« – »Wie allerliebst! Darf ich Ihnen meinen Freund *** vorstellen? Er arbeitet als Internet-Hetzer.«)

Onfrays Opus gehört in die Gattung der Universalgeschichte, korrekt: der höchst unvollständigen Universalgeschichten. Da es schwer möglich ist, Werden und Vergehen des Abendlandes auf eine irgendwie deskriptive Weise auf 700 Seiten unterzubringen, wählt er Ausschnitte, historische Zeitfenster, durch die er den Leser blicken lässt. Diese Miniaturen, aus denen sich das Buch zusammensetzt, müssen als *partes pro toto* hingenommen werden; das entspricht dem literarischen Stil des Buches. Wie jeder Berliner Abiturient weiß, gehört Geschichtsschreibung (eher) zur Literatur als zur Wissenschaft; einen Historiker ohne literarische Ambitionen würde ich nie lesen. Als dramatischer Stilist ist der Franzose ohne Tadel:

»Von der Siedlung auf dem Palatin 753 v. Chr. über Cäsars Republik und das Reich des Augustus hat Rom bis zum Edikt von Mailand 313 n. Chr. elf Jahrhunderte überdauert. Dann wurde die Wölfin vom Lamm gefressen.«

»Die jüdisch-christliche Kultur war in Reih und Glied aufgestellt. Der Kaiser konnte der christlichen Armee den Marschbefehl erteilen. Die Anhänger des Paulus stiegen aus den Katakomben, um in die Paläste einzuziehen.«

»Seinen Nächsten aufzufressen gemäß einer Logik der Ehre schien Montaigne jedenfalls weniger barbarisch, als diesen beispielsweise im Namen der Realpräsenz Christi in der Hostie zu massakrieren.«

»Der Protestantismus war ein Hilfsmittel zum Austritt aus der Theokratie und zum Eintritt in eine Politik der Immanenz.«

»Ludwig XVI. verabscheute jede Gewalt und ließ während der Französischen Revolution niemals in die Menge schießen, obwohl er rechtlich dazu befugt gewesen wäre. Hätte er es getan, so wäre die Geschichte Frankreichs und Europas wohl anders verlaufen. Ludwig XIV. hätte an seiner Stelle die Armee eingesetzt und ein Blutvergießen angerichtet. Die großen Worte und schönen Ideen hätten es in diesem Falle schwerer gehabt.«

»De Gaulle, der im Zuge der Achtundsechziger-Bewegung die Macht verlor, wurde durch einen an der École Normale Supérieure ausgebildeten Banker abgelöst. An die Stelle der Geschichte traten Finanzen und Rhetorik. Im Prozess der Entchristianisierung mussten jene, die um das Goldene Kalb tanzten, nicht mehr viel tun, um das Christentum gänzlich zu zerstören. Seither steht die westliche Welt zum Verkauf.«

Mit dem Urteilen verhält es sich so wie mit dem Frauenanbaggern: Man muss sich trauen. Dass sich französische Autoren heutzutage eher trauen als deutsche, hat diverse Ursachen, von zwei Kriegsniederlagen über ohnehinnige Mentalitätsunterschiede und gewisse rechtsrheinische Herdenglückszwänge bis zur Froschperspektive derer, die nie wirklich Kolonien und eine Flotte, also nie den globalen Blick besaßen. Die Kehrseite von Onfrays Schneid besteht in Generalisierungen, Übertreibungen (vor allem was Opferzahlen angeht), historischen Ungenauigkeiten oder Fehlern (eine fiktive Synode wird real, »Hitler beschließt auf der Wannseekonferenz« etc.), aber das ist alles geschenkt und mag Erbsenzähler kitzeln. Hier geht's um den ganzen Guss, um einen düsteren Sarkasmus, um Lektürestunden ohne humanistische Phrasen und kulturmarxistische

Floskologie, die mir viel Pläsier bereitet und meine historische Viertelbildung mit zahlreichen Erkenntnissen bereichert haben.

Onfray folgt Spenglers Theorie, dass Kulturen Organismen sind, die blühen, wachsen, reifen, verfallen und eines Tages enden. Ihre eigentliche und zugleich eigentümliche Prägekraft beziehe eine Zivilisation (oder Kultur; außerhalb einiger verstrichener Dezennien des deutschen Denkens trennt man das nicht so genau) aus der Religion (Onfray ist übrigens Atheist). Geschichte habe keinen Sinn außer jenem, den Historiker, Philosophen und Ideologen ihr auferlegten. »Eine Zivilisation existiert stets nur als adäquate Antwort auf äußere Bedrohungen ihrer Existenz«, statuiert der Denker. »Solange sie sich gegen diese Bedrohungen zur Wehr setzt, lebt sie. Kann sie sich nicht mehr wehren, stirbt sie.« Kulturen gründeten auf Fiktionen, »die als solche erst dann erkennbar werden, wenn die Kulturen im Untergang begriffen sind. Je fester der Glaube an diese Fiktionen, desto mächtiger die Kultur.« Heute lebten wir wie Augustinus in einer Übergangszeit, und zwar jener »zwischen dem Ende des Judäo-Christentums und dem Anfang von dem, was sich bislang erst unscharf abzeichnet«.

Für die Rolle des Fortinbras steht bekanntermaßen der Islam bereit. Die westliche Zivilisation besitzt allerdings noch ökonomischen und technischen Kredit, um diesen vor allem demografischen Prozess einige Dezennien währen zu lassen – wobei, wie der Autor im Schlusskapitel einräumt, mit dem Transhumanismus und der Künstlichen Intelligenz ein neuer Akteur auftritt, dessen Rolle noch nicht ganz klar ist, aber immens sein wird, denn ob die schiere Zahl biologischer Nachkommen unter dem Blickwinkel der transhumanistischen Machtübernahme überhaupt noch etwas bedeutet, darf bezweifelt werden.

Die westlichen Wortführer glauben freilich, ihre Zivilisation sei als erste von allen unsterblich, sie verkörpere das »Ende der Geschichte« (Francis Fukuyama), sozusagen das Siegel der Zivilisationen, und alle anderen strebten danach, zu leben wie der Westen. Das ist natürlich ein Köhlerglaube und, global gesehen, eine Provinzlerposse, ob nun gespielt von Texanern wie George Bush jun., dem nicht einmal bekannt gewesen sein soll, dass Muslime sich in Sunniten und Schiiten scheiden (das kann aber auch Propaganda sein), oder von deutschen Leitartiklern, deren moralisierender Germanozentrismus seine drolligen Seiten hätte, wenn er nicht von so autoaggressiver Uneleganz wäre.

Jedenfalls hat »der Westen« *als Kultur und als Gesellschaftsmodell* vielerorts an Attraktivität und Vorbildlichkeit verloren, ob nun in Nordafrika, China, dem Orient, aber auch vor den Haustüren von Malmö, Marseille, Blackburn oder Duisburg weicht er zurück. Der Islam wächst, Asiens Macht und Einfluss wachsen, Russland ist militärisch wiedererstarkt, Afrika vermehrt sich, wie man sagt, explosionsartig, und *von der Technik abgesehen,* bei deren Adaption die Asiaten weit fortgeschritten sind, legt man in diesen Weltgegenden auf westliche Werte wenig Wert (nur einige Asiaten konservieren rührenderweise die im Westen längst abgeräumte abendländische Hochkultur). Der Demokratieexport der Amerikaner ist, außer bei den servilen Deutschen, überall gescheitert, doch wie man im deutschen Westteil sieht, hat die Medizin nicht geholfen, der Selbsterhaltungstrieb ist weg, die *letzten Menschen* bitten zum *letzten Tanz.*

Unter dem »sexuellen Terrorregime« (Onfray) des Christentums verhielt sich das noch anders, die Bevölkerungszahlen wuchsen schnell, so wie sie heute bei den orthodoxen Juden und eben vor allem bei den Muslimen rasant wachsen, deren Sexualmoral ähnlich restriktiv ist, während der promiskuitive, liberale Westen zwar technische und medizinische Katalysatoren für die Bevölkerungsexplosion geliefert hat, aber kaum mehr autochthone Nachkommen produziert. Die Wette der westlichen linken und liberalen Progressisten – der Begriff hier immer im Sinne des Liberalismus, nicht der Liberalität verwendet – lautet, dass auch nach der mählichen Vermischung des westlichen Menschen mit den Migranten die westliche Gesellschaft einfach bruchlos weiterbesteht (für die Linken existiert der westliche Mensch bekanntlich nur als Rassistenphantasie, alle Menschen sind für sie gleich). Und wenn nicht? Ja, dann eben nicht.

Über die Muslime schreibt Onfray: »Wir haben den Nihilismus, sie haben die Inbrunst. Wir sind erschöpft, sie erfreuen sich bester Gesundheit. Wir leben im Moment und verzehren uns langsam selbst, sie sind auf Du und Du mit der Ewigkeit (…) Wir haben die Vergangenheit, sie haben die Zukunft, denn für sie beginnt alles gerade erst, während für uns alles endet. Alles hat seine Zeit.« Hach, wie undifferenziert! Kein Wunder, dass ihn das hiesige Feuilleton der »Islamophobie« zieh. Dort, wo die Kanzlerin selber die Kerkaporta öffnet, bleibt einem linientreuen Intellektuellen schließlich kaum etwas anderes übrig, als die Melodie von »Hört was kommt von draußen rein? Wird wohl nichts gewesen sein« zu pfeifen.

Die fatalistische oder schwarze Geschichtsschreibung ist in Deutschland regelrecht geächtet. Fritz Stern hat in seinem Buch *Kulturpessimismus als politische Gefahr* das »kulturelle Unbehagen« der bürgerlichen Eliten getadelt, das sie in die Arme Hitler getrieben habe. »Wer kulturelles Unbehagen verspürt, ist damit gewarnt« (Arnold Gehlen). Der Vorwurf steht bis heute bolzenfest; Kulturpessimismus ist keineswegs, wie ich mal geschrieben habe, ein dem Kotzen nicht ganz unverwandter Reflex einer handvoll übriggebliebener Kultivierter, sondern *Wasser auf die Mühlen* von Sie wissen schon. Sämtliche deutsche Rezensionen von Onfrays Opus waren Verrisse; kein BRD-Feuilletonist dürfte sich erlauben, es zu loben, das widerspricht gewissermaßen der optimistischen Parteilinie.

Der Franzose gliedert seine Gesamtschau in zwei Teile: »Zeit der Vitalität« und »Zeit der Erschöpfung«. Viele Kapitel sind dem Christentum gewidmet, das für ihn auf einer paulinischen Sexualneurose – also, er ist ja Nietzscheaner, auf dem Ressentiment – gründet. Die Phase des Aufstiegs und jene des Niedergangs unterscheiden sich in den *Motiven* der Akteure allerdings kaum, überall sieht Onfray dunkle Triebe und niedere Instinkte am Wirken, die Sonne Kants bricht nirgends durch die Wolken. »Der Zivilisierte ist der Barbar, der Erfolg hatte«, notiert Onfray. »Keine Zivilisation ist je aus Heiligen, Pazifisten, Gewaltlosen und Tugendhaften entstanden – eben den netten Menschen. Vielmehr sind es immer Banditen, Mörder, Folterer und Sadisten, die die Grundlage einer Zivilisation bilden. Die Chorknaben hinter Jesus eignen sich nur als Künstler, Dichter oder Philosophen, aber hinter Paulus fuchteln Kraftprotze mit dem Schwert.«

Einzig die intellektuelle Verbrämung der Blutspuren ändert sich im Laufe der Zeiten: »Chemiewaffen, Minen, Massenverhaftungen, Deportationen, Hinrichtungen, Massaker, Folter, Vergewaltigungen, Morde an Frauen, Kindern und Alten, zerstörte Dörfer, Brandstiftung, blutrote Flüsse, Massengräber, Ertränkungen, Plünderungen, gegerbte Menschenhäute, Frauenfett in Fässern, zerstückelte aufgehängte Leichen und Öfen, in denen Frauen und Kinder verbrannt wurden – all das geschah um 1790 in der Vendée im Namen von Freiheit, Gleichheit und Brüderlichkeit, im Namen der Republik und des Glücks ihrer Bürger.«

Wer dem Autor nun vorwürfe, er schildere den Aufstieg so negativ wie den Abstieg, hat die Tragödie nicht begriffen.

29. Januar

Aus dem Zitatenkästlein des Michel Onfray: »Sprenger und Institoris (die Verfasser des ›Hexenhammer‹ – M.K.) kommt innerhalb der Theologie der Inquisition der Rang zu, den etwa Deleuze und Guattari für die Philosophie der 1970er Jahre haben.«

***

Gestern lud die Deutsche Atlantische Gesellschaft zum Vortrags- und Diskussionsabend ins Adlon. Als der Hauptredner, Géza von Geyr, Ministerialdirektor im Verteidigungsministerium, den islamischen Terrorismus kurzerhand in »transnationalen Terrorismus« umtaufte bzw. umdefinierte, war ich einigermaßen irritiert; als er erklärte, aus heutiger Sicht gebe es für den Brexit keine nachvollziehbaren Gründe mehr, stand ich kurz davor zu gehen; als er versicherte, das Ziel der deutschen Sicherheitspolitik sei »eine demokratische, tolerante Gesellschaft«, bin ich gegangen.

***

Ein guter Bekannter bringt die Kategorie des Rangs ins Gespräch. Sie sei für seinen Umgang mit anderen Menschen zentral. Jedem Menschen sei sein Rang gleichsam eingeprägt. Man müsse sich stets bewusst sein, ob man im Range über oder unter seinem Gegenüber stehe. Wenn jeder seinen Platz kenne, erleichtere das den Umgang miteinander ungemein.

Da schluckt der kleine Modernski: Was sind denn das für alte Zöpfe? Schließlich hat jeder Berliner Abiturient schon bei Schiller gelesen: »Dieses Possenspiel des Ranges/ Sei künftighin aus unserm Bund verwiesen!« (*Don Carlos,* 1. Akt, 9. Auftritt). Rang ist so was von altmodisch und out! Das kann jeder beim Teammeeting, Grünen-Parteitag oder Yogakurs, ja sogar bei der Dienstausgabe in der Bundeswehr studieren. Die Zukunft gehört flachen Hierarchien.

Dieser Rang – der offizielle Dienstrang – ist aber nicht gemeint. Der Rang bezeichnet die Persönlichkeit eines Menschen, seinen Charakter, seine Fähigkeiten, seinen Geist, seinen Stolz, seine Standhaftigkeit, seine – um ein Lieblingswort der aktuellen Mollusken zu verwenden – Haltung. Kurzum: seinen Wert. Carlos spricht zwar von einem »Bund«, doch er weiß, dass Posa in jenem anderen, unsichtbaren Rang über ihm steht. Wenn Sie sich Kurt Schumacher anschauen und dessen späten Genossen Heiko Maas, dann besteht trotz des höheren Dienstranges von Heiko, der Regierungsmitglied und Außenminister ist, während Schumacher bloß Oppositionsführer war, nicht die Spur eines Zweifels über die Rangordnung.

Zwischen zwei Männern existiert immer ein Gefälle, immer eine spontane Rangordnung, und wenn sie von den Betreffenden nicht selbst wahrgenommen wird, erledigt es die Umwelt. Das gilt auch und sogar für gute Freunde. Bei Marx und Engels war das Gefälle so klar wie bei Strauss und Hofmannsthal oder bei Goethe und Schiller. Niemand begegnet einem anderen wirklich auf Augenhöhe. Dass die meisten es nicht bemerken, weil sie für solche Nuancen kein Sensorium besitzen und die Gesellschaft ihnen einredet, Gleiche unter Gleichen zu sein, tut nichts zur Sache, schmälert aber halbwegs verlässlich ihren eigenen Rang.

30. Januar

Die europäische Menschenrechtskonvention ist mit der Scharia unvereinbar: »The Court has ruled that Sharia law is incompatible with the European Convention on Human Rights, but obviously this does not mean that there is absolute incompatibility between the Convention and Islam«, hat der Europarat statuiert. Der Schiedsspruch wurde notwendig, weil drei Mitgliedsstaaten – Albanien, Aserbaidschan und die Türkei – sowohl die europäische Konvention als auch die »Kairoer Erklärung der Menschenrechte« unterzeichnet haben, welch letztere bekanntlich alle Paragraphen unter den Scharia-Vorbehalt stellt. »This distinction between Sharia and Islam to consider the former as incompatible with the ECHR contrary to the second is not obvious«, heißt es weiter. Dies nur vor dem Hintergrund, dass der Verfassungsschutz in seiner Best-of-Sammlung von AfD-Zitaten der Schwefelpartei vorwirft, die Scharia bzw. den Scharia-Islam (Umfragen geben Anlass zu der Vermutung, dass der auch unter hierzulande lebenden Muslimen mehrheitsfähig ist) als unvereinbar mit dem Grundgesetz darzustellen.

2. Februar

Die *Zeit* alarmiert: »In ihrer Selbstdarstellung auf YouTube und Instagram orientieren sich junge Frauen und Mädchen weitgehend an veraltet anmutenden Rollenbildern. Das ist das Ergebnis mehrerer repräsentativer Studien zu Geschlechterdarstellungen in den sozialen Medien, die die von Schauspielerin Maria Furtwängler und ihrer Tochter Elisabeth gegründete Stiftung MaLisa in Auftrag gegeben hat. Die Geschlechterdarstellungen in den erfolgreichsten YouTube-Kanälen basieren den Studien zufolge zudem auf althergebrachten Stereotypen.«

Reichlich veraltet anmutende weibliche Rollenbilder sind seit einigen Jahren in Deutschland tatsächlich *en vogue,* das stimmt. Einwanderer aus einer speziellen Weltgegend betrachten Frauen als ihr Eigentum, auch diejenigen, die sie eben erst in der Disco oder auf dem Schulhof geschossen haben; die maskuline Polygamie wird Schritt für Schritt legalisiert, und der deutsche Steuerzahler darf die mit einer gewissen Folgerichtigkeit daraus entstehenden fidelen Großfamilien alimentieren; immer mehr weibliche Köpfe verschwinden unter Kopftüchern oder kompletteren Verhüllungen; minderjährige Mädchen werden neuerdings auch hierzulande zwangsverheiratet; hunderte Zwangsbeschneidungen von Mädchen finden inzwischen jährlich im einstigen Stammland der Aufklärung statt. Außerdem diskriminieren politische Hinterwäldlerinnen wie Justizministerin Barley und SPD-Chefin Nahles andere Frauen, indem sie unterstellen, sie seien zu dämlich, um ohne Quoten an gute Jobs zu kommen.

Aber das meint die feministisch bewegte Milliardärsgattin Furtwängler natürlich nicht, sie stößt sich vielmehr daran, dass hier »das Frauenbild der Fünfzigerjahre gefördert« werde, also der *deutschen* Fünfzigerjahre, der Spätausläufer des sexistischen europäischen Mittelalters, eine bleierne Zeit, als man noch an Geschlechtsunterschiede bzw. Geschlechterrollen glaubte statt an die freie Wahl seines Geschlechts und juvenile Blondinen sich reiche bzw. einflussreiche ältere Männer angeln mussten, um eine Filmkarriere hinlegen zu können.

»Auch in Musikvideos, die heute überwiegend über YouTube konsumiert werden, werden Frauen den Angaben nach noch immer mehrheitlich sexy und passiv inszeniert«, ächzt die *Zeit*-Autorin, zu deren Gunsten wir mal annehmen, dass sie sich allzeit aktiv unsexy inszeniert.

»Wenn man sieht, dass die Frauen auch in den Medien, die hauptsächlich von Jugendlichen konsumiert werden, nur ein Drittel der Protagonistinnen und Protagonisten stellen, muss man sich fragen, was mit den Strukturen nicht stimmt«, meint wiederum Frau Furtwängler, schreibt die *Zeit*. Dass mit den Strukturen etwas nicht stimme, wenn irgendwo zu wenige Frauen vertreten sind, wo sich etwas abgreifen lässt: Dieses Mantra kennt man inzwischen zur Genüge, und zumindest die »Tatort«-Mädels haben es geschafft, ihre numerische Gleichstellung durchzusetzen, auch wenn in der tristen Realität Kommissarinnen eher die Ausnahme sind. Nochmals: Die Maid mit dem erlauchten Namenspedigree spricht von *YouTube* und *Instagram* – »nach Angaben der Stiftung MaLisa wurden für die Studie der Universität Rostock und der Filmuniversität Babelsberg 1 000 YouTube-Kanäle analysiert, 2 000 Videos untersucht und 14 YouTuberinnen in Interviews zu ihrer Sicht auf die Branche befragt« –, also von zwei Online-Plattformen, deren angeblich »nicht stimmende« Struktur darin besteht, dass jeder dort freien Zugang hat, wo also die völlige Freiheit der Selbstdarstellung herrscht. Und das passt Quotenforderern und Regulierern bekanntlich nicht, nie sind solche Figuren mit der Freiheit zufrieden, weil die immer zu falschen Ergebnissen führt. Gibt man Frauen und Männern die Möglichkeit, sich einfach so zu präsentieren, wie sie mögen, dann kehren auf einmal die sogenannten Geschlechterstereotype wieder, gegen die auf allen Kanälen und in allen Redaktionen rund um die Uhr vergeblich agitiert wird. Allerdings handelt es sich dabei nicht um die »Geschlechterrollen der Fünfziger«, sondern um jene der *Conditio humana*. Dann stellen sich, ein paar teils liebenswürdige, teils bedauernswerte Freaks ausgenommen, Frauen eben weiblich und Männer eben männlich dar – und es gibt kein Mittel dagegen außer Quotenforderungen, Diskriminierungsgeplärr, Manipulation und staatlichem Druck.

Auf *Instagram*, jammert es weiter, seien insbesondere Frauen erfolgreich, die einem normierten Schönheitsideal entsprächen, und die seien »dünn und langhaarig« – nicht etwa fett und mindestens auf einer Seite des Schädels kahlrasiert, wie es in Berliner Szenebezirken guter Standard ist. Außerdem hätten die für die Studie befragten Youtuberinnen »von Hürden gesprochen, die es erschwerten, aus dem Thema Schönheit auszubrechen und sich neue Genres wie Comedy oder Politik zu erschließen«. Eine der Vierzehn gab zu Protokoll: »Eine starke eigene Meinung schmälert deinen finanziellen Wert, weil sich dann bestimmte Firmen nicht mehr mit dir zeigen wollen.« Zum Beispiel, wenn man die starke eigene Meinung vertritt, dass Frauen sich weiblich und Männer sich männlich präsentieren sollten. Oder die starke eigene Meinung, dass Frauenquoten begabte Frauen erniedrigen und unbegabte fördern. Oder auch nur, wenn man seine starke eigene Meinung auf Plattformen wie *achgut* oder *eigentümlich frei* publiziert. Oder wenn man die starke Meinung am Ende gar, hui-buh!, in der Schwefelpartei vertritt …

Die Vorzeile des *Zeit*-Artikels lautet übrigens: »Junge Frauen inszenieren sich einer Studie zufolge auf Instagram und YouTube nach althergebrachten Stereotypen. Ihr Credo: Hauptsache, keine eigene Meinung vertreten.« Dass man bloß von einer Probandin thesenorientiert auf alle anderen schließen muss, um zur erwünschten Aussage eines Artikels zu gelangen, das haben sie im Hamburger Weltblatt seit Langem verstanden, zum Höcke! Von den Vertreterinnen der deutschen Wahrheits- und Qualitätsmedien könnten die sich im Netz spreizenden langhaarigen und schlanken Dummchen, so sie denn wollten, immerhin lernen, welche Meinungen bei ihnen als »eigene« durchgehen würden. Deren Zahl ist gottlob überschaubar.

7. Februar

Merkwürdig: Nachdem die AfD-Fraktionsvorsitzende Alice Weidel den Publizisten Henryk M. Broder öffentlich umarmt hatte, also die Rechtspopulistin ihre Sympathie für einen Juden zum Ausdruck brachte, hat kein Journalist, kein Autor, kein politischer Konkurrent erklärt, nun zeige die AfD »endlich ihr wahres Gesicht«.

Das »wahre Gesicht« der AfD präsentiert nämlich, wenn Björn Höcke mal ausfällt und Richter Maier nicht twittert, der fraktionslose Stuttgarter Abgeordnete Wolfgang Gedeon (wobei *der* angesichts von Weidels Umarmung tatsächlich gedacht haben mag: Jetzt zeigen sie an der Parteispitze ihr wahres Gesicht ...)

* * *

Die Geopolitik kehrt wieder, und sie hat nichts zu tun mit Brüsseler Spitzen, UN-Gremien, »multilateralen Lösungen« oder

Antidiskriminerungsverordnungen. Die Meldung des Tages ist Macrons Absage für die Münchner Sicherheitskonferenz vor dem Hintergrund des Streits um die »Nord Stream 2«-Pipeline (auch wenn angeblich mal wieder nix mit nix zu tun hat). Die Franzosen stellen sich gegen die Gastrasse (Gas-Trasse, geehrter Herr ***, nicht Gast-Rasse!) und auf die Seite der Amerikaner; sie beteuern, die Interessen der Osteuropäer zu vertreten. Das amerikanische Argument gegen russisches Gas für Deutschland lautet, es mache uns durch den Kreml erpressbar, und wir müssen uns schon entscheiden, ob wir aus dem Kreml oder dem Weißen Haus erpresst werden wollen. Wie es aussieht, bahnt sich zwischen Russland und den USA ein Revival des Kalten Krieges an, in das die Europäer naturgemäß involviert sind. Es geht um die Ukraine, der schon bei Zbigniew Brzeziński die Rolle des strategischen Zankapfels zugewiesen wird – US-Botschafter Richard Grenell warnt, durch das Gas-Projekt würde die Gefahr einer russischen Intervention in der Ukraine steigen –, und Deutschland hat sich aus der Sicht des wankenden Hegemons in Übersee gegen Russland zu positionieren. Der Aufstieg Chinas im Rücken der Russen verleiht der ganzen Sache eine besondere Pikanterie. Das deutsche Problem lautet: Was tun? Den Amis sowie unserem lieben Freund Macron nachgeben und die Pipeline *canceln*?

Jetzt kommen kurioserweise die Grünen ins Spiel und Angela Merkel als eigentlich deren Kanzlerin. 2022 gehen die deutschen AKW vom Netz, parallel steigt Deutschland aus der Braunkohleverstromung aus, die deutschen Gaskraftwerksbetreiber sind über die Jahre verprellt und hintangestellt worden, sie haben hochmoderne Anlagen demontieren müssen und teilweise nach Amerika verschifft. Zugleich wachsen die subventionierten Windparks, deren entscheidende Eigenschaft darin besteht, dass sie mal Strom liefern und mal nicht, und es gibt kein Mittel dagegen. Wir haben heute schon große Probleme mit der Energieversorgung, »immer wieder kommt es zu brenzligen Situationen, wenn Solar- und Windkraftanlagen zu wenig Strom liefern. Dann müssen Industrieanlagen abgeschaltet werden. Die Netzschwankungen könnten aber noch schlimmer werden«, notiert die *FAZ*. Die »Instabilität des deutschen Stromnetzes« setzt die Linz AG unter Druck: »Weil der unregelmäßig erzeugte Windstrom aus Norddeutschland wegen mangelnder Leitungskapazitäten nur schwer zu den großen Abnehmern der Industrie im Süden transportiert werden kann, müssen südliche Stromerzeuger immer kurzfristiger ›dagegenhalten‹«, maulen die *Oberösterreichischen Nachrichten*. (Gleichzeitig zahlt Deutschland dafür, dass die Nachbarn die Stromüberproduktion abnehmen, wenn mal die Sonne richtig scheint und der Wind kräftig weht.) Wenn nun die Pläne mit dem russischen Gas scheitern, was dann? Frieren für Amerika? Monsieur Macron, erinnern wir uns, erklärte in seiner Jahrtausendrede zur »Neubegründung Europas« vor der Pariser Sorbonne »die kohlenstofffreie und kostengünstige Atomenergie« für »unerlässlich«; er hat heute beim Blick über den Rhein die Lacher auf seiner Seite.

Irgendwann wird es einen Blackout geben. Das wäre schlimm für diejenigen, die dann in steckengebliebenen Liften erfrieren oder verdursten, auf Intensivstationen sterben, weil die Notstromaggregate nicht ausreichen, bei Unruhen getötet werden oder was auch immer, aber am schlimmsten wäre es für die Grünen, denn die würden ihn politisch nicht überleben; der so unendlich brave, duldsame und wohlmeinende deutsche Michel würde dann doch schnallen, welcher Gaunerbrigade er (oder meistens wohl sie, die Micheline) sein Vertrauen geschenkt hat und wohin die Mentalitätsherrschaft dieser Spitzbuben das Land gebracht hat. Aber unterhalb einer echten Katastrophe wollen Deutschmichel und Deutschmichelinchen ja seit ca. hundert Jahren keine Lektion lernen.

***

Grundgesetzkunde mit Thomas Oppermann. Der Sozi teilt, einen Juraprofessor zurechtweisend, welcher schrieb: »Im Grundgesetz steht nicht ›Alle Menschen sind gleich‹, sondern ›Alle Menschen sind *vor dem Gesetz* gleich‹«, via *Twitter* mit: »Im GG steht auch: ›Alle Menschen sind gleich viel wert.‹ (Art. 1, Abs. 1).« Ich schrieb hier vor kurzem, dass diese Republik nie ein dümmeres politisches Personal gesehen hat als das derzeitige, und beantrage, dieses Beispiel auf die Beweisliste zu setzen.

8. Februar

Gute Partygesprächseröffnungsfragen, nächste Folge: »Und welchen Wohlstand haben Sie geschaffen?«

***

Das Mutterland der *identity politics* ist Ruanda.

***

Das Leben hat mich gelehrt, den Begriff Aufklärung nur mit ironischem Unterton zu gebrauchen – heute las ich, der Regensburger Philosophiehistoriker Karlfriedrich Herb habe über Kants Vernunftbegriff das (übrigens lupenrein rassistische) Geschmacksurteil gefällt, jener sei »zu weiß, um rein zu sein«;

die postweiße Aufklärung wird nicht mehr vom hohen Ross, sondern direkt vom Baum verkündet –, doch angesichts der neoreligiösen Erweckungshysteriker, welche dieses Land in zunehmender Frequenz und immer schriller durchkreischen, bin ich geneigt, das Wort völlig außer Gebrauch zu stellen. Wenn eine 16-jährige offenbar seelisch labile Schulschwänzerin zum Nachwuchsheiland deklariert und von einer seelisch ebenfalls noch nicht ganz gefestigten Grünen-Bundestagsabgeordneten namens Lisa Badum für den Friedensnobelpreis vorgeschlagen wird – warum eigentlich nicht gleich für den Physiknobelpreis? –, sind wir den kollektiven Wahnvorstellungen des Mittelalters erfreulich nahe.

* * *

Dass der Libertäre Hans-Hermann Hoppe, der die Parteiendemokratie für einen »Wettbewerb der Gauner« hält (so der Titel seines letzten Buches), ein Schüler von Jürgen Habermas war – oder ist, irgendwie bleibt man's ja –, dass er jedenfalls vom führenden deutschen Transzendentaldemokraten promoviert wurde, verwundert zunächst jeden, der in beider Werk auch nur geblättert hat. Bei näherer Betrachtung allerdings erschließt sich eine logische Konsequenz. Hoppe verlegt die Diskurstheorie des Gevatters Habermas, dessen Aberglaube an die Moderation aller Konflikte durch den »zwanglosen Zwang des besseren Arguments«, in die einzige mögliche Sphäre, wo ein zwangloser Zwang gesamtgesellschaftlich seine Wirkung zu entfalten vermöchte: den Markt. Der Ansatz von Habermas ist unmöglich, weil er der menschlichen Natur zuwiderläuft; die Nicht-Geltung kann jeder an sich selber studieren – wer lässt sich schon gegen seine Interessen von einem Argument überzeugen? –, und wem das nicht genügt, der mag sich an Günter Maschkes treffliche Bemerkung halten, dass die Habermassche Theorie schnell, bequem und täglich durch die Abendnachrichten erledigt wird. Doch wenn man aus der Kommunikationstheologie einen zwanglosen Zwang der besseren Ware resp. der besseren Dienstleistung destilliert, gewinnt die Sache auf einmal Plausibilität. Nicht der Kommunismus ist die große Utopie, nein, der freie Markt ist es.

14. Februar

Bundesinnenminister Thomas de Maizière räumt, wie ein Qualitätsjournalist schreiben würde, ein, dass die Bundesregierung sich in der sogenannten Flüchtlingskrise 2015 »von Stimmungen leiten lassen« habe – so der Minister gegenüber der *Bild*-Zeitung –, statt »nüchterner« zu handeln. »Deutschland hätte Bilder von Wasserwerfern gegen Flüchtlinge nicht ausgehalten«, beteuerte de Maizière, der nicht den »Bluthund« (Gustav Noske) geben wollte. Die Regierung hätte rigide Maßnahmen unter dem Druck der Volksmilde schnell wieder zurücknehmen müssen, vermutet der Minister, was wiederum eine »Sogwirkung« erzeugt haben würde. Merkwürdigerweise gab es ja genau das, eine Sogwirkung, *ohne* rigide Maßnahmen, verursacht durch Bahnhofsklatscher, Kanzlerinnen-Selfies, übergeschnappte Leitartikler und andere symbolische Schenkelöffnungen, aber es würde auch eine Sogwirkung gegeben haben, hätte die Regierung der Flut wehren wollen; »Sog, überall Sog!« (so Hans Sachs im Sog-Monolog, *Meistersinger*, Dritter Aufzug). Damit bestätigt de Maizière die Kernaussage aus Robin Alexanders Buch *Die Getriebenen*: Die Merkeltruppe habe aus Gründen vermuteter Stimmungen im Lande und aus Angst vor »schlimmen

Bildern« auf Grenzsicherung und Schutz der ihr via Amtseid anvertrauten Bevölkerung verzichtet und das im Nachhinein als ein Gebot höherer Ordnung, als Edelmut, Afrikarettung, Fachpersonalrekrutierung und notwenige Gesellschaftsverbuntung verkauft.

Bemerkenswert ist an de Maizières Aussage, dass er den Deutschen eine Mitschuld daran gibt, wenn in ihren Straßen, Parks und öffentlichen Verkehrsmitteln nunmehr die *Darwin Awards* eröffnet sind, von denen ein fröhlicher Opportunist im Range eines Ministers naturgemäß nichts mitbekommt. Lag jener Engländer, der Deutschland einen »Hippie-Staat« nannte, am Ende gar nicht so verkehrt?

Vermutete Stimmungen in der Bevölkerung, das ist nun freilich ein sonderbares Kriterium für politisches Handeln, zumal solche Stimmungen ja sonst kaum ins Gewicht fallen. Tatsächlich hat die Regierung primär auf *Stimmungen in der Öffentlichkeit* reagiert, also in jenem Teil der Bevölkerung, der medial tatsächlich repräsentiert wird, dem »Überbau«, jener bunten, oftmals staatsalimentierten Gaukler-Welt aus Medien, Parteiapparaten, Stiftungen, Verlagen, Kulturinstitutionen, Kirchen, Universitäten, Gewerkschaften etc. pp., dem all jene »Wir sind mehr«- oder »Wir sind viele«-Krakeeler entstammen, denen heute die Luft dünn wird und bei denen die Angst wächst vor dem seinerseits wachsenden Erfolg der Rechtspopulisten, weil die ihnen die Subventionen streichen werden, sobald sie irgendwo regieren. Die Regierung handelte im selben witternden Modus wie beim Atomausstieg. Wenn die Stimmung eines durch und durch parasitären Milieus, dessen Anteil an der gesellschaftlichen Wertschöpfung ungefähr dem Merkelschen Anteil an der Veredelung der deutschen Sprache entspricht, die bislang katastrophalsten Entscheidungen einer Bundesregierung herbeizwingen konnte, illustriert das sehr plakativ, dass die Agenten der kulturellen Hegemonie und Invasoren des vorpolitischen Raumes von Gramsci bis Dutschke die richtige Strategie wählten. In medial gelenkten Gesellschaften herrscht derjenige, der über die Stimmung im öffentlichen Raum gebietet und die Regierenden zum Apportieren zwingen kann. Dass sie dabei am eigenen Ast sägen, ist Linken eigentümlich.

Dank der neuen Medien und dem Aufstieg der Populisten neigt sich diese Herrschaft europaweit ihrem Ende zu. Das erklärt die Wut und den Eifer, mit dem die Sachwalter des *Status quo* die neuen Konkurrenten bekämpfen und eine Verbotsdrohung nach der anderen präsentieren, ob nun das Netzwerkdurchsetzungsgesetz, die Erklärung der einzigen Oppositionspartei zum Verfassungsschutz-«Prüffall« – wo Landesverrat Staatsräson ist, wird Rechtstreue zum Verfassungsbruch –, die immer neuen Denunziationsaufrufe, die immer neuen Anläufe, das Internet zu kontrollieren und Algorithmen zu entwickeln, die falsche Gesinnungen aufspüren und automatisch beseitigen sollen. Oder eben das »Framing«-Papier der ARD, über das Don Alphonso trefflich festhält:

»Ich verstehe, warum die Zwangsgebühren-ARD ihr Framingmachwerk nicht in der Öffentlichkeit sehen will. Es enthält mannigfaltige Hinweise, was diese Leute hier auf gar keinen Fall über sich lesen wollen. Im Kern ist es ein Leitfaden zum Trollen. Natürlich ist das Ding voller empörender Einlassungen, wie sich da eine Pfründenkaste den Bauch pinseln lässt. Aber ganz ehrlich, wer so etwas nötig hat, hat Angst. Die Angst tropft da aus allen Zeilen. Angst allein vor den Bezahlern, keine Angst vor der Politik.«

PS: Selbstverständlich ist es vor allem der *Sog* und weniger der *Druck*, der die sog. Flüchtlingsströme nach Europa lenkt;

der Druck würde sich in die unmittelbaren Nachbarländer verteilen.

***

Höhepunkte der Willkommenskultur:

»Die Stadt Oslo schätzte vor ein paar Jahren, dass 50 bis 70 Prozent der Somalier die illegale Droge Khat konsumieren. Da sie bis morgens um vier oder fünf Khat kauen und danach den ganzen Tag schlafen, obliege die Versorgung der Familie den Frauen« (*Neue Zürcher Zeitung*). Und dafür sind sie extra nach Skandinavien geflohen. Ist das nicht rührend?

17. Februar

Ein enger Verwandter ist seit einem halben Jahr mit einer Zentralafrikanerin liiert, und vor kurzem verbrachte er seinen ersten längeren Urlaub im Lande der Liebsten. Nach der Heimkehr berichtete er, was so ziemlich alle Afrika-Reisenden zu berichten pflegen: Er schwärmte von der Großartigkeit der Landschaften, von der Natur überhaupt, von der Herzlichkeit und habituellen Grundfröhlichkeit der Menschen, aber zugleich beteuerte er, dass man diesen Kontinent wohl nicht zu Unrecht den *verlorenen* nenne; nichts funktioniere dort richtig, von der simpelsten häuslichen Technik bis zur Infrastruktur, doch niemand nehme daran Anstoß, geschweige dass sich jemand zur Beseitigung der Miseren und Kalamitäten aufraffte; die Sicherheitslage sei vielerorts prekär, so etwas wie eine *res publica* existiere nicht, die Vorstellungen von Recht und Eigentum, die Einstellung zur Arbeit, der herrschende Glaube an Voodoo, Hexerei usw., all das sei mit der europäischen Lebensweise wenig kompatibel. Die

Eingeborenen dächten und empfänden in Familien oder Clans, Loyalitäten darüber hinaus seien eher unbekannt, das Verhältnis zu Terminen und Absprachen sei überaus elastisch, kurzum: man lebe dort einfach grundlegend anders als hierzulande.

Dergleichen aus empirischen Beobachtungen gewonnene Schlüsse sind weder repräsentativ noch falsifizierbar. Was den Blickwinkel des konkreten Beobachters betrifft, sind sie wahr, und je mehr konkrete Beobachter dieses »Narrativ« bestätigen, desto wahrer wird es. Die Feststellung, dass Afrikaner anders sind als Europäer, ist eine Binse.

Anders ist nun aber bekanntlich das neue *schlimm*, weshalb jeder Hinweis darauf, dass menschliche Großkollektive sich voneinander unterscheiden, womöglich sogar auf eine unvereinbare Art und Weise, von den Agenten des Globalismus als rassistisch weggebügelt wird. Tatsächliche Verschiedenheit ist unseren Buntheitsverkündern nämlich ein Greuel. Die Propagandisten eines radikal universalistischen Menschenbilds wollen jedes Individuum nur noch als *Tabula rasa* gelten lassen, als ein folgenlos umtopf- oder vermischbares Wesen ohne kulturelle Prägungen, ohne Traditionen, ohne ethnische oder – *horribile dictu* – genetische Unterschiede, das schließlich als gleichartiger und gleichberechtigter globaler Marktteilnehmer konfliktfrei mit anderen Gleichartigen aufeinandertrifft. Jeder weiß, dass es sich bei diesem Modell, wohlwollend formuliert, um eine Illusion handelt. Das Motto der gutmeinenden Nivellierer lautet deshalb: Friss es – oder sei *Rassist*.

Der »Fachverband Afrikanistik e.V.«, ein Hochschulwissenschaftlerverein, hat die Bundeskanzlerin in einem offenen Brief aufgefordert, den Afrika-Beauftragten der Bundesregierung, Günter Nooke, zu entlassen. Der CDU-Politiker, heißt es darin, habe sich mit »kolonialen Stereotypen und rassistischen

Untertönen« für diesen Job unmöglich gemacht – Sie merken, geneigter Leser, das Deutsch der Kläger stammt vom Grabbeltisch, aber es sind ja auch *Afrikanisten.* (Nookes Äußerungen werden in den *Acta*-Notaten vom 25. und 30. Oktober 2018 behandelt.)

Die *Welt* berichtet: »Am Mittwoch kam es im Bundesministerium für wirtschaftliche Zusammenarbeit und Entwicklung in Berlin zur Aussprache zwischen Nooke und den Afrikanisten. In der für Journalisten zugänglichen zweistündigen Debatte, die nicht immer frei war vom Anschein eines Tribunals und von gereizten Reaktionen, wollte Kramer wissen, ob Nooke weiterhin zu seinen Interviewaussagen stehe. Für ›erheblichen Unmut‹ – so steht es im Brief an Merkel – hatte der einstige DDR-Bürgerrechtler mit Hinweisen darauf gesorgt, dass die Gesellschaften in Afrika ›anders funktionieren‹, dass es ›Clanstrukturen‹ gebe und, auch wegen hoher Temperaturen und Luftfeuchtigkeit, ›die Arbeitsproduktivität auf dem Bau eine andere ist als hier‹. Nooke weiter: ›In Niger bekommen die Frauen im Schnitt 7,3 Kinder, die Männer hätten gern elf!‹«

Eine Professorin monierte zudem, Nooke habe ins Gästebuch im Opernhaus von Mali einen Satz geschrieben, den sie zwar nicht genau kenne, der aber »irgendwie so in der Art« lautete: »Afrika, so nah und doch so fern.« Mit dieser Bemerkung habe Nooke das Stereotyp verbreitet, Afrika sei »anders«. Also ein Stereotyp, das durch jede Afrika-Reise, jeden Dokumentarfilm von dort und neuerdings auch die Ausbreitung bizarrer afrikanischer Riten in Europa bezeugt wird. Manche Afrikanisten erblicken darin wohl eine Hintansetzung ihrer Klientel, was ich, wenn man mich früge, für latent rassistisch erklären würde, sofern ich mir diesen Plapperbegriff nicht generell verböte. Ich schweife ab –.

Was denn an seinen Aussagen falsch sei, begehrte Nooke von den Dementoren einer ähnlichkeitsbasierten Afrikanistik zu wissen. »Wir als Geisteswissenschaftler haben vielleicht einen anderen Faktenbegriff als Sie«, ließ sich der Hamburger Professor Jürgen Zimmerer mit der Replik nicht lumpen. Ob diese Version des soeben noch geschmähten Andersseins womöglich mit dem Forschungsgegenstand zu tun hat? Dass die meisten aktuellen westlichen Geisteswissenschaftler in ihrem konstruktivistischen Rausch Fakten nicht mehr von Thesen, Hypothesen, Parenthesen und Ansichten unterscheiden können, bezeugt bereits die Rede vom »Faktenbegriff«. O glücklich, wer noch hoffen kann, aus diesem Meer des Irrtums aufzutauchen!

Nooke, Jahrgang 1959, wie gesagt ein Ostdeutscher und als solcher im Einknicken, Distanzieren und Zerknirschungsheucheln noch immer von zonaler Ungeschmeidigkeit, nahm seine »umstrittenen« Äußerungen übrigens nicht zurück. Er ist wahrscheinlich einfach nicht in der BRD angekommen.

***

Zum Vorigen. Eine Handvoll mittelmäßiger Akademiker verlangt also von der Regierungschefin die Entlassung eines Politikers, weil der ausspricht, was jeder weiß und jeder sieht. Diese sinistren Figuren fühlen sich dazu bemüßigt, weil sie den Zeitgeist hinter sich wissen, wenn sie die totalitäre Doktrin des sogenannten Antirassismus gegen einen ehemaligen DDR-Bürgerrechtler wenden. Nooke seinerseits wird sich darüber im Klaren befinden, dass er es bloß mit der aktuellen Maske des Marxismus zu tun bekommt, nachdem er beim Herunterreißen der realsozialistischen Vorgängerin eine gewisse Rolle gespielt hat.

Die Denunziation Nookes ist Bestandteil einer Strategie, die ich an dieser Stelle schon mehrfach thematisiert habe und deren Ziel die Herrschaft erwünschter Illusionen ist. Die neuen *Tabula rasa*-Menschen sollen nicht länger an die Unterschiede glauben, die sie sehen und erleben, sondern diese Differenzen ignorieren, bestreiten, leugnen, egal welchen Preis sie dafür zahlen müssen. Sie sollen sich im Reich der Lüge einrichten, weil es dort angenehmer ist als in der Wirklichkeit, wo man sie Rassisten nennen, ächten und strafverfolgen wird, wenn sie sagen, was sie gesehen und erlebt haben. Das Reich der Lüge ist natürlich nur ein Zwischenreich, ein Purgatorium, das so lange währt, bis die Völker abgeschafft sind, bis die Wölfe neben den Schafen weiden, bis die ökologisch-soziale Weltregierung und die Weltökumene errichtet sind. Aber, mit Gehlens wahrscheinlich ewiggültigen Worten:

»Teuflisch ist, wer das Reich der Lüge aufrichtet und andere Menschen zwingt, in ihm zu leben. (...) Der Teufel ist nicht der Töter, er ist Diabolos, der Verleumder, ist der Gott, in dem die Lüge nicht Feigheit ist, wie im Menschen, sondern Herrschaft. Er verschüttet den letzten Ausweg der Verzweiflung, die Erkenntnis, er stiftet das Reich der Verrücktheit, denn es ist Wahnsinn, sich in der Lüge einzurichten.«

* * *

Einen weiteren Langen Marsch ins Reich der Lüge hat die ARD gestartet, freilich dermaßen unraffiniert, dass es wohl als Holzweg enden wird. Es geht, na klar doch, um das »Political Framing«-Papier, das die »Sprach- und Kognitionswissenschaftlerin« Elisabeth Wehling verzapft hat. Die wonnige Maid beabsichtigt damit nicht weniger als »in Worte zu fassen und dauerhaft eine Sprache zu verwenden, die im Denken der Mitbürger kräftig wirkt und sie von der Notwendigkeit eines gemeinsamen, freien Rundfunks ARD überzeugt«.

Das Papier wimmelt von zitierenswerten Passagen. Zum Beispiel hat auch Frau Wehling einen *Faktenbegriff*. Fakten, statuiert sie, »werden in einer öffentlichen Auseinandersetzung erst zu guter Munition, wo ihre moralische Dringlichkeit kommuniziert wird«. Die ARD setze sich »für bestimmte Dinge ein, weil sie von ihrer moralischen Notwendigkeit für das gesellschaftliche Miteinander überzeugt ist«. Das ist eine postfaktische Neudefinition von Journalismus im fulminanten Geiste H. Prantls und G. Restles! Und umgekehrt!

Wikipedia belehrt uns, dass Frau Wehling sich im Rahmen ihrer Studien auch oder vorzugsweise mit der NS-Propaganda beschäftigt hat. »Nutzen Sie nie, aber auch wirklich nie, den Frame Ihrer Gegner, und nutzen Sie diejenigen Frames, die Ihre moralische Perspektive auf die Sachverhalte deutlich machen, immer und immer wieder – von Interview zu Interview, von Debatte zu Debatte, von Schriftsatz zu Schriftsatz«, ermuntert sie. »Und dann beim dritten, vierten, fünften Mal ergeben sich Einschleif-Prozesse im Gehirn und ein Wiedererkennungseffekt – egal, ob die Sache wahrhaft ist oder eine Lüge. Und dann sagt das Gehirn irgendwann: ›Ist mir viel zu anstrengend, das ist für mich jetzt eine Wahrheit.‹«

Das hat unser kleiner Doktor genauso gesehen und vor allem praktiziert. (Also ich meine jetzt nicht den kleinen Doktor vom *Süddeutschen Beobachter*, der auch jahrein jahraus, immer und immer wieder, Leitartikel auf Kommentar dasselbe behauptet, damit im Oberstübchen seiner wohl meist etwas in die Jahre gekommenen Fans gewisse Einschleif- und Wiedererkennungsprozesse als Wahrheiten »sitzen«; ich spreche schon vom Original.)

Zwei Zitate habe ich noch:

»Nur in einem Land mit einer stabilen gemeinsamen Rundfunkinfrastruktur kann man frei und erfolgreich leben und seinen Geschäften nachgehen.«

»Unsere demokratische Rundfunkinfrastruktur ARD ist also zugleich Schutz und Befähigung. Die ARD ist ein freier und unabhängiger Beobachter, da sie demokratisch kontrolliert und gemeinschaftlich finanziert ist. So kann sie jenseits wirtschaftlicher und politischer Druckausübung im Sinne aller agieren. Und sie bietet Freiheit vor Übergriffen auf unser Denken, unsere Daten und unsere Würde.«

Die Gute trägt freilich dermaßen dick auf, dass man sie für ein Schülerin Bernd Zellers halten könnte. Die *Welt* kommentiert denn heute auch, ihre Ausführungen klängen »ein bisschen so, als hätten die Verfasser von ›Aus dem Wörterbuch des Unmenschen‹, die nach 1945 die Nazisprache analysierten, anschließend ein ›Wörterbuch für Gutmenschen‹ geschrieben, in dem sie lehrten, wie man Goebbels' Methoden nun für die Demokratie nutzbar machen könne.«

Damit er mit seiner Kritik nicht übers Ziel schieße, schrieb der Qualitätsjournalist noch dies: »Wehling und die ARD bestätigen damit ungewollt die rechtspopulistische Paranoia vom ›Neusprech‹, mit dem Linke und Grüne – wie in George Orwells Roman ›1984‹ – angeblich unsagbar machen wollen, was ihnen nicht in den Kram passt.« Die *bestätigte Paranoia*, was es nicht alles gibt, aber, Hochbegabte bei Springer und anderswo, ist das denn noch eine?

* * *

Wenn einem Menschen wirklich nur die Wahl bliebe zwischen Hetze und Lüge, müsste der Ärmste wohl die Hetze als das kleinere Übel wählen.

19. Februar

»Und heute verstehe ich den Standpunkt Christi, seinen wiederkehrenden Ärger über die Verhärtung der Herzen: Da sind all die Zeichen, und sie erkennen sie nicht. Muss ich wirklich zusätzlich noch mein Leben für diese Erbärmlichen geben? Muss man wirklich so deutlich werden?

Offenbar ja.«

Mit diesen Worten endet Michel Houellebecqs neuer Roman *Serotonin*. Welcher deutsche Autor brächte dergleichen zu Papier?

* * *

Gestern sah ich – Gott weiß, dass es ein Zufall war – die Rede von Bundesjustizministerin Katarina Barley bei irgendeiner Karnevalsveranstaltung, ich glaube, es war in Aachen. Frau Barley trat als amerikanische Freiheitsstatue auf und bat um Asyl in Deutschland, weil der aktuelle US-Präsident sie vertrieben habe. Als gefinkeltes Mitglied einer Partei, die sich mitsamt dem übrigen westdeutschen *Juste milieu* in der mauerbewehrten Zweistaatlichkeit behaglich eingerichtet hatte und deren Vertreter bereits den Begriff Wiedervereinigung als revanchistisch denunzierten, wuchtete die Ministerin eine verschwiemelte historische Ineinssetzung aus der Bütt ins Publikum: Sie beschied dem schlimmen Grenzzaunzieher Trump, er sei ein Feind der Freiheit, und stellte ihm Ronald Reagan gegenüber (das war, zur Erinnerung, der US-Präsident, den die SPD vor Trump am meisten hasste), welcher vor dreißig Jahren zu Berlin gesagt hatte: »Mister Gorbatschow, tear down this wall.« Die aktuell oberste deutsche Rechtswahrerin ist also der Ansicht, eine Grenze, mit welcher die realsozialistischen Diktatoren ihre Untertanen einmauerten, damit sie ihnen nicht davonlaufen, sei ungefähr dasselbe wie die Grenzsicherungsmaßnahmen eines in freien Wahlen gekürten Präsidenten, der die illegale Einwanderung in das von ihm regierte Hoheitsgebiet eindämmen will. Wie gesagt, die Maid ist keine protestantische Pastorin, sondern Justizministerin, aber sie erfüllt die Grundvoraussetzung, um in Deutschland eine politische Karriere machen zu können: Sie kann oder will nicht politisch denken, sondern seimt lieber in prangender Unverantwortlichkeit Hypermoral.

Überdies spekuliert Frau Barley auf die Dummheit des Publikums, indem sie unterstellt, es glaube ihr Propagandamärchen, Trump sei der Vater des US-Zauns zu Mexico. Die ersten umfänglichen Maßnahmen zur Eindämmung der Migrantenströme aus dem Süden unternahm die Regierung Clinton (»Operation Gatekeeper«). Am 30. September 1996 verabschiedete der Kongress den »Illegal Immigration Reform and Immigrant Responsibility Act«, der die Errichtung von Grenzsperren einleitete. Unter jedem auf Clinton folgenden Präsidenten wurden die Grenzanlagen weiter ausgebaut, auch unter dem temporären Erlöser Barack Obama, der übrigens bereits als Senator von Illinois anno 2006 erklärte, dass »bessere Zäune und bessere Sicherheit an unseren Grenzen« dazu beitrügen, »die Flut der illegalen Einwanderung« zu stoppen. Obama sprach damals zum »Secure Fence Act«, der eine Barriere entlang der Südgrenze erlaubte und von diversen demokratischen Senatoren unterstützt wurde, darunter Hillary Clinton.

Trump setzt Clintons und Obamas Sicherheitsregime heute fort. Da der Migrationsdruck zunimmt, wird der Zaun größer, stärker, teurer – und vor allem: notwendiger. Müssen die Deutschen noch lernen. Aber man kann guter Dinge sein: Der Verein von Frau Barley liegt in vielen Bundesländern bereits hinter der einzigen Oppositionspartei, was durchaus als Lernerfolg gewertet werden darf.

* * *

Die u.a. von mir – und von mir besonders innig! – vertretene These, dass viele Medienschaffende der zweiten deutschen Noch-Republik auch in der zweiten deutschen Diktatur einen guten Job gemacht hätten, konnten die Interessierten unter den verbliebenen Medienkonsumenten anhand der Berichterstattung über den Auftritt der Sonnenkanzlerin auf der Münchner Sicherheitskonferenz einmal mehr verifizieren.

»In München blitzt auf, wie die Welt sein könnte: Angela Merkels engagierter Aufruf zur Zusammenarbeit wird gefeiert«, akklamierte blitzgescheit die *Zeit*. »Fast so etwas wie ein Vermächtnis«, erspürte der *Süddeutsche Beobachter*: »Die Kanzlerin spricht Klartext. Die Amerikaner kriegen ihr Fett weg, die Russen, aber auch die Chinesen. So geschieht das, was vergleichsweise selten geschieht. Die Gäste im Bayerischen Hof erleben Geschichte.« (Der Autor schiebt noch ein verdruckstes »jedenfalls Konferenzgeschichte« nach; man muss ja an die Zukunft denken.)

»Es war ein diplomatischer Befreiungsschlag in doppeltem Sinne. Zum einen zeigt sie den USA deutliche Grenzen auf. Zum anderen holt sie Deutschland aus seinem diplomatischen Tiefschlaf und gibt Leitlinien vor«, ließ das Akademikerportal *Focus-online* auch diese Gelegenheit nicht aus, intellektuelle Satisfaktionsfähigkeit zu demonstrieren. »Merkels Rede war unerschrocken und deutlich, sie war machtvoll und befreit von der Last des CDU-Vorsitzes. Die mutige Klartext-Kanzlerin scheute die Konfrontation nicht und machte der Welt damit klar: An Deutschland führt kein Weg vorbei, und sie zementierte damit auch den deutschen Führungsanspruch in der Welt.«

Die Amtszeit des letzten deutschen Weltführungsbeanspruchers, von dem die deutsche Regierungspresse schreiben konnte, er habe den Amis die Grenzen gezeigt (auch wenn die Blödmänner sie bisweilen nicht erkannten und versehentlich die Schweiz bombardierten), liegt ja deprimierend weit zurück, da ist eine gewisse aggressive Nostalgie verständlich. Nebenbei, erfuhren wir, habe die Kanzlerin auch den Chinesen und den Russen die Koordinaten durchgestellt. Sollte sie das perfide Albion vergessen haben? Dann kommen die Briten wohl bei einer der nächsten Vermächtnis-Reden dran.

Nicht ganz so »dickhirnschalig« (Goethe) wie der *Focus*-Weltweise, aber demselben Fulminanzgebot folgend, frohlockte der Berliner *Tagesspiegel*: »Angela Merkel legt in München los wie die Weltfeuerwehr.« Weltfeuerwehr, Weltgeschichte, Weltzusammenarbeit, Weltführung, eine Ahnung der Welt, wie sie sein könnte, Weltesche, Weltenbrand – und mittendrin, nur durch einen dünnen Hosenanzug von der Welt getrennt, unsere Angela I.! »Donald Trumps Vorgänger Barack Obama hätte seine Freude gehabt«, notierte verzückt der *Tagesspiegel*.

Dieser Barack Obama sagte übrigens nach dem Ende seiner Amtszeit über seine kongeniale deutsche Partnerin: »Sie ist nun ganz allein.«

»Gott sei Dank.« (Alexander Wendt)

22. Februar

Die Grünen haben heute im Bundestag einen Antrag vorgestellt, der die Bundesregierung auf eine »feministische

Außenpolitik« verpflichten will und zu den kuriosesten Dokumenten der deutschen Parlamentsgeschichte gehört. Er verlangt nicht nur, dass Deutschland seine Außenpolitik am Geschlechterverständnis der Grünen orientierten möge, was drollig genug wäre, sondern fordert zudem, dass die Bundesregierung aus der Welt einen Ort machen soll, an dem jeder Mensch glücklich ist: »Ziel einer feministischen Außenpolitik ist die Gleichheit und die Freiheit aller Menschen vor Not und vor Furcht.«

Freilich: Die Formulierung »Gleichheit vor Not und Furcht« beschreibt zum Beispiel die Situation von Schiffbrüchigen oder der meisten Einwohner Venezuelas; die Wendung »Freiheit vor Not und Furcht« wiederum ist semantischer Nonsens. Warum der Grünen-Antrag explizit die Europäer dafür anprangert, Frauen zu unterdrücken – »die Rechte von Frauen und marginalisierten Gruppen (sind) durch Populistinnen und Populisten, Autokratinnen und Autokraten und Rechtsstaatverächterinnen und -verächtern in Europa und überall auf der Welt unter Beschuss geraten« –, während Weltteile, in denen Frauen tatsächlich unterdrückt werden, keine Erwähnung finden, erzähle ich gleich. Dass den Grünen nicht der Sinn danach steht, Not und Furcht im eigenen Lande zu reduzieren, beispielsweise die Not der deutschen Obdachlosen oder die Furcht der Schichtarbeiterin auf dem abendlichen Heimweg in der Bahn, wenn Sie wissen schon wer zusteigt, hat damit zu tun, dass speziell die Klientel der Grünen eher notfrei und furchtlos lebt. Ein weiteres Kuriosum besteht darin, dass der Antrag die schwedische feministische Außenpolitik als Vorbild nennt, also die Außenpolitik eines Landes, das international nirgends eine Rolle spielt, ausgenommen in den Vergewaltigungsstatistiken, wo es inzwischen im internationalen Maßstab ganz weit vorn liegt; vielleicht sollten sich die Nordlichter besser um Innenpolitik kümmern.

Aber gut, die Grünen reden von Außenpolitik und behaupten, es gäbe nur dann einen »stabilen Frieden und eine nachhaltig erfolgreiche soziale und wirtschaftliche Entwicklung (...), wenn die Belange von Frauen, Mädchen und marginalisierten Gruppen« zu deren »Leitbild« werden. Die deutsche Außenpolitik soll also nicht deutsche Interessen vertreten, sondern, erstens, die Interessen deutscher »Frauen, Mädchen und marginalisierter Gruppen« und, zweitens, die Interessen von »Frauen, Mädchen und marginalisierten Gruppen« überall in der Welt. Da keine der genannten Gruppen in irgendeiner Weise über spezielle Gremiem verfügt, die deren Bedürfnisse überhaupt artikulieren, dürfen wir davon ausgehen, dass die grüne Bundestagsfraktion dieses Gremium ist. Der Zweck der Außenpolitik ist also die internationale Frauenförderung im Sinne der damit vom Weltgeist beauftragten deutschen Grünen.

Eine Vision, wie die künftige feministische Außenpolitik ausschauen könnte, hat die Bundestagsvizepräsidentin bei ihren Iranbesuchen vermittelt, wo Frau Roth stets mit einem kleidsamen Kopftuch auftrat, das ihr eine dominante Position gegenüber ihren barhäuptigen Gesprächspartnern verlieh, denen sie wahrscheinlich von der strukturellen Unterdrückung der Weiber in Europa erzählte. Zwar haben iranische Frauen gegen Frau Roths Auftritte mit dem angeblich patriarchalischen Unterdrückungssymbol protestiert, aber was verstehen die schon von moderner Außenpolitik; die kennen ja nicht mal »Ton Steine Scherben«.

Nach dem Willen der Grünen soll sich die Bundesregierung überdies dafür einsetzen, »dass Konstruktionen von Geschlechterrollen in militärischen Kontexten reflektiert werden«. Sie haben leider nicht dazugeschrieben, ob vor oder nach dem Gefecht. Der Grünen-Antrag fordert außerdem mehr weibliche Einsatzkräfte in internationalen Friedensmissionen, weil deren Anwesenheit beispielsweise in Mali oder Afghanistan die häusliche Gewalt reduziere. Wie wäre es denn, wenn die emanzipierteste aller Parteien hienieden als Testlauf die Bundesregierung auffordert, mindestens 50 Prozent weibliche Bodyguards zu beschäftigen? Um die 50 Prozent geht es den Grünen letztlich, und im zweiten Teil ihres Papiers werden sie dann deutlich und fordern: eine 50-Prozent-Quote für Frauen im höheren Auswärtigen Dienst sowie die paritätische Besetzung aller Botschafterposten.

Was uns zur angekündigten Antwort auf die Frage führt, warum in dem Grünen-Antrag weder die Länder genannt werden, in denen die Gleichberechtigung der Frauen bislang nur gegenüber Nutztieren gilt, noch jene Religion, in welcher das eine soziale Konstrukt vom anderen bis zu Stücker vier besitzen und zweifelsfalls hauen darf, aber die patriarchalischen Europäer denn doch. Den Grünen sind die Frauen in diesen Ländern völlig schnuppe. Ihnen sind ja sogar die Konstruktsgenossinnen in Deutschland schnuppe, sofern sie zum falschen Milieu gehören. Unter dem Vorwand, sie wollten Frauen im Ausland helfen, wollen die Grünen grüne Frauen im Inland privilegieren. Das ist der einzige Zweck des ganzen Gedöns.

* * *

Eines Tages, ich würde tippen irgendwann Mitte der 90er Jahre, gab es endlich mehr Propagandafilme über NS-Propagandafilme als NS-Propagandafilme.

25. Februar

Unsereinem kann nichts Langweiligeres widerfahren, als mit einem sogenannten Offiziellen, ob er nun aus der Politik, der Wirtschaft, der Kulturbranche oder woher auch immer stamme, in größerer Runde zusammenzusitzen, denn es gibt kein einziges Thema mehr, zu dem sich ein solcher Mensch öffentlich unbefangen äußern könnte. Jeder Scherz, jede dezidierte Meinung bringt ihn in Teufels Küche. Das einstige Small-talk-Thema Nr. 1 ist heute komplett vermint, bereits die Erklärung, man finde eine Frau attraktiv oder begehrenswert, stellt den Sprecher als Sexisten und versetzten Belästiger bloß; politische Themen meidet der halbwegs Kultivierte bei Tische ohnedies, doch heute drängt ihn alles zu dem Bekenntnis, wen er gefälligst zu hassen hat; jede Urlaubserzählung kollidiert mit der Klimabilanz; jede kulinarische Schwelgerei entlarvt den Tierquäler und unsozialen Verschwender. Doch selbst durch eine unverfängliche Bemerkung wie etwa jene, dass man für seine Kinder die Universität A bevorzugt oder Katzen mag, steht der Sprecher schnell im Ruch, die Universitäten B bis Z geringzuschätzen oder ein Hundehasser zu sein.

27. Februar

Das Verwaltungsgericht Köln hat mit seinem gestrigen Beschluss dem Bundesamt für Verfassungsschutz untersagt, öffentlich zu äußern oder zu erklären, dass die AfD dortselbst als »Prüffall« bearbeitet werde. Die Einstufung einer Partei als Verfassungsschutz-Prüffall sei »kein beliebiges Erzeugnis staatlicher Öffentlichkeitsarbeit«, heißt es in der Urteilsbegründung.

Vielmehr ergäben sich daraus »mittelbar belastende negative Sanktionen« gegen die betreffende Partei.

Ja was denn sonst! Das war schließlich der Zweck der ganzen Prozedur, genau deswegen ist Herr Maaßen als Verfassungsschutzchef entlassen und durch einen Nachfolger ersetzt worden, der die AfD wahrscheinlich intern nicht anders behandelt als sein Vorgänger, aber zu der winzigen und zugleich so wichtigen Konzession bereit war, dies öffentlich zu kommunizieren. Genau das allerdings ist ehrabschneidend, stigmatisierend und damit eine Diskriminierung des politischen Wettbewerbers. Und Diskriminierung wollten wir doch in 'schland nicht mehr dulden, oder?

Ehrabschneidend ist es, der Öffentlichkeit mitzuteilen, dass eine Organisation als Prüffall eingestuft wird, so wie es ehrabschneidend wäre, wenn die Polizei die Öffentlichkeit darüber in Kenntnis setzte, sie prüfe, ob gegen Herrn X ein Verdacht vorliege, von der Einleitung eines Ermittlungsverfahrens könne aber noch keine Rede sein. *Prüffall* bedeutet: Der Verfassungsschutz *prüft*, ob sogenannte *Anhaltspunkte* für einen *Verdacht* vorliegen. Sie können also auch *nicht* vorliegen, und deshalb darf das Amt nicht darüber berichten – obwohl und gerade weil es der Regierungskoalition und den nichtmitregierenden regierungsnahen Parteien zur Einschüchterung der Opposition taugt.

»Tatsächliche Anhaltspunkte beziehen sich naturgemäß auf Tatsachen und nicht auf Werturteile«, schreiben die Richter. Dass die »tatsächlichen Anhaltspunkte für eine Bestrebung nach §3 Abs. 1 BVerfSchG (also gegen die freiheitlich-demokratische Grundordnung usw. – M.K.) gerade nicht bestehen, ist selbst die Auffassung des Bundesamts« – denn sonst hätten die Schlapphüte die AfD ja zum »Verdachtsfall« nobilitiert.

Der »Prüffall« sei eben nur »eine Vorstufe des Verdachtsfalls«, insistieren die Richter weiter, als ob das die Beklagten nicht selber wüssten. Das Bundesverfassungsgericht habe mit seinem Beschluss vom 24. Mai 2005 »die verfassungsrechtlichen Anforderungen an eine Verdachtsberichtserstattung« so weit eingeschränkt, »dass für einen Verdachtsfall ›hinreichend gewichtige‹ tatsächliche Anhaltspunkte vorliegen müssen«. Damit sei »eine Berichterstattung über eine dem Verdachtsfall vorgelagerte Prüfung wie den hier streitgegenständlichen Prüffall von vorneherein ausgeschlossen«.

Die Öffentlichkeit möge sich selbst ein Urteil über Organisationen bilden und nicht durch staatliche Vorgaben beeinflusst werden. »Die behördliche Wertung einer Organisation ist nichts, was dieser anhaftet oder eigentümlich ist«, statuieren die Richter weise. Sie hätten hinzufügen sollen: idealfalls. In der Realität haften solche Werturteile denn doch als stigmatisierende Kletten an den unter Verdacht Gestellten, gerade in der obrigkeitsfrommen deutschen Öffentlichkeit.

Der Rest der Urteilsbegründung ist der Frage gewidmet, welchen Rufschaden das Bundesamt mit seiner Veröffentlichung parteiauftragsgemäß angerichtet hat, und soll uns hier nicht weiter interessieren, weil das Motiv zwar klar auf der Hand liegt, die Bilanz aber schwer quantifizierbar ist. Von einer fröhlichen Dreistigkeit zeugt die Argumentation des Bundesamtes, die AfD habe die »streitgegenständlichen Äußerungen« ja selber wiederholt, kommentiert und somit verbreitet. *Was schreist du herum, wenn ich dich steche, willst du etwa, dass es jeder mitbekommt?*

Mit gewohnter Pfiffigkeit begibt sich der *Süddeutsche Beobachter* auf Dummenfang. Die Einstufung der AfD als Prüffall sei »aus Sicht des Bundesamtes« tatsächlich bloß als Entwarnung und Abwiegelei zu verstehen gewesen, notiert die Gazette. »Das Bundesamt bestätigt der Partei damit, dass sie weniger schlimm sei als von Teilen der Öffentlichkeit vermutet.« Zu schweigen von Teilen der Redaktion des *Beobachters*!

Das führt mich noch einmal zu dem AfD-Dossier des Verfassungsschutzes. Ich habe hier bereits (*Acta* vom 20. Januar) daraus zitiert, aber es war ein After-Zitat, weil das Dokument damals noch nicht »geleakt« worden war, und zwar jene Stelle, wo Alexander Gauland aus seinen Worten:

»Wir sollen uns als Volk und Nation in einem großen Ganzen auflösen. Wir haben aber kein Interesse daran, Menschheit zu werden. Wir wollen Deutsche bleiben.«

... der Strick gedreht wird, er propagiere »ein ethnisch-biologisch bzw. ethnisch-kulturell begründetes Volksverständnis«, welches »gegen die Menschenwürdegarantie des Art. 1 Abs. 1 GG verstößt«. Also der Wunsch, Deutscher bleiben zu wollen, ist eine Verletzung der Menschenwürde Nichtdeutscher. Schreibt ein Hüter der deutschen Verfassung. Großes konstruktivistisches Kino!

Eine beliebige andere kuriose Stelle suchend, stieß ich spontan auf jene:

»Alexander Gauland erklärte in einer Rede beim AfD-Landesverband Brandenburg am 13. Oktober 2018, dass ›das Gerede von Vielfalt, Buntheit und Bereicherung sich von den Phrasen der SED-Funktionäre kaum unterscheidet.‹ Dabei schränkt er allerdings ein, dass er die Bundesrepublik nicht als autoritäres Regime bewerte, es aber ›bedenkliche Tendenzen in diese Richtung‹ gebe. Weiterhin führte er aus: ›Liebe Freunde, die Freiheit stirbt scheibchenweise, das totalitäre Gras wächst langsam und wir müssen uns diesem Wachsen des totalitären Grases entgegenstellen.‹ Durch die o.g. (teilweisen) Gleichsetzungen wird die demokratische Ordnung als Ganzes in Frage gestellt, als angebliches Unrechtsregime gebrandmarkt und ihr letztlich die Legitimation abgesprochen.«

Das schreibt ein Staatsbeamter, keine *Zeit*-Praktikantin. Mit diesen Worten *brandmarkt* der AfD-Vorsitzende die BRD als *Unrechtsregime*! Indem er die Floskeln und Machtmissbrauchsgelüste des Establishments mit jenen eines autoritären Vorgängerstaates vergleicht, also mehr Demokratie fordert, stellt er *die demokratische Ordnung als Ganzes* in Frage und spricht dieser Ordnung – nicht etwa der momentanen Regierungspolitik – die *Legitimation* ab.

Die Kanzlerin führt seit 2015 praktisch aller Welt vor, dass es Größeres, Höheres und Edleres als die deutsche Verfassung gibt, dass man im menschen- oder gruppenrechtlichen Einzelidealfall schon mal ein verfassungsrechtliches Auge zudrücken könne resp. müsse. Mit dem Ruf nach Frauenquoten in den Parlamenten wird derzeit der nächste offene Verfassungsbruch vorbereitet; eine CDU-Hinterbänklerin namens Yvonne Magwas, Vorsitzende der »Gruppe der Frauen in der Unionsfraktion«, fragt: »Wollen wir das Thema Parität mit Blick auf verfassungsrechtliche Probleme gleich totmachen, oder versuchen wir, Wege zu finden?«

Euer Ehren, außer jener, auf welcher Seite die echten Verfassungsfeinde stehen, habe ich keine weiteren Fragen.

1. März

Jordan Petersons Buch *12 Rules For Life* beginnt mit einem inzwischen beinahe klassischen Hummer-Gleichnis, also der Beschreibung des Revierverhaltens der Großkrebse als eine Art Präludium zur Betrachtung des zwar unendlich komplexeren, aber immer noch verwandten menschlichen Territorialverhaltens. Hummer haben ein ausgeprägtes Bedürfnis nach einem eigenen Stück Meeresboden, sie vertreiben alle Artgenossen aus ihrer Nähe, was, wenn zwei das Gleiche tun, zu Auseinandersetzungen verschiedenen Härtegrades führt, an deren Ende es immer einen Sieger und einen Vertriebenen gibt. Die Aggressionslevel stuft Peterson von I bis IV, wobei die Entscheidung über Sieg und Rückzug auf dem ersten Level noch ohne Körperkontakt fällt, während auf dem vierten eine richtige Schlacht stattfindet, bei welcher Gliedmaßen, Augen oder Fühler abgezwickt werden und bleibende Schäden zurückbleiben können. Und dann geschieht das Frappierende:

»In the aftermath of a losing battle, regardless of how aggressively a lobster has behaved, it becomes unwilling to fight further, even against another, previously defeated opponent. … If a dominant lobster ist badly defeated, its brain basically dissolves. Then it grows a new, subordinate's brain.« Und zwar nicht bei denen, die schon auf dem Level 1 den Rückzug antraten, sondern bei den wirklich schwer Geschlagenen.

Warum musste ich bloß spontan an Deutschland denken …?

* * *

Der deutsche Außenminister Heiko Maas sitzt wegen eines Defekts an seiner Regierungsmaschine in Mali fest. In den vergangenen Monaten gab es mehrfach Pannen bei der Flugbereitschaft. Die Bundeskanzlerin kam deswegen Ende November zu spät zum G20-Gipfel in Buenos Aires. Entwicklungsminister Gerd Müller (CSU) blieb im Januar für längere Zeit in Sambia hängen. Bundespräsident Frank-Walter Steinmeier steckte im November wegen eines Triebwerksdefekts stundenlang in Südafrika fest und wenig später dann noch einmal in Äthiopien.

Ich halte diese Meldungen für symptomatisch. Ich werte sie als Meilensteine bei der Transformation eines Landes der Techniker und Ingenieure in eine von Genderbeauftragten und Politologen geprägte Bananenrepublik.

Schlagzeilen der letzten Wochen wie: »›Ich gebe nur noch gute Noten‹. Ist es gerecht, Schülern die Zukunft zu verbauen, weil Lehrer ihnen schlechte Noten geben? Das hat sich eine Lehrerin gefragt – und entschieden: Bei ihr besteht jeder das Abitur« (*Spiegel*); »Den Begriff ›dividieren‹ versteht kaum noch ein Schüler« (*Welt*); »Grüne setzen sich mit Forderung durch: Hessische Schulen dürfen künftig auf Noten verzichten« (Focus), markieren als Leuchtstreifen den Weg.

* * *

»Aber was tun Sie da?«, rief der Weinfreund entsetzt, als er sah, dass der Weingroßhändler alle Flaschen entkorken und in Fässern zusammenschütten ließ, unterschiedslos alle, Weiß- und Rotweine, große Bordeaux und kleine Sauser aus der neuen Welt, Tempranillos und Rieslinge, Malbecs und Pinot Grigios, Champagner und Rosés obendrein.

»Ich setze mich für Vielfalt ein«, erwiderte der Großhändler streng.

»Nein, Sie verderben alles!«, klagte der Vinophile.

»Ja haben Sie das gehört«, wandte sich der Händler entrüstet an die Umstehenden. »Dieser Mann hetzt gegen Buntheit!«

* * *

Fabelhafte Formulierung von Norbert Bolz: »Darwinismus des Konformismus«. Der Medienphilosoph beschreibt die konformitätsförderlichen Mechanismen hinter den Talkshow-Einladungen, um begreiflich zu machen, warum fast nie einer der Teilnehmer (mit Ausnahme der AfD-Tschandalas) den Korridor des Genehmen und Gewünschten verlässt. Es finden nämlich vorher regelrechte Castings statt, jeder potentielle Gast wird penibel befragt, was er zu dieser oder jener Frage antworten würde (das Thema steht ja vorher fest), was ich bestätigen kann, denn ich wurde einmal selber *gecastet* (wobei ich einen guten Aufschlag hatte, denn das Fräulein, das mich anrief, stellte sich als »Sowieso sowieso, Hart aber fair« vor, und ich versetzte: »Klonovsky, hart«, was ihr ein spontanes Kichern entlockte); es ging damals um »den Islam«, und sie befragte mich ausführlichst, aber am Ende machte eine Islamkennerin namens Lisa Fitz statt meiner das Rennen. – Bisweilen bietet der Sendervertreter auch »Deals« an. Da nahezu jeder, also auch ehrenwerte Professoren wie Bolz, aus Eitelkeits- und Popularitätsgründen ins TV wollen, lassen sich viele auf solche »Deals« ein (bzw. äußern schon von Hause aus das Gewünschte). Und diesen Kampf um die limitierten Plätze nennt Bolz trefflich: »Darwinismus des Konformismus«. Erinnert ein bisserl an die *Spiegel online*-Kolumnisten, die auch allesamt immer dieselbe Meinung vertreten und sich dann gegenseitig mit immer schrilleren Formulierungen, Invektiven und Forderungen überbieten müssen.

2. März

»Am 27. Januar, dem Holocaust-Gedenktag, hingen vor einer Polizeistation in Schlüchtern (Main-Kinzig-Kreis) die Deutschland- und die Hessenflagge verkehrt herum – und das stundenlang. Deswegen ermittelt nun das Fachkommissariat für Staatsschutzdelikte, denn die Flaggen wurden vermutlich absichtlich falsch aufgehängt. Die verantwortlichen Beamten wurden inzwischen versetzt«, meldet, neben vielen anderen Medien, die hier viel zu selten zitierte Webseite *Osthessen News*. »Eine verkehrt herum aufgehängte Flagge kann im schlimmsten Fall bedeuten, dass man das Land verachtet. Im Raum stehen eine Verunglimpfung des Staates und seiner Symbole sowie Volksverhetzung«, klärt das Portal seine Leser weiter auf.

Wenn sich Jakob Augstein vor laufender Kamera in eine Deutschlandfahne schneuzt, wenn die Kanzlerin einem Bundesminister indigniert die Landesfahne aus der Hand pflückt und am Bühnenrand entsorgt, wenn fidele Linksfaschos während der Fußball-WM alles Schwarzrotgoldene von privaten Autos abreißen, sind das Äußerungen eines weltoffenen Postnationalismus. Wenn eine Bundestagsvizepräsidentin auf einer Demo mitläuft, der ein Transparent mit der Aufschrift »Deutschland, du mieses Stück Scheiße« vorangetragen wird, ist das spielerischer Umgang mit der Zumutung einer Identität. Aber wenn »rechte« Motive in Frage kommen oder unterstellt werden können, und das obendrein noch am eigentlichen deutschen Nationalfeiertag, dann bekommen die Drecksfarben der Scheißnation auf einmal etwas Sakrosanktes, und das Delikt der »staatsfeindlichen Hetze« ersteht aus seiner realsozialistischen Gruft. –

Einen Tag nach dem Tod Stalins am 5. März 1953 hatte im Aufmacher der DDR-Gewerkschaftszeitung *Tribüne* gestanden, »der überragende Kämpfer für die Erhaltung und Festigung des Krieges in der Welt« sei dahingegangen. Sofort war die Stasi in Kompaniestärke in der Redaktion angerückt, um die Halunken dingfest zu machen, die diese rechte Propaganda ins Blatt geschmuggelt hatten. Der Schlussredakteur und der Setzer bekamen jeweils fünfeinhalb Jahre Zuchthaus; man hatte sie so lange und intensiv verhört, bis sie zugaben, dass sie absichtlich »Krieg« statt »Frieden« eingesetzt haben; dann war es kein Druckfehler mehr, sondern *Boykotthetze*.

3\. *März*

»Für eine Spitzenposition musste man früher als Frau die Vagina noch benutzen. Heute genügt es, eine zu haben. Das ist entwürdigend.«
Lisa Eckhart

***

Ein Leser macht mich auf die Lösungsworte des Kreuzworträtsels im *Freien Wort,* Suhl (erscheint unter diesem Namen seit 1952) aufmerksam:

26\. Februar. Frage: »Eine Weltreligion«. Lösung: »Islam«.

27\. Februar. Frage: »Orientalischer Männername«. Lösung: »Ali«.

28\. Februar. Frage: »Früherer türkischer Titel«. Lösung: »Aga«.

1\. März. Frage: »Name Gottes im Islam.« Lösung: »Allah«.

2\. März. Frage: »Schicksal (Islam)«. Lösung: »Kismet«.

5. März

Mitunter fügen sich Koinzidenzen im Nachhinein zu Vorgängen von tiefer Verbundenheit. »Beim abendlichen Internetstöbern« ist Leser *** auf einen solchen Fall gestoßen: »Das ›Unwort des Jahres 2014‹ war ›Lügenpresse‹. Raten Sie mal, wer 2014 ›Journalist of the Year‹ wurde.«

* * *

Zehn *Thesen* zur Frage, wie mit dem Klimawandel umzugehen sei.

1. Der Klimawandel ist ein Faktum, eine erdgeschichtliche Dauertatsache. Wir wissen freilich nicht, wohin er führt, da wir nicht sämtliche Einflussgrößen kennen (Sonnenzyklen!).

2. Ob und in welchem Ausmaß der Klimawandel »menschengemacht« ist, wissen wir nicht.

3. Ganz sicher »menschengemacht« ist die *Wahrnehmung* des Klimawandels, aus dem einzigen Grund des immer explosiveren Wachstums der Menschenzahl auf diesem klimatisch unruhigen Planeten. Mit der Bevölkerungszahl der »kleinen Eiszeit« vom 16. bis zum 18. Jahrhundert würden wir den Klimawandel als weit weniger katastrophisch empfinden.

4. Unterstellen wir, der Klimawandel sei tatsächlich »menschengemacht« (das heißt: marginal vom Menschen beeinflusst; für die Änderung des Klimas als Ganzem ist der Mensch als Faktor zu unbedeutend), dann gilt: Niemals werden sich alle Staaten der Erde auf einen gemeinsamen Modus einigen, ihn zu stoppen, weil es weder eine Einigkeit der Staaten über Kosten, Aufwand, Verteilung etc. geben wird, noch eine Einigung der Experten, welche Maßnahmen überhaupt sinnvoll wären.

5. Auf den Klimawandel reagieren heißt naheliegenderweise, sich mit seinen Folgen zu arrangieren. Wie, das liegt letztlich bei jedem Land selbst. Das schließt solidarische Leistungen solchen Ländern gegenüber ein, die besonders betroffen sind.
6. Der Blick auf die Klimazyklen der Erdgeschichte zeigt, dass mit einigem zu rechnen ist, aber immer Spezies existierten, die sich mit veränderten klimatischen Verhältnissen zu arrangieren verstanden.
7. Weltgegenden, in denen die Ansicht herrscht, Kinderreichtum sei eine religiöse Pflicht – »Gott schenkt uns Kinder. Also sorgt er auch dafür, dass alles Notwendige da ist« –, werden wahrscheinlich auch von Gott gerettet und können getrost Seiner Hilfe überlassen bleiben. Der globalen Verbreitung solcher Überzeugungen zu wehren ist von ähnlicher Dringlichkeit wie die Reaktion auf den Klimawandel.
8. Die Atomenergie steht erst am Anfang ihrer Geschichte.
9. Die »Klimarettung« wird zur neuen westlichen Ersatzreligion, mit welcher sich ungeheure Umverteilungen von Menschen und Geldern begründen und die Taschen einer Funktionärskaste füllen lassen. Aus den Reihen der »Klimaretter« rekrutiert sich eine neue Bolschewiki. Diese Leute werden bald Macht und auch Köpfe fordern.
10. Der Klimawandel wird der Menschheit geringere Probleme bereiten als die Maßnahmen, die sie zu dessen Verhinderung ergreift. Die »Klimarettung« ist wahrscheinlich eine größere Bedrohung als der Klimawandel.

8. März

Wunderbare Formulierung von Hadmut Danisch: Die Frauenquote ist marktwirtschaftlich gesehen eine Art Importsperre oder Strafzoll auf Männer.

***

Auch nicht übel: »Wahlrecht ab 16, Frau Barley?«, twittert jemand, »dann aber auch volle strafrechtliche Verantwortung ab 16 und Streichung des Jugendstrafrechts!«

Antwort des SPD-Parteivorstands: »Was hat denn das Wahlalter mit dem Strafrecht zu tun?«

Ich schrieb unlängst, dass wir es mit der dümmsten Politikergeneration zumindest der deutschen Nachkriegsgeschichte zu tun haben, und beantrage, auch diese Aussage zu den Beweismitteln zu nehmen.

12. März

Die bleibende Hinterlassenschaft der Kanzlerin Merkel wird die elastische Unverbindlichkeit des Rechts sein. Seit Merkel gilt: Die Verfassung bindet nur solange, bis höhere Interessen auf dem Spiel stehen. Was höhere Interessen sind, lege ich in enger Fühlung mit den Agenturen des Weltgeistes fest, unter Berücksichtigung der vermuteten öffentlichen Stimmung. Juristen, die ihre Karriere noch vor sich haben und meine Entscheidungen für verfassungskonform erklären, werden sich verlässlich finden.

***

Der Evangelische Kirchentag naht und mit ihm die markigsten Mänadismen resp. Mänaderien der Mitschwesterlichkeit. Nachdem Klimafasten längst protestantischer Diätstandard ist und Malen mit Menstruationsblut ein alter Damenhut, wird auf der diesjährigen Kirmes eine Kulturtechnik zelebriert, die das Zentrum konstruierter Weiblichkeit in den Blick nimmt (und sich als »Workshop« im angesagten *Frame* interreligiöser Schenkelöffnung gewiss auch an Musliminnen und ihre glutäugigen Begleiter wendet, zumal es sich um eine der wenigen in diesem trendigen Weltteil tatsächlich unterentwickelten Wahrnehmungstechniken handelt): die Fotzenmalerei. Im »Zentrum Geschlechterwelten« (Dortmund, Mallinckrodt-Gymnasium, 3. OG, 303, Südrandweg 2) wird die Hallesche Theologiestudentin Lea Klischat zum »Workshop Vulven malen« bitten; Modelle sind wahrscheinlich mitzubringen.

Übrigens war es ein Muslim, nämlich Halil Şerif Pascha, auch bekannt als Khalil Bey, gebürtiger Ägypter, osmanischer Diplomat und Kunstsammler, der ihr in Europa zu einem bislang unübertroffenen Höhepunkt verhalf, indem er Gustave Courbet beauftragte, ihm eine Pussy bildfüllend abzukonterfeien und womöglich sogar seine Geliebte als Modell zur Verfügung stellte. Ob dergleichen Pikanterien auch bei einer Protest-Tanten-Session möglich sind? Oder dürfen bzw. müssen dort nur je eigene Mimis gemalt werden?

* * *

Richtige Formulierung: Katholischer Priester verging sich an Minderjährigen. Falsche Formulierung: Homosexueller Priester verging sich an Minderjährigen.

13. März

Es gibt Böhmermanns ohne Diktatur, aber es gibt keine Diktatur ohne Böhmermanns.

***

»Flugzeugträgerin« (Bernd Zeller) – darauf hätte ich auch selber kommen können …

***

In einem Gastkommentar in der *Welt* hat Alexander Gauland auf Macrons Pläne zur weiteren Vertiefung und Zentralisierung der EU reagiert und dortselbst unter anderem geschrieben:

»Europa war und ist von allen Erdteilen der heterogenste. Ausgerechnet diesen Kontinent vereinheitlichen zu wollen, ist eine verrückte, ja größenwahnsinnige Idee. Europa bedeutet Vielfalt, Vielfalt von Kulturen, Sprachen, Mentalitäten und Identitäten, ja auch von Küchen und Lebensstilen, und genau das zeichnet Europa aus. Die innereuropäische Konkurrenz war oft mörderisch, aber in der Gesamtbilanz hat immer das Konstruktive überwogen. Gerade aufgrund seiner Vielfalt war Europa stets ein Laboratorium für Zukunftsentwürfe. Die Vielfalt und Konkurrenz der Völker ist die menschliche Entsprechung zur Artenvielfalt in der Natur; diese Arten und diese Völker sind gleichsam Speerspitzen der Evolution, sei sie nun biologisch oder technisch oder kulturell. Wer auf diese Vielfalt das Leichentuch des Zentralismus legen will, muss gerade in Europa mit Widerstand rechnen.

Der überall aufbrechende europäische Populismus ist nicht aggressiv, sondern rein defensiv. Es ist ein Eigensinn, der niemanden bevormunden will, sondern sich gegen Bevormundung wehrt. Es handelt sich um eine Reaktion auf die Aufblähung der EU, wie sie sich beispielhaft in der Schuldenkrise und der Migrationskrise zeigte. Der EU-Nationalismus, für den Merkel und Macron stehen – denn nichts anderes ist es ja –, kann allenfalls noch eine kleine globalistische Elite ansprechen, nicht aber die europäischen Völker.«

Auf *Twitter* extrahiert einer den Passus mit den »Speerspitzen der Evolution« und schreibt: »Welcome to the jungle!« Ähnlich kundig fallen die folgenden Reaktionen aus: »Sozialdarwinismus«, »Rassismus«, »Herrenrasse«, »völkisch«, »Hitler« etc. *ad nauseam* pp.

Der Wille zum Missverständnis ist in diesen Kreisen monströs geworden. Da werden nur Reflexe gepostet, ob nun aus Intelligenzmangel, Böswilligkeit, Meutendruck, schierem Hass oder warum auch immer. Jeder Dialog erübrigt sich. Es geht nur noch darum, wer über wen herrschen wird.

15. März

Der Anschlag von Christchurch eröffnet weitere Aussichten auf den Bürgerkrieg. Diejenigen, die gehofft hatten, er werde nur eine Kriegspartei kennen, haben geirrt. Ich erinnere an die weisen Worte zweier großer zeitgenössischer Politiker: Terroranschläge sind »ein Bestandteil des Lebens in einer Großstadt«, erklärte Londons Oberbürgermeister Sadiq Khan; »Wir werden mit der Terrorbedrohung leben müssen«, sekundierte Thomas de Maizière, deutscher Innenminister in den *Tagen des freundlichen Gesichts*.

***

»Ich gehöre immer noch zu den Extremen, die regelmäßig im Auto DLF hören«, schreibt Leser ***. »Und als DLF-Hörer weiß man, dass vergleichbare Attentate in Städten wie Kabul, Mossul oder Bagdad regelmäßig stattfinden. Meist gibt es Dutzende von Toten. Der Täter bzw. die Täter gehören in aller Regel einer anderen Volksgruppe bzw. anderen Konfession an als die Opfer. Fast wöchentlich findet so etwas statt. Im DLF ist das oft die vierte oder fünfte Nachricht – in den TV-Nachrichten wird dergleichen allermeist ignoriert.

Findet so etwas aber in Neuseeland statt, immerhin doppelt so weit entfernt wie Kabul, so werden Sondersendungen geschaltet und die Frage nach ›Schuld und Sühne‹ steht im Raum. Man fragt sich dennoch: Ein Mann begeht ein Attentat. Dutzende von Leuten werden getötet. Die allermeisten gehören einer anderen Volksgruppe oder Konfession als der Täter an. Was also macht den Unterschied?? Wieso Sondersendung, Brennpunkt etc.?«

16. März

Sobald jemand in Deutschland öffentlich eine unkonventionelle Idee vorträgt, stürzen sofort alle an den PC und gugeln, ob etwas gegen den Menschen vorliegt.

* * *

»Umstrittener BND-Ausbilder darf weiter lehren«, meldet das Zentralorgan der Unumstrittenen von der Hamburger Relotiusspitze. Was ist geschehen? Der Politikwissenschaftler und BND-Ausbilder Martin Wagener – exakt formuliert: Wagener lehrt Internationale Politik am Fachbereich Nachrichtendienste der Hochschule des Bundes für öffentliche Verwaltung – hat im September ein Buch veröffentlicht, in welchem er vorschlägt, dass Deutschland seine Außengrenze für illegale Migranten schließen soll, und zugleich die technischen Details und die Kosten einer solchen vertrauensbildenden Maßnahme beschreibt (*Acta* vom 11. September 2019). Daraufhin ward Wagener in die Walhalla der Umstrittenen versetzt, woran neben den Schaffenden in den Medienhäusern vor allem sein Arbeitgeber, also der BND, beteiligt war, indem er eine Überprüfung des Buches auf womöglich außergewöhnliche Umstrittenheit in Auftrag gab, den Professor damit sozusagen zum »Prüffall« erhob und das obendrein öffentlich machte.

Die Behörde habe ihm »vor kurzem mitgeteilt, auf der Basis des Gutachtens eines bekannten Rechtswissenschaftlers keine Maßnahmen gegen mich ergreifen zu wollen«, schreibt Wagener in einer online veröffentlichten Stellungnahme. »Es wurde folglich kein Dienstvergehen festgestellt. Und natürlich wurde auch erkannt, dass der Publikation nicht die Absicht zugrunde liegt, die freiheitlich-demokratische Grundordnung zu beseitigen. Fraglich ist, warum der BND überhaupt nach außen kommunizieren musste, das Buch prüfen zu wollen.«

Der Politikdozent wird es nicht bei seiner formalen Rehabilitation belassen, sondern »eine juristische Überprüfung der Vorgänge« einleiten, weil seine Rechte »in gleich mehreren Fällen (u.a. im Bereich der Lehr- und Forschungsfreiheit) durch den BND verletzt worden sein dürften.« Aufgrund einer monatelangen und »zu großen Teilen wahrheitswidrigen« Kampagne, die er über sich habe ergehen lassen müssen, »in der die üblichen Vorwürfe erhoben worden sind: Rechtsextremismus, Verfassungsfeindlichkeit, Rassismus«, sei sein Ruf ramponiert.

Er werde seinen Fall zum Anlass nehmen, eine um sich greifende »faktische Einschüchterung des wissenschaftlichen Personals« anzuprangern. »Sowohl auf Bundes- als auch auf Landesebene zeigen Vertreter offizieller Stellen immer wieder, trotz wohlfeiler Bekenntnisse zur Lehr- und Forschungsfreiheit kritische Stimmen nicht tolerieren zu wollen. Der BND hat eine Untersuchung eingeleitet, weil er den Verdacht hegte, mein Buch könnte die freiheitlich-demokratische Grundordnung gefährden. Das Ergebnis seines Vorgehens dürfte nun ganz andere Fragen aufwerfen.«

* * *

Schöne Formulierung von Thorsten Hinz in der *JF*: »Schon heute verpulvert Deutschland seine Milliardenüberschüsse, um die ins Land gelassene natürliche Dummheit ruhigzustellen, während alle Welt davon spricht, daß künftiger Wohlstand von der Entwicklung künstlicher Intelligenz abhängt.«

Man kann es sogar beziffern und zusammenfassen: Den hereingeschneiten und -schneienden natürlichen Intelligenzmangel unterstützt 'schland jährlich mit geschätzten 20 oder mehr Milliarden Euronen, die künstliche Intelligenz fördert die Bundesregierung mit drei Milliarden in den nächsten fünf Jahren. Die Chinesen blicken staunend auf die Umwandlung des einstmals bedeutenden Technologielandes in eine global gefeierte »Inkompetenzfestung« (Alexander Wendt).

17. März

Es gibt eine einfache Faustformel: Je mehr erzwungener Multikulturalismus, desto mehr Rassismus. Da können unsere Gesellschaftsexperimentierer und Sozialingenieure wedeln und klagen, wie sie wollen; die *Conditio humana* ist eben kein »Konstrukt«. Sehr treffend hat es die Journalistin Eva-Maria Michels auf ihrer Facebookseite dargelegt:

»Fast alle Kommentare zum Christchurch Massaker gehen am echten Problem vorbei. Es nützt überhaupt nichts, Krokodiltränen ob der schrecklichen Tat zu vergießen und zu überlegen, wie das Zusammenleben in einer multikulturellen Gesellschaft besser gelingen kann. Die Ursache des Massakers ist der Multikulturalismus. Es ist eine Ideologie, die nicht weniger radikal und brutal ist als Kommunismus und Nationalsozialismus. Wie diese beiden Ideologien gibt auch der Multikulturalismus vor, zu einer besonders humanen Gesellschaft zu führen. Doch in Wirklichkeit tut er das genaue Gegenteil: Er deshumanisiert die Gesellschaft, denn er entfremdet den Menschen seiner kulturellen Identität. Entwurzelte Menschen haben das Potenzial, zu Monstern zu werden. Darum sind Muslime, die in westlichen Gesellschaften aufwachsen, im allgemeinen radikaler und brutaler als solche, die in ihrem Kulturkreis leben, darum gibt es größenwahnsinnige Massenmörder in Westen, die ideologisch wirre Ideen vertreten. Im Massaker von Christchurch hat der Multikulturalismus wie im Bataclan sein wahres Gesicht gezeigt. Da die Ideologen, die diese mörderische Ideologie seit mindestens 50 Jahren weltweit verbreiten, lieber Krokodiltränen vergießen als Lehren aus einem weiteren gescheiterten Experiment am Menschen zu ziehen, und inzwischen auch an der Zerstörung der sexuellen Identität des Menschen arbeiten, kann man davon ausgehen, dass das Christchurch Massaker nicht das letzte dieser Art war.«

Zweimal schießt sie freilich, wie man sagt, über das Ziel hinaus. Die Behauptung, dass die Nationalsozialisten eine »humane« Gesellschaft anzustreben vorgaben, ist natürlich allenfalls bizarr im Sinne einer Himmlerschen »Humanität« des »anständig gebliebenen« Stärkeren und der Autorin hier im Eifer des Gefechts nur unterlaufen; was aber alle drei Ismen eint, ist ihr Drang, die gesamte Gesellschaft umzuerziehen und einen *Neuen Menschen* zu schaffen. Und was die Bemerkung angeht, Muslime in westlichen Gesellschaften seien radikaler und brutaler als Muslime in ihren Herkunftsländern, zeigt zumindest die Statistik über die Terroranschläge der vergangenen 30 Tagen mit hunderten Toten ein anderes Bild; keiner der Anschläge fand in einem westlichen Land statt.

* * *

Ähnlich, wenngleich etwas polterköpfiger, argumentiert Hadmut Danisch gegen die Menschenexperimente der Multikulti-Junta:

»… Und die haben nun der Politik und der Presse eingeredet, dass Zwangsdiversität und Durchmischung ganz toll wäre und wir das unbedingt bräuchten. Wozu? Wurde nie gefragt. Dass das aber unsere evolutionär und im Konkurrenzkampf entstandenen Gehirne nicht mitspielen, und die Leute in einen ständigen Feind-Konkurrenz-Stress versetzt, außerdem den Aufbau der für das Gehirn wichtigen Rudelzugehörigkeit vereitelt, das kapieren Poststrukturalisten nicht.

Und so drückt man die Welt in ihr Zerbrechen. Und die ›rassistischen‹ Ausfälle sind Symptom eben dieses Effektes. Es wird durch Diversität eben nicht alles gut. Es funktioniert nicht.

Wieviele Tote braucht man, wieviel Streit und Aggression braucht es, bis Geisteswissenschaftler, Politiker, Journalisten endlich mal einsehen, dass das mit der Diversität nicht funktioniert, schon gar nicht erzwungen?

Was müsste etwa passieren, bis eine Angela Merkel noch einsehen würde, dass sie auf dem Holzweg ist? Und welche Rolle würde es noch spielen, ob oder was sie noch einsieht?

Das Experiment ist gescheitert, aber (...) sie haben keine Abbruchbedingung, keine Exit-Strategie, keinen Notfallplan. Es ist eigentlich kein Experiment, weil ein Experiment voraussetzt, dass jemand da ist, der es beobachtet und Schlüsse daraus zieht. Es ist Narrentum. Wir werden noch viele Tote sehen.«

* * *

Britische Elitetruppen haben in der syrischen Stadt Baghuz die abgeschnittenen Köpfe von fünfzig jesidischen Frauen gefunden, die dem IS als Sexsklavinnen dienen mussten. Da die Täter keine weißen Rassisten waren (und sich nicht für die Chats rechtsextremer Bundeswehrsoldaten interessierten), hat der Zwischenfall nur regionale Relevanz.

19. März

Gestern Abend auf *N24* Sendung über den Einsatz der Droge Pervitin – ein Ende der 1930er Jahre erfundenes Metamphetamin – bei der Wehrmacht. Der tremolierende Duktus des Beitrages läuft auf die Anschuldigung hinaus: Hitlers Armee war gedopt. Ähnlich wie im Falle Lance Armstrongs, dessen Überlegenheit über die anderen Gedopten ja auch deprimierend war, wird die Affäre wohl damit enden, dass man der Wehrmacht nachträglich sämtliche Siege aberkennt, vor allem den über Frankreich.

* * *

In, wie man sagt, dürren Worten vermeldet die *FAZ* eine personelle Veränderung: »Holger Steltzner ist aus dem Kreis der Herausgeber der Frankfurter Allgemeinen Zeitung ausgeschieden. Die Grundlage für eine weitere vertrauensvolle Zusammenarbeit mit den anderen Herausgebern war nicht mehr gegeben.«

Was mag der Grund für den Vertrauensverlust gewesen sein? Wer auf der Webseite der Zeitung nach den Textbeiträgen des Vertrauensverspielers schaut, dem fällt ein Beitrag besonders ins Auge: »Die Rettung des Weltklimas hat hierzulande längst den Rang einer Ersatzreligion eingenommen.« Nur Schelme vermuten einen Zusammenhang.

* * *

Im Kaiserreich herrschte deutlich weniger Vielfalt als in Merkeldeutschland. Außer an Nobelpreisträgern.

23. *März*

Der innenpolitisch auf dem letzten Loch pfeifende Macron hat das Militär gegen die Gelbwesten aufgeboten. Dieser Beau, der seinen eigenen Laden nicht in Ordnung bringen kann, meldet die Führungsrolle in der EU an, die er in einen von Frankreich geführten, von Deutschland bezahlten und von ihm als Obergockel repräsentierten Bund umwandeln will. Er hat zwar außer Merkel und dem Trinker keine Verbündeten mehr, aber es verwundert schon, dass er auf der sogenannten europäischen Bühne nicht ausgelacht wird.

Bis jetzt sind hunderte Menschen während der Demonstrationen zum Teil schwer verletzt worden – fast ausnahmslos Zivilisten –; über die Zahl der Todesopfer und den unmittelbaren

Zusammenhang mit Polizeigewalt herrscht Unklarheit – Fakt ist: Es hat auch einige Tote gegeben –; und mehrere tausend Menschen sitzen im Gefängnis. Augenzeugen behaupten, dass eine paramilitärische EU-Truppe namens Eurogendfor zum Einsatz kommt, von der niemand weiß, wem genau sie untersteht, für deren Taten die Länder haften, in denen sie eingesetzt wird und die aus ausländischen, vorwiegend osteuropäischen Söldnern besteht, deren Solidarität mit den Ausländern, gegen die sie eingesetzt werden, gering ist – ein Blick in die Zukunft eines Europa nach der Vorstellung von Macron, Merkel *e tutti quanti*.

Die Drohung des Präsidenten mit der Armee scheint die Insurgenten freilich nicht zu schrecken. Man vergleiche einmal die Bereitschaft unserer Nachbarn zum Aufstand mit der rechtsrheinischen Schafsgeduld; behaupte doch keiner, nationale Mentalitäten seien »Konstrukte«.

Die Gelbwesten kommen aus der ausgeplünderten und täglich neu betrogenen Mittelschicht; es ist eine soziale Rebellion derer, die das Land mit ihrer Arbeit am Laufen halten und am Monatsende immer weniger auf dem Konto haben, während der Präsident Fotos aus dem Skiurlaub postet oder mit seinen Freunden auf Oberschichtspartys den »demonstrativen Verbrauch« (Thorstein Veblen) zelebriert. Die Proteste sind zuletzt immer gewalttätiger geworden, weil sich Randalierer aus dem schwarzen Block unter die Demonstranten gemischt haben, offenbar auch Muslime, wie der Philosoph Alain Finkielkraut erfuhr, der am Rande einer Demonstration als Jude beschimpft wurde, von Muslimen, wie er selber sagte, was die deutsche Lückenpresse auf bewährte Weise verschwieg (»Die Gelbwesten scheinen in ein linkes und ein rechtes Lager zu zerfallen. Beide rufen dem Philosophen Alain Finkielkraut antisemitische

Schimpfworte nach. Mehrheits-Frankreich ist empört. Könnte dies das Ende der Bewegung werden?«, hub die entsprechende Relotiade bei *Spiegel online* wunschweltenwonnig an).

Der Chefredakteur des Pariser Nachrichtenportals *Mediapart*, Edwy Plénel, der ein Buch über die Gelbwesten geschrieben hat, sagt, Macron und seine Regierung »unternehmen alles, um die Bewegung zu brutalisieren und zu kriminalisieren«; er spricht von einem regelrechten »Sozialhass« der Pariser Eliten. Das legt natürlich den Gedanken nahe, dass die vermummten Randalierer nicht ganz zufällig und nicht nur aus eigener Entscheidung neuerdings die Proteste anheizen, denn wer heutzutage eine Rebellion blutig beenden will, der muss sich erst einmal durch Gewalt der Gegenseite die Legitimation dafür verschaffen. Weder die Protestler noch die Polizei- oder Armeeangehörigen entstammen Macrons Soziotop; Monsieur le Président könnte es gleichgültig sein, wenn dieser Pöbel sich in der von ihm bereiteten Arena gegenseitig an die Gurgel ginge. Hat er den Konflikt über Einflussagenten anheizen lassen, um nun radikal gegen ihn vorgehen zu können?

Dagegen spricht, dass die Herbeirufung des Militärs für die Niederschlagung der Proteste ein gewisses Risiko auch für Macron selber bedeutet. Sollte die Sache in einen veritablen Bürgerkrieg münden – und die Franzmänner scheinen dazu eine gewisse periodische Neigung zu verspüren –, könnte der Präsident selber aus dem Amt gejagt werden. Vor kurzem wurde der Satz eines Offiziers der Fremdenlegion kolportiert, wenn die Regierung das Militär gegen französische Bürger einsetze, werde das nicht das Ende der Proteste, sondern das der Regierung sein.

* * *

Neuseeland trägt Kopftuch, sogar Polizistinnen. Bei den Trauerfeierlichkeiten für die Opfer des Massakers von Christchurch sagte die Premierministerin an die Adresse der Muslime: »Neuseeland trauert mit Euch. Wir sind eins.«

Dagegen ist zunächst nichts zu sagen. Es ergeben sich lediglich zwei Folgerungen (und, sollten sie nicht zutreffen, ein Vorbehalt, ob gegen die Behauptung »Wir sind eins« tatsächlich nichts zu sagen wäre). Erstens: Ich gehe davon aus, dass nach den unvermeidlichen nächsten Anschlägen von Muslimen auf Nichtmuslime bzw. »Weiße« die im jeweiligen Land lebenden Muslime sich mit den Opfern solidarisieren, also beispielsweise Kreuze oder von mir aus Krawatten oder String-Tangas an- oder die Kopftücher ablegen, und der als Imam fungierende Trauerredner analog zum neuseeländischen Vorbild erklärt, das Überlegenheitsgefühl der radikalen Muslime (statt »der weißen Rassisten«) stecke hinter dem Anschlag und spalte die Gesellschaft. Zweitens: Nachdem die westlichen und speziell deutschen Medien nahezu unisono der Ansicht waren, für die Bluttat sei der rechtsextreme weiße Rassismus verantwortlich, dürfen wir nun getrost davon ausgehen, dass für künftige Bluttaten mit dem »Allahu akbar«-Hintergrund endlich auch die islamische Spaltung der Welt in Rechtgläubige und Unreine irgendwie verantwortlich sein wird.

Noch dazu:

»1. Wenn ihr zwischen Kritik gegen Elemente des Hasses im Islam und Hass gegen Muslime nicht unterscheiden könnt, dann seid ihr Teil des Problems.

2. Wenn ihr nicht den islamistischen Terror, die Integrationsmisere, die Unterwanderungsversuche der Islamisten im Westen, die ungesteuerte Migration, die Globalisierung und die Angst vor dem Abstieg, sondern alleine die Islamkritik für Hass

gegen Muslime verantwortlich macht, dann werdet ihr weder den Hass im Islam noch den Hass gegen Muslime jemals bekämpfen können.

3. Ihr versucht seit dem 11. September die Debatte um den Islam zu mäßigen und jede Kritik an dieser Religion als Islamophobie abzustempeln. Was hat das gebracht? Weder ist der Terror noch der Hass gegen Muslime dadurch weniger geworden! Im Gegenteil, je mehr ihr die berechtigte Kritik in der Mitte der Gesellschaft kriminalisiert, desto mehr wandert sie zu den rechten Rändern ab und wird dort für Hass und Gewalt instrumentalisiert!«

Schreibt Hamed Abdel-Samad, ein Autor, der mit ständigem Personenschutz leben muss, weil rechte weiße Rassisten gegen ihn eine Fatwa verhängt haben, auf seiner Facebookseite.

Ebenfalls noch zum Vorigen: »Nach dem Anschlag auf Muslime in Christchurch verweisen rechte Blogs auf Gewalt gegen Christen in Nigeria. Diese würde ›verschwiegen‹. Tatsächlich ist der Dauerkonflikt in Nigeria aber nicht religiös motiviert«, beruhigt der ARD-Faktenerfinder Patrick Gensing auf *tagesschau.de*. Die verfeindeten Parteien seine zwar Christen und Muslime, der Grund der Konflikte sei aber der Mangel an Weideland für die muslimischen Nomaden durch den (letztlich ja von Christen verursachten!) Klimawandel. Ungefähr so wie der Getreidemangel für Hitler der Grund war, in Russland einzumarschieren. Und erst der Champagnermangel im Jahr davor, oh là là! Man muss immer die Primärursachen suchen, auch wenn es schwerfällt!

* * *

Der *Bayerische Rundfunk* meldet: »Jeder zweite Zuwanderer fällt beim Deutschkurs durch. Es gibt schon länger Kritik an der Qualität der Kurse.« Ja woran denn sonst! Es gibt ja auch Kritik an der Qualität des Deutschunterrichts an den normalen Schulen, vor allem dort, wo SPD und Grüne regieren. Wenn die Schüler durch die Sprache Goethes diskriminiert werden, dann muss Goethe eben durch Jana Hensel oder am besten gleich durch den Koran ersetzt werden. Nur in Mathematik, Chemie und Physik wird die Transformation schwierig. Da weiß man zwar auch, *was* ersetzt werden soll, aber nicht recht, *wodurch*.

27. März

Eine Phobie, von welcher tatsächlich große Teile der deutschen Gesellschaft befallen sind, heißt *Dexiophobie* bzw. *Dextrophobie*.

* * *

Grässlich Empörung lud der Chef der Jungen Union auf seinen Scheitel, weil er das Wort »Gleichschaltung« auf die Union anwendete, um am trüben rechten Rand zu fischen. Als ob innerhalb der CDU nicht zwischen der »Merkeltreuen Volksfront« und der »Volksfront der Getreuen Merkels« lebhaft und frei gestritten und um immer neue Eurorettungspakete oder Migrationspakte oder die Dekarbonisierung der Tätervolkswirtschaft demokratisch gerungen worden wäre, bis beide Fraktionen auf dem Parteitag zu elfminütigen *standing ovations* zusammenfanden, um jene Frau zu ehren, die oberhalb aller innerparteilich-demokratischen Willensbildungszerwürfnisse mit gutmütigem Brummen *das Recht schützt* … Die CDU ist natürlich nicht gleichgeschaltet worden. Sie hat es selber und freiwillig getan – mal abgesehen von dem Gerücht, dass der Kauder sich jeden einzelnen Bundestagsabgeordneten einbestellt haben soll, der im Herbst 2015 den offenen Brief an die Kanzlerin gegen hochdero sogen. Flüchtlingspolitik unterschrieben hatte, und von denen, mit Ausnahme der Direktmandatisten, keiner mehr im aktuellen Bundestag sitzt. Sie sollen, heißt es, *verkaudert* worden sein.

Beiseite: *Kaudern* heißt übrigens laut Grimmschem Wörterbuch: Zwischenhandel treiben, mäkeln (abkaudern, verkaudern), aber auch »kollern wie der welsche Hahn«: »ein volk bei dem noch sonst wort und gedanken zweckten, bölkt jetzt ein kauderwelsch in zwanzig dialekten.« (Lichtenberg)

Ich gestatte mir, nach dieser Abschweifung neu anzusetzen und zu wiederholen: Im Wesentlichen ist die CDU nicht gleichgeschaltet worden, sondern sie tat es selbst und aus freien Stücken. Es soll schließlich kein Zwang im Glauben sein, wie ein berühmtes Neumitglied der Union empfahl. Das korrekte Wort heißt also: *Selbstgleichschaltung*. Das soll sich der JU-Laffe hinter die ungewaschenen Ohren schreiben!

Als ein historisch-kritisch endaufgeklärter Mensch darf man Begriffe mit NS-Pedigree nicht einmal dann auf die aktuellen Verhältnisse übertragen, wenn sich kein besserer Vergleich anbietet, sondern ausschließlich in Fällen, wo sie einfach stimmen. Dass es solche Fälle gibt, kann nur bestreiten, wer das deutsche Volk von seinen Verbrechen reinwaschen will. Selbstverständlich ist das deutsche Volk ein Konstrukt, doch dieses Konstrukt ist böser als andere Konstrukte, es trägt in sich das Nazi-Gen und die Nazi-Eigenschaften, und wer das deutsche Volk seinem berechtigten Schicksal zuführen will, muss sich diese singulären Eigenschaften zunutze machen. Eine Gleichschaltung oder Selbstgleichschaltung ist ja nicht *per se* schlecht. Es kömmt darauf an, wer und wohin gleichgeschaltet wird, und dass man andere Begriffe dafür erfindet.

***

Zum Vorigen.

Gute antifaschistische Anfänge gab es bereits vor Jahren. »Überwältigende Zustimmung der Kulturschaffenden der DDR zur Politik von Partei und Regierung», überschrieb das *Neue Deutschland* am 22. November 1976 seine Seite 3. Aber, ach:

»Von zwei Millionen blieben
Kaum eine Handvoll grad,
Es hat sie aufgerieben
Gorbatschows Verrat.«
(Peter Hacks)

Nachdem sich drei Jahrzehnte lang der völkische Nationalismus, Rassismus, Sexismus und Geschichtsrevisionismus ungehindert in Deutschland ausbreiten konnten, haben die Kulturschaffenden nun endlich ihren Schneid wiederentdeckt. Mit der »Erklärung der Vielen« stellen sie sich kollektiv dem Rechtsruck entgegen!

Als »Grundtext« gilt die Berliner Erklärung, und die birst so vor Buntheit und Gedankenschärfe, dass die Manifestanten in den anderen Gauen und Bezirken sie meist einfach wortgleich übernommen haben; man braucht seine Kräfte ja für den Kampf und nicht fürs Resolutionstextevariieren.

»Als Aktive der Kulturlandschaft in Deutschland stehen wir nicht über den Dingen, sondern auf einem Boden, von dem aus die größten Staatsverbrechen der Menschheitsgeschichte begangen wurden«, hebt das Manifest stolz an. Schon der erste Satz zeigt uns, dass es nicht nur um die Vielen, sondern um Alles geht. Hier werden keine Kompromisse geduldet und keine Gefangenen gemacht; dafür ist die Lage zu ernst. Die religiöse Zukunft Deutschlands steht auf dem Spiel. Auf die Petitesse, dass in der Preiskategorie »Größte Staatsverbrechen aller Zeiten« (GröStaZ) durchaus harte Konkurrenz existiert, kann eine solche Erklärung schwerlich eingehen, denn die Konkurrenten gehören zum eigenen politischen Familienstammbaum, wie bastardisch (Sloterdijk) der auch immer beschaffen sein mag, und sie hatten die besten Absichten; das kann man doch nicht vergleichen.

»In diesem Land wurde schon einmal Kunst als entartet diffamiert und Kultur flächendeckend zu Propagandazwecken missbraucht.« Kultur wurde zu Propagandazwecken missbraucht! »Millionen Menschen wurden ermordet oder gingen ins Exil, unter ihnen auch viele Künstler*innen.« Und das droht heute wieder! Damals übrigens noch ohne *, aber letztlich galt der Kampf dieser damals noch ohne * lebenden und webenden Künstler der Einführung des *, während die AfD offen die Endlösung der Genderfrage anstrebt und zur Ausmerzung von Millionen lebensunwerten Gendersternchen aufruft.

»Heute begreifen wir die Kunst und ihre Einrichtungen, die Museen, Theater, Ateliers, Clubs und urbanen Orte als offene Räume, die vielen gehören.« Aber nur den #vielen, die diese Erklärung unterzeichnen! Wer nicht, wird sehen, was ihm blüht. Sicherheitshalber haben bereits Intendanten im Namen ihrer gesamten Belegschaft unterschrieben, ohne die Angestellten erst zu fragen; Basisdemokratie ist in Zeiten des geistigen Bürgerkriegs nur etwas für Rechtspopulisten.

»Unsere Gesellschaft ist eine plurale Versammlung. Viele unterschiedliche Interessen treffen aufeinander und finden sich oft im Dazwischen. Demokratie muss täglich neu verhandelt werden – aber immer unter einer Voraussetzung: Es geht um Alle, um jede*n Einzelne*n als Wesen der vielen Möglichkeiten!«

Interessen finden sich im Dazwischen; nun macht sich die Handschrift herrenloser Geisteswissenschaftler*innen bemerkbar. Es geht um jede*n Einzeln*n – die Ausnahmen werden gleich benannt –, also praktisch um alle Menschen auf diesem Planeten, deren jede*r als Teilnehmer*in der großen täglichen Neuverhandlung der Demokratie in Deutschland willkommen ist. Wer die ganze Chose bezahlt? Fragen Sie ihre*n grüne*n Abschnittsbevollmächtigte*n!

»Der rechte Populismus, der die Kultureinrichtungen als Akteure dieser gesellschaftlichen Vision angreift, steht der Kunst der vielen feindselig gegenüber.«

Aber nein, der »Kunst der vielen«, die man gar nicht klein genug schreiben kann, stehen so profane Dinge wie die Intelligenz, der Geschmack, die Bildung, das Können und die Meisterschaft nicht wirklich feindselig, jedoch etwas indigniert bzw. angewidert gegenüber.

»Rechte Gruppierungen und Parteien stören Veranstaltungen, wollen in Spielpläne eingreifen, polemisieren gegen die Freiheit der Kunst und arbeiten an einer Renationalisierung der Kultur.«

Diese Umkehr der Aggressionsrichtung gehört zur Psychomotorik der Courage-Simulanten bei ihrem Versuch, die zweite deutsche Republik in eine dritte deutsche Diktatur zu verwandeln, und zwar unter dem Vorwand, gerade eine Diktatur verhindern zu wollen.

»Ihr« – der Rechtspopulisten nämlich – »verächtlicher Umgang mit Menschen auf der Flucht, mit engagierten Künstler*innen, mit allen Andersdenkenden verrät, wie sie mit der Gesellschaft umzugehen gedenken, sobald sich die Machtverhältnisse zu ihren Gunsten verändern würden.«

Wie das aussehen würde oder wird, das kann ich Ihnen, geneigte*r Leser*in, in aller Unschuld verraten: Die Rechtspopulisten denken gar nicht verächtlich, sondern im Gegenteil sehr hochherzig von »engagierten Künstler*innen und allen Andersdenkenden«, so hochherzig nämlich, dass sie es mit deren Emanzipation völlig ernst meinen (*emancipare* heißt: »einen Sklaven in die Selbstständigkeit entlassen«) und darauf bestehen, dass insbesondere engagierte Künstler*innen aus der alimentierten Staatssklaverei entlassen werden, um sich ihren Unterhalt selber verdienen zu können. Alles andere wäre doch eine Beleidigung ihrer künstlerischen Freiheit!

Immerhin schließt das Manifest mit den Worten: »Es geht um Alle. Die Kunst bleibt frei!«

Jawohl! Es lebe die freie deutsche Kunst! Heil Vielfalt!

* * *

Die »Erklärung der Vielen« in einfacher Sprache: Die Subventionierten bekämpfen den politischen Aufstieg der Subventionskürzer.

* * *

Wiedervorlage aus aktuellem Anlass (Brexit!). Der britische Kunsthistoriker Neil MacGregor, langjähriger Direktor des *British Museum* und von 2015 bis 2018 Intendant des Berliner Humboldtforums, hat auf eine Besonderheit deutscher Denkmalkultur aufmerksam gemacht. Im Buch zu seiner Ausstellung »Deutschland. Erinnerungen einer Nation« schrieb er, er kenne »kein anderes Land, das in der Mitte seiner Hauptstadt ein Mahnmal der eigenen Schande errichtet hätte«.

28. März

Die aktuelle *Zeit* fragt sich und alle Welt auf der Titelseite: »Werden wir immer dümmer?«

Also im Grunde kann es gar nicht sein, dass der Westen immer dümmer wird, denn speziell die Westdeutschen (aber auch die Schweden, die Franzosen und andere progressive Länder) haben alles richtig gemacht: Sie haben die Geisteswissenschaften aufgewertet und vor allem zahlenmäßig deutlich aufgestockt, sie haben, unter anderem als Reaktion auf das schlechte Abschneiden bei den Pisa- und TIMSS-Studien, den Abiturientenanteil immer weiter erhöht, sie haben die Schüler aus den Zwängen von Rechtschreibung, alten Sprachen, logischem Denken und Auswendiglernen befreit, die Universitäten europaweit vereinheitlicht und die verstaubte Bildung durch schicke Module ersetzt, sie haben Frauen gefördert ohne Ende, mit Mädchentagen und Quoten, bald auch in den Naturwissenschaften, und mit den Gender-Studies und der Erforschung der Geschlechtervielfalt wurden neue Zukunftstechnologien überhaupt erst etabliert; sie haben immer neue Stiftungen, Vereine und NGOs gegründet und mit bislang Benachteiligten besetzt, die Rassismus, Sexismus und Diskriminierung bekämpfen und damit automatisch die Chancen auf Teilhabe an der Klügerwerdung erhöhen; sie haben die Buntheit und Vielfalt durch die spontane Herbeirufung von Millionen Ärzten, Ingenieuren, Theologen und anderen Fachkräften aus afrikanisch-orientalischen Kompetenzzentren gesteigert, von denen viele einer Religion folgen, in der Wissen, Wissensdurst und Wissenschaft einen herausragenden Stellenwert genießen; sie haben die Dekarbonisierung der Wirtschaft durch die Abwrackung überholter Technologien wie Atomkraft, Automobilität und Genmanipulation eingeleitet … –, kurzum: An der westlichen Gesellschaft kann es nicht liegen. Wahrscheinlich sind die Rechtspopulisten schuld, die mit Hass, Hetze, Verschwörungstheorien und *Fake News* die Wissensgesellschaft spalten und die Intelligenz bekämpfen, und überhaupt sagt doch ein sinkender Durchnitts-IQ gar nichts aus oder allenfalls, dass diskriminierende, kulturunsensible und sexistische Messmethoden auf den historischen Sondermüll gehören. Und wenn der IQ in Asien, also in Ostasien, steigt oder jedenfalls signifikant höher ist, zeigt das ja nur, dass man dort noch an Götzen glaubt, die im aufgeklärten Westen längst gestürzt wurden.

* * *

Irgendwie noch zum Vorigen. Frauen, bemerkt Hadmut Danisch, seien eine merkwürdige Spezies: Obwohl sie alles ebenso gut oder sogar noch besser können als Männer, friedfertiger, umweltbewusster und sozial kompetenter agieren und überdies noch ein Fünftel weniger Geld für gleiche Leistungen verdienen, also die markwirtschaftlich rentabelsten Geschöpfe unter Gottes Sonne sind, kommen sie ohne die Förderung durch staatlich verordnete Quoten nicht voran, wobei selbst diese Unterstützung sie nicht wirklich zu den Kerlen aufschließen lässt. Nur als – staatlich finanzierte – Klageweiber liegen sie deutlich vor den Männern. Was ist da los? Oder, mit den Worten eines Freundes: »Wo sind eigentlich die intelligenten Frauen?«

Irgendwo müssen sie ja sein. Schließlich ist die Intelligenz, die Extremausschläge nach oben und unten, die männlich besetzt sind, abgerechnet, zwischen den Geschlechtern gleich verteilt. Also, wo sind sie? In der Politik und in den politischen Stiftungen jedenfalls nicht – aber das gilt ja für beide Geschlechter, und in Rede soll eine deutlich überdurchschnittliche Intelligenz stehen, die einen zum Herumsitzen in Ausschüssen oder zur Mitarbeit bei der Amadeu- oder Böllstiftung ungeeignet macht. Überhaupt findet man solche Frauen in der Öffentlichkeit fast nie, dort agieren nahezu ausschließlich mittelmäßig begabte Zeitgeist-Sprechpuppen – aber auch das gilt ja für beide Geschlechter. Vielleicht in den Künsten? Mmh ... Fällt jemandem jemand ein? Da die intelligenten Frauen irgendwo sein müssen, bleibt nur die Folgerung, dass sie sich verstecken. Dass sie als gute Epikureerinnen im Verborgenen leben. Dass sie den Drang, sich zu präsentieren, nicht verspüren. Die deutsche Biochemikerin Christiane Nüsslein-Volhard, die 1995 den Medizin-Nobelpreis erhielt, scheint so ein Beispiel zu sein. Nie hat sie sich über Benachteiligung durch Männer und speziell männliche Vorgesetzte beklagt – was hätte ein Vorgesetzter davon, eine talentierte Frau in seiner Abteilung zu behindern, statt sie zu fördern, fragte sie einmal –, nie hat sie Quoten gefordert und meines Wissens auch nie unterstützt, und wahrscheinlich bekommt sie sogar mindestens so viel Gehalt wie ihre männlichen Kollegen.

Also, ich stelle die Frage von Freund *** jetzt in die Runde: Wo sind die intelligenten Frauen?

29. März

Frohe Einsichten, zum ersten. Spätestens seine Wiederwahl wird Donald Trumps politisches Ende einleiten!

* * *

Frohe Einsichten, zum zweiten. ARD und ZDF sind gar keine Sendeanstalten. Tatsächlich handelt es sich um staatliche Pensionsfonds.

* * *

Frohe Einsichten, zum dritten: Es gibt keinen Politikgegenstand mehr, wo die freie deutsche Jugend nicht auf Regierungslinie wäre. Anders formuliert: Die Bundeskanzlerin hebt öffentlich die Schulpflicht auf, damit die Schüler für die Regierungslinie protestieren können. Tusch!

* * *

Frohe Einsichten, zum vierten, kommen aus dem sächsischen Chemnitz, von wo man zuletzt nur Schlechtes hörte; jetzt steht die immerhin gesellschaftliche Klimaneutralität ins Haus, wie eine Statistik zum dortigen Stadtfest verheißt:

2015: 250 000 Besucher ohne nennenswerte Zwischenfälle

2016: Kleinere Vorfälle, Diebstahl und Schlägerei mit Beteiligung eines Marokkaners

2017: Massenschlägereien zwischen Deutschen und Migranten, vorzeitiger Abbruch

2018: Ein Toter, zwei Schwerverletzte nach Angriff von mutmaßlichen Migranten, Abbruch

2019: Stadtfest abgesagt

* * *

Die saarländische AfD hat eine Anfrage nach der Herkunft des Personals gestellt, das im Saarland irgendetwas Polizeirelevantes mit Messern auf seinen teilweise toxischen Scheitel geladen hat. Die Polizei teilte mit, dass man in der Heimat von Erich, Heiko und Annegret von Januar 2016 bis April 2018 1 490 Strafanzeigen und »Ordnungswidrigkeiten im Zusammenhang mit Messern« erfasst habe. 842mal sei der Täter ein Deutscher gewesen, 122mal ein Syrer, 94mal ein EU-Ausländer und 36mal ein Afghane. 289mal konnte kein Täter ermittelt werden.

Da bekanntlich um die 11,8 Millionen Syrer und 3,5 Millionen Afghanen in Deutschland siedeln, war dieses Ergebnis im Sinne der statistischen Gleichverteilung erwartbar. Die Wahrheits- und Qualitätspresse feierte diesen Befund – orientalische Messerstecher sind im Vergleich zu deutschen gerade mal 20fach überrepräsentiert; wer hätte gedacht, dass es so wenig ist? – als einen Sieg des Faktischen über die rassistischen Vorurteile der AfD-Buben. Derart in ihrer Vorurteilsstruktur bloßgestellt, fragten die Rechtspopulisten in verzweifelter Lüsternheit nach, welche Vornamen die angeblichen oder tatsächlichen 842 deutschen Messervorfallsverursacher denn trügen; Sie, geneigter Leser, wissen schon, mit welchen Hintergedanken. Die Antwort der Polizei: »Michael (24 Fälle), Daniel (22 Fälle), Andreas (20 Fälle), Sascha (15 Fälle), Thomas (14 Fälle), Christian (13 Fälle), Kevin (13 Fälle), Manuel (13 Fälle), Patrick (13 Fälle), David (12 Fälle), Jens (12 Fälle), Justin (11 Fälle) und Sven (11 Fälle).«

Die AfD fragte außerdem nach einer möglichen doppelten Staatsangehörigkeit der Täter. Die Polizei erteilte Auskunft: Nur 14 der 842 deutschen Täter besäßen neben dem deutschen Pass noch einen weiteren.

Dazu drei Fragen.

Die erste: Beim Vornamens-Ranking zu 842 registrierten Messer-»Fällen« mit tätlicher Beteiligung von deutschen Staatsbürgern hat zu meinem nicht geringen Stolz »Michael« obsiegt, doch wer die veröffentlichten Vornamen addiert, kommt bloß auf 183 – welche Namen mögen die restlichen 659 schnittigen Exponierten tragen? Erfahren wir das noch? Nach den Regeln der Gleichverteilung müssten unsere Alis, Achmeds, Mehmeds, Cihans, Tayfuns, Onurs und Mustafas einstweilen noch ein bisschen später auftauchen als die Michaels, Christians und Kevins, weil sie – noch – unterrepräsentiert sind. Die AfD sollte zur endgültigen Widerlegung ihrer eigenen Voreingenommenheit auf die Veröffentlichung sämtlicher Vornamen bestehen.

Die zweite Frage: Wie kommt es, dass ich nie etwas von einem Messerstecher namens Michael X. oder Jens Y. in der Zeitung gelesen habe? Warum tragen die Kerle in den Meldungen fast immer – einstweilen noch – exotisch klingende Vornamen? Verschweigen uns die Medien aus rassistischen Gründen etwas, oder haben die Michaels und Daniels die echte Attacke mit finalem Bauchstich oder glattem Kehlschnitt einfach nicht drauf?

Daraus folgend die dritte Frage: Existiert auch eine Statistik über die Schwere besagter Messervorfälle im Zusammenhang mit Michael, Jens und Daniel? Anders gefragt: Hat überhaupt einer dieser Kuschelnamensträger mal richtig ernsthaft zugestochen, mit Totmachabsicht, etwa um seine Ehre wiederherzustellen? Oder trugen die bloß Werkzeuge bei sich?

* * *

Gestern fragte ich in die Runde, wo die intelligenten Frauen sind, denn irgendwo müssen sie ja sein, und der Antworten trafen einige ein, etwa:

»Hier, bei der Arbeit. Mit freundlichen, römischen Grüßen«, meldet sich Leserin ***

Oder: »Intelligente Frauen findet man z.B. in großer Zahl unter Rechtsanwältinnen, Steuerberaterinnen und Wirtschaftsprüferinnen sowie ab der mittleren Ebene (oder auf dem Weg dorthin) in den entsprechenden Unternehmensfunktionen. Damit meine ich, um es griffiger zu machen, aber natürlich im Wissen um die Beschränkungen dieses Maßes, Frauen mit einem IQ von etwa

120 bis 130. (Auch zwischen 110 und 120 ist man intelligent, aber nicht in der erwähnenswerten Weise, die Sie vermutlich meinen.) Über ungefähr 130 werden die Frauen dort dann seltener, vielleicht noch schneller als bei den Männern. Mit 130 ist man eher nicht intelligent genug, um sich in der Forschung in naturwissenschaftlichen Fächern hervorzutun. Man ist aber immerhin in der Lage, sich bei dem erforderlichen Einsatz von Zeit und Mühe fast alles, was man verstehen möchte, zu erarbeiten.« Das war jetzt vermutlich frauenfeindlich, aber ich lasse das mit dem Hinweis stehen, dass beispielweise mein IQ, wenn man ihn nach rein mathematischen Kriterien abfrüge, ungefähr auf dem Level einer unbegleiteten syrischen minderjährigen Volkswirtschaftlerin läge, wenn nicht auf dem eines Bremer Notabiturienten.

»Tja, wer das wüsste!«, antwortet wiederum Leserin ***. »Ich halte mich nicht für minderbemittelt (geschenkt, wer tut das schon), habe Hochschulabschluss, Doktortitel und einige Jahre Berufserfahrung in einer sehr männerdominierten Branche vorzuweisen, bin aber weit davon entfernt, mich als besonders klug zu bezeichnen. In meinem privaten und beruflichen Umfeld gibt es durchaus einige Frauen, die gleichfalls hoch qualifiziert sind und ihre Sache vernünftig machen. Aber ich kenne keine Frau, die sich tatsächlich, gleich worin, mit den Männern messen könnte, die den Rest meines Umfeldes bilden, jedenfalls nicht mit den besten. Stark auffällig ist unter den Frauen ein Mangel an Interesse für Politik, Soziologie, Religion, Geschichte, Staatskunst – you name it – sowie ihre Bereitschaft, über derlei Dinge zu diskutieren. Es gilt auch bei ›gebildeten‹ Frauen:
›Willst Du Männer gesprächig machen – sprich von Sachen,
Soll das Gespräch mit Frauen sich lohnen – sprich von Personen.‹
(Ludwig Fulda)

Und was die angebliche Intelligenzverteilung unter den Geschlechtern angeht, lässt sich meine Erfahrung so zusammenfassen: Zeig mir einen richtig dummen Mann – ich zeige Dir eine noch dümmere Frau.«

Eher aphoristisch antwortet Leser ***: »Die intelligenten Frauen sind (das waren sie immer und werden es immer sein) genau dort, wo sie sein wollen. Der Rest lamentiert, nicht dorthin vorgelassen zu werden, wo sie nichts zu suchen haben.«

Leserin *** kann die Frage nicht beantworten, sondern »nur berichten, wo ich stehe und wie ich dahin gekommen bin: geboren in der DDR, technisches Studium abgeschlossen als Dipl.-Ing., kurz vor der Wende eine Tochter geboren. Nach der Wende beruflich sehr schnell Richtung Westen orientiert, dank Intelligenz und Leistung eine Karriere und einen soliden Mittelstandswohlstand im Westen aufgebaut. Dabei die Tochter großgezogen und dafür gesorgt, dass sie trotz der häufigen Abwesenheit ihrer Mutter gut behütet aufwächst: Kinderfrau, Sprachunterricht, Klavierunterricht – alles selbst finanziert und immer abseits von staatlich bereitgestellten Strukturen. Tochter hat studiert (MINT) und macht nun ihrerseits Karriere.

Während des übervollen Lebens zwischen 1990 und 2013 diverse Medien konsumiert und liberal gewählt, zunehmend im Bewusstsein, ›wenn Wahlen etwas bewirken würden, wären sie verboten‹. 2013 den TV und das *Spiegel*-Abonnement abgeschafft und alternative Medien im Internet entdeckt. In die AFD eingetreten wegen der Euro-Thematik und zwei Jahre später wieder ausgetreten. Mittlerweile politisch heimatlos und nur noch wählend, um Nadelstiche in den Pelz der etablierten Parteien abzusetzen.

Frustriert über die Politik seit 2015 und meine Mitmenschen, die diese auch noch bejubeln. Frustriert, weil die Steuern auf mein hart erarbeitetes Einkommen den ganzen Blödsinn überhaupt erst ermöglichen. Frustriert über Gender und Menstruationblut-vermalende – tja, was eigentlich? – im Doppelsinne verrückte Frauen. Und so weiter und so fort. Persönliche Alternativen gesucht und gefunden. Den Weg aus dem gut bezahlten Konzernjob mit 60-Stunden-Woche in die freiberufliche Selbständigkeit gewagt. Heute 50 Prozent der Arbeit bei gleichem Netto. Zeit, auch mal mitten am Tag spazieren oder einen Kaffee trinken zu gehen. Die Freude über den Rückzug in ein selbstbestimmtes Leben mit viel Sport an der frischen Luft und Gedanken darüber, wie ich mich dem gegenwärtigen Großen und Ganzen soweit möglich entziehen kann. Die Hoffnung, im Großen doch noch Gleichgesinnte zu finden und eine Welle in ein Leben ›back to the roots‹ (Mann, Frau, Kinder, Werte, Leistung, Verantwortung, Freiheit, Selbstbestimmung) anzuschieben. Damit meine Enkelkinder, die noch nicht gezeugt/geboren sind, in einem Deutschland aufwachsen, in dem es sich gut und gerne lebt.«

Nein, der kleine Eckladen vermittelt keine Heiratsanträge!

Leserin *** schreibt: »Kluge Frauen finden Sie nicht in der Politik, denn was sollen sie da? Ich berate Industrieunternehmen, bin durch zahlreiche Werkhallen gelaufen, kann einen Bohrhammer von einer CNC unterscheiden (und weiß, was letztere macht), lese Bilanzen ebenso wie Gesetze, habe aber – wie die meisten Unternehmer und CEOs, die ich kenne – einfach alle Hände voll damit zu tun, irgendwie das Überleben der Unternehmen zu sichern *trotz* Politik. Da wir Verantwortung tragen, können wir nicht einfach weglaufen oder uns wegducken: In den KMUs (ich habe mehr Ms als Ks), in denen ich tätig war/bin, kennt man die Mitarbeiter, die kündigt man nicht einfach. Es sind Menschen mit Gesichtern, mit Leben – nicht einfach statische Nummern und Zahlen. Der Mittelstand, nicht die Konzerne, ist immer Deutschlands Besonderheit gewesen. Mit einer konzernzentrierten Politik wird dieser Mittelstand gerade kaputt gemacht.

Übrigens hat gerade gestern eine Frau Dipl. Ing. (Maschinenbau) einer anwendungsorientierten Hochschule geschimpft wie ein Rohrspatz, dass Gender Studies eingeführt werden sollen und über die Sternchen usw. Sie sei Zeit ihres Lebens ein Dipl. Ing. gewesen, hätte nie ein Problem damit gehabt, und eine Frau, die das hätte, sei ohnehin zu nichts gebrauchen. Und einer Frau, der man ihr Geschlecht nicht ansehe, hülfe auch kein Sternchen mehr. Sehe ich auch so. Schon immer arbeite ich zumeist mit Männern zusammen, völlig problemlos, habe außerdem eine rein männliche Familie mit ausgesprochen männlichen Männern. Einer meiner Söhne ist ein muskulöser, bärtiger junger Oberleutnant, der andere ein breit – auch technisch – aufgestellter Physiker, Mitbegründer eines Forschungsinstitutes für numerische Wissenschaft (KI und Simulation). Daher kann ich genau den Marder, Puma und weitere Geräte erklären und kenne mich mit Astrophysik und KI aus – ich ›darf‹ sogar Korrektur lesen. Frauenthemen eben.«

Und Leser *** sei noch zitiert, der die Zurückgezogenheit der intelligenten Frauen mit Hinweis auf die bekannte Nietzsche-Feststellung erklärt, hinter der Frauenemanzipation verberge sich primär »der Instinkthaß des mißratenen, das heißt gebäruntüchtigen Weibes gegen das wohlgeratene«, während »der Kampf gegen den Mann immer nur Mittel, Vorwand, Taktik« sei – dass, mit einem Wort, Feminismus ein Ressentiment ist –, und folgert: »Bezüglich Ihrer Frage, warum die Epikureerinnen im Verborgenen leben, lautet meine Vermutung: Da niemand die Frauen so gut kennt und versteht wie diese sich selbst, findet man die intelligenten Frauen nicht in der Öffentlichkeit, weil es ihnen schon reicht, als Gruppe (der Wohlgeratenen) von den sich selbst so nennenden ›Feministinnen‹ angefeindet zu werden. Eine Anfeindung als Individuum wollen sie, eben weil sie intelligent sind, nicht auf sich nehmen. Deshalb kümmern sich die Wohlgeratenen lieber um ihre eigene Karriere und/oder Familie, als mit den Nicht-so-wohlgeratenen zu diskutieren. Denn die letztgenannten können ihrerseits nur dann Karriereschritte verzeichnen, wenn sie ein Individuum aus der Gruppe der Wohlgeratenen isolieren und öffentlich ›hinrichten‹ können. Und wie bereits erwähnt, wissen die Epikureerinnen das.«

Schlusswort von Leserin ***, »Chefin eines Handwerksbetriebes, reine Männerwelt«, sie »teile zu 100 Prozent das Zitat Nietzsches. Wir wohlgeratenen Frauen bekommen ja Unterstützung der wohlgeratenen Männer. Leider schrumpft die Zahl der Wohlgeratenen, wahrscheinlich aus Wohlstandsgründen. Weil dem Esel zu wohl wird, ... wohlan denn! Nimm' Abschied, Herz, und gesunde :), Grüße aus ***«

31. März

Es muss eine Lust sein, heutzutage als Grüner zu leben! Deine Hysterie wird man dir als Problembewusstsein, deine Minderbemitteltheit als Herzensgüte, deine Ungepflegtheit als Authentizität, deine Schamlosigkeit als Lockerheit, deine Unbildung als Konzentration aufs Wesentliche auslegen, du kannst im Namen des Planeten, des Klimas, der Menschheit, irgendeiner Tierart und Minderheit, egal wie groß Letztere auch sei (Frauen, Schwarze, Afrikaner, Moslems, Erdbewohner in Meeresspiegelnähe, Erdbewohner in Polnähe, Erdbewohner in Gletschernähe,

Erdbewohner in Wüstennähe, Erdbewohner in Unwetternähe, Schwule, Lesben, Hermaphroditen, Migranten, traumatisierte Migranten, unbegleitete minderjährige Migranten, unbegleitete traumatisierte minderjährige Migranten, Primaten, Frösche, Eisbären, Bienen) alles fordern, was dir gerade durch die Rübe rauscht und was die geblähte Brust hergibt, etwa die Dekarbonisierung der Weltwirtschaft oder die Ausdünnung wölfischer Volkskörper, du kannst den Öko-Messias spielen, den Sozialheiland geben, den Veganismus oder Vaginismus oder Vaginozentrismus als Erlösungsoption predigen, du kannst alle Regierungen der Welt für ihre Klimapolitik und Sozialpolitik und Energiepolitik kritisieren, du kannst die Konzerne kritisieren, die Luftfahrt kritisieren, die Wissenschaft kritisieren, die Nationalstaaten kritisieren, die Diskriminierung kritisieren, die gläsernen Decken kritisieren, die alten weißen Männer kritisieren, nach Herzenslust, man wird dir Beifall spenden und dich in TV-Runden einladen, dich auf Podien bitten, dich interviewen, fotografieren, dir Schülergruppen zuführen, aber nie nachfragen, ob du eine Idee hast, wie es anders funktionieren und wer es bezahlen soll und wie es mit dem *skin in the game* bei dir selber ausschaut; du kannst überhaupt immer das Maximale fordern: Klimarettung, Planetenrettung, Meeresrettung, Gletscherrettung, Polrettung, Eisbärenrettung, Waldrettung, Insektenrettung, Weltfrieden, globale Abrüstung, globale soziale Gerechtigkeit, globale Migration, transkontinentales Massenkuscheln; du kannst den Atomausstieg fordern, den Kohleausstieg, den Dieselausstieg, den Gasausstieg, den Mathematikausstieg, den Physikausstieg, den Orthographieausstieg, den Heteronormativitätsausstieg, den Hierarchieausstieg, den Familienausstieg, den Zeugungsausstieg; du kannst die Geschlechter für Konstrukte erklären und gleichzeitig Frauenförderung begehren und mit Menstruationsblut malen, du kannst die gesamte Weltgeschichte in einer Anklageschrift gegen den Mann an sich, den weißen Mann insbesondere und den Deutschen sowieso zusammenfassen, ohne die geringste Ahnung von Geschichte zu besitzen, du kannst den größten Stuss behaupten, etwa dass das Netz ein Energiespeicher ist oder dass die Sonne keine Energierechnung schickt oder die Energiewende jede Familie eine Kugel Eis im Monat kostet oder wir plötzlich Menschen geschenkt bekommen oder Frauen 24 Prozent weniger für die gleiche Arbeit verdienen oder die Nazis die Frauenkirche zerstört haben oder dass es kein Volk gibt oder am Super-GAU in Fukushima 16 000 Japaner gestorben sind und noch mehr Deutsche pro Jahr am Feinstaub verenden, du kannst ohne jede Verantwortung für irgendetwas anklagen ohne Ende, andere für alles schuldig sprechen, was dir gerade in die Karriere- oder Urlaubsplanung passt, du kannst Zwangsenteignungen fordern, Verfolgung von Falschmeinern fordern, höhere Steuern fordern, fremder Leute Köpfe und Arbeitskraft fordern, immer im Namen der Zukunft des Planeten und der Gerechtigkeit und der Geschlechtergerechtigkeit und des Weltfriedens, man wird dir lauschen, applaudieren, nicht nachfragen, und wenn doch mal einer widerspricht, kannst du ihn Rassist nennen und Sexist und Populist und Buntheitsfeind und Nazi, ein gutes Gefühl von Herdenbehagen und Meutenmut springt immer heraus, mit etwas Glück auch eine Quotenstelle oder ein Stiftungspöstchen …

2. April

Diskriminieren (= einen Unterschied machen) zu dürfen, ist ein Grundrecht. Wer dieses Grundrecht angreift, will die Wahlfreiheit einschränken. Diskriminierungsverbote sind totalitär.

* * *

Wir lesen immer wieder von Geschlechtsumwandlungen, aber nie ist die Rede davon, jemand habe sich weder zur Frau noch zum Mann, sondern zu einem der zahllosen anderen Geschlechter ummodeln lassen. Gerade diejenigen, die sich im falschen Körper wähnen, bezeugen also die schöne Geltung der Zweigeschlechtlichkeit; sie sind Märtyrer der Heteronormativität.

PS: Leser ***, »aktives AfD-Mitglied«, merkt dazu an:

»Ich bin selbst transsexuell (Mann zu Frau), und ich habe (wie übrigens heute sehr viele Betroffene) genau das getan: mich zu ›einem der zahllosen anderen Geschlechter ummodeln lassen‹. Konkret: ich habe mir – nach jahrelanger, nahezu ergebnisloser Östrogentherapie – schon vor 20 Jahren chirurgisch die Brust aufbauen lassen; den Unterleib habe ich gelassen, wie er war, und im öffentlichen Alltag lebe ich trotzdem nach wie vor als Mann. Als Ziel der ›Umwandlung‹ habe ich also tatsächlich eine Art Zwitterwesen gewählt – ein ›drittes Geschlecht‹.

Gesellschaftspolitisch ist das deshalb von Bedeutung, weil ich mit diesem Behandlungsziel in den 90er Jahren noch eine große Ausnahme war. Mit der dazu nötigen Pionierarbeit trug ich damals nicht unerheblich dazu bei, den Begriff eines ›dritten Geschlechts‹ überhaupt erst in die Öffentlichkeit zu tragen.

Für ein tieferes Verständnis wichtig ist dabei aber, dass dieses ›dritte Geschlecht‹ *kein* eigenständiges Geschlechtsbild ist, sondern nur ein operativer Kompromiss zwischen den *zwei* natürlichen Geschlechtern. Man kann – leider – das Geschlecht nicht wirklich wechseln, sondern nur (mit mehr oder weniger Erfolg – meist weniger) die äußere Erscheinung. Dass ich für mich diesen Zwischenweg gewählt habe (erfolgreich übrigens: seitdem hat sich mein Leben dauerhaft sehr zum Positiven entwickelt), ist der Begrenztheit medizinischer Möglichkeiten geschuldet; das Kosten/Nutzen-Verhältnis einer ›kompletten‹ Geschlechtsumwandlung wäre für mich einfach zu schlecht, weil mich mehr als die Hälfte der Leute selbst dann immer noch spontan als Mann identifizieren würden. Um einen praktisch lebbaren Kompromiss zu ermöglichen und dabei der gesellschaftlichen Kategorisierung als wahlweise ›pervers‹ oder ›mißgebildet‹ zu entgehen, haben wir damals das Konzept eines ›dritten Geschlechts‹ etabliert.

Wenn Sie schreiben: ›Gerade diejenigen, die sich im falschen Körper wähnen, bezeugen also die schöne Geltung der Zweigeschlechtlichkeit; sie sind Märtyrer der Heteronormativität‹, ist im Grunde richtig – aber dann doch auf einen *sehr* kurzen Nenner gebracht, mit der Gefahr von Missverständnissen. Wiederum wichtig für das Verständnis ist hier, dass es nicht nur ein körperliches, sondern auch ein psychisches Geschlecht gibt. Die menschliche Psyche ist – im Wesentlichen auf emotionaler Ebene – großenteils geschlechtsspezifisch als Teil der sekundären, (Gehirn-)physiologischen Geschlechtsmerkmale. Das ist angeboren – also nix mit ›tabula rasa‹. Erziehung kann daran nichts ändern. Da aber die psychischen Geschlechtsunterschiede *sekundäre* Geschlechtsmerkmale sind, sind sie NICHT streng dual: ihre Entstehung wird hormonell vermittelt und kann somit in einem Kontinuum zwischen den Polen ›männlich‹ und ›weiblich‹ beliebige Zwischenpositionen (als gehirnphysiologisch vorgegebene, durch Erziehung später nicht mehr änderbare Fixpunkte!) einnehmen – im Einzelfall sogar konträr zum sonstigen, körperlichen Phänotypus, wie es eben bei uns Transsexuellen der Fall ist.

Die Gender-Ideologie präsentiert uns Transsexuelle gerne als angeblichen Beweis für geschlechtliche Beliebigkeit. Genau das sind wir nicht, im Gegenteil: obwohl die Gesellschaft nun wirklich alles tut, um uns schon von klein auf auch psychisch heteronormativ zu formen, mißlingt das bei Transsexuellen regelmäßig. Wir sind somit der lebende Beweis *gegen* die ›tabula rasa‹.

Ich hoffe, damit ein wenig zum Verständnis beigetragen zu haben.«

* * *

»Es ist dem gallischen Hahn unerträglich, wenn auf dem europäischen Hühnerhof ein anderer lauter kräht als er.«
Otto von Bismarck zum Chefredakteur der *Hamburger Nachrichten,* Hermann Hofmann

* * *

Im Zusammenhang mit der Debatte, ob ohne ausdrücklichen Widerruf eine Organspende dereinst verbindlich sein solle, weist Leser *** darauf hin, dass Muslime »kein Problem damit haben, ein Organ gespendet zu bekommen, jedoch überproportional häufig sich nicht dazu bereit erklären, selbst Organe zu spenden. Zum Beispiel kollidiert das nämlich mit den religiösen Bestattungsriten.

Es gibt sicherlich keine Statistiken dazu, aber ich bin selber Arzt und habe noch nie erlebt, dass ein Moslem beziehungsweise eine muslimische Familie sich dazu bereit erklärt hätte, die Organe des toten Familienangehörigen für eine Spende freizugeben. Ob aber sonnenbankgebräunte Jugendliche mit Shisha-Bar-Hintergrund einen deutschen Organspendenausweis mit sich herumtragen, überlasse ich jedem zur eigenen Reflektion. Auch die Schlussfolgerung bzgl. des Sterbens Deutscher auf der durch Zuwanderung wahrscheinlich verlängerten Warteliste überlasse ich jedem selber. Insofern erscheint mir die Widerspruchsregelung zwar nicht als komplette Lösung des Problems, aber ich sehe hier einen wesentlichen Fortschritt, weil zumindest der Teil der Einwanderer, die nicht aktiv widersprechen, einen Beitrag zum Solidarsystem der Organspende leistet.«

Sofern eben die besagten Angehörigen keinen Ärger wegen der postumen Ausweidung machen.

3. *April*

Die dümmsten Politiker, die Deutschland je hatte, nächste Fortsetzung (und zu den Beweisakten):

»Klimaschutz bedeutet für uns ein Ausstieg aus fossiler Energie und dazu zählt auch die Atomkraft«, erklärt die Grünen-Vorsitzende Annalena Baerbock (das ist dieselbe Expertin, die unlängst das Stromnetz zum Energiespeicher nobilitiert hat). Ein Land, das die Grünen hat, muss Schreckliches durchmachen.

* * *

»Eine Jauchegrube zieht sich durchs Land«, modifiziert der *Süddeutsche Beobachter* die Angelegenheit ins Braune, und davon verstehen sie in der Redaktion einiges, mag ein Teil der Schriftleitung auch wähnen, was sie dort umdüftelt, sei *Eau de*

Parfüm. Mit Jauchemetaphern haben sie es beim *Beobachter* schon lange, das Phänomen ist seit dem Dr. Freud aus Wien oft beschrieben worden, und ich werde mich hüten, an den Spekulationen über die Gründe teilzunehmen. Diesmal erklärt eine Kommentatorin jeden zum Jauchegrubenfüller, der den (ohnehin geschönten) Polizeistatistiken nicht glauben mag. Es gebe praktisch keinen Kriminalitätsanstieg durch willkommenskulturellen Beifang. »Nie seit der deutschen Einheit war die Zahl registrierter Straftaten in Deutschland so niedrig wie heute. Und nie war im Land die Verunsicherung so groß. Ja, spinnen denn die Deutschen eigentlich? Ist ein ganzes Volk einer Angststörung erlegen?«

Ich habe hier mehrfach dargelegt, warum die Zahl der *erfassten* Straftaten wenig aussagt, dass die Zahl der tatsächlichen Straftaten vier- bis fünfmal höher liegt, dass die Zahl der Anzeigen in *gekippten* Stadtbezirken – und damit die registrierten Straftaten dort – gegen Null geht (der sicherste Ort ist das Ghetto bzw. der Slum bzw. ein sog. *No-Go-Area*), denn dort zeigt niemand mehr jemanden an – jammerschade, dass der *Beobachter* nicht z.B. in Neukölln erscheint –, weil eben viele Opfer von Verbrechen aus Resignation keine Anzeigen mehr erstatten, das Vertrauen in Polizei und vor allem Justiz ist viel zu gering und die Angst vor den Folgen einer Anzeige zu groß. Ich wiederhole noch mal meinen Merksatz: Wenn die Zahl der erfassten Straftaten sinkt, heißt das, dass die Kriminalität der Eingeborenen schneller abnimmt, als jene der Eingewanderten steigt.

Aber wie sieht es in der Heimat der Bewegung resp. des *Beobachters* aus? Ist wenigstens dort alles paletti? Die Qualitätsjournalistin schreibt: »Und die Zahl nichtdeutscher Tatverdächtiger? Auch hier kein Zuwachs, nirgends.«

Werfen wir also einen Blick in die Polizeiliche Kriminalstatistik 2018 für Bayern, Punkt 5.2 »Kriminalitätsentwicklung insgesamt. Durch Zuwanderer begangene Straftaten (ohne ausländerrechtliche Verstöße)», zu finden auf Seite 41:

2015: 23 271 Straftaten
2016: 36 027 Straftaten
2017: 40 109 Straftaten
2018: 43 002 Straftaten

Ergibt einen Anstieg um die sieben Prozent binnen eines Sündenjährchens. (Für Nostalgiker: 2009, als sich 'schland noch halbwegs abschottete, lag die Zahl bei 5 506; macht in einer knappen Dekade einen Zugewinn ums Achtfache). Aber die Journalistin ist schlau, sie spricht nur von *Tatverdächtigen*. Zwar mokiert sich gerade der *Süddeutsche Beobachter* seit Jahren verlässlich darüber, dass rechte Hetzer (früher: konservative Politiker) aus der Tatverdächtigenbilanz der Polizeilichen Kriminalstatistik eine überproportional hohe Ausländerkriminalität herauslesen, weil es ja nur Verdächtige und keine Straftäter seien und die armen Ausländer in Kaltland ohnehin viel schneller verdächtigt würden als Biokartoffeln. Wie sah es 2018 also mit tatverdächtigen Zuwanderern aus?

»Von den insgesamt 263 318 Tatverdächtigen (Straftaten insgesamt ohne ausländerrechtliche Verstöße) waren 169 833 Deutsche und 93 485 Nichtdeutsche. Unter den Nichtdeutschen wurden insgesamt 27 823 tatverdächtige Zuwanderer erfasst, die mindestens ein nicht-ausländerrechtliches Delikt begangen haben. Dies ist ein Anstieg um +396 Tatverdächtige bzw. +1,4%.« (S. 45)

Aber Moment, das Blatt schreibt ja von »nichtdeutschen Tatverdächtigen», nicht von »Zuwanderern». Also blättern wir zurück auf Seite 16: »Der Anteil der nichtdeutschen Tatverdächtigen ohne ausländerrechtliche Verstöße ist um +0,6 Prozentpunkte gegenüber dem Vorjahreswert gestiegen und beträgt 35,5%.«

Sieh da, sieh da, Timotheus,
Die Sippschaft des Relotius!

(Auch Rest- oder Restlejournalismus genannt. *Made by Haltung*. Von Gläubigen empfohlen.)

4. April

Ist denn »Klima« nicht bloß ein »Konstrukt«?

* * *

Im Allgemeinen Preußischen Landrecht von 1794, »Erster Theil. Von Personen und deren Rechten überhaupt«, § 19, heißt es: »Wenn Zwitter geboren werden, so bestimmen die Eltern, zu welchem Geschlecht sie erzogen werden sollen.« § 20 präzisiert: »Jedoch steht einem solchen Menschen nach zurückgelegtem achtzehnten Jahr die Wahl frei, zu welchem Geschlecht er sich halten wolle.«

Gott, diese rückständigen Preußen. Das muss doch »Transgender« heißen!

* * *

– Guten Tag, mein Name ist Kauder.
– Gouda?
– Nein, Kauder. Mit K.
– Ah, wie Keitel!

9. April

Die nächste Migrantenwelle rollt an, und wenn die anderen Länder sie nicht aufhalten, wird sie wohl bis nach 'schland durchbrechen. Sogenannte europäische Menschenrechtsorganisationen, die *Kerkaporta*-Öffner der Gegenwart, offerieren ihre von Soros und anderen Edlen finanzierten Schlepperdienste, sowohl juristisch als auch logistisch als auch propagandistisch; der derzeit aus ca. 40 000 vorwiegend Syrern bestehende Treck wurde bereits zur »Karawane Hoffnungsschimmer« gelabelt. Und Salvini kann Dante nicht korrigieren (»Lasciate ogni *barlume di speranza*, voi ch'entrate!«), weil die Route an Italien vorbeiführt.

Das ist aber nur ein Vorgeplätscher – die richtige Welle formt sich erst. »Bis zum Jahr 2050 muss sich Europa auf etwa 150 Millionen bis 200 Millionen schwarzafrikanische Migranten gefasst machen«, vermeldet der *Bayernkurier*, der *Vorwärts* der CSU. Das Blatt beruft sich auf Stephen Smith, Professor für Afrika-Studien an der Duke University in North Carolina, und sein Buch *Ansturm auf Europa: Das Junge Afrika auf dem Weg zum Alten Kontinent*. Immerhin: Das Szenario einer »Festung Europa« als Reaktion darauf hält Smith für politisch wie moralisch vertretbar – im Gegensatz zur CSU und einer Mehrheit im Europaparlament. Jenes hat eine Entschließung zur offenbar soeben entdeckten »Afrophobie« vorgelegt. Das Einwanderungsbegleitgeschwafel wird immer schriller und erpresserischer. Nach der Xenophobie, der Homophobie und der Islamophobie ist also wieder eine neue Angststörung entdeckt worden, an der Sie so bedauerlicherweise wie grundlos leiden und von der Sie nun geheilt werden müssen.

In dem Papier wird – ohne jeden Beleg – behauptet, dass Kinder afrikanischer Abstammung in Europa diskriminiert werden, indem sie schlechtere Schulnoten erhalten als ihre weißen Mitschüler (eine Aussage, die nur sinnvoll ist mit dem Zusatz »für gleiche Leistung«); ferner dass Menschen afrikanischer Abstammung:

– erheblich zum Aufbau der europäischen Gesellschaft beigetragen haben (Othello, Puschkin, Lassalle, neuerdings auch Beethoven, bei einem gewissen Lichte besehen sämtliche Juden – und, sofern die umstrittene »Out-of-Africa«-These zuträfe, praktisch jeder),

– jedoch heute auf dem Arbeitsmarkt diskriminiert würden, – auf dem Wohnungsmarkt desgleichen (Boateng!),

– in politischen und gesetzgebenden Organen massiv unterrepräsentiert und entwürdigenden Angriffen in der Öffentlichkeit ausgesetzt seien.

Deswegen fordert das Parlament die Mitgliedstaaten und EU-Organe auf, »anzuerkennen, dass Menschen afrikanischer Abstammung besonders stark Rassismus, Diskriminierung und Fremdenfeindlichkeit ausgesetzt sind und ihre Menschen- und Grundrechte nicht im gleichen Maße wahrnehmen können« wie zum Beispiel die perlweiße Margarete Stokowski. Und wenn die sozialistischen Schwestern beiderlei Geschlechts schon einmal dabei sind, die Mitgliedsstaaten zu irgendetwas aufzufordern, legen sie kräftig nach, etwa mit den Kommandos:

– die Erstellung von Profilen auf der Grundlage der Rasse oder der ethnischen Zugehörigkeit in allen Formen der Strafverfolgung, der Terrorismusbekämpfung und der Einwanderungskontrolle zu beenden und die Praktiken der unrechtmäßigen Diskriminierung und Gewalt offiziell anzuerkennen und zu bekämpfen, indem in den Behörden Anti-Rassismus-Schulungen sowie Schulungen zur Beseitigung von Vorurteilen abgehalten werden,

– die rassistisch begründete Voreingenommenheit in ihren Strafrechts-, Bildungs- und Sozialsystemen zu überwachen und proaktive Maßnahmen zu ergreifen, um für einen gleichen Zugang zur Justiz zu sorgen und die Beziehungen zwischen den Strafverfolgungsbehörden und Minderheitengemeinschaften zu verbessern. Diese zu jeder Art Stasi-Wiederbelebung fähigen Figuren wollen »die rassistisch begründete Voreingenommenheit« von Behörden, Ämtern und insonderheit Statistiken, für deren Vorhandensein keinerlei Beweise vorgelegt werden müssen, weil es sich um strukturelle Diskriminierung handelt, »überwachen«.

Aber wozu das alles? Welches Ziel wird damit verfolgt? Na klar doch: Die Mitgliedsstaaten sollen »dafür sorgen, dass Migranten, Flüchtlinge und Asylbewerber auf sicherem und legalem Wege in die EU einreisen können«.

Erst der »Global Compact for Migration«, dann die Entdeckung der »Afrophobie« als Schmiermittel, und alles unterm Tabernakel der Klimahysterie ... – mal sehen, ob immer mehr Krebse bemerken, dass sie zwar langsam, aber zielstrebig gekocht werden sollen, und vielleicht doch aus dem Topf krabbeln.

* * *

Zur Erinnerung: »None of you has ever done a proper job.« Also sprach Nigel Farage an die Adresse der Abgeordneten des EU-Parlaments.

* * *

Unter dem Motto »Contemporary Muslim Fashions« (zu deutsch: »Das hat nichts mit dem Islam zu tun«) widmet sich das Frankfurter *Museum Angewandte Kunst* »explizit« und »als erstes Museum in Europa« dem »Phänomen aktueller muslimischer Mode im deutschsprachigen Raum«. Was ja auch mal Zeit wurde.

Am besten gefällt mir in der Ankündigung der Schau der Passus: »Durch die Ausstellung hinweg ist eine Auswahl von Werken von Künstler*innen verteilt, die sich kritisch mit Bekleidungsvorschriften, patriarchalen Strukturen, Fremdbestimmung und -zuschreibungen auseinandersetzen.« Auf den Fotografien der Serie »Al-Kouture« von Wesaam Al-Badry »sieht man Frauen, die einen Nikab (Gesichtsschleier) tragen, die jeweils aus Seidentüchern der ikonischen Highendmarken Chanel, Valentino und Gucci gefertigt sind« (die, nebenbei, ikonische Highendmarken wie Andreas Pavias, Theophanes oder Andrej Rubljow längst vollumfänglich ersetzt haben). »Für den im Irak geborenen Künstler, der in den 1990er Jahren in den mittleren Westen der USA umsiedelte, offenbart die Serie ein Spannungsverhältnis zwischen okzidentaler und arabisch-islamischer Ideologie, das durch die westliche Konsumkultur geprägt wird und Einfluss auf die traditionelle muslimische Kultur nimmt.« Indem er den Mädels einen Lappen von Gucci vors Gesicht hängt, offenbart er das Spannungsverhältnis der Orientalen zur westlichen Konsumkultur – das intellektuelle Highend-Phänomen »Greta« beschränkt sich keineswegs auf die nämliche. Wo, nochmals nebenbei, bleibt übrigens die Prada-Burka?

10. April

»Haben Sie«, fragt ein Gast im französischen Restaurant den Kellner, »haben Sie Amaretto?« Antwort: »Ja. Leider.«

16. April

Ob Greta Thunberg in der Geschichte der Klimapolitik eine Rolle spielen wird, stehe dahin. Einen sicheren Platz haben sie und ihre Macher freilich in der Geschichte der *Public Relations.*

* * *

»Wissen Sie, was der Unterschied ist in der Öffentlichkeit zwischen Gewalttaten von links und Gewalttaten von rechts? Bei rechter Gewalt ruft man dem Täter zu: ›Nazis raus!‹ Bei linker Gewalt ruft man dem Opfer zu: ›Nazis raus!'« Also sprach der Staatsrechtler Prof. em. Dietrich Murswiek, gepriesen und zitiert sei er!

* * *

Notre-Dame brennt. Warum, fragt mein Sohn, warum zur Hölle gewissermaßen komme mir bei diesen Bildern sofort der Gedanke, der Brand könne ein gestifteter sein? Ein Gegenfeuer des Glaubens sozusagen?

Darum, erstens:

In Frankreich sind in den vergangenen Wochen mehrere Kirchen entweiht oder Ziel von Vandalismus geworden, berichtet das Portal *katholisch.de.* Bislang wollte sich die Französische Bischofskonferenz noch nicht offiziell zu den Vorfällen äußern. Man wolle kein Öl ins Feuer gießen, heißt es. Der Sprecher der Bischofskonferenz, Olivier Ribadeau Dumas, äußerte sich jedoch über *Twitter*: »Kirchen brannten, wurden geplündert und entweiht. Wir können uns nie daran gewöhnen, dass Orte des Friedens Opfer von Gewalt werden, dass der Leib Christi, das schönste und wertvollste für uns, mit Füßen getreten wird.«

»A dozen Catholic churches have been desecrated across France over the period of one week in an egregious case of anti-Christian vandalism«, meldet *Breitbart.* »Last Sunday, marauders set fire to the church of Saint-Sulpice – one of Paris' largest and most important churches – shortly after the twelve-o'clock Mass.

In Nimes (...) the church of Notre-Dame des Enfants was desecrated in a particularly odious way, with vandals painting a cross with human excrement, looting the main altar and the tabernacle, and stealing the consecrated hosts, which were discovered later among piles of garbage.

Likewise, the church of Notre-Dame in Dijon, in the east of the country, suffered the sacking of the high altar and the hosts were also taken from the tabernacle, scattered on the ground, and trampled.«

Ein Twitterer machte sich die Mühe und sammelte *Smileys,* mit denen eine bestimmte, keiner näheren Klassifikation bedürftige Klientel auf das eventuell herbeigeteufelte Feuer reagierte.

Darum, zweitens: Die Bilder von der brennenden Kathedrale in Paris haben die Dombaumeisterin Regine Hartkopf entsetzt – und verwundert: »Holz entzündet sich nicht so schnell.»

* * *

Als man die beiden Skelette voneinander trennen wollte, zerfielen sie zu Staub.

* * *

Eine weitere Widerlege der angeblichen *Umvolkung* resp. des von Steuerbord her mit rosstäuscherischen Absichten behaupteten *Großen Austauschs* nach den bereits stattgehabten Refutationen ereignet sich und trägt sich zu im lauschigen Berliner Kiez Kreuzberg, näherhin in der dortigen Jens-Nydahl-Grundschule, worüber uns die *Welt* in ihrer Online-Ausgabe informiert vermittels eines Artikels, welcher überschrieben ist mit den beflügelnden Worten:

»Integration an Schulen: 370 Schüler. Ein Kind mit Muttersprache Deutsch.«

Die Aussichten stehen gut, dass auch dies eine Fremdelkind und Überbleibsel noch integriert wird!

Wer mag aber der Herr Nydahl sein, dem die Schule ihren Namen sich entlieh? Migrationshintergrundveredelt auch er? Nicht unmittelbar, von *langer Hand her* wohl dänisch, sofern der Stammbaum und die ihn aufrichtenden Organe an dieser Stelle so verfremdet werden dürfen, also der Kritischen Weißseinsforschung als Objekt so zugehörig wie Sie und ich, aber ein Sozialdemokrat immerhin. Der Berliner Stadtschulrat wurde 1933 seiner SPD-Mitgliedschaft wegen des Amtes enthoben (»FCK SPD«, wie man damals plakatierte), doch durch eine Tätigkeit als »Vertreter für Weine und Zigarren« (*Wikipedia*) durch alle zwölf vogelbeschissenen Jahre letztlich entschädigt, – ein ehrenwerter Mann also, wenngleich Allah sein Gewerbe bereits um 631 der Dichtmachung anempfahl und die Umbenennung der Schule dereinst wohl unvermeidlich sein wird.

* * *

Dem angeblichen *Grand Remplacement* folgen wird ein Zeitalter der räumlichen *Entmischung*, keines der Vermischung, keines der Vertreibung; man kann ja unmöglich Millionen Menschen vertreiben, die in Europa geboren wurden, wenngleich – siehe die frohlockenden Tweets über die brennende Kathedrale der Hl. Jungfrau – viele davon nie Europäer geworden sind. Diese Entmischung wird keine primär ethnische sein, sondern die Zivilisierten werden sich, so Gott will, von den Barbaren trennen, räumlich, finanziell und mit herrlichen, prachtvollen, auf höchstem technischen Stand die Sphären scheidenden Grenzen. Und, in den geflügelten Worten der Maid mit nunmehr *Zeit*-zertifizierter Talkshow-Nonchalance: Ich freu mich drauf!

* * *

Als ich Anfangs des Jahres bei einer Konferenz der Libertären in Zinnowitz an der Ostsee weilte, hörte ich erstmals von der These des russischen Mathematikers Igor Schafarewitsch, dass der Sozialismus eine anthropologische Konstante sei, welcher eine Art Todestrieb zugrunde liege; lasse man diese Brüder gewähren, zerstörten sie am Ende alles.

Plausibel oder nicht: Die sogenannte »Klimarettung« ist jedenfalls ein weiterer Angriff der Linken auf die Reste der bürgerlichen Gesellschaft, wie sie zuvor im Namen des Dritten Standes, der Proletarier, der Frauen, der Homosexuellen, der Kolonien, der Migranten, der Bäume, Eisbären, Schmetterlinge und Bienen geführt wurden, nunmehr mit dem ultimativen Emanzipationssubjekt: der Atmosphäre.

Wer die Atmosphäre retten will, muss die Biosphäre bekämpfen. Die Biomasse Mensch wächst und wächst. Dabei hat *Homo sapiens* teils mit, teils ohne linke Beihilfe allzeit die meiste Intelligenz und Energie darauf verwendet, seinesgleichen auszumerzen. Das Ergebnis sind derzeit reichlich sieben Milliarden Exemplare dieser Gattung hienieden und geschätzte zwölf Milliarden in dräuender Bälde. Kurzum: Die Menschheit hat bei der Selbstbegrenzung durch Ausrottung vermittels Waffen, Krieg und Hungersnot jämmerlich versagt. Vielleicht schafft sie es ja, Greta hin, Kreta her – »Ah, dieser alte Minotaurus! Was er uns schon gekostet hat! Alljährlich führt man ihm Züge der schönsten Mädchen und Jünglinge in sein Labyrinth, damit er sie verschlinge – alljährlich intoniert ganz Europa ›auf nach Kreta! auf nach Kreta!...‹« (Nietzsche, »Der Fall Wagner«) –, vielleicht schafft es diese suizidär bislang so erfolglose Menschheit ja, mit dem segensreichen Kohlendioxid endlich ihr Ende herbeizuführen?

Erinnert sich noch jemand an Ulrich Horstmanns Opus *Das Untier*? Ich gestatte mir, zu zitieren: »Vielleicht war die gesamte Evolution nichts als ein gigantischer Umweg, den das Plasma nahm, um sich nach dem Sündenfall der Urzeugung und seiner Vertreibung aus dem Anorganischen seiner neuerworbenen potentiellen Unsterblichkeit zu berauben und nach Äonen des Wucherns erneut ins Nirwana des Staubes und der Gase einzugehen.« Der Mensch wäre mithin also »nicht die Krone der Schöpfung, sondern bloß ihr Strick«, bestimmt, der »Strafkolonie der Milchstraße«, dieser »um ihre eigene Achse rotierenden Folterkammer« das Ende zu bereiten?

Horstmann assoziierte als ein von den Aussichten der 1980er Jahre Geprägter noch die Atombombe als Instrument der Selbstauslöschung. Doch es gibt eine Alternative. Wie mir Rudolf Bahro einmal beim Plausch über die unscharfen Prognosen des »Club of Rome« zuraunte: Deren Richtung habe doch gestimmt!

Das atomare Finale malte sich Horstmann so aus: »Und alle Geschöpfe werden niedersinken in der Glut und dem Untier huldigen in der Stunde ihres Untergangs als dem Heilande, der sie erlöst hat vom ewigen Tode. Und dann wird dem Letzten das Sinn werden, was zuvor Absurdität war, und er wird die Hände aufheben über dem versengten Fleisch, es segnen und zu ihm sprechen: ›Seid getrost; die Last des Seins ist von euch genommen, und die Prüfung ist vorüber. Jedes von euch war nur der Alp eines Quarzkristalls. Wir, wir alle, sind nie gewesen!‹ Und er wird in Frieden sterben. (…)

Wem wäre nicht, als hörte er im Grollen der Detonationen, über dem Stöhnen, Röcheln und Winseln der Zerbombten schon die Engelschöre, die Lobpreisungen und Hymnen jener zahllosen Phantome von Nicht-mehr-zu-Gebärenden, von Ungezeugten, von Freigelassenen und der Folter Entsprungenen …«

Unsere Klima-Apokalyptiker müssen sich nunmehr mit dem mählichen Gegartwerden infolge menschenverschuldeter Erderhitzung begnügen, aber viele Menschen halten den tantrischen Sex für erfüllender als jeden Quickie. Wichtig ist, wie Helmut Kohl sagte, was am Ende hinten rauskommt.

Das Leben sei »ein tragischer Aufstand inmitten des Anorganischen«, notierte auch Cioran, den Horstmann als »anthropofugales Genie« bewunderte. »Der Wille, zur Materie zurückzukehren, bildet den eigentlichen Grund der Todessehnsucht.«

An anderer Stelle fährt Cioran fort: »Die Geschichte hat keinerlei Sinn: wir haben also Grund zur Freude. Sollten wir vielleicht Qualen ausstehen um eines günstigen Ausgangs des Geschehens willen, um eines letzten Festes willen, dessen Kosten von unserem Schweiß und unserem Scheitern bestritten würden? Künftigen Idioten zuliebe, die über unsere Qual frohlocken und auf unserer Asche herumhüpfen? Die Vision des paradiesischen Endzustandes übertrifft in ihrer Absurdität die schlimmsten Verirrungen der Hoffnung.«

Meine Damen und Toxischen, ich scherze, mag es Horstmann und auch Cioran bitter ernst gewesen sein: Die Menschheit ist nicht so leicht umzubringen, auch von eigener Hand nicht, sie wird ohnehin in ihrer künstlichen Intelligenz überleben – auf den Ausgang des anstehenden Gefechts zwischen Islam und KI nehme ich Wetten an –, aber es wird, nach der Bevölkerungssupernova in der ersten Hälfte unseres Jahrhunderts, zu einem horrenden Massensterben infolge von Fluten, Dürren, Seuchen, Hunger und Hutu-haften Gemetzeln unter schicksalhaft Benachbarten kommen; die Natur duldet bei ihren Populationen kein Über-, und man tut gut daran, solchen infernalischen Zonen witternd den Rücken zu kehren; ich sagte ja schon: Grenzen, Grenzen, aah, Grenzen …

18. April

Aus der Sicht eines wirklich neutralen Beobachters gibt es zwischen den Aktionen von *Greenpeace* und denen der *Identitären Bewegung* keinen Unterschied.

Aus der Sicht eines nicht unbedingt neutralen, aber halbwegs unvoreingenommenen Betrachters gibt es denn doch einen: Eine Zeitgeist-Baumschule und Tendenzvollstreckungs-Combo wie *Greenpeace* hat mit hoher Sicherheit keinen so integren, couragierten, innerlich geraden Mann in ihren Reihen wie Martin Sellner.

***

Täglich werden in Frankreich drei Gotteshäuser Opfer von Vandalismus, berichtet nun auch der Paris-Korrespondent der *FAZ*. Die Rede ist von 875 Fällen von Kirchenschändung binnen eines Jahres. »Von der katholischen Kirche wurden die Vorfälle lange nicht an die große Glocke gehängt«, heißt es weiter – wahrscheinlich fürchten die Gottesdiener Nachahmungstäter, oder sie sorgen sich, einer Kollektivverdachtserhebung geziehen und darob gezaust zu werden. Oder beides zugleich und kreuzweise. Ich habe dieselbe Auskunft übrigens von deutschen Kirchenvertretern erhalten, als ich – damals noch in Diensten von *Focus* – über das Thema berichten wollte.

Inzwischen aber hängen sich die Ereignisse sozusagen selber an die besagte große Glocke. Dieses Jahr wurden bereits zwei bedeutende Pariser Kirchen attackiert: St. Sulpice und St. Denis, die Kathedrale mit den Sarkophagen der französischen Könige, die inzwischen praktisch im Ausland oder der Diaspora der Banlieues liegt. Und nun brannte, eingangs der Karwoche, Notre Dame. Obwohl die angeblich ursächlichen Bauarbeiten noch gar nicht begonnen hatten. Obwohl es für einen Dachstuhl gar nicht so einfach ist, sich zu entzünden.

Wir sind gehalten, an einen Zufall zu glauben. Außerdem gibt es kein Bekennerschreiben.

Wir werden uns daran gewöhnen müssen, dass auch in Europa Christen und christliche Einrichtungen immer häufiger angegriffen werden. Wie Hadmut Danisch zu sagen pflegt: Geliefert wie bestellt. Oder in den abflugbereiten Worten von Bernd Zeller: »Seit es Kirchen gibt, werden sie in Brand gesteckt.«

* * *

Ein »Essay« im *Tagesspiegel* des Titels »Die falsche Sehnsucht nach Beständigkeit« hebt an mit orphischen Urfragen:

»In der Trauer um Notre-Dame spiegelt sich aber womöglich auch das Hadern mit der ewigen Veränderung, mit dem Progressiven. Der Brand am Montag wirft die Frage auf: Wie ewig ist die Kunst? Wie haltbar die Welt? Notre-Dame wirkte wie ein Gegenbild zum Fortschritt. Die monumentale Kathedrale, umspült vom Fluss, ist ein beinahe kitschiges Sinnbild für Beständigkeit.«

Der *Tagesspiegel*, gegründet 1945, wirkt wie ein Gegenbild zum Fortschritt. Seine Abonnentendatei ist ein beinahe kitschiges Sinnbild für die falsche Sehnsucht nach Beständigkeit. Ein Feuerchen in der Redaktion, umspült vom Schaum der Löschzüge, könnte der ewigen Veränderung, dem Progressiven den Weg bahnen.

***

»In Russland«, schreibt mir ein Bekannter, »war es sehr angenehm. Lauter normale Menschen. Reiten auf einem Schimmel in die Bar und haben Sektkübel am Sattel.«

21. April

Gestern schoss es mir wie Heilands-, quatsch, wie Prophetenworte durchs Hirn: Es kann nicht sein, dass dieser Menschenschlag, dass die Kipping-Eckardts, Maasens, Kaubes, Kauders, Klebers, Stegners, Hofreiters, Restles *e tutti quanti* am Ende die Oberhand behalten. Es soll nicht nur nicht sein, es *kann* nicht sein.

Nochmals mit Brecht: »Sehend deine Haltung, interessiert mich dein Ziel nicht.«

***

Neue Redensart: Der lügt wie ein Faktenchecker.

***

Eine sogenannte »Seebrücke Oldenburg«, die nichts zu tun hat mit den hässlichen, überflüssigen, menschenverachtenden Seebrücken beispielsweise in Heringsdorf oder Ahlbeck, woselbst meist alte weiße Männer logieren, speisen und sich am problembewusstseinslosen Blick aufs Meer erbauen, sondern eine Seebrücke, die von einer Gralsritterschar für Schlepper- und Schleuserdienste gebildet wird, von Lohengrinen des Migrantenimports sozusagen, diese Brigade edler Seelen veröffentlicht auf ihrer Facebookseite einen Aufruf, in dem ein Berufsverbot für einen Mitarbeiter des Bundesamts für Migration und Flüchtlinge (BAMF) gefordert wird, weil er dem Schwefel-Detachement angehört. Pikant dabei ist, aber nur als Petitesse, dass es sich bei dem Unreinen um einen Juden handelt.

Nach »einem öffentlichen Kandidat*innenduell« sei bekannt geworden, heißt es in der Petition, »dass Dr. Jaroslaw Poljak, Oberbürgermeisterkandidat der AfD Wilhelmshaven, seit mindestens drei Jahren in Ihrer Behörde in der Position des Entscheiders tätig ist«. Herr Dr. Poljak vertrete »das rassistische Narrativ der AfD« und könne »nicht als neutrale und sachliche Instanz für Asylverfahren angesehen werden«, sonst gehörte er ja zur »Seebrücke« oder zum »Zentrum für politische Schönheit« oder zur »Antifa Zeckenbiss«. Stattdessen stelle der Ekle »eine Gefahr für rechtmäßige Entscheidungen dar«, denn wo Krieg Frieden ist, kann Freiheit nur Sklaverei sein. Weshalb die mutigen Unterzeichner couragiert fordern, den »Herrn Dr. Poljak aus seiner Position schnellstmöglich zu entheben«.

Darf dereinst geschrieben werden: Tragt ihn mit Stolz, den blauen Fleck?

Dieser Gedanke rauschte augenscheinlich sogar den Amtsenthebungsforderern selber durch ihre wohlvorsortierten Gedankenfächer, denn sie versahen das Schreiben mit dem Zusatz: »Kommentare mit NS-Vergleichen und ähnlichem werden gelöscht.« Immerhin scheinen diese schönen Seelen zu ahnen, wem sie habituell gleichen und wo ihr Meutenbehagen seinen Anfang nahm.

* * *

Wie aus einer Anfang August 2018 erteilten Antwort der Bundesregierung auf eine Kleine Anfrage der AfD hervorgeht, lebten ausweislich des Ausländerzentralregisters Ende Juni 689 970 Personen in Deutschland, »deren Asylantrag rechts- oder bestandskräftig abgelehnt wurde«. Ebenfalls geht aus der Antwort hervor, dass allmonatlich etwa 100 Personen nach Deutschland einreisen, obwohl sie mit einer Wiedereinreisesperre belegt sind. Nach Angaben des Ausländerzentralregisters hielten sich Ende Juni 6 723 Personen in Deutschland auf, obwohl eine Wiedereinreisesperre gegen sie bestand. Zudem lebten hierzulande 34 089 Ausländer, die – nachdem ihr Asylantrag rechtskräftig abgelehnt worden war – die Bundesrepublik verlassen hatten, dann seit dem 1. Januar 2015 aber wieder nach Deutschland eingereist waren.

An dieser, wie man es bis vor kurzem in allgemeinem Unverstand noch nannte, *Herrschaft des Unrechts* hatte das BAMF erheblichen Anteil, und nicht nur die legendäre Bremer Zweigstelle, dieses Fort Laramie der Willkommensjunta, dessen illegales Treiben längst von den Genossen der Gesinnungspresse und dem Linksscheitlern der *Wikipedia* in die Kategorie Legalität überführt wurde, wie es die Kanzlerin gebot. Erinnern wir uns: Nachdem am 17. September 2015 der BAMF-Präsident Manfred Schmid in einem verantwortungslosen Akt der Willkommenkraftzersetzung zurückgetreten war, nobilitierte der Chef des Bundeskanzleramtes, ein kühner Mann namens Peter Altmaier, gleich tags darauf den Chef der Bundesagentur für Arbeit, Frank-Jürgen Weise, als vorübergehenden Leiter des BAMF (die »Seebrücke« samt ihres erstklassigen Personals existierte weiland noch nicht). Auf *Publico* beschreibt Alexander Wendt, wie es fortging: »Weises erste und eigentliche Handlung bestand darin, zum einen meist gering qualifizierte neue Mitarbeiter mit Teilzeitverträgen in das BAMF zu holen, und zum anderen die Neuorganisation der Behörde praktisch an die Beratungsfirma McKinsey zu übertragen. Auf der Personalversammlung der BAMF-Mitarbeiter am 12. Dezember 2015 fragte der Vorsitzende des Örtlichen Personalrats Gernot Hüter rhetorisch: ›Bevorzugt man im Bundesamt vielleicht neuerdings die Personalgewinnung von Betriebswirtschaftlern und Controllern, weil man das Asylverfahren perspektivisch mehr nach betriebswirtschaftlichen Gründen denn rechtlichen Normen ausrichten will?‹

Genau so kam es: Für ein Honorar von 42,6 Millionen Euro strukturierten die McKinsey-Leute das Amt völlig um. Im Mittelpunkt stand nicht mehr die Prüfung von Identitäten und Asylbegründungen, sondern die schnelle Abarbeitung der Fälle durch positive Bescheide – also per Durchwink-Verfahren. Als beste Abteilungen und Außenstellen im BAMF galten nun diejenigen, die am effizientesten Anerkennungen erteilten.«

Daran mitzuwirken, dass dieser Bruch des alten, diskriminierenden, deutschtümelnden Grundgesetzunrechts auf Dauer gestellt und Deutschland von einem monoethnischen, monokulturellen Unrechtsstaat in eine multiethnische, multikulturelle Menschenrechtsgesellschaft umgewandelt wird – wobei bis zum Abschluss der Transformation die Führerin das Recht schützt, danach braucht es eh keiner mehr –, die Teilnahme an diesem einzigartigen Experiment ist seitdem die eigentliche Aufgabe des BAMF. Genau dagegen arbeitet Herr Poljak. Darum muss dieser Mensch und Jude amtsenthoben werden, und er sei verflucht bis ins siebte Glied!

28. April

Nach vielen Jahren – es waren derer sage und staune 28 – habe ich vergangene Woche wieder einmal Paris besucht, die kulturelle Herzkammer Europas, jedem Abendländer sogar dann urvertraut, wenn er selber nie dort gewesen ist. Längst freilich durchlaufen ventrikuläre Fibrillationen den greisen Kontinent samt seiner pulsgebenden Zentren. Wie mir in den vergangenen Jahren vielfach von ortskundigen Bekannten versichert wurde, hat die Zahl der autochthonen Welschen an der Seine so kontinuierlich abgenommen, wie jene der nichtweißen Franzosen wuchs. TV-Nachrichten lieferten von Zeit zu Zeit diesem Befund sekundierende Bilder von marodierenden Vorstadtjugendhorden nichtwelschen Typs, pittoresk umrahmt von brennenden Autos und demolierten Geschäften. Das Zeitfenster von 28 Sonnenumläufen gewährte mir eine einigermaßen erhellende Vergleichsperspektive. Die Zeit verändert Menschen wie Städte, doch normalerweise die Erstgenannten deutlich stärker. Diesmal war ich mir nicht sicher, wem von uns beiden sich die verstrichenen Jahre stärker eingeprägt haben, Lutetia oder mir. Ethnisch ist Paris vielerorts keine im traditionellen Sinne europäische Stadt mehr, was hier, teure Leser zur Linken, so wertfrei festgestellt sei, wie es unlängst Präsident Macron tat, als er statuierte, es gebe heute »keine französische Kultur, sondern nur eine Kultur in Frankreich«, und die sei »divers«.

Divers ist dann logischerweise und gottlob auch die Hauptstadt. Sortiert der Reisende in Gedanken die Touristen aus den Passanten heraus, ist gefühlt jeder vierte bis fünfte Innenstadt-Pariser sehr deutlich dunkelhäutiger – *respectivement* schwärzer – als Jeanne d'Arc, Sophie Marceau, Chateaubriand, Bonaparte oder de Gaulle. Gefühlt, wie gesagt; *Wikipedia* belehrt uns eines

Schlechteren, nur 20,4 Prozent der Hauptstadtbevölkerung hätten den Mutterschoß außerhalb Frankreichs durchbrochen, heißt es dort, und unter denen wiederum drei Viertel außerhalb Europas. So kann man sich arglistig selber täuschen! Der Anteil »der Jugendlichen unter 18 Jahren mit Migrationshintergrund« betrage indes 41 Prozent, und mehr als die Hälfte dieser Nachwachsenden habe Wurzeln außerhalb Europas; ob ihrerseits neue geschlagen wurden, die alten chtonisch fortwesen oder beides zugleich, ist statistisch schwer ermittelbar.

In Rede steht ein Prozess, der selbstredend nichts mit einer *Umvolkung* oder dem sogenannten *Grand Remplacement* oder anderen Ludermären weißer Rassisten zu tun hat, sondern nur ein Kommen und Gehen bzw. ein für-immer-Weggehen und verstetigtes Neuankommen ist, wie es in Metropolen seit jeher stattfindet und wie es schon vor mehr als zwei Jahrtausenden der Pythagoräer Nigidius Figulus im doppelgesichtigen altrömische Gott Ianus weltgesetzhaft symbolisiert fand. Die schwarzen Lutetier sprechen, da mag Schopenhauer lästern, wie er will, die schönste oder jedenfalls klangschönste Sprache der Welt (wie gut, vermag ich nicht zu beurteilen); viele sind habituelle Franzosen, etwa jener graubärtige, hagere Wärter im Louvre, der mit heiligem Zorn einen (weißen) Barbaren anschnob, weil der allen Ernstes für ein Foto den Sockel ersteigen wollte, auf welchem die geflügelte Nike von Samothrake in ihre leider verschollene Fanfare stößt.

Aber wäre ein zur Hälfte von Schwarzen besiedeltes Paris noch Paris?

Diese Frage könnte öffentlich kein Weißer mehr stellen, der noch auf eine Karriere und Einladungen zu den Partys des Juste Milieu spekuliert, egal in welcher Branche; er würde flugs als Rassist entlarvt und abgestraft. Da ich über dergleichen Flausen hinaus, also praktisch immun bin, lande ich mit ihr allenfalls in der *taz,* der *Frankfurter Rundschau* oder einem anderen in Auflösung begriffenen Detachement der qualitätsjournalistischen *Arrièregarde.* Ich stelle die Frage freilich nicht aus der Perspektive des Rassisten – es mangelt mir an Phantasie, mich wirklich in einen solchen hineinzuversetzen, ich bin zu reaktionär und wahrscheinlich zu wenig durch die Welt gereist dafür –, sondern als Phänomenologe, Ästhet und Kulturanthropologe. Gewiss, aus der Sicht eines progressiven Politologen wäre sogar ein vollständig von Schwarzen besiedeltes Paris noch Paris, sofern dessen Bewohner sich nicht zu einer Umbenennung entschlössen, doch das ist nicht gemeint. Ich spreche, wenn ich Paris sage, nicht von einem x-beliebigen Ballungszentrum mit x-beliebigen Bewohnern (das tu' ich nicht mal, wenn ich heute Berlin sage, obwohl beachtliche Gründe vorlägen), sondern von einem in sich geschlossenen jahrhundertealten Mentalitätsraum und kulturellen Ausstrahlungszentrum, von einem Daseinsgefühl und Stadtgesicht, von einer Aura, von *Savoir-vivre,* eleganten Frauen und geraunten Frivolitäten, von den Tuilerien und Le Meurice, Pigalle und Chanson, Bistros und Separees, *Foie gras* und rotem Wein, der das Herzleid verliebter Romanprotagonisten täubt, von Varieté und Operá, Liberté und Gloire, Bohème und Barrikade, von Hugo, Flaubert, Rivarol, Chamfort, Proust und Houellebecq, von einer literarisch-geistigen Welt, die zwar nicht fähig wäre, die *Kritik der reinen Vernunft,* die *Wissenschaft der Logik* und die *Kunst der Fuge* hervorzubringen, aber sonst nahezu alles. Ich bezähme mich mit weiteren Exempeln; wer mich verstehen will, versteht mich.

Bekanntlich aber ist nichts von Dauer, Troja, Jericho, Karthago, Babel, Tenochtitlan und das hunderttorige Theben sind verschwunden, versunken, verweht; am Antlitz Jerusalems, Roms,

Konstantinopels, Alexandrias oder Bagdads haben die Stürme der Epochen gefurcht und die Begründer der jeweils nächsten gemeißelt. *Panta rhei,* in jedem Ende liegt ein Anfang, und jedem Anfang wohnt ein Zauber inne. Städte verwandeln sich, Bevölkerungen wechseln. Nichts bleibt, wie es ist.

Keine Sorge, ich komme wieder auf Paris zurück, aber ich gestatte mir eine Abschweifung von der Abschweifung, welche uns jetzt nach ausgerechnet Oberammergau führt. Ich stieg im vergangenen Sommer dortselbst auf dem Weg nach Linderhof aus dem Zug und fand in der ansonsten menschenleeren Bahnhofshalle, die strenggenommen ein Hüttlein ist, einen Trupp juveniler Schwarzer vor, vertieft in eine ihrer Lieblingsbeschäftigungen, ins Herumlungern. Gut, dachte ich, was sollen sie in Deutschland anderes tun? Sie säen nicht, sie ernten nicht, und das Sozialamt nährt sie doch; die Vöglein wären töricht, wenn sie davonflögen. Dennoch erregte dieser Anblick meinen Widerwillen, weniger wegen der ostentativ zelebrierten Tagedieberei, sondern weil ich diese sonnenbebrillten und mit ihren Händis hantierenden Mohrenbuben, die ein im Radius von fünf- bis sechstausend Kilometern allgemein unverständliches Idiom sprachen, als Empfangskomitee eines pittoresken oberbayrischen Alpenstädtchens denkbar unpassend fand. Unpassend ist das passende Wort: Es passte nicht zusammen. Sie passten nicht dorthin. Sie waren groteske Fremdkörper. Der Adorno-Kalauer, dass kein richtiges Leben im falschen möglich sei, menetekelte um diese Räbchenschar. Was also, frug ich mich, sollte der Unsinn, sie hierher auszuwildern?

Später erzählte ich einer Bekannten (mit Migrationshintergrund) vom Oberammergauer Begrüßungsausschuss, und sie teilte mein Befremden nicht nur prompt, sondern schimpfte über eine Kanzlerin, die deutschlandweit die Wegweiser derart verstellt habe, dass solche Ankünfte daraus resultierten. Allerdings wollte sie mir nicht folgen, als ich ihr versicherte, dass ich mich auch an einem kohlpechrabenschwarzen *comité d'accueil* mitten in Oberbayern nicht gestoßen haben würde, wenn die Burschen in Lederhosen dort gesessen und im breitesten Bayrisch miteinander geredet hätten. Nein, sie sei grundsätzlich dagegen, die Länder mögen doch bitte bleiben, was, und die Völker, wo sie sind. Aber sie selbst?, fragte ich. Und mein Großvater? Das gehöre zur normalen innereuropäischen Arbeitsmigration und sei etwas anderes. Solche Wanderungen hätten immer zur Anpassung der Ankömmlinge an die Kultur des Aufnahmelandes geführt, bei leichter Modifikation der Letzteren, es habe sich gewissermaßen die Würzmischung allmählich verändert. Was derzeit in Westeuropa stattfinde, sei die dauerhafte Etablierung des Fremden, Fremdkulturellen, religiös Feindseligen, ohne auch nur das Ziel einer Anpassung an die Sitten der Einheimischen noch ins Auge zu fassen, perverserweise finanziert von den Steuern der Autochthonen. Die Geburten gäben eine eindeutige Auskunft darüber, wohin dieser Prozess führe: Verdrängung und langsame kulturelle Auslöschung.

Oh, gab ich zurück, kulturell ausgelöscht seien die meisten Deutschen ohnehin längst, sie möge sich nur die Reden der Kanzlerette oder die Interviews des Grünen-Chefs anhören, da prange die Unbildung in aller Unbewusstheit und Schamferne, und überhaupt seien mir viele Deutsche eben ihrer Unbildung wegen fremd bis zum Ekel. Das deutsche Bildungs- und Universitätswesen produziere nur noch kulturellen Tiefstand, öffentliche Debatten hätten sich dem intellektuellen Niveau polynesischer Totem-Kulte angenähert, was früher Feuilleton war, sei heute Regierungsbordell, dieser Kampf sei verloren, man müsse sich der Erhaltung der Zivilisation widmen, mit Verbündeten welcher Herkunft auch immer.

Ich wollte sodann meine Habitus-Theorie entfalten, welche auf der Beobachtung fußt, dass es zahlreiche Schwarzen- oder Asiatenkinder gibt, die in Europa geboren und habituell vollkommen europäisiert sind, die Landessprache im Zungenschlag jener Region sprechen, aus der sie stammen – als prominente *Partes pro toto* nenne ich gern die Fußballer David Alaba und Manuel Akanji –, aber Madame mochte nicht mehr zuhören, also wechselten wir das Thema.

Festgehalten sei gleichwohl: Wenn sie Lederhosen trügen und bayrisch sprächen, wäre mein Sinn für Harmonie befriedigt. Dasselbe gälte sinngemäß für Paris. Ich bin kein Rassist, ich bin Kulturchauvinist. Ist aber wahrscheinlich noch schlimmer.

* * *

Zur Erinnerung: Die Vorsitzende der *Amadeu Antonio Stiftung*, Anetta Kahane, hat, noch vor der großen Welle, beklagt, dass in den östlichen Bundesländern zu viele Weiße lebten, was inzwischen zumindest sächsischen Knästen nicht mehr unterstellt werden kann. Es sei »die größte Bankrotterklärung« der deutschen Politik seit der Wiedervereinigung, »dass ein Drittel des Staatsgebiets weiß« geblieben sei.

Rassenschande 2.0.

(Wobei: Wenn man sich diese Harpyie anschaut, ganz daneben liegt sie nicht ...)

* * *

Es handelte sich um einen reinen Zufall, dass ich wenige Tage nach dem Brand von Notre-Dame in Paris eintraf, die Reise war

Wochen vorher festgelegt, sie war ein Geschenk an den Jüngsten zu dessen zehntem Geburtstag, doch wie ich inzwischen weiß, ist es rein statistisch nahezu unmöglich, bei der Einreise nach Frankreich einen Tag zu erwischen, an welchem nicht wenigstens ein christliches Gotteshaus dortzulande geschändet wird. Von wem? Nun, das fragt sich nicht. In höheren und höchsten Rängen scheint die Angst vor dem Ausbruch bürgerkriegsartiger Konflikte so enorm zu sein, dass man die Attacken auf Kirchen kleinredet und die Motive der Täter beschweigt. Wir rechtsrheinischen Rechtspopulisten werden sogar von den, wenn man so will, eigenen Medien gewarnt, Mutmaßungen darüber anzustellen, ob es nicht religiös motivierte Feuerteufel gewesen sind, die der berühmten Kathedrale an der Spitze der Île de la Cité den roten Hahn aufsetzten. Aber immerhin: Sollte Notre-Dame durch einen Kurzschluss außerhalb eines Radikalenköpfchens oder sogar durch Selbstentzündung in Brand geraten sein, stünden wir endlich vor einem Phänomen, das seit 2015 vielfach beschworen, aber bislang nie erlebt worden ist: dem Einzelfall.

* * *

Was war noch anders als vor 28 Jahren? Wie überall dort, wo die museale abendländische Kulturschönheit dem internationalen Laufpublikum dargeboten wird, haben die Touristenströme ein Ausmaß erreicht, vor welchem sich der Gast mit Grausen wendet. Städtereisen haben jeden Reiz verloren, womöglich auch jeden Sinn. Der Louvre, eingangs umlagert von Schwarzen, die einem mit unangenehmer Penetranz angeblich billigere Karten andrehen wollten, war überfüllt wie eine Metrostation während des Feierabendverkehrs. Ein Kulturoptimist könnte loben, wie viele Menschen sich doch für die Malerei der Alten begeisterten, der Kulturpessimist fragt sich, was diese Leute dort überhaupt sehen und ob sie nicht bloß eine Station ihres *Sightseeing*-Programms teilnahmslos abhaken. Neu (für mich) war der Extrasaal, in dem die Mona Lisa ganz für sich allein hängt, als eine Ikone des Wiedererkennens und touristische Epiphanie, vor welcher sich, und da endet das Alleinsein schon, wahre Selfie-Saturnalien abspielen. Für den modernen Massenmenschen scheint ein Kunstwerk ein Ding zu sein, vor dem man Zeugnis seines Dortgewesenseins ablegt, kein Gegenstand der Betrachtung oder gar Kontemplation. Kein Wort gegen den großen Leonardo und seine achtbare Gioconda, aber deren irrationales Renommee ist reine PR, die Lisa ist zu einer Art Greta auf Leinwand geworden, sie bewegt die Massen, doch welcher unter den abertausenden Halsreckern und Selbstporträtisten wüsste auch nur einen Grund zu nennen, warum ihn gerade dieses Porträt so magisch anrief? Außer dem einen: weil es alle ruft?

Fort aus dem Geschiebe, hinweg von den indolenten Selbstbezeugern, hinaus an die Luft! Adieu, Louvre, lebe wohl! – –

Der geschundenen Seele bietet das »La Lorraine« Trost, ein buchenswertes Fisch-Restaurant unweit des Arc de Triomphe, woselbst an den unmittelbaren Nachbartischen ein Terzett junger Pariserinnen und ein gleich als Stammgast erkennbarer *Homme d'lettres* ihre Meeresfrüchte-Etageren leeren. Dort vollzieht sich eine Konstante meines *Seins-zu-Tische*: Noch nie habe ich einen Hummer anders geordert als mit Zitrone und nichts außerdem, und noch nie, in keinem Lokal, ist mir dieser Wunsch je erfüllt worden. Es scheint sich um eine Art *horror vacui* zu handeln, der das Personal befällt, als ob der Bruder Lobster allein auf seinem Teller nicht repräsentativ genug wirke, also ob geschmacklose Salatblätter und barbarische Saucen ihm bei seinem letzten Weg unbedingt assistieren müssten …

***

Der zehnte Geburtstag des Juniors führte mich auf das bei Paris gelegene Marsfeld der Rundumbespaßung, wohin ich vor 28 Jahren die Ältestgeborene ebenfalls angelegentlich ihres zehnten Wiegenfestes führte, aber nun sei es genug! Es ist Nepp, und es ist vor allem ein abgeschmacktes, quietschdoofes Spektakel. Erstaunlich immerhin, dass sich hier Abertausende Menschen in raffiniert verwinkelte und ihre tatsächliche Länge perfide verhehlende Anstehgatter drängen, wo sie bis zu anderthalb Stunden ihrer Lebenszeit damit vertun, darauf zu warten, für zwei Minuten einen Peter-Pan-Flug über illuminierte Pappmaché zu absolvieren, an beweglichen Captain-Hook- und Jack-Sparrow-Puppen vorbeizuschippern oder mit einer Wildwest-Achterbahn über einen Kunstberg zu rumpeln. Erwähnenswert war ein Pärchen mittleren Alters von indisch-bengalischem Aussehen, dick, ungepflegt, unzivilisiert – beide verzehrten schmatzend ihr Eis und ließen die Reste ungeniert auf den Boden fallen –, das sich, erwachsene Menschen wie gesagt, auf die schamloseste Weise vordrängelte, um eher als die anderen Kinder bei Peter Pan anzulangen.

Wer stundenlang inmitten von Infantilen sämtlicher Altersklassen Schlange steht, wirft irgendwann seine frommen Vorsätze über den Haufen und schaut doch im Händi nach, welche neuen Narreteien in der heimatlichen Fremde stattfanden und die temporäre Absenz von dort sogar unter den Blicken von Mickey Mouse erträglich machen könnten. Und siehe da, es flimmerten einige über den Screen. So las ich, dass Donald Trumps Schwiegertochter Lara in einem Interview mit *Fox News* die merkeleske Migrationspolitik zum Anfang vom »Untergang Deutschlands« erklärt hat. »Es war eine der schlimmsten Sachen, die Deutschland je passiert sind«, sagte sie; ihr Schwiegervater wisse das und versuche, ähnliche Folgen von den USA abzuwenden.

»Kaum ausgesprochen sorgte Lara Trumps Behauptung für heftige Reaktionen«, teilte *Welt online* prompt mit. »Sogar CNN-Moderator Anderson Cooper widmete dem Interview einen eigenen Beitrag.« Sogar! ein! TV!-Moderator! Und der weiß natürlich, »was der Untergang Deutschlands wirklich war« – obwohl er einen Lidschlag vorher noch verkündet hatte: »Deutschland ist nicht untergegangen. Ich war dort im Urlaub. Es geht ihm gut.« Mit den Verbrechen des Nazi-Regimes dürfe man nichts gleichsetzen, befand Cooper, schreibt *Welt online*. Strenggenommen darf man auch mit Merkels Migrationspolitik nichts gleichsetzen, aber wir sind hier ja nicht im Logik-Seminar; es bleibt nur die Frage: Wo mag die brave Lara Trump zwei Ereignisse gleichgesetzt haben, von denen sie eines gar nicht erwähnte?

»Auch die demokratische Politikerin Dena Grayson warf Trump via Twitter Geschichtsklitterung vor«, lässt *Welt online* seine Tiefenrecherchemuskeln spielen. »Lara Trump denkt, Merkels Flüchtlingspolitik sei eine der ›schlimmsten Sachen, die Deutschland je passiert sind‹, aber nicht die Ermordung von Millionen unschuldigen Menschen durch die Nazis?«, schrieb Grayson. Auch hier wieder die bange Frage: Wie kommt die Frau darauf? Wo hat die Trump-Schnur dergleichen verlautbart? Schließt »eines der schlimmsten Ereignisse« andere Ereignisse, auch schlimmere, aus? Darf das zweit- oder drittschlimmste nicht mehr erwähnt werden?

Man liest und staunt: Im überseeischen diskursiven Reflexwettbewerb versuchen inzwischen ähnliche Spitzbuben wie hierzulande dem Publikum dieselben Dummheiten ins Gedankenfach zu hämmern. Der kleine, feine Unterschied ist nur: Dort regiert Trump. Und die Amis, die mehrheitlich eben doch nicht so blöd sind wie die Krauts, werden ihn wiederwählen. Unter anderem wegen Statements aus dem Munde amerikanischer Demokraten, die den Reflexen deutscher Grüner und Merkelianer zum Verwechseln ähneln. Es war vielleicht doch ein bisschen voreilig von den Progressisten, sich von der Dialektik zu verabschieden, bloß weil ihre Supporter nicht mehr verstehen, was das ist.

* * *

Ich glaube, es war im »Alice in Wonderland«-Sektor, als ich auf die neuesten Meldungen über die gerichtsnotorisch gewordene kleine Erleichterung stieß, die sich vier Schutzflehende kurz vor dem Jahreswechsel zu Amberg gegönnt hatten, indem sie ein reichliches Dutzend Eingeborene nacheinander niederschlugen. »Oberstaatsanwalt Diesch nannte es ›nicht ungewöhnlich, dass Jugendliche übermütig werden‹«, notiert *Bild*. »Langeweile und zunehmender Alkoholgenuss hätten hier zu einer Gruppendynamik geführt. ›Das ist eine jugendtypische Geschichte, die müssen wir jetzt mal ganz ehrlich lösen von der Herkunft der Personen.‹« Sprach der edle Milde.

Malen wir uns aus, ein Staatsanwalt sagte dergleichen über Mitglieder der Identitären Bewegung, die bekanntlich keiner Fliege etwas zuleide tun, nur theoretisch ...

Nun haben sich Richter, Staatsanwaltschaft und die Verteidiger auf einen *Deal* geeinigt: »Für die Taten gibt es neben den Opfern diverse Zeugen. Knallhartes Leugnen wäre für die Angeklagten eine schlechte Option. (...) Für ihr Geständnis sichert das Gericht dreien der Männer Bewährungsstrafen von einigen Monaten zu, die wahrscheinlich zur Bewährung ausgesetzt werden. Nur Amin A. wird wohl ziemlich sicher im Gefängnis landen. Er muss mindestens 26 Monate in Haft, wenn der Deal bis zum Prozessende hält. Denn nicht nur, dass er bei der Prügelorgie vom 29. Dezember eine maßgebliche Rolle spielte. Er ist im gleichen Prozess auch wegen fünf weiterer früherer Taten angeklagt, von denen er vier einräumte. Dabei geht es um Morddrohungen, Sachbeschädigung und weitere Körperverletzungen. Zudem ist Amin A. laut seines Anwalts schon einschlägig vorbestraft.«

Willkommen!

* * *

Ich freue mich, aus Paris zurück, auf das alte Paris meiner Bücher und Bildbände. Helás!

29. April

Der grüne Tübinger OB Boris Palmer, der als Mathematiklehrer mit kalter weißer männlicher Logik praktisch vergiftet worden ist, hat angesichts der neuen Bahnwerbekampagne die vor toxischer kalter weißer männlicher Logik triefende Frage gestellt, welche deutsche Bahnkundschaft eigentlich mit einer Konterfei-Auswahl abgebildet und angesprochen werden solle, in der von sechs Personen drei schwarz und zwei weitere orientalischen Typs oder Geblüts sind.

Die 'tsche Bahn konterte in machtgeschützter Abgeklärtheit, er, Palmer, habe »offenbar zum wiederholten Male Probleme mit einer offenen und bunten Gesellschaft«. Das mochte zwar mit Palmers Frage im logischen Sinne nicht das Geringste zu tun haben, war aber ungiftig, lauwarm, bunt und superoffen.

Was wir hier sehen, Genossinnen und Mitschwestern, ist das Deutschtum in prangender Reinheit, seinen aktuellen Ausdruck findend in einer repräsentativ unrepräsentativen Collation, die so dumm-, dumpf-, knall- und sturheildeutsch daherkommt wie womöglich niemals eine Kampagne zuvor (zumindest seit der gegen die entartete Kunst). Heil Vielfalt! Haben Sie das endlich verstanden, Palmer? Können Sie überhaupt auf dieser Meta-Ebenen denken, Sie Erbsenzähler? Nicht die Modelle sind typisch deutsch – was liegt an den Models? –, die Kampagne selber ist es, und wenn nötig werden die folgenden noch totaler und radikaler tolerant sein, als wir es uns und vor allem Sie Schnösel es sich heute überhaupt erst vorstellen können!

30. April

Die *Somewheres*, die sich für *Anywheres* halten, und das sind Hunderttausende, werden die großen Verlierer der Zukunft sein.

* * *

Wie allgemein bekannt sein dürfte, kreuzen sich meine Wege in den Räumlichkeiten des Bundestages bisweilen mit jenen des Oppositionsführers, er ist sogar mein Büronachbar, will sagen: Der Mann ist mir, bei aller Sphinxhaftigkeit seines Wesens, nicht völlig unbekannt.

Nun lese ich in einer Gazette, dass eine Journalistin namens Jana Simon, die ich nicht kenne, die aber, wie in der *Wikipedia* zu lesen steht, eine Enkelin von Christa Wolf ist (von welcher ich immerhin *Kassandra* gelesen habe, am nächtlichen Diensttisch des UvD bei der Dritten Batterie der Geschosswerferabteilung 9 der neunten NVA-Panzerdivision in Eggesin-Karpin, aber danach kein weiteres Buch von diesem Klageweib mehr), dass diese Jana Simon ein Buch geschrieben hat, in welchem es unter anderem um den AfD-Chef geht. Die Wolf-Enkelin, führt *Wikipedia* aus, hat als freie Journalistin für die *taz*, die *Berliner Zeitung* und den *Tagesspiegel* gearbeitet, wenn man Journalismus Arbeit nennen will, und seit 2004 ist sie Autorin der *Zeit* – eine Karriere, die für politische Ausgewogenheit spricht.

Für ihr neues Buch *Unter Druck*, notiert die *Berliner Zeitung*, habe Frau Simon von 2013 bis 2019 den Erdenwandel von sieben repräsentativen Menschen und obendrein »den sozialen Wandel in Deutschland« begleitet. Die Schrift handele unter anderem von »Statuspanik«, vor allem indes gehe es darin um die Frage, »warum sich jemand wie Alexander Gauland radikalisiert, von der Mitte nach rechts rückt«.

Ich gestatte mir, das rundheraus zu bestreiten. Gauland ist keinen Meter nach rechts gerückt, sondern dort stehengeblieben, wo er immer stand. Die Gesellschaft aber ist als Ganze nach links gerückt, meinetwegen auch in Richtung Narrensaum. Malen Sie sich nur einmal aus, Sie befinden sich im Jahr 2000, und Ihnen wird geschildert, dass Deutschland knapp zwei Dezennien später aus der Atomkraft und der Kohle aussteigt, an die zwei Millionen überwiegend analphabetische Afrikaner und Orientalen ins Land lässt, sie solide durchfinanziert und die Grenzen immer noch nicht schließt (obwohl die Neuankömmlinge schon mehr Menschen kaltgemacht haben als Honeckers Mauerschützen), sich mit Russland, England und Amerika gleichzeitig überwirft, aber die »Ehe für alle«, ein drittes Geschlecht und Zensurgesetze absegnet, immer neue Milliarden gen Südeuropa überweist, um die dortigen Volkswirtschaften »zu retten«, sich von Brüsseler Spitzen die Gurkenkrümmung, die Staubsaugersaugkraft und die Gedanken normieren lässt, sich für die »Rettung« Afrikas und des Weltklimas verantwortlich erklärt, das offizielle Freitagsschulschwänzen als säkularen Kult um eine an Asperger laborierende schwedische Nachwuchsheiländin einführt, den Verbrennungsmotor abschafft, Polygamie und Minderjährigenehe legalisiert, Volksfeste mit Wachtürmen, Zäunen und Betonsperren sichert, überall Moscheen aufstellt, den Islam zu Deutschland und Kopftücher zum Stadtbild gehören lässt, nach dreizehn Jahren Bauzeit den Hauptstadtflughafen immer noch nicht fertigbekommt, dafür aber das gesamte Land mit Windrädern übersät, die es von Greifvögeln, Insekten und Fledermäusen säubern ... – ich breche hier erschöpft ab, es fehlt noch einiges, aber ich muss den Satz an ein Ende bringen: Malen Sie sich also aus, man würde Ihnen das anno 2000 prophezeien, Sie hätten, je nach Naturell, dem Orakellaller einen Vogel gezeigt oder herzlich gelacht. Tja ...

Also, Madame, Gauland ist weder nach rechts gerückt, noch hat er sich radikalisiert. Dasselbe gilt für nahezu die gesamte AfD. Sie suchen das Rucken, Rücken und Radikalisieren am falschen Ort. Ende der Durchsage.

* * *

Ich schreibe hier keinen willkommenskulturellen Pitaval, schon aus Platzgründen nicht, doch es gibt Meldungen, die einem die geschichtliche Tendenz überdeutlich vor Augen stellen. Zum Beispiel diese:

In Unna in Nordrhein-Westfalen wurde eine 18-Jährige von drei Kindern zunächst belästig und anschließend verprügelt. Wie die Polizei berichtet, wartete die junge Frau im Bahnhof auf den Zug, als das Trio sie ansprach und belästigte. Sie erklärte den Jungs, dass sie in Ruhe gelassen werden wolle, und entfernte sich. Als der Zug einfuhr, stieg sie ein und setzte sich; die drei folgten ihr und setzten sich dazu. »Plötzlich griff einer der Jungen ihr an die Brust. Als sie aufstand, um wegzugehen, fasste ein weiterer ihr ans Gesäß«, teilt die Polizei mit. Der älteste der Jungen bekam von der Frau daraufhin eine Ohrfeige. Als Reaktion wurde sie von dem Trio zu Boden geworfen; dann schlugen und traten die Kinder auf sie ein.« Die Delinquenten befinden sich im unschuldigen Alter von elf bis 13 Jahren.

Es werde beim »einzigartigen Experiment«, die monotonoethnische deutsche Gesellschaft in eine »multiethnische, multikulturelle« zu verwandeln, »Verwerfungen« geben, hat bekanntlich der Harvard-Filou Yascha Mounk in den *Tagesthemen* versichert. Den Preis für das Experiment zahlen letztlich die Frauen (außer Claudi). Hätte die Schlampe ein Kopftuch getragen, wäre ihr das nicht passiert.

PS: Und wenn die Racker gar keine solchen waren, sondern andere, etwa aus der erlauchten Gilde der *Fahrenden*? Dann wäre die Maid dennoch in Ruhe gelassen worden, denn wer sich züchtig verhüllt, hat erfahrungsgemäß auch männliche Verteidiger.

* * *

»Zivilcourage« und »Haltung« – zuweilen gibt es dergleichen tatsächlich. Der Brief eines Studenten, der sich gegen die tendenzkonformen Debattiervorschriften seiner Dozentin wehrt, gibt mir glatt den Glauben an den deutschen akademischen Nachwuchs zurück (ich stieß bei Danisch auf dieses Monument studentischen Stolzes). Mir sind die Umstände, denen sich das Schreiben verdankt, unbekannt; ein Weniges, aber Wesentliches, erhellt aus ihm selber:

»Der Kampfbegriff ›rechtspopulistisch‹ ist genauso inhaltsleer wie rechtlich unbeachtlich, wie der des ›Rassismus‹ oder der der ›Diskriminierung‹. Sie berufen sich auf Wissenschaft und operieren ständig mit Begriffen, die im konkreten Kontext der Zulässigkeit von Äußerungen im Rahmen eines Seminars schlicht keinerlei Bedeutung haben. Daher noch einmal in aller Deutlichkeit: Was Sie oder andere für rechtspopulistisch halten und was nicht, spielt keine Rolle. Bitte beschränken Sie sich bei der Bewertung meiner Aussagen auf die Kategorien rechtmäßig und rechtswidrig bzw. wissenschaftlich und unwissenschaftlich. Alle anderen Kategorien haben an einer Universität nichts verloren, sondern allenfalls im Feuilleton. Zulässiges Diskursthema im Seminar sei, dass nur die Ängste der Dominanzgesellschaft bzgl. Ausländern und Flüchtlingen (zu) ernst genommen würden, welche daraufhin Rassismus legitimierten. Sie dürfen das Thema vorgeben, nicht aber die Ausfüllung desselben. Ihre Versuche, die universitären und staatsbürgerlichen Freiheiten Ihrer Studenten zu beschränken, sind ebenso anmaßend wie rechtswidrig. Sie haben nichts mit universitärer Freiheit zu tun, sondern sind autoritär, indoktrinierend und übergriffig. Vor allem aber sind sie rechtswidrig. Ich verwahre mich dagegen und behalte mir vor, das von Ihnen vorgegebene Thema auch mit Inhalten zu füllen, die Ihnen nicht passen.«

Ja so ein Nazi! Chapeau!

1. Mai

»Seinen Unterdrückern ist man nicht die Wahrheit schuldig.«
Charlotte Corday über *Fake News*

***

Während die guten Deutschen resp. deutschen Guten in den Tagen zwischen den Freitagsgebeten noch darüber uneins sind, ob die neckische Pippi aus Schweden tatsächlich die Messia oder nur eine kleine knuffige Irre oder eben beides zugleich ist – »Greta gehört zu den wenigen, die unsere Kohlendioxide mit bloßem Auge erkennen können. Sie sieht, wie die Treibhausgase aus unseren Schornsteinen strömen, mit dem Wind in den Himmel steigen und die Atmosphäre in eine gigantische unsichtbare Müllhalde verwandeln. Sie ist das Kind, wir sind der Kaiser. Und wir sind alle nackt«, schreibt ihre Mutter in der erstaunlich spät erschienenen hl. Familien-Biografie –, sind in London schon die Zeloten los, wie *Reuters* meldet:

»The group disrupted London with 11 days of protests that it cast as the biggest act of civil disobedience in recent British history. Iconic locations were blocked, the Shell building defaced, trains stopped and Goldman Sachs targeted. The aim: A rebellion against the political, economic and social structure of the modern world in time to avert the worst devastation outlined by scientists studying climate change.«

Noch mal zum Mitschreiben: Eine Rebellion gegen die politische, wirtschaftliche und soziale Verfasstheit der modernen Welt. Also quasi der IS in grün. Einstweilen noch ohne bewaffneten Arm. Es sei eine »Revolte gegen das Aussterben der Arten, unsere eigene inbegriffen«, sagt eines dieser garstigen Greenhörner. »One activist glued her breasts to the road outside Goldman

Sachs European headquarters on Fleet Street.« Auch das noch mal zum Mitschreiben: Eine »Aktivistin« klebte aus Protest ihre Brüste an der Straße fest. Pattex gibt dir Kraft! Also so etwas gab es im Mittelalter nicht. Danisch hat völlig recht, wenn er meint, diese Zivilisation gehe gerade kaputt. Was derzeit stattfindet, ist ein Angriff auf die westliche Zivilisation – für den Betreiber des kleinen Eckladens gibt es übrigens keine andere –, von innen und von außen zugleich. Sie wird in die Zange genommen von den Linken auf der Straße und in den Parlamenten, den globalistischen Gaunern in den Bürotürmen und den Posthumanisten in den *Smart Economy*-Laboren, von religiösen Reinheitsvollstreckern, die aus dem Orient einströmen oder sich längst schon hier ausgebreitet haben, und dem depravierten Mob der Vorstädte.

Ich erinnere noch einmal an die Rede, die Donald Trump im Juli 2017 in Warschau vortrug, für meine Begriffe eine der größten Reden, die je ein westlicher Staatsmann gehalten hat – Alexander Gauland hat unlängst im Bundestag daraus zitiert; wahrscheinlich wurde zum ersten Male überhaupt Trump im Bundestag zitiert, und die Reflexe der verstehensunbegabten Zivilsationsmüden zur Linken waren vielsagend –, nämlich diesen in Stein zu meißelnden und in Erz zu grabenden Passus:

»What we have, what we inherited from our ancestors, has never existed to this extend before, and if we fail to preserve it, it will never ever exist again.«

* * *

Zu meinen Paris-Reminiszenzen vom 28. April schreibt Leserin ***: »Ihre Impressionen möchte ich mit einigen Daten und Fakten zu Frankreich untermauern, die ich aus eigener Ansicht und Betroffenheit erlebt und seit Jahrzehnten zusammengetragen habe (mein Mann, Franzose, stammt aus Paris):

1967 (in diesem Jahr wurde in Frankreich die Pille erlaubt) hatte Frankreich 51 Millionen Einwohner, heute sind es 67 Millionen. Der Unterschied von 16 Millionen ist allein der Einwanderung (und den hohen Geburtsraten dieser Bevölkerungsgruppen) zuzurechnen, da in Frankreich – wie in allen westlichen Ländern – der berühmte Pillenknick eher einen Rückgang der einheimischen Bevölkerung zur Folge hatte als ein Wachstum. Die Einwanderung erfolgte aber nicht aus dem europäischen Kulturkreis, sondern zunächst aus den nordafrikanischen Ländern und in jüngerer Zeit verstärkt auch aus Schwarzafrika; auf jeden Fall handelt es sich fast ausschließlich um eine muslimische Einwanderung. Seit 50 Jahren macht man den Franzosen aber weis (so 2018 das sonst renommierte Institut Montaigne), daß rund fünf Millionen Moslems das Land bevölkern (es liegen keine statistischen Zahlen zur Religionszugehörigkeit vor – dies ist staatlich untersagt). 2014 hat Azouz Begag, ehemaliger beigeordneter Minister von 2005 bis 2007 und algerischer Abstammung, allerdings in den Raum gestellt, daß in Frankreich wohl zwischen 15 und 20 Millionen Moslems leben.

Um der großen Wohnungsnot in den 1950er und 1960er Jahren abzuhelfen, zog man in den Pariser Banlieues (und anderen Städten) unzählige Sozialwohnungen in die Höhe. Dies bedeutete zunächst für die autochthone Bevölkerung eine erhebliche Verbesserung ihres Wohnungsstandards. Doch dann setzte die massive Einwanderung aus dem Maghreb ein. Die Folge: Die einheimische Bevölkerung wurde aus diesem sozialen Wohnungsbau (HLM = habitations à loyer modéré) offiziell verdrängt, wenn sie diese nicht schon freiwillig verließ.

Zeigten sich die weiblichen Angehörigen der islamischen Religion bis in die 1970er und frühen 1980er Jahre in Frankreich so gut wie nie mit Kopftuch, setzte ab den späten 1980er Jahren eine ›Kopftuchwelle‹ ein, die immer massiver wurde. Zum heutigen Zeitpunkt fällt es einer Muslimin sehr schwer, sich ohne Kopftuch und ›züchtiger‹ Kleidung zu präsentieren. Der soziale Druck ist einfach zu groß.

Nimmt man abends in Paris die Metro, ist man als ›Weißer‹ der Exot. Selbst schon tagsüber fällt die große Anzahl an nordafrikanischen und schwarzafrikanischen Metro-Benutzern auf. Gewiß gibt es noch einige Viertel, in denen es halbwegs ›weiß‹ zugeht (z.B. im 7. und 16. Arrondissement); doch sind manche Arrondissements (z.B. 18. und 19.) fest in der Hand der Zugewanderten. Sehr schlimm ist es im Département 93 (Seine-Saint Denis).

Um einen Überblick über die Geburtsrate dieser zugewanderten Bevölkerung zu haben, genügt ein Blick auf die Vornamen der Kinder (doch wehe, wenn man dies offiziell tut – wie z.B. Robert Ménard, der Bürgermeister der Stadt Béziers – die linken Gutmenschen sind über ihn hergefallen). Eine weitere Möglichkeit zur Information ist eine Statistik, die über das Vorkommen von Sichelzellenanämie bei Säuglingen geführt wird. Diese Erbkrankheit ist bei Personen aus dem südlichen Mittelmeerraum und aus Afrika verbreitet. Bis vor wenigen Jahren fand man bei einigem Suchen im Internet noch dazu statistische Angaben; so ist diese Krankheit vor allem im Département 93, in Südfrankreich, aber auch im Elsaß verbreitet. In jüngster Zeit findet man zu dieser Krankheit aber so gut wie keine Zahlen mehr. Man könnte daraus wohl die Anzahl der Zuwanderer und ihr Reproduktionsverhalten ableiten.

Ist das nun der große Austausch (›le grand remplacement‹), von dem der französische Philosoph und Schriftsteller Renaud Camus schon seit vielen Jahren spricht? Der große Austausch, der auch Deutschland in spätestens einer Generation erfassen wird? Vieles läßt befürchten, daß dem so ist.«

2. Mai

Droht ständig mit Wandel: Klima.

* * *

Nachdem ich hier unlängst eine Kürzestdefinition des Begriffes »Hetze« im Sinne des selig in der Hölle schmorenden Ambrose Bierce präsentierte – *Hetze,* die: anderer Leute von der offiziell gewährten Einheitsmeinung abweichende Ansichten, sofern öffentlich vorgetragen –, bat mich ein Leser um eine Fortsetzung, für welche er auch einige Termini vorschlagshalber beisteuerte. Die Wünsche der Besucher des kleinen Eckladens sind dessen Betreiber selbstverständlich Geheiß! Also denn:

Rechtspopulismus: Bedenkliche Neigung, sich für die Probleme derjenigen zu interessieren, von denen die Grünen und die Journalisten nichts wissen wollen.

Islamophobie: Eine in Ländern mit wachsendem muslimischen Bevölkerungsanteil endemisch auftretende psychische Störung, meist einhergehend mit Angst vor Messern und Sprengstoffen, bei guten Heilungschancen durch Konversion.

Homophobie: Angst vor der Sexualität von Personen mit ähnlich gearteten Genitalien aufgrund einer verbreiteten Unklarheit, was damit anzustellen sei; könnte nach der Prognose anerkannter Hinrichtungsexperten gemeinsam mit der Islamophobie verschwinden.

Integration: Perfider Versuch, Einwanderer in Nazis zu verwandeln.

Erderwärmung: Von Donald Trump direkt nach seiner Machtergreifung inszeniert, um die Demokraten und ihre Wähler abzukochen; dumm, wie er ist, hat er nicht einkalkuliert, dass Latinos, Orientalen und Neger die Hitze besser abkönnen als Blonde.

Ausgrenzung: Zivilgesellschaftlich anerkannte Therapie gegen alle, die dasselbe angeblich oder tatsächlich mit anderen tun wollen.

Diskriminierung: Besonders unter Weißen verbreitetes asoziales Bedürfnis, die eigenen Kinder zu bevorzugen.

Nächstenliebe: Spielart der Diskriminierung, mangels selbstgezeugter Nächster aber vielfach schon heute durch Fernstenliebe ersetzt; wird überflüssig, sobald die Fernen Nächste geworden sind.

Frauenfeindlichkeit: Männlicher Wunsch, in eine Frau einzudringen (ausgenommen mit einem Messer).

Drittes Geschlecht: Irrtum des Gesetzgebers, resultierend aus dem Vorurteil, es existierten üblicherweise zwei.

Abschottung: Existenzgrundlage sämtlicher Schlüsseldienste.

* * *

»Für die einen brannte in Notre-Dame ein Wahrzeichen Frankreichs, für die anderen ein Symbol der Herrschaft und Unterdrückung. Verdient eine brennende Kirche mehr Anteilnahme als Ertrinkende im Mittelmeer?«

Fragt das Leitmedium der Paläo-Konservativen, militanten Abendländer und Kommunistenesser, die pfahlbügerliche *FAZ*.

Wer jetzt kein Abo hat, kauft sich keines mehr.

Freilich: Notre-Dame brannte nicht nur, sondern wurde womöglich in Brand gesteckt – darüber zu spekulieren, hat aber der Herr Kaube von der *FAZ* unter rechtsextreme Paranoia sortiert; er hofft anscheinend darauf, dass Notre-Dame ein echter Zu- und erster wirklicher Einzelfall sein möge –, und von denen, die oder deren Eltern übers Meer kamen, freuten sich viele ob der lustig aus der Synagoge des Satans züngelnden Flammen. Es brannte auch keineswegs nur Notre-Dame, sondern seitdem Menschen, die unsere Anteilnahme verdienen, in großer Zahl nach Westeuropa fliehen, um diesem Weltteil den Glauben zurückzugeben, widerfährt christlichen Wahrzeichen dort regelmäßig Derartiges (im Orient sind solche mit Kreuzen beladenen Unterdrückungssymbole ja oft schon kaputt). Diese Kirchen mögen in der Tat Symbole alter Herrschaft sein; ihre Schändung, Anzündung, Entweihung und auch gelegentliche Umwidmung an einen anderen Gott – Wohlmeinende und grüne Frauen meinen, es sei derselbe; er wird sie eines Besseren belehren – machen sie indes zu Symbolen einer nahenden neuen Herrschaft. Und Unterdrückung? Ja, auch das, einstweilen noch *in statu nascendi*. Beiseite gesprochen: Als Notre Dame erbaut wurde, existierte in der Tat ein gewaltiges Herrschafts- und Unterdrückungssystem, das größte jemals auf Erden waltende Sklaverei-Imperium: die islamische Welt. Dort wurden aber auch die Zahlen erfunden, die Maschinen, der Flugverkehr, die Demokratie, die Poesie, Aristoteles, die Frauenrechte, die Monatshygiene, die Patentämter, die religiöse Toleranz und die soziale Gerechtigkeit. Es fügt sich am Ende alles wieder zusammen.

Die im Mittelmeer Ertrinkenden bzw. Ertrunkenen allerdings sind selber in wacklige Boote gestiegen und haben sich bewusst der Gefahr ausgesetzt. Dieser Vorgang ist übrigens welthistorisch singulär; es ist, knapp vor der Bundeswehr, die erste komplett seeuntüchtige Flotte der Geschichte, die zu Eroberungszwecken verwendet wird (das unterscheidet sie wiederum von der Bundeswehr). Diese Heilsbringer, Glücksritter und als Brückenköpfe des Familientransfers vorausgeschickten Ältersöhne wetten auf die moralische Erpressbarkeit der Christenmenschen. Sie spekulieren mitsamt ihren Schleppern darauf, dass die Nachkommen der Erbauer von Notre-Dame sie auffischen und in ihre Länder holen. Sie steigen ins Wasser und fordern: Rettet uns! Unzarte Gemüter könnten das Nötigung nennen. Diese Hoffnungsfrohen wurden und werden allerdings von falschen Verheißungen und echten Alimenten ins Wasser gelockt, auch wenn der tätige Humanismus von Salvini inzwischen viele vor dem Verderben rettet, hüben wie drüben. Europäische und insonderheit deutsche Willkommenssirenen haben sich der Beihilfe zur fahrlässigen Selbsttötung schuldig gemacht, aber ihr monströser guter Wille wird sie wohl wieder einmal vor Konsequenzen schützen.

Was nun aber die Verteilung der Anteilnahme betrifft: Es gibt auf der Welt bekanntlich weit über sieben Milliarden Menschen, aber nur eine Kathedrale Notre-Dame auf der Pariser Île de la Cité. Freilich bestehen gute Aussichten, dass, wenn eines Tages elf oder zwölf Milliarden erreicht sind, Raben und weiße Bettler in den Ruinen der Kathedralen hausen. Dann ist auch Schluss mit Anteilnahme.

Sela, Psalmenende.

3. *Mai*

Zu meinen Paris-Impressionen (*Acta* vom 28. April) erreichen mich zahlreiche Zuschriften, die im Kern allesamt den Befund bestätigen: Die Stadt an der Seine, einst eine ewiggestrig-elitäre Hochburg der diskrimierenden weißen Ausbeuter- und Kolonialkultur, eilt ihrer Befreiung ins Finalbunte und ultimativ Weltoffene entgegen, und wir können sagen, wir seien dabeigewesen, wenn auch in zunehmender Distanz, denn welches Herz mag das Überwältigende dieses Vorgangs schon zu fassen?

Zum Sehen geboren,
Zum Schauen bestellt,
Dem Turme geschworen
Gefällt mir die Welt.
Ich blick in die Ferne,
Ich seh in der Näh,
Den Mond und die Sterne,
Den Wald und das Reh.
So seh ich in allen
Die ewige Zier,
Und wie mir's gefallen,
Gefall ich auch mir.
Ihr glücklichen Augen,
Was je ihr gesehn,
Es sei, wie es wolle,
Es war doch so schön!

5. *Mai*

»Wir sind Klimaner. Wir essen nichts Warmes.«
Bernd Zeller

* * *

Zwei parallele Beiträge mit sehr divergierenden Befunden im *Spiegel* fügen sich zu einem erhellenden Ganzen: ein Hinweis auf eine Foto-Reportage über die schlechte Behandlung von

Migranten in Südeuropa zum einen, ein großer Artikel über einen Syrer namens Fadi Karram, der nun zu den »neuen Deutschen« (Münkler/Münkler) gehört, zum anderen.

Der besagte Gevatter Karram holte, nachdem er in Hamburg angelangt war, seine Ehefrau via Flugzeug aus der vom Bürgerkrieg recht unbehelligten syrischen Hauptstadt nach 'schland, was sein deutscher Mentor und väterlicher Freund Horst von Howe so schildert: »Während Fadi im Lager lebte, wohnte seine Frau Leen noch immer in Damaskus. Es gab also den Plan, sie nach Deutschland zu holen. Als alles vorbereitet war, habe ich Fadis Bruder 700 Euro gegeben. Der Bruder traf am Hamburger Hauptbahnhof einen Mittelsmann, der versprach, das Geld irgendwie nach Damaskus zu bringen. Gleichzeitig habe ich Kontakt zum Auswärtigen Amt in Berlin aufgenommen, ebenso zum Roten Kreuz. Schließlich bekam Leen ein Visum. 500 Euro zahlte Fadi mir in Raten zu 50 Euro zurück, den Rest habe ich ihm erlassen. Als Fadi Leen am Flughafen abholte, war ich dabei. Es war das einzige Mal, dass ich sie ohne Kopftuch gesehen habe. Bis heute gibt sie mir nicht die Hand.«

Karram ergänzt: »Es ist einfach verboten, ein Vergehen gegenüber Gott. So ist das im Islam: ein religiöses Gebot, an das man sich halten muss. Genauso ist es mit dem Kopftuch. Nur Gesicht und Hände dürfen zu sehen sein. Der Nikab ist zu viel, der Hidschab ist das Richtige. Das Kopftuch trägt sie auch für mich. Es ist ein Ausdruck der Treue.«

Wenn Howe das Paar in ein deutsches Restaurant einladen will, lehnen die beiden dankend ab, denn was ihnen dort auf den Tisch gestellt würde, ist ja *haram*. Die selbstverständlich trotzdem Willkommenen wohnen in einer Wohnung, die ihnen inzwischen nicht mehr gut genug ist. Im Text liest sich das so: »Howe: Sie wollen eine größere. Ganz ehrlich: Ich könnte in der

Wohnung, die sie jetzt haben, mit meiner Frau gut wohnen. Ich habe zu Fadi gesagt: Wohlstand geht immer. Besser geht immer. Aber deine Wohnung zahle ich von meinen Steuern.

Fadi Karram bekommt im Monat 815 Euro Hartz IV (für sich, seine Frau und seine Tochter), die Miete in Höhe von 580 Euro wird vom Jobcenter übernommen. Fernsehen ist frei, ebenso die Krankenversicherung.«

Und noch ein fröhlicher Passus.

»Karram: Es ist ein Geben und ein Nehmen, so sehe ich das. Die deutsche Regierung ist doch nicht dumm. Es ist eine Investition in die Zukunft. Was wir jetzt bekommen, geben wir in der Zukunft zurück. Ich sehe nur die Eile nicht ein. Nach Arbeit gesucht habe ich noch nicht. Irgendwie habe ich mich nicht gefühlt.«

Darüber zu befinden, ob diese Regierung dumm ist, wäre erst möglich, nachdem gesicherte Erkenntnisse darüber vorlägen, was sie eigentlich vorhatte. Dasselbe gilt für die Beantwortung der Frage, ob die deutsche Version der Einwanderung eine Investition in die Zukunft sei: Auch hier wäre vorher zu klären, in welche oder wessen Zukunft, also welcher ethnischen Milieus, welcher Kulturtechniken, welcher Industrien, Forschungszweige, Technologien, welcher Lebensweise, welcher Glaubensgemeinschaften, welcher Konfliktbewältigungsstrategien …

Weiter im *Spiegel*: »Manchmal hat Horst von Howe Sorge, dass Deutschland sich mit den Flüchtlingen übernimmt. Howe: Ich mache es für Deutschland, so sehe ich das. Ich habe Angst, dass Deutschland Merkels Versprechen nicht einlösen kann. Wir werden damit leben müssen, dass viele Flüchtlinge ihren Lebensunterhalt nicht verdienen können. Die Generation von Fadi nicht. Manchmal habe ich den Eindruck, sie verachten uns. Sie haben keinen Respekt vor uns. Sie lachen uns aus. Ob er das

Gefühl habe, dass die Syrer Respekt vor ihm hätten, hat ihn seine Frau mal gefragt. ›Vor mir ja‹, hat er geantwortet. ›Aber nicht vor Deutschland.‹«

Besser kann man wahrscheinlich nicht erklären, warum die Südeuropäer Migranten unfreundlich behandeln.

PS: Natürlich gibt es auch bedauernswerte Einzelfälle von wirklichen Flüchtlingen, also von Notleidenden und Verfolgten, denen zu helfen sowohl die Nächstenliebe als auch gewisse internationale Vereinbarungen gebieten, aber dank Frau Merkel haben die Deutschen mit kriminellen, fanatischen und unverschämten Migranten mittlerweile so viel schlechte Erfahrungen gemacht, dass der Wunsch nach Differenzierung derzeit schneller dahinschwindet als angeblich Nordpol, Regenwald, Kleine Hufeisennase und Eisbär.)

PPS: Medienberichten zufolge ist Mohammed inzwischen der häufigste Vorname für Neugeborene in Berlin, und Frau Chebli hat triumphierend getwittert, sie und ihresgleichen würden schon dafür sorgen, dass das so bleibt. Man darf sich ausmalen, welches Daseinsprogramm einem so Benamsten in die Wiege gelegt wird.

»Eine Islamisierung findet nicht statt. Es handelt sich nur um den arabischen Aliasnamen von Heiko. Ihre Bundesregierung«

* * *

Und nochmals: Ich will nicht, dass ich über meine Steuern indirekt Menschen alimentiere, die meine Kultur verachten, ihren Lebensunterhalt nicht selber verdienen wollen, ihren Köhlerglauben verbreiten und meinesgleichen mit ihrer (von mir mitausgehaltenen) Kinderschar ethnisch-kulturell auf mittlere Sicht verdrängen. Sollen sie selber für sich sorgen und am besten daheim bleiben. Dieser Satz ist übrigens weltweit Mainstream, in ganz Asien, in Australien, Russland, Osteuropa, Israel, sogar in der islamischen Welt. Nur in Deutschland (und in Teilen Frankreichs und Schwedens) bist du damit ein Nazi.

* * *

Zufällige Parallellektüre:

»Der Vogel Strauß ist das einzige Tier der Schöpfung, das seinen Daseinszweck nicht verfehlt hat. Es gibt dem Menschen ein Sinnbild an die Hand.«
(Albert Vigoleis Thelen, *Die Insel des zweiten Gesichts*)

»Dass ihm ein gutes flugfähiges Flügelpaar fehlt, ist jedoch kein Mangel; wie nämlich scharfsinnig festgestellt wurde, fliegt der Strauß sowieso nicht.«
(Ambrose Bierce, *Des Teufels Wörterbuch*)

8. Mai

»Droht das Ende der Krawatte?«, fragt die *FAZ*. Warum das Frankfurter Weltblatt darauf kommt? Weil Sparkassen und Privatbanken die Schlipspflicht aufheben und die superflexiblen Betreiber der total hippen urbanen *Startups*, Trendbuden und Silicon-Valley-Internetlaboratorien ohnehin *casual* bis zur Indolenz durchs Arbeitsleben wuseln. Das ist aber keineswegs das Ende der Krawatte, sondern das Ende ihres – meist geschmacklosen – Missbrauchs zur Uniformierung einer in Bürotürmen frönenden Klon-Armee, die sich jetzt eben anders uniformiert. Eine Krawatte trägt der Mann, um sich zu schmücken und seine Konversations- oder auch Kopulationspartner zu ehren, nicht um die Zugehörigkeit zu irgendeiner Branche zu signalisieren. Im Idealfall bindet er die Krawatte auch dann um, wenn er sich allein daheim befindet, also in bester Gesellschaft. Um die Zukunft der Krawatte muss einem nicht bange sein. Sie übernimmt nur wieder ihre Rolle als Distinktions-Accessoire.

* * *

Was freilich immer mehr der Vergangenheit angehört, ist Amerika als *the land of the free*. Der *Spectator* hat eine eindrucksvolle Liste von prominenten Querköpfen zusammengestellt, die in sozialen Medien gesperrt, zensiert, von der Teilnahme ausgeschlossen, *gebannt* sind, praktischerweise jeweils kombiniert mit dem Hinweis, wo man sie noch resp. stattdessen lesen kann. *Primus inter pares* ist Milo Yiannopoulos, »banned from: Facebook, Instagram, Twitter, PayPal, Venmo, Eventbrite, Shopify, Patreon, Coinbase, Periscope, Mailchimp, Tumblr, the nation of Australia«.

Wir befinden uns in einem geistigen Bürgerkrieg, und niemand soll hoffen, dass er schon in den nächsten Jahren endet.

12. Mai

Ich habe gelegentlich auf diesen Seiten des großen persischen Dichters, Mathematikers und trinkfreudigen Fatalisten Omar Chayyam (um 1048–1131) gedacht, aus dessen Feder die hinreißendsten Lobpreisungen des Weines stammen, welche – neben jenen des göttlichen Hafis – je in dieser Weltgegend angestimmt wurden. Am Beginn des Ramadan erinnerte ich mich einer Mail, die mir Leser *** vor sechs Wochen sandte und in welcher er schrieb, er habe sich nach dem gemeinsamen Genuss »einiger Flaschen guten Weines« mit einem iranischen Mitarbeiter meiner warmen Worte über den persischen Bacchanten erinnert. Auf die Schnelle und unter dem Einfluss des Rebensaftes habe er nur einen Vers ergoogeln können, nämlich:

Wascht mich mit Wein, wenn ich fortgehe,
bei meinem Begräbnis sprecht ein Gebet, erfüllt von Wein;
wenn ihr mich finden wollt am Tag des Jüngsten Gerichts,
sucht mich im Staub vor der Tür der Schenke.

Aus der spontanen Textexegese während der deutsch-iranischen Zecherei folgte eine Neuübersetzung, die mitsamt kurzen Erläuterungen darüber, »was Chayyam genau und wirklich meinte«, fixiert und an mich abgeschickt ward. Aufgemerkt denn also zu Zeiten verschärfter Gaumenkasteiung inmitten der ohnehinnigen:

»Zeile 1: *Wascht mich mit Wein, wenn ich sterbe.*

Bei der islamischen Bestattung wird der Leichnam zuerst mit reinem Wasser gewaschen. Dann wird er in ein weißes Tuch (Shroud) gehüllt. Und bevor er im Grab liegt (das Grab selbst und wie die Leiche rein hineingehen und wer dies tun sollte, hat seine eigenen islamischen Gesetze, aber sie sind nicht Gegenstand dieses Gedichts), spricht ein Mullah ein Gebet ins Ohr des Toten über Gott, Engel, den Tag der Auferstehung, den Tag des Jüngsten Gerichts und so weiter.

In diesem Teil sagt Chayyam: Wascht meine Leiche nach dem Sterben nicht gemäß den islamischen Gesetzen mit Wasser, sondern nur mit Wein.

Zeile 2: *Beim Begräbnis sprecht in meine Ohren nur über Wein.*

Chayyam will nicht in seinen toten Ohren von Gott hören, sondern nur vom Wein. Das heißt, dass es in Ordnung ist, wenn die Bestattung wie eine islamische Bestattung aussieht, aber im Innern soll gegen islamische Gesetze verstoßen werden (mit dem, was der islamische Gott verboten hat).

Zeile 3: *Wenn Ihr mich am Tag der Auferstehung finden wollt,*
Zeile 4: *Fragt dann den Staub vor der Tür der Schenke.*

In den islamischen Geschichten (oder gemäß den Aussagen der Mullahs) sterben nach dem Ende der Welt alle Menschen, und dann kommt (auf Befehl Gottes) der Tag der Auferstehung, an dem alle Toten aus den Gräbern auferstehen und wieder lebendig werden. Danach kommt der Tag des Jüngsten Gerichts, an dem alle Auferstandenen in einer sehr langen Reihe zu Gott gehen, um beurteilt zu werden. An diesem Tag können alle Dinge (lebendig wie Menschen, Tiere, Insekten, auch Körperteile dieser Lebendigen und die nicht lebendige Dinge wie Steine, Holze, Stäube und so weiter) auf Befehl Gottes sprechen und als Zeugen gegen die Person wirken.

In den letzten beiden Teilen sagt Chayyam, dass er nach der Auferstehung nicht in der Reihe bleiben werde, um sich beurteilen zu lassen, sondern in die Schenke gehen werde. Natürlich werde er den Staub von sich klopfen, bevor er in den Schenke eintrete (als Höflichkeit vor dem Betreten eines heiligen Ortes). Und wenn an diesem Tag jemand nach ihm sucht, kann er/sie die Stäube vor der Tür der Schenke fragen. Weil an diesem Tag, mit dem Befehl Gottes, auch der Staub sprechen und bestätigen kann, dass er an diesem Ort weilt. Das heißt, Chayyam sagt, der Wein und die Schenke seien für ihn wichtiger oder vielleicht heiliger als der (islamische) Gott und sein Gericht, der Himmel und so weiter. Und wenn jemand wirklich an den islamischen Gott glaubt, kann er vom Staub verlangen, ihn zu finden und zum Gericht zu bringen.

In diesem Gedicht sagt Chayyam: Ich habe immer mit Wein gelebt, und wenn ich sterbe, möchte ich Wein über mich gegossen haben und nur von Wein hören. Nach der Auferstehung (wenn es wirklich eine gibt) werde ich auch wieder in die Schenke gehen und Wein trinken, egal was euer (islamischer) Gott und seine Gesetze vorgeben, weil ich keinen Glauben an ihn habe.«

13. Mai

Der Sommer naht nicht mehr – er droht.

* * *

In der DDR wurde bekanntlich der Antifaschismus als jene Staatsreligion gelehrt, die den »rotlackierten Faschisten« (Kurt Schumacher) die Legitimation für ihr eigenes totalitäres Treiben verschaffen sollte. Für uns Schüler bedeutete das damals, dass wir mit Lektüren und Filmen traktiert wurden, worin man uns kommunistische Kämpfer präsentierte, die den – aus Inzestscheu stets »Faschisten« geheißenen – Nationalsozialisten und ihren Verbündeten tapfer die Stirn geboten hatten. Vom Ausmaß der Mord- und Schandtaten der Roten erfuhr unsereins erst, nachdem Genosse Gorbatschow im fernen Moskau von Glasnost zu reden und der realsozialistischen Klio das Mieder zu lockern begonnen hatte, wovon die Ostberliner Genossen freilich nichts wissen wollten – die Zeitschrift *Sputnik* wurde von den SED-Vögten wegen ihrer sanften Neujustierungsarbeiten an den historischen Korsettstangen des Ostblocks sogar verboten.

Ich hatte bis dahin von Stalins oder gar Maos Verbrechen nur allervageste Ahnungen, und man kann nicht behaupten, dass im Westfernsehen davon groß die Rede war. Ich wusste nicht oder tat es als Propaganda ab, dass die Kommunisten auch ihre eigenen Leute hekatombenweise hingerichtet hatten. Am Übelsten fand ich freilich, dass sogar im spanischen

Bürgerkrieg die Exekutionskommandos hinter den Linien umgingen, um denjenigen Kämpfern, die von der reinen stalinistischen Lehre abweichende Ideen im Kopf trugen, ungerührt in denselben zu schießen, wobei spätere Parteihistoriker die Ermordeten ähnlich ungerührt den Franco-Leuten ins Kerbholz schnitten. (Noch heute habe ich den Schauspieler Horst Schulze vor meinem inneren Auge, wie er in der letzten Szene des DEFA-Filmes *Hans Beimler, Kamerad* durchs Zielfernrohr eines Scharfschützen der Falange läuft, wo es doch weit wahrscheinlicher ist, dass Beimler von seinen eigenen Leuten ins Reich der Freiheit vorausgeschickt wurde.)

Das war jetzt vielleicht ein bisschen zu viel des Vorgeplänkels, aber mit dem Hinweis auf gewisse Unvergesslichkeiten aus propagandadurchwirkten Schuljugendtagen bin ich immerhin bei der Sache und kann auf eine Szene aus dem Theaterstück *Professor Mamlock* von Friedrich Wolf überleiten, welche sich mir offenbar ebenfalls nachhaltig eingeprägt hat; ein Hirnschwamm, den Dr. Alois Alzheimer anno 1906 erstmals der Forschung zugänglich machte, wird eventuell dermaleinst entscheiden, wie lange noch.*

Das Stück schrieb der Arzt und Kommunist Wolf, dessen Spross Markus später die aus irgendwelchen Gründen legendäre Stasi-Hauptverwaltung Aufklärung, also die DDR-Auslandsspionage leitete, im Jahr von Hitlers Machtergreifung im Exil. Die literarische Qualität des Werkleins ist hier nicht Thema. Professor Mamlock wird 1933 als chirurgischer Chefarzt einer Klinik entlassen, weil er Jude ist (also abwechslungshalber mal kein Kommunist, aber sein Sohn ist einer). Ein einflussreicher Bankier, der für eine dringende Operation in die Klinik eingeliefert wird, besteht aber darauf, von Mamlock behandelt zu werden. Da der Professor im Weltkrieg als Frontsoldat dem Vaterlande gedient hat und ein neues Gesetz jüdischen Kriegsteilnehmern die Arbeit in öffentlichen Institutionen erlaubt, darf er an die Klinik zurückkehren.

Dort legt ihm sein einstiger Assistenzarzt und nunmehriger Chef, Dr. Hellpach, ein Papier zur Unterschrift vor, in dem die Entlassung aller anderen jüdischen Mitarbeiter verfügt wird. Mamlock protestiert, beruft sich auf das »in der Verfassung feierlich verbürgte Recht, daß alle deutschen Bürger ohne Unterschied der Rasse und des Standes vor dem Gesetze gleich sind« und erklärt dem SA-Mann Hellpach: »Die Regierung kann riesige Volksmassen in Bewegung setzen, formieren und kommandieren, sie kann keine Überzeugungen kommandieren! Die Regierung erhielt von der Volksmehrheit ihr Mandat: Sie kann Gehorsam fordern, aber keine Gesinnungslumperei! Gewissenszwang aber, Herr Kommissar, erzeugt Knechtseelen, Feiglinge, Denunzianten und Gesinnungslumpen!«

Der Professor fügt der Entlassungsliste stattdessen seinen eigenen Namen hinzu. Daraufhin verfasst Hellpach ein zweites Papier, dem zufolge die Mitarbeiter der chirurgischen Station eine weitere Zusammenarbeit mit dem Professor ablehnen. Im Beisein Mamlocks zitiert er alle Ärzte, Pfleger und Schwestern zum Unterzeichnen herbei. Natürlich unterschreiben sie durchweg, mit den zu allen Zeiten gleichen Heucheleien und Entschuldigungen auf den Lippen. Nur eine junge Ärztin verweigert die Unterschrift, Dr. Inge Ruhoff, eine enthusiastische Nationalsozialistin. Und nun kommt die Stelle, von der ich sagte, dass ich sie nie vergessen habe:

Dr. Hellpach: Sind Sie noch Pg.? Gehören Sie noch zur Bewegung?

Dr. Inge: Wenn Ihr Verhalten das Verhalten der Partei ist, nein!

Dr. Hellpach: Angesteckt (*gegen Mamlock*) von dem?

Dr. Inge: Aufgeklärt von Ihnen, Herr Kommissar! – Ja, Herr Kommissar, auch mir war die Partei alles, diese riesenhafte Bewegung mit ihren Ideen, ihren Kämpfen, ihren Zielen, alles! – Sauberkeit, Mut, Wahrhaftigkeit, Kameradschaft … jawohl, ausmisten wollten wir, hinauswerfen die Feiglinge, die Profitjäger, ein neues wahrhaftiges Geschlecht sollte im Aufbruch sein …

Dr. Hellpach: Es *ist* im Aufbruch!

Dr. Inge: Wir wollten dem »jüdischen Händlergeist«, den Duckmäusern, Schiebern den feigen Nutznießern neue Gestalten entgegensetzen, die Gestalt des Kriegers, des Kämpfers, des ritterlichen Menschen …

Dr. Hellpach: Daran wird es nicht fehlen.

Dr. Inge: Es wird daran nicht fehlen, richtig, Herr Kommissar, aber auf welcher Seite sind hier die Kämpfer und auf welcher die Kriecher? Wo steht hier der letzte Ritter, der Soldat seiner Überzeugung, und wo stehen die anderen?

Und nun richten wir unsere Blicke in die deutsche Gegenwart, keineswegs um irgendetwas gleichzusetzen, ja nicht einmal, um etwas zu vergleichen, nur auf der Suche nach der Seite, wo sich die meisten Kriecher, Knechtsseelen und Gesinnungslumpen sammeln, heute nicht mehr unter Bannern, sondern unter *Hashtags* wie *#wirdsindmehr* oder bei der »Erklärung der Vielen« …

* Diese nur launig ins Blaue orakelte Bemerkung hat bei einigen liebenswürdigen Lesern den Schreck ausgelöst, bei mir sei Alzheimer diagnostiziert worden. Das ist nicht der Fall. Bislang ist es mir gelungen, zur Degeneration neigende Hirnregionen punktgenau mit Wein zu eliminieren. Wovon sprachen wir gerade?

* * *

Apropos. Der Vizepräsident des deutschen PEN-Zentrums – PEN steht für *Poets, Essayists, Novelists,* und die Selbstbeschreibung dieser Truppe hebt an mit der Bekundung: »Das PEN-Zentrum Deutschland tritt ein für die Freiheit des Wortes« – der Vizepräsident des deutschen PEN-Zentrums, ein Reisejournalist namens Ralf Nestmeyer – offenbar hat man keinen *Poet, Essayist or Novellist* für den Job gefunden –, dieser Gevatter Nestmeyer hat im Interview mit der *Deutschen Welle* erklärt, er sehe »auch in Deutschland eine Tendenz, dass die Meinungsfreiheit bedroht ist», und zwar dadurch, dass die Rechtspopulisten zu eifrig Gebrauch von ihr machen. Ich muss diesen Fatzke, dessen Bekenntnis zur Staatsführung und spätes *coming-out* als oppositionsfeindliche Hofseele bei dafür Empfänglichen wehmütige Erinnerungen an die ja immerhin sprachbegabte Honecker-Schranze Hermann Kant zu wecken vermag, ein bisschen zitieren, es ist gar zu verlockend:

»Die Freiheit des Wortes ist ganz wichtig für den PEN. Es steht auch in der PEN-Charta, dass wir als Mitglieder uns immer dafür einsetzen wollen. Wir versuchen, Offenheit zu schaffen und ein möglichst breites Diskussionsspektrum zu ermöglichen.«

Ein paar Antworten später: »Der PEN sieht keine Veranlassung für eine direkte Interaktion mit der Neuen Rechten. Wir wollen nicht in einen Dialog treten, weil deren Agitation nicht des Dialogs würdig ist.«

Denn: »Nahezu alle, wenn nicht sogar alle Positionen der AfD sind ohnehin untragbar. Da finde ich es eigentlich obsolet, sich noch einmal konstruktiv mit ihnen auseinanderzusetzen. Es würde eh nichts bringen.«

Stattdessen könne »man nur immer wieder darauf hinweisen, dass wir in Deutschland glücklicherweise eine ganz tolle

Medienlandschaft haben, und dass ganz viele Berichte in renommierten Tageszeitungen sehr weit weg sind von sogenannten Fake News. (…) Da kann es immer mal wieder einen kleinen Ausrutscher geben – siehe der Fall Relotius beim *Spiegel* –, aber das ist dann im Promillebereich. Normalerweise wird hervorragend recherchiert, und dafür kann man allen Journalisten in diesem Land auch nur danken.«

Aus dem *Juste Milieu* dringen inzwischen täglich aggressive geistige Bankrotterklärungen.

* * *

Wegen der »hohen Zahl« von Messerangriffen befasst sich der Bundesrat mit einem Änderungsvorschlag für das Waffengesetz. Der Antrag stammt von den Ländern Bremen und Niedersachsen; allein in Niedersachsen wurden 2018 von der Polizei 3 754 Taten mit Stichwaffen registriert. Die Gewerkschaft der Polizei (GdP) hatte bereits vor Monaten »angesichts offenbar zunehmender Messerangriffe« eine »gesellschaftliche Grundsatzdebatte über wirksame Gegenmaßnahmen« gefordert. Nun will man Messerverbotszonen schaffen, vor allem dort, »wo sich viele Menschen aufhalten, etwa in Fußgängerzonen, Einkaufszentren, öffentlichen Verkehrsmitteln oder rund um Kindergärten und Schulen«. Dort könne »das Führen von Messern jeglicher Art untersagt werden«.

Das wird bestimmt Eindruck machen. Denn wenn das Führen von Messern untersagt wird, dämmert auch dem Letzten, dass wahrscheinlich auch das Zustechen verboten ist. Fragwürdig bleibt, warum die Länder angesichts der seit 1949 konstanten Zahl der Messerattacken pro Stich jetzt auf einmal Präventionsmaßnahmen aushecken. Das ist geeignet, die Bevölkerung zu verunsichern, Vorurteile und Ängste zu schüren, Generalverdächte gegen Gruppen zu erzeugen und den Rechtspopulisten in die gezinkten Karten zu spielen.

* * *

Neue Formulierungen:

Er gab einen Warnstich ab.

Es ereignete sich eine Messerstichelei.

»Oder auch: Beim Messerreinigen hatte sich ein Stich gelöst.« (Leser ***)

16. Mai

»Von den Parteien, mit denen ich rede, will keine die Europäische Union verlassen. Was die wollen, ist ein Europa der Nationen. Es gibt zwei grundlegende Philosophien bei dieser Wahl, und das macht sie für die Bürger so wichtig. Auf der einen Seite steht Macron mit seinem ›Renaissance‹-Bündnis, für das er überall Anzeigen schaltet. Sein Ziel entspricht dem Programm der Globalisten: die Vereinigten Staaten von Europa. Deutschland soll so etwas wie North Carolina werden, und Frankreich South Carolina. Nationen als Verwaltungseinheiten einer zentralen Bürokratie. Macron will die Aussenpolitik zentralisieren, er will eine EU-Armee errichten.«
Steve Bannon in der *Neuen Zürcher Zeitung*

Man kann es nicht oft genug wiederholen: Dieselben Leute, die der AfD vorwerfen, sie entsende Kandidaten in ein Parlament, das sie eigentlich abschaffen wolle (was nicht stimmt), wollen ihrerseits den Bundestag abschaffen. Ich wundere mich, dass man es denen so selten unter die Nase reibt. Frau Barley, Frau Kipping-Eckardt, Herr Maas, was stört Sie am deutschen

Parlament? Warum soll es zum Regionalparlament ohne Befugnisse schrumpfen?

***

Alljährlich veröffentlicht das BKA ein »Bundeslagebild Kriminalität im Kontext von Zuwanderung«.

Demzufolge haben »Flüchtlinge« von 2015 bis 2018 234 Menschen ermordet. Das sind, je nachdem, wen man alles einrechnet, ungefähr so viele Opfer, wie Honeckers Grenzschützern zum Opfer fielen.

2018: 430 Straftaten gegen das Leben/ 61mal »vollendet«

2017: 447/85

2016: 385/53

2015: 233/35

An der DDR-Grenze kamen offiziell 245 Menschen zu Tode.

Im Vorwort zur BKA-Statistik von 2016 heißt es (die Vorworte der folgenden Jahre werden dann in diesem Punkt einsilbiger):

»Grundlage für den statistischen Teil des Lagebildes sind für den Bereich der Allgemeinkriminalität die Daten aus der Polizeilichen Kriminalstatistik (PKS), wobei (mit Ausnahme des Kapitels ›Opfer‹) lediglich aufgeklärte Fälle betrachtet werden. (…)

Analog der Festlegungen in der PKS versteht auch dieses Lagebild eine tatverdächtige Person als Zuwanderer, wenn sie sich mit dem Aufenthaltsstatus ›Asylbewerber‹, ›Duldung‹, ›Kontingentflüchtling/Bürgerkriegsflüchtling‹ oder ›unerlaubter Aufenthalt‹ in Deutschland aufhält.

Tatverdächtige mit positiv abgeschlossenem Asylverfahren (›international/national Schutzberechtigte und Asylberechtigte‹) werden in der PKS unter dem Sammelbegriff ›sonstiger erlaubter Aufenthalt‹ erfasst. Sie können im vorliegenden Lagebild nicht berücksichtigt werden, da ihr Anteil an dieser Kategorie nicht beziffert werden kann. Die nachfolgenden Angaben zu den tatverdächtigen Zuwanderern stellen daher nur eine Teilmenge des zu berücksichtigenden Personenkreises dar.«

Mit anderen Worten: Die Mord- und Totschlagsbilanz der »Geflohenen« hat jene der Mauerschützen längst übertroffen. Der progressive Teil der Deutschen hatte aber bereits mit den Maueropfern keine Probleme.

18. Mai

»Wissen Sie, was Gleichschaltung ist? Dass die Freunde sich gleichschalteten. (...) Es war als ob sich ein leerer Raum um einen bildete. (...) Ich konnte feststellen, dass das unter den Intellektuellen die Regel war und unter den anderen nicht. Und die Geschichte habe ich nie vergessen.«
Hannah Arendt

* * *

Das Imperium schlägt zurück, auf seine Art und Weise: hinterfotzig, schlau, termingerecht. Der österreichische Vizekanzler Heinz-Christian Strache ist ihm auf den Leim gegangen. Bei den Blockparteien sind die individuellen Charakter- und Intelligenzmängel eingehegt, flurbegradigt, unter Kontrolle gestellt. Bei den anarchischen populistischen Mitbewerbern muss immer wieder mit solchen Malheurs gerechnet werden – wobei ich die FPÖ für professioneller gehalten habe –, zumal dort ohnehin viele Depravierte, Freaks und *Agents provocateurs* ihr Glück versuchen.

Der Leipziger Cellist Matthias Moosdorf, AfD-Mitglied (die Celli sitzen immer rechts vom Dirigenten), schreibt auf seiner Facebookseite: »Was Österreich zeigt, ist eine ganz zentrale Botschaft: die Chance auf Veränderungen, von Korrekturen bis Neubeginn, wird nicht von unseren Inhalten verloren. Im Gegenteil, diese werden kopiert, adaptiert und unter der Hand gelobt. Es ist das Personal, immer wieder das Personal. Es scheitert am Anspruch an unsere selbst gesteckten Ziele, oft auch schon am gesunden Menschenverstand. Das hat weniger mit Weltanschauung zu tun als vielmehr mit Charakter, Intelligenz, einer sittlichen Reife und politischer Weitsicht.«

Zugleich rufen Kanzlerin und Bundespräsident zum Kampf gegen Teile der Bevölkerung auf, die Fremdenführerin gegen den Populismus, Steinmeier gegen »Verschwörungstheorien«, Letzterer mit den seit einigen Sündenjährchen, je nachdem, ob man bei den Braunen oder den Realroten die Ohren aufsperrte, nicht mehr erlauschten Worten, »der Kampf gegen Desinformation und Verschwörungstheorien« müsse »in Familien, Schulen, Büros und Betrieben ebenso ausgetragen werden wie in Zeitungsredaktionen, sozialen Netzwerken und Parlamenten«.

Nicht nur bei den Populisten ist das Personal problematisch. Der Kretinismus ist pandemisch.

* * *

Der stellvertretende Fraktionsvorsitzende der AfD in Hannover, Reinhard Hirche, ist am Freitag beim Plakatkleben für die Europawahl von einem Unbekannten mit einem Stein beworfen worden. Anfang des Monats wurde eine AfD-Politikerin, ebenfalls beim Anbringen von Plakaten, in den Bauch getreten. Für »Populisten« ist das Alltag im besten Deutschland, das Merkel und Steinmeier kennen. Wer hier übrigens Zusammenhänge zu deren Reden auszumachen vorgibt, ist ein Verschwörungstheoretiker, und ihm geschieht bei allem, was daraus folgt, recht.

***

Apropos Kretins in der Politik: Nach Ansicht von Frans Timmermans, Vizepräsident und »EU-Kommissar für Bessere Rechtsetzung« – resp. Rechtleitung – gehört »der Islam seit 2000 Jahren zu Europa«. Diese Auskunft sollte man mal einigen besonders pingeligen Mohammed-Jüngern zu- oder vorspielen; der EU-Typ behauptet doch tatsächlich, sogar ihre Religion hätten die Europäer erfunden, volle sechs Jahrhunderte bevor Allahs Gesandter sie dem Propheten eingab!

19. Mai

Nach einer Rede des Abgeordneten Jürgen Braun, AfD, in dem dieser den Begriff »Altparteien« gebrauchte, erklärte die Bundestags-Vizepräsidentin Cl. Roth: »Ich möchte darauf hinweisen, dass hier demokratisch gewählte Abgeordnete sitzen aus demokratischen Parteien und Herr Braun, ich wäre sehr vorsichtig mit dem Zitat ›Altparteien‹ in diesem Zusammenhang. Aus der allerdunkelsten Geschichte ist dieses Wort zitiert worden immer wieder von Joseph Goebbels, und ich gehe davon aus, dass Sie das nicht zitieren.«

Hitler, Goebbels et al. sprachen freilich immer von »Systemparteien«. Von »Altparteien« ist indes und wahrscheinlich erstmals in der jüngeren BRD-Parteienlandschaft die Rede in der Präambel des 1987er Bundestagswahlprogramms – der Grünen. Dort lautet gleich der erste Satz: »2,2 Millionen Bundesbürger/innen haben am 6. März 1983 dafür gesorgt, daß im

Bundestag eine wirkliche Oppositionspartei vertreten ist, die grundlegende Alternative zum zerstörerischen Kurs der Altparteien zu bieten hat: Die Partei DIE GRÜNEN.« Damals bereits mit von der Partie: Frau Roth.

Der folgende Redner, ein Sozi und also *per definitionem* historisch ahnungslos, bedankte sich für die historisch endaufgeklärte Rüge aus dem Präsidium. Wir schließen uns an. Die Bundestagsvizepräsidentin hat bezeugt, sie glaube, dass ihre Partei weiland mit Goebbels-Terminologie in den Wahlkampf gewalzt ist.

Man wird halt schneller zur Altpartei als gescheit.

PS: Es wird noch besser. Ein Leser weist mich auf den Mitschnitt eines Interview hin, das Frau Roth anno 2012 beim WDR geführt und worin sie gesagt hat: »Ich möchte immer noch darauf bestehen, dass wir uns unterscheiden von den Altparteien.« Abgrundtiefe Verlogenheit oder retrograde Amnesie?

21. Mai

»Man weiß nie, wann der Tanz losgeht und man sich wieder einen Ring durch die Nase ziehen muß, um nicht aufzufallen.« (Albert Vigoleis Thelen, Anfang der 1950er Jahre auf 1933 zurückblickend)

* * *

Vorschlag für einen PR-Claim: »Die Grünen. Das bewährte Mittel gegen Heimweh.«

* * *

Freund *** weist mich darauf hin, dass der alte weise und leider auch weiße Goethe, der in der Klassischen Walpurgisnacht

Vieles zu schildern und zu assoziieren weiß, dortselbst sogar der Kanzlerin höchstherziges »Nun sind se halt da« vorformuliert hat; sollte unsere Fremdenführerin womöglich erstmals bei einem Zitat aus dem Bildungskanon derer, die schon länger hier leben, ertappt worden sein?

Chor der Pygmäen (!):
»Haben wirklich Platz genommen,
Wissen nicht, wie es geschah,
Fraget nicht, woher wir kommen,
Denn wir sind nun einmal da!
Zu des Lebens lustigem Sitze
Eignet sich ein jedes Land;
(...)
Doch wir finden's hier zum besten,
Segnen dankbar unsern Stern;
Denn im Osten wie im Westen
Zeugt die Mutter Erde gern.«
(Vers 7606 ff.)

* * *

Den »System-« (A. Hitler) oder »Altparteien« (Cl. Roth), die der AfD-Vorsitzende J. Meuthen »Kartellparteien« nennt, was er weiland im Stuttgarter Landtag sehr anschaulich mit einem Vergleich aus seinem Fach, der Ökonomie, begründete, wo von Kartellbildung gesprochen werde, wenn sich mehrere Unternehmen gegen einen Mitbewerber zusammenschlössen, diesen Parteien also, vom Betreiber des Eckladens am liebsten aus Ostalgie und Dollerei »Blockparteien« geheißen, geht, wie man sagt, ziemlich die Muffe, weniger weil der Oppositionspartei bei der EU-Wahl bedrohliche Zuwächse prophezeit werden (so schnell schießen die regierungsfrommen Deutschen nicht, außer vielleicht im Herbst bei den Landtagswahlen zu Sachsen, dort könnte es vergnüglich werden), sondern weil sie ja selber wissen, welche Zerstörungen des buchstäblichen sowie des Humankapitals der Deutschen sie in 13 Merkeljahren angerichtet, beklatscht oder zumindest geduldet haben.

Ich liste hier einfach ein paar repräsentative Meldungen, die heute morgen noch in meinem Mailfach lagen:

– In Großholbach, einer Kleinstadt im Westerwald, drangen unbekannte, aber keineswegs unzuordenbare Täter in eine Kirche ein und hinterließen dort, neben Urinlachen, »eine Spur der Verwüstung«.

– In Offenburg schlug und trat ein bewegter Neubürger anlasslos und angeblich unter »Allahu akbar«-Rufen auf einen schwerkranken Rentner ein, »auch dann noch, als der bereits am Boden lag. Er zertrümmerte seinem wehrlosen Opfer den Schädel. Der krebskranke Senior verlor dabei sein Augenlicht auf der linken Seite. Er liegt nach wie vor auf der Intensivstation, ist nicht ansprechbar«. Nach einigem Hin und Her entschieden sich die sogen. Sicherheitsbehörden, den einschlägig polizeibekannten Schutzsuchenden dem Risiko eines Gefängnistraumas und erneuter Flucht auszusetzen.

– Obwohl zwei afghanische Totschläger vom Landgericht Dessau jeweils zu über einem Jahr (!) Gefängnis – ohne Bewährung! – verurteilt wurden, rastete ein Bruder des willkommenskulturell unglücklich zu Tode Gekommenen im Gerichtssaal aus. Die Schwestern indes verhielten sich so, wie die Bundesregierung es wünscht: Sie weinten.

– »Versorgungskosten für Flüchtlinge steigen auf Rekordhoch«, hetzt das rechte Krawallblatt *Junge Freiheit* mit Zahlen der Bundesregierung. Laut dem Regierungsbericht über die

»Flüchtlings- und Integrationskosten« betrugen sie im vergangenen Jahr 23 Milliarden Euro. 7,9 Milliarden wurden für die »Bekämpfung der Fluchtursachen« ausgegeben, ohne dass jemand die Hauptursache in der Willy-Brandt-Str. 1, Berlin-Mitte, auch nur scheel aus der Nähe ansah. Hartz-IV-Zahlungen für Asylbewerber sollen über vier Milliarden Euro ausgemacht haben.

– »Das 4600-Milliarden-Fiasko – Eine hochkarätige und politisch unverdächtige Studie entlarvt den süssen Traum der Energiewende als ökonomischen und ökologischen Albtraum. Doch was nicht sein darf, kann nicht sein«. So etwas erfährt Deutschdödel nur aus dem Schweizer Westfernsehen. Aber der Eingang der Zürcher *Weltwoche* ist zur Strafe vor kurzem von Faschisten auf der Suche nach dem »Anti-« mit Farbbeuteln beworfen und mit Parolen beschmiert worden.

Diejenigen, die solche Zustände, in denen dergleichen Meldungen zum normalen Hintergrundrauschen gehören, zu verantworten haben, wollen nicht, dass die Opposition gewählt wird. Würde ich an ihrer Stelle auch nicht wollen. Alle Hysterie und alle Drohungen, die wir gerade erleben, vom CO_2-Flagellantentum über die Oppositionsschmähung auf allen Kanälen bis zur Ibiza-Stasi und den *Facebook*-Sbirren, sind Symptome der wachsenden Panik eines Establishments, in dem die Angst umgeht, dass ihm die Rechnung präsentiert wird für die Folgen der von ihm mitgetragenen Politik, weshalb auch schon unser aller begabter Bundespräsident davor warnt, an Verschwörungstheorien zu glauben, die behaupten, es gäbe eine intendierte Politik und Menschen, die dafür verantwortlich seien. Wie sagte der schnuckelige Donald in Übersee: *It's payback time!* »Ich freu mich drauf!« (KGE)

22. Mai

Der Begriff »Zivilisationsbruch« ist im öffentlichen Gebrauch gemeinhin auf die Shoa beschränkt. Es gibt aber auch andere, unscheinbare Zivilisationsbrüche, gewissermaßen Haarrisse im zivilisatorischen Gefüge. Ein solcher geht nunmehr von einem Ort aus, der bislang als exemplarisch für den freien westlichen Geist galt: von der Harvard Universität.

Welt online meldet: »Am Morgen des 25. Februar 2019 fand die Universitätspolizei von Harvard an den Wänden des Winthrop House mehrere Graffities. Die Parolen richteten sich gegen den Dean des Wohnheims, Ronald S. Sullivan, Professor für Strafrecht an der Harvard Law School. ›Nieder mit Sullivan‹, stand auf einer Eingangstür, an anderer Stelle fanden sich die Sprüche ›Unser Zorn ist Selbstverteidigung‹ und ›Dein Schweigen ist Gewalt‹, schließlich die Frage: ›Auf welcher Seite stehst du?‹«

Der Harvard-Strafrechtler, übrigens der erste schwarze Dekan der Universität, hat als Anwalt die Verteidigung von Harvey Weinstein übernommen. Die Studenten, die gegen ihn protestieren und seine Absetzung verlangen, sind künftige Juristen. »Der erfahrene Strafverteidiger Robert Sullivan hat den amerikanischen Präsidenten Bill Clinton und den wegen Doppelmord angeklagten Football-Star Aaron Hernandez, aber auch die Familie von Michael Brown verteidigt, jenem Einwohner von Ferguson, dessen Tod durch Polizeischüsse die Black-Lives-Matter-Bewegung ausgelöst hatte. Die Reihe zeigt in ihrer Bandbreite, was das Wesen des Anwaltsberufs ist: Er ist die fleischgewordene Unschuldsvermutung, die vor der Feststellung der Schuld für jeden Menschen gilt, ob er nun Mitleid oder Abscheu auslöst, ganz oben oder ganz unten steht«, schreibt die *Welt.*

Sind die Forderungen der Studenten schon skandalös genug – im Grunde müsste man diese amoralischen Wegelagerer wegen grotesker Nichteignung für den von ihnen angestrebten Beruf, zumindest außerhalb von Diktaturen, kurzerhand der Uni verweisen –, besteht der eigentliche Skandal darin, dass die Universitätsführung vor den Forderungen des präakademischen Mobs einknickte und Sullivan als Dekan absetzte. Begründung: Er sei nunmehr »unhaltbar«.

Zwei Säulen des abendländischen Rechtsverständnisses sind hier nicht nur mit Gesinnungsdreck beschmiert, sondern beschädigt worden: die Unschuldsvermutung (*in dubio pro reo*) und das damit eng zusammenhängende Recht eines jeden Delinquenten auf anwaltlichen Beistand. Der Teufel, der Mörder, ja auch der Massenmörder haben das Recht auf einen Anwalt, und jener hat wiederum das Recht, sein Amt auszuüben, ohne mit Tat und Täter identifiziert zu werden. Wer den Anwalt einzuschüchtern und mit dem Delinquenten in Sippenhaft zu nehmen versucht, kehrt auf das vorzivilisatorische Niveau von Hetzmeute und Lynchmob zurück. Daneben ist die *Causa Strache* ein Vogelschiss. In einer der angesehensten Bildungsstätten der Welt wird dem Rechtsstaat der Krieg erklärt, von jungen Menschen, die ihn künftig repräsentieren sollen. Und sie bekommen recht! Wofür, wenn nicht für diesen Vorgang, ist der Begriff Skandal angebracht?

»Nicht nur Deutschland schafft sich ab, der gesamte Westen geht baden. Die großartigste Kultur aller Zeiten erdrosselt sich gerade selbst«, schreibt die Webseite *Fatalistblog*. So sieht es aus.

* * *

Noch zum Vorigen. Ein Verlag in Übersee versieht die Schriften von Kant jetzt mit einer Warnung vor Risiken und drohenden

Nebenwirkungen der Lektüre: »Dieses Buch ist das Produkt seiner Zeit und reflektiert nicht die gleichen Werte, die es reflektierte, würde es heute geschrieben. Eltern sollten mit ihren Kindern diskutieren, wie sich die Ansichten zu Rasse, Gender, Sexualität, Ethnizität und zwischenmenschlichen Beziehungen verändert haben, bevor sie ihnen erlauben, dieses klassische Werk zu lesen.«

Kant hatte noch nicht einmal Georg Lukács auf seiner Proskriptionsliste, aber jede Revolution, natürlich auch die kulturmarxistische, frisst ihre Kinder, irgendwann gibt es auch Lukács mit Beipackzettel, worauf steht, dass er ein *white supremacist* gewesen ist, der alle afrikanischen, orientalischen, sprachbehinderten und transsexuellen Philosoph*innen links liegenließ. Aber eine Generation, der man mitteilen müsste, dass Bücher Produkte ihrer Zeit sind, wäre sowieso unbeschulbar.

27. Mai

Lieber Sklave als tot!
(Journalistischer Leitsatz)

* * *

Man sollte auf seine späten Tage nicht allzu lange mit Leuten Konversation treiben, die keinen Sinn für das alte Europa und sein Verschwinden besitzen.

* * *

Freund *** erzählt, während eines Stehparty-Smalltalks habe ihm einmal ein hierzulande halbwegs bekannter Autor, vor allem von *short stories*, ohne große Umschweife erklärt, er lese ausschließlich zeitgenössische Schriftsteller, die davor interessierten ihn nicht.

Ich hätte repliziert, dass ich das genauso sähe, freilich erstrecke sich mein Begriff von Zeitgenossenschaft bis zu Homer und den Vorsokratikern. (Aber natürlich kann man so einen Trottel auch einfach stehenlassen.)

* * *

Formulierungsvorschlag: Heute zündelt er am linken Rand.

* * *

Wer sich für seine Lektüren Verfasser »auf Augenhöhe« wählt, wird niemals aufschauen, und wer nicht aufschaut, sieht auch die Sterne nie.

* * *

Am Montagabend hospitierte ich in der ersten Reihe keineswegs bei ARD und ZDF, sondern im Buchhaus Loschwitz zu Dresden einem Gespräch zwischen dem Schriftsteller Uwe Tellkamp und dem CDU-Politiker Arnold Vaatz, der Erstgenannte übrigens Arzt von Beruf, Mathematiker der Letztere, wobei Vaatz bekundete, dass er sich auch eingehend mit der Physik beschäftigt habe, wahrscheinlich eingedenk der kantischen Prämisse, Gedanken ohne Inhalt seine leer, Anschauungen ohne Begriffe blind. Für eine auf Rationalität und Folgerichtigkeit verpflichtete Grundstimmung war also gesorgt. Der Dialog, der eher auf ein Interview hinauslief, bei welchem Tellkamp die Fragen stellte, war die Premierenjause einer Veranstaltungsreihe namens »70 Jahre DDR« (dem kleinen Antifaschisten schwillt sogleich der Kamm, wenn er nur dieses Motto hört, zu dem er doch den trefflichsten Anlass gibt), und naturgemäß kamen die üblichen verdächtigen Themen zur Sprache, was heute nicht interessieren soll; vielmehr will ich ein paar Bemerkungen des Naturwissenschaftlers Vaatz zur Energiewende und zur sogenannten Klimapolitik in gebotener Dränge referieren.

Dass die Weltklimarettung eine Ersatzreligion sei, diese Ansicht teilt der CDUler mit vielen auch Nicht-CDUlern, unter anderem dem Betreiber des kleinen Eckladens. Eine solche Religion muss, um Raum zu greifen, die Bedürfnisse zweier Klientelen stillen: die spirituell-sinnsuchenden der Gläubigen und die Machtansprüche der Priester. Idealerweise erscheinen die Klima-Kleriker in der offiziellen Wahrnehmung nicht als Agenten in eigener Sache, sondern als Sinnstifter und Wegweiser – bzw. Sinnstiftende und Wegweisende – einer bedürftigen Gemeinde. Aber ich mag nicht über die Pfaffen räsonieren, sondern über des Zahlengelehrten Vaatz nüchterne Einsichten, deren eine lautete: Die Kernkraft sei noch lange nicht perdu, im Gegenteil, die Methoden der Wieder- und Weiterverwertung zwischengelagerter Brennstäbe würden immer avancierter, das Atommüllproblem sei technisch bald schon beherrschbar, wovon die Deutschen indirekt profitierten, da ja die Nachbarn, wenn die deutschen Meiler post 2022 endlich abgeschaltet sind, der Wind nicht weht und die Sonne nicht scheint, uns ihren Atomstrom zu freilich ihren Konditionen verkaufen können.

Die zweite Bemerkung galt den Minderbrüdern und Barfußschwestern vom Orden des darbenden Weltklimas. Der CDU-Mann versicherte, ja verlangte, eine mit so weitreichenden Eingriffen in Wirtschaft und Gesellschaft operierende Politik wie jene der Energiewende sowie der Kampf gegen das teuflische Kohlendioxid müsse normalerweise unter enormen wissenschaftlichen Falsifikationsdruck gestellt werden, denn sei der Weg erst einmal eingeschlagen und entpuppe sich als ein von falschen Prämissen ausgehender Irrweg, werde der Schaden gen Unermesslich abschwirren. Bekanntlich passiert das Gegenteil, das Geld fließt fast ausschließlich in die Taschen derjenigen Wissenschaftler und Institute, die dem grünen Zeitgeist nach dem Mund reden, und Forscher, die zu anderen Erkenntnissen gelangt sind, werden von der Inquisition 2.0 als Leugner, Ketzer und Satansbraten bepöbelt und stracks exkludiert. Wer eine Brücke baue, die auf zehn Tonnen Last ausgelegt sei, führte Vaatz aus, der lasse einen Fünfzehntonner probehalber darüber fahren, um ihr mehr aufzubürden, als sie je tragen müsse, denn: Sicher ist sicher. Unsere, um im Bilde zu bleiben, Notbrücke über die Klüfte des CO_2-Ausstoßes in die Zukunft des geretteten Klimas wird zwar unter großem Brimborium und endlosen Notwendigkeitsbekundungen errichtet, aber niemand prüft, ob sie ernstlich trägt. Diese Verweigerung, bemerkte Vaatz, demonstriere nach seiner Ansicht vor allem die enorme Unsicherheit der Retter über die Stichhaltigkeit ihrer eigenen Doktrin. (Freilich: Es glaubt auch kein Protestantenfunktionär mehr an jenen Gott, dem zu dienen er fingiert, und der Herr nährt sie alle via Kirchensteuer doch.)

Wieder einmal spielt die deutsche Führung *va banque*. Aber dieses Motiv, geneigter Leser, kennen Sie längst zur Genüge.

Und eine weitere Feststellung des achtbaren Herrn Vaatz sei hier ebenfalls in der Auslage platziert. Die westdeutschen Linken, so der DDR-Bürgerrechtler, hätten 1989 mit der deutschen Wiedervereinigung, die in ihren Heilsplänen nicht vorgesehen war, eine schwere narzisstische Kränkung erlebt, die Geschichte hatte eine Volte geschlagen, die für sie unvorstellbar war und von Kräften bewerkstelligt wurde, die für einen strammen Linken mausetot zu sein hatten. Die Linken standen damals auf der falschen Seite – und jetzt lägen sie mit ihren Plänen neuerlich falsch, ob bei der Weltklimapanik, der Migrationsbeschleunigung oder der Idee, aus den europäischen Nationen die Vereinigten Staaten von Europa zu modellieren. Die nächste schwere narzisstische Kränkung droht, einstweilen noch durch ein Gebet an oder mit Greta therapierbar. Aber diese Droge wird sich erschöpfen. Und was dann kommt, kennen wir ja: Wut, Hass und Hetze.

* * *

»Sehr geehrter Herr Klonovsky, Bezug nehmend auf Ihren Eintrag vom 21. Mai, welcher die Begriffe ›Systemparteien‹, ›Altparteien‹ und ›Kartellparteien‹ zitierend verwendet, sei zu letzterem gesagt, dass dies ein in der Politikwissenschaft feststehender (›cartel party‹) und spätestens seit 1995 eingeführter Begriff genannt werden kann. Er beschreibt einen generischen (Zwischen-)Stand der in Demokratien vorzufindenden Organisationsform ›Partei‹ in einer Abfolge von vorangegangenen Entwicklungen, deren wesentliche Merkmale diese sind:
– evolvierend seit den 70er Jahren des letzten Jahrhunderts
– unterlegt vom Berufspolitikertum, daher in höchstem Maße anfällig für die Determination politischer Willensbildungsprozesse durch individuelle Karrierekalküle
– finanziell rekursiv durch den Staat alimentiert, daher verschlossen ggüb. neuen Parteien/Ideen
– potentiell orientiert am Machterhalt denn an aktiver, strategischer Lenkung
– privilegierter Zugang zu Massenmedien
– eher staats- denn Gesellschafts(gruppen/-willen) repräsentierend

Die Rezeption der o.g. Sichtweise in der bundesrepublikanischen Politikwissenschaft kann eher dürftig genannt werden, da diese stärker als in anderen (europäischen) Ländern an den aktiven Politikbetrieb angebunden scheint.

Sollten o.g. Erkenntnisse auf Ihre Website einfließen, so bin ich auch gerne Leser ***«

31. Mai

Wäre es nicht eine grandiose Hegelsche List der Vernunft, wenn nach dem Ende der Freitagsdemonstrationen als deren Resultat und Kollateralnutzen die Atomkraft ein Comeback erlebte?

* * *

Mit deprimierenden Thesen tritt der Bonner Kinder- und Jugendpsychiater Michael Winterhoff derzeit ins Offene und leider auch Offenkundige. Seiner empirisch gehärteten Ansicht nach schlappt 'schland quietschmunter einer intellektuellen und mentalen Katastrophe entgegen. So wie unsere Gesellschaft bislang organisatorisch, wirtschaftlich und technisch funktioniert habe, werde sie mit dem nachwachsenden Personal nicht fortbestehen können, statuiert Winterhoff in einem Interview. Die Hälfte der Kinder und Jugendlichen, die derzeit heranwachsen, sei praktisch asozial, ohne Sinn für ihr Gegenüber oder Gespür für Situationen, außerstande, sich zu konzentrieren oder Prioritäten zu setzen. Aus den Betrieben höre er immer wieder, dass Praktikanten oder Auszubildende »keine Arbeitshaltung« besäßen, »die sehen auch die Arbeit nicht, die haben keinen Sinn für Pünktlichkeit, erkennen Strukturen und Abläufe in der Firma nicht, sie können nicht priorisieren, nicht feststellen, welcher Reiz wichtig ist. Das Handy ist ihnen wichtiger als der Kunde, der vor ihnen steht.«

Ungefähr seit der Jahrtausendwende gehe es talwärts. »Wir haben das Glück, in einer Hochkultur zu leben, die vor 200 Jahren die Kindheit erfunden und sich Gedanken über das Bildungswesen gemacht hat. Diese enorme Psyche, die wir haben, würden wir unseren Kindern automatisch mitgeben, wenn wir in uns ruhen würden, abgegrenzt und klar wären. So war das bis 1995, die Menschen waren viel zufriedener als heute. Hätte man 1990 solche Lernmethoden vorgestellt, mit offen und frei und auf sich gestellt, hätte man die Leute für irre erklärt. Weil man ein Gespür für Kinder hatte und dafür, was für sie gut und wichtig ist.« Die Digitalisierung habe die Menschen verändert, als Kinderpsychiater erlebe er in seiner Praxis, wie wenige Fünfjährige heute imstande seien, eine Schere oder einen Stift zu bedienen. 1995 konnten Viertklässler »noch drei- bis viertausend Wörter richtig schreiben, in schöner Schrift und völlig sicher«. Das sei passé. Den Grund habe man aber keineswegs allein in der Expansion virtueller Gewalten zu suchen: »Die Schulen wurden in den letzten 20 Jahren kaputtreformiert, die Lehrer können nicht mehr. Auf die wahren Probleme schaut man nicht.« Früher seien die Kinder »lernwillig« und »wissbegierig« gewesen, und »haben auch Dinge gemacht, zu denen sie keine Lust hatten, üben, Hausaufgaben etc. Und heute haben die Lehrer einen großen Teil von Schülern da sitzen, die Kleinkinder geblieben sind und sich nicht haben entwickeln können. Wir haben an den Bedürfnissen der Kinder vorbei ein ganzes Bildungswesen auf den Kopf gestellt.« Dessen Umstülpung sei »eine Idee der OECD und von Ideologen gewesen«, die via Bildungspolitik »von oben nach unten durchgedrückt« wurde. Heute habe jeder zweite Schulabgänger Probleme, einen Beruf zu finden.

Noch einmal der Kernsatz: *Jeder zweite Schüler* verharre mental und intellektuell *im Kleinkindstadium*, das heißt in den Sphären von »Ich will!«, »Ich will nicht!«, von »Igitt« und »Juhu«, von »Schneller!« und »Sofort!«, in den Gefilden von Lustprinzip und Leistungszumutungsverweigerung, über all die geistigen Defizite gar nicht zu reden. Das sind die Sozialfälle von morgen, die Mauler und Beschwerdeführer von morgen, die Gewalttäter von morgen – wenn auch das Hirn nicht wächst, die Muskulatur tut es ja am Ende doch – und die Untertanen von morgen, sofern man ihnen hinreichend unterkomplexe Welterklärungen vorkaut, die sie verstehen können, ob in deren Zentrum nun beispielsweise ein alter arabischer Prophet oder eine junge schwedische Prophetin stehen.

»Geliefert wie bestellt«, würde Hadmut Danisch kommentieren, und da beginnt die Sache gruselig zu werden. Die Partei, die mehr als jede andere für die Dekonstruktion resp. Demolierung des Bildungssystems sowie die Verramschung des deutschen Humankapitals verantwortlich ist, hat eben über 20 Prozent Stimmen bei der Europawahl bekommen, besonders viele von den Nachwachsenden, mithin eben auch nachwachsenden Debilchen. Bestellt? Keine üble Strategie, wenn's denn eine sein sollte. Freilich keine besonders »nachhaltige«, um einen Lieblingsplapperbegriff dieses Milieus zu strapazieren, aber wer hat geglaubt, dass je ein Grüner über seine Pension hinausdächte?

Es ist wenig verwunderlich, dass die Grünen das Wahlalter senken wollen und andere Rote sogar das Wahlrecht für geistig Behinderte fordern. Dazu passt auch, dass neuerdings »Youtuber« als Papageien des gängigen Grünsprechs im Wahlkampf mitmischen. Erst wenn die Dummköpfe, von aller Arbeitserfahrung Unberührten und Nichtsteuerer eine Wahl entscheiden, ist eine linksgescheitelte Demokratie am Ziel.

* * *

Ein Land, in dem der IQ sinkt, wird täglich reifer für eine autoritäre Herrschaft.

* * *

Zum Vorigen. Pubertäre Halbwüchsige sind gezwungen, schrecklich dumme Dinge zu denken, und sie sind leicht manipulierbar – ich muss mich nur schamhaft des Unsinns erinnern, der mir als Teenager durch den Kopf rumorte und entsetzlicherweise auch immer wieder durchs willige Mundwerk nach draußen drang –, das kann gar nicht anders sein, und während man die juvenilen Spinner und Schwärmer früher zum Waffendienst oder sogar in Kriege schickte, aus denen wiederzukehren meistens mit einem Zuwachs an Realitätssinn verbunden war, derweil die Mädels empfangen, getragen, gekreißt, gestillt und dabei ebenfalls Lektionen in Sachen Lebensernst gelernt hatten, sind heute die Abiturparty und die »Fridays for Future«-Demo die prägenden Erlebnisse (sofern die Eingeborenen unter sich bleiben), aus denen zwar gottlob kein Leid, aber eben auch wenig Belehrung und emotionale Abkühlung resultiert. Und was ehedem der schneidige Feldwebel oder Leutnant war, der die Jugend dressierte und ins Feld dirigierte, ist heute der ganz und gar schneidlose, aber twitternde Politiker geworden. Etwa der Herr Lauterbach von der SPD, welcher die Tagesparole absetzte: »Die Kinder dürfen nicht erpresst werden. Dann muss die Schule den *#FridaysForFuture* Kindern Ersatzstunden anbieten. Es kann nicht sein, dass Idealismus und politischer Protest zum ›Sitzenbleiben‹ führen.«

Ein Mitglied des Bundestags und einer Regierungspartei, mithin also Gesetzgeber, fordert, dass Kinder während der Schulzeit demonstrieren gehen dürfen müssen, die Schule den Schwänzern aber im Gegenzug Ersatzstunden anzubieten habe.

Während der Schulzeit sollen sie demonstrieren, dafür aber in ihrer Freizeit die Schule besuchen. Wie gesagt: Diese Republik wird von den dümmsten Politikern ihrer Geschichte regiert, aber wenn die *Freitags demonstrierende Jugend (FDJ)** sich anstrengt, können ihre Engagiertesten dermaleinst gleichziehen.

* Netzfund

3. Juni

»Aus sieben Bauern kann ich ebenso viele Lords machen, sagte Heinrich VIII., aber aus sieben Lords keinen einzigen Holbein. Aus sieben von der Schule getriebenen Sitzenbleibern kann ich sieben Kunstrezensenten machen, aber aus sieben Rezensenten keinen einzigen Künstler von der Empfindsamkeit und Gewissenhaftigkeit eines, sagen wir zumindest … Bauern.«
Adolf Nowaczyński

(Wobei das Bild Heinrichs, welches uns Holbein überliefert hat, wieder zu den Bauern führt, ein Königsbauer *so to say*.)

* * *

»Der Umgang mit der scheidenden SPD-Chefin sorgt im Berliner Politikbetrieb für Entsetzen«, schwallt *Spiegel online*. »Von Scham und Schande ist die Rede.«

Scham – genauer: Fremdscham – war mein spontanes Empfinden bei jedem öffentlichen Nahles-Auftritt, vor dem ich Auge und Ohr nicht rechtzeitig in Sicherheit zu bringen vermochte, und eine Schande ist ja das halbe SPD-Personal, von Kahrs bis Schulz und von Maas bis an den Dämel, einschließlich des peinlich parteiischen Phrasendreschflegels Steinmeier – »Nicht der Mensch ist zu klein, das Amt ist zu groß« (Montesquieu) –; ein jeder aus dieser Galerie liefert hinreichende Gründe dafür, das Lob der Fernbedienung in, sagen wir, Hexameter zu setzen, wobei ich ausdrücklich den großen Humoristen und unbezahlbaren Alleinunterhalter Ralf Stegner von der Schelte ausnehmen will.

»Dass Nahles von den eigenen Parteifreunden aus dem Amt gejagt wurde, sorgt bei vielen Beteiligten für Entsetzen«, fährt der Ausgewogenheits-Primus von der Hamburger Relotiusspitze fort. »Juso-Chef Kevin Kühnert schrieb auf Twitter, dass er sich schäme. ›Alles beginnt mit einer einfachen Feststellung: Wer mit dem Versprechen nach Gerechtigkeit und Solidarität nun einen neuen Aufbruch wagen will, der darf nie, nie, nie wieder so miteinander umgehen, wie wir das in den letzten Wochen getan haben.‹«

Den Kühnert hätte ich beinahe vergessen. Immerhin hat ihn bereits die Scham erfasst. Nun ist freilich ein Nahles-Abgang nicht nur *per se* kein Grund zur Klage, egal, ob die Garstige Opfer einer Intrige wurde – so läuft es nun mal, gerade in dieser Schmuddelbranche –, sondern es darf überdies vermutet werden, dass sie über eine Intrige stürzte, die sie selber eingefädelt hat, nämlich die vorgezogene Wahl zum Fraktionsvorsitz. – Parteiensterben von seiner schönsten Seite? Der Aufstieg der Grünen spricht dagegen. Es wird nur ein rotes Antiquariat aufgelöst.

* * *

Frau Barley hat sich ja rechtzeitig dorthin abgesetzt, wo nach Ansicht von Technokraten, Ideologen und anderer Waschbretthirne »Europa« west. Ich leite zu ihr über, weil ich ein Anekdötchen erzählen möchte. Ich nahm vor nunmehr zwei Sündenjährchen an einem (nichtöffentlichen) Symposium teil, das von einer großen Zeitung veranstaltet wurde und wohin man mich als Quotenpopulisten vorgeladen hatte. Dort saßen überwiegend Professoren, außerdem ein Bundesverfassungsrichter, ein paar Journalisten, und eben Frau Barley. Sie führte damals unter anderem aus, der Kampf gegen Frauen- und Homosexuellenfeindlichkeit gehöre »zur DNA der SPD«, woraufhin ich sie fragte: »Sind Sie etwa islamophob, Gnädigste?« Mit allenfalls am leicht geblähten Näschen abzulesender Empörung replizierte Madame, die Frage könne ja wohl nicht ernst gemeint sein, denn was Ernst ist, bestimmen wir! Ich wurde an diesen längst vergessenen Zwischenfall erinnert, weil ich in den vergangenen Wochen in Berlin einen Historiker und einen Journalisten traf, die weiland beide an der Runde teilgenommen hatten und sich spontan, mit nachträglichem Amüsement, an diese Worte erinnerten. Als sie fielen, hatte niemand in der Runde eine Miene verzogen, geschweige frech aufgelacht …

* * *

Verfolgen tut not, das dachten sich die Mitglieder des Vorstandes der Leipziger Jahresausstellung e.V. – man verzeihe mir den sozialistischen Genitiv, es ist ein vorgreifender Rückfall –, die geschlossen zurücktraten, weil ein als »AfD-nah« geltender Maler an der 26. Leipziger Jahresausstellung teilnehmen sollte. Dergleichen Rücktritte sind von einer direkten Bettelei um Beförderung schwer zu unterscheiden. Die De- und auch Submissionserklärung endete mit dem Satz: »Der Verein bekennt sich zur Freiheit der Kunst.« Die Jahresausstellung wurde im Namen der Freiheit der Kunst abgesagt. 22 »Künstler« begrüßten in einem offenen Brief die »längst überfällige und ausstehende klare Positionierung gegen Hass und Intoleranz« (Gott, ist das nicht anstrengend, so ein Leben als Papagei?). Der besagte Maler, augenscheinlich und bald wohl auch aktenkundig ein arger Schelm und Spitzbube, trat öffentlich nach: Er wollte ein Stilleben mit einem Messer ausstellen! Das kann man weder missverstehen noch tolerieren. Das ist Willkommenskraftzersetzung!

* * *

Ein Leser macht mich auf eine »schon ältere und in einem ganz frühen ›Merkel-Stadium‹ geschriebene Merkel-Biographie« aufmerksam – es handelt sich um das Buch *Wem dient Merkel wirklich?* von David Korn, den ich ebenfalls nicht kenne –, worin ein pikantes Zitat von Merkels Vater Horst Kasner zu finden ist. Der schrieb »nach der für ihn so frustrierenden Wiedervereinigung« im Periodikum *die kirche,* Organ der Evangelischen Kirche von Berlin-Brandenburg, Nr. 33 (16. August 1992), unter der Schlagzeile »Nichts kann bleiben, wie es einmal war«:

»Als Beigetretene leben wir nun mit dem Grundgesetz der alten Bundesrepublik, an eine Neufassung ist nicht zu denken. Allenfalls Ergänzungen und Änderungen wird es geben. Und dabei steht es, wie gesagt, nicht zum besten um die freiheitlich demokratische Grundordnung. Von der Diktatur der Staatspartei befreit, haben wir auf einen demokratischen Aufbruch gehofft und sind nun in einen Parteienstaat hineingeraten, in dem, gemäß Verfassungspostulat, alle Staatsgewalt vom Volke ausgeht, dann aber dorthin nicht mehr zurückkehrt. Wir bemerken nun, wie sich die etablierten Parteien den Staat zur Beute gemacht haben und dass der Staat zum Selbstbedienungsladen für Politiker geworden ist … Der Parteienstaat der Bundesrepublik, in dem sich die beiden Volksparteien inhaltlich kaum noch unterscheiden, hebt sich eigentlich nur noch durch das Mehrparteiensystem von der Parteidiktatur der DDR ab. In der bequemen Proporzdemokratie wird der Klüngel zum System. Man schanzt sich wechselseitig Vorteile zu.«

Und Töchterli heute mittenmang!

7. Juni

Der Londoner Journalist David Goodhart, der lange für die *Financial Times* schrieb, bevor er schließlich sein eigenes Magazin *Prospect* gründete, hat 2017 das Buch *The Road to Somewhere: The*

Populist Revolt and the Future of Politics veröffentlicht, in dem er zwei neue gesellschaftliche Gruppen oder Klassen oder Milieus definiert, die er »Anywheres« und »Somewheres« nennt. Beide Worte bedeuten »irgendwo«, aber das eine auf abstrakte, das andere auf konkretere Weise. Goodhart beschreibt mit diesen Begriffen den Gegensatz zwischen einem traditionell sesshaften Milieu und den modernen Berufs-Nomaden. Die »Anywheres« besitzen, in Goodhart Worten, »tragbare Identitäten«, sie sind karriereorientiert, beruflich mobil, überall und nirgendwo zuhause, gut ausgebildet, polyglott, erfolgreich. Sie verkörpern das EU-freundliche und globalistische Establishment. Verglichen mit den »Somewheres« sind sie zwar die zahlenmäßig weit kleinere Gruppe, aber sie dominieren heute den Politik- und Kulturbetrieb in der westlichen Welt, überhaupt die Gesellschaft, was auch damit zusammenhängt, dass um sie herum ein ganzes Soziotop von Möchtegern-Anywheres wuselt, die in internationalen Unternehmen, NGOs, transnationalen Organisationen wie der UNO, in den Medien, an Universitäten, in globalistischen Stiftungen, in den Parteien und ihren Apparaten ein Auskommen haben. (Es handelt sich meist um »Somewheres«, die nur gern »Anywheres« wären oder sich dafür halten; ihre Ernüchterung wird eines Tages groß sein. Das nur am Rande.) Dass dieses Milieu eine Art Mentalitätsherrschaft ausübt, ist evident. Seine Angehörigen nennen sich liberal, weil sie für Schwulenehe, Klimarettung, freien Warenfluss und offene Grenzen sind, aber wenn jemand ihre Ansichten nicht gutheißt, werden selbst Weiber zu Hyänen …

Auf der anderen Seite stehen Menschen, die in ihrer geographischen Heimat und kulturellen Identität wurzeln, die von der Globalisierung nicht nur verunsichert, sondern tatsächlich in ihrer Existenz bedroht sind, in deren soziales Umfeld die prekäre

Mehrheit der Migranten strömt, wo sie als neue Konkurrenten um die Billigjobs und nachbarschaftliche Plagegeister tatsächlich den Modus des Zusammenlebens täglich neu aushandeln. Die »Somewheres« sind oft älter, weniger gebildet und weniger sexy als die »Anywheres«. Diese neue Unterscheidung, schreibt der Präger des begrifflichen Gegensatzpaares, könne die alte in rechts und links ablösen.

Goodharts Diagnose einer Neuformatierung der westlichen Gesellschaften entlang veränderter Bruchlinien hat, wie das ja meistens der Fall ist, bereits Vorläufer, darunter Lord Ralf Dahrendorf, der in einem anno 2003 erschienenem Interviewband namens *Die Krisen der Demokratie* die Heraufkunft einer neuen postnationalen Klasse konstatierte, die alles Globale gutheiße, alles Nationale ablehne und schon die Zugehörigkeit zu einem Land als »lästig« empfinde. – Ich meine, es ist ein Dualismus, mit dem sich einiges erklären lässt, nicht zuletzt das Phänomen des Rechtspopulismus, würde allerdings nicht so weit gehen, den Links-Rechts-Gegensetz gleich ganz zu verabschieden.

Es gehört habituell zum Typus des *Anywhere* (ich lasse die Anführungszeichen von jetzt an weg), dass er den *Somewhere* belehren und erziehen will, dass dies von oben herab geschieht, ohne nähere Kenntnis der Lebensumstände des Belehrten, dafür aber im Pastorenton moralischer Superiorität. Nun geben sogar einige Hollywood-Zelebritäten ihr Debüt als Heidenmissionare im Sächsischen. In einem Offenen Brief, den die *Leipziger Volks(!)zeitung* vorab veröffentlichte, »rufen internationale Oscar-Preisträger, Schauspieler, Filmemacher und Autoren« die Einwohner von Görlitz auf, bei der Oberbürgermeisterwahl am 16. Juni nicht dem AfD-Kandidaten ihre Stimme zu geben.

Die Manipulation des Wahlvolkes, nein, der Wahlbevölkerung, der *Wählenden* oder eben des Stimmviehs durch »Influencer« wie etwa jenen blaulockichten *YouTube*-Fatzke namens »Rezo», den das Grünen-Amtsblatt von der Hamburger Relotiusspitze auf seinen – erstaunlich lange nicht mehr mit A. Hitler nach willigen Empfängern einer intellektuellen Bastonade kaudernden – Titel hob, scheint ein veritabler Trend zu sein. Und nun kümmert sich gar Hollywood um die Görlitzer OB-Wahl! Denn die Sternchen von der Westküste steigen gern in der wundersam unzerbombt gebliebenen und nach der Wende prachtvoll restaurierten Stadt im Osten Dunkelsachsens ab. Nun warnen sie die Eingeborenen: Wenn die Görlitzer *Somewheres* falsch votieren, suchen sich die Millionäre ein anderes schickes *Anywhere* zum Filmen, Golfen, Flanieren, Schwätzen und Popowackeln …

Ich nehme an, die Görlitzer werden diesen Brief genau richtig verstehen.

* * *

Mit einer gewissen Rührung stieß ich beim Spaziergang vom Reichstag zum Potsdamer Platz auf eine Hans von Bülow-Straße, ein Gässchen nur. Bülow war als Pianist so bedeutend wie als Dirigent, auch wenn er in die Annalen der Musikgeschichte vor allem als der arme Tropf einging, dem Richard Wagner die Frau ausspannte. Es war am 10. Oktober 1853, als Liszt zum ersten Mal seit Jahren seine Tochter Cosima besuchte, in Paris, begleitet von Berlioz und Wagner. Vier Jahre später gab es ein zweites Zusammentreffen, Cosima war inzwischen 19 und hatte soeben von Bülow geheiratet, »dem nichts Besseres einfiel, als seine denkwürdigen Flitterwochen in Gesellschaft Wagners zu verbringen, den er ebenso verehrte wie Liszt«, wie Jonathan Carr in seiner Familienbiographie der Wagners notierte.

Bülow nahm es seiner jungen Frau übel, dass sie den Komponisten mit ostentativer Kälte behandelte, er entschuldigte sich nach der Reise brieflich für ihr Verhalten. »Wagner müsse Cosima besser kennenlernen, ließ er den verehrten Meister wissen, dann werde er merken, wie ›liebenswürdig‹ sie doch sei. Wenn es jemanden gab, der Cosima dringend besser kennenlernen musste, dann war es von Bülow selbst« (Carr).

Die Liszt-Tochter verließ das kleine Genie für das große, was Bülow nicht hinderte, für Wagner zu werben und seinem Werk zu dienen. Er saß an der Komposition einer Oper, die sich mit der Merlin-Legende beschäftigte, als er – wir befinden uns im Jahr 1859 – mit der Herstellung des Klavierauszugs für eine andere Oper beauftragt wurde. Die Lektüre des Manuskriptes traf ihn wie ein Blitz, und seine gesamte Schöpferkraft schwand. Das Werk hieß *Tristan und Isolde*.

Im Sommer 1862 überflog er die noch unfertige Partitur der *Meistersinger* und stellte das Komponieren ein. Verglichen mit diesem Opus empfand er die eigene Arbeit als »Lappaliendreck« (Puccini wählte ein paar Jahre später für sich den Vergleich »Mandolinenspieler«). Eine Zeitlang trug sich Bülow mit Selbstmordgedanken. Das hinderte ihn keineswegs, auf Wagners Wunsch beider Werke Uraufführungen zu dirigieren.

Bülow galt als einer der größten Pianisten und Dirigenten seiner Zeit. Dass Friedrich Nietzsche Philosoph wurde, hängt mit dem vernichtendem Urteil des Musikfachmannes über dessen Kompositionen zusammen. Von der philologischen Zunft wegen seines spekulativen Frühwerks *Die Geburt der Tragödie aus dem Geiste der Musik* angefeindet, wollte Nietzsche als Musiker bestehen und sandte dem renommierten Wagner-Dirigenten anno 1872 seine »Manfred-Meditation für Klavier zu vier Händen« zur Begutachtung. Bülow reagierte prompt: Diese Musik, schrieb er an Nietzsche, sei »das Unerquicklichste und Antimusikalischste, was mir seit langem von Aufzeichnungen auf Notenpapier vor Gesicht gekommen ist«. Ob der Herr Professor, so die gallige Frage des Kapellmeisters, seinen »etwaigen Überfluß an Muße nicht schlechter totschlagen« könne. Nietzsche konnte, stieg vom Katheder, entsagte der Philologie und komponierte fortan auch nicht mehr.

Bülow spielte als erster Liszts h-Moll-Sonate, außerdem hatte er sich auf Beethoven spezialisiert und machte dessen letzte fünf Sonaten in Europa bekannt, er gab sie häufig an einem Abend (Eduard Hanslick soll hellauf begeistert gewesen sein, als er ihn 1881 in Wien hörte). Dafür übte er jeden Tag viele Stunden am Pianoforte und kommentierte seine Selbstkasteiung mit den Worten: »Ich kreuzige wie ein guter Christ das Fleisch meiner Finger, um sie, wie es ein Pianist nötig hat, zu gehorsamen, untertänigen Maschinen, zu Geisteigenen zu machen.« *Geisteigene* – ein prachtvolles, ein sehr deutsches Wort.

Als Dirigent brachte Bülow Orchester dazu, auswendig zu spielen, er galt als cholerisch, autoritär und brillant. 1876 saß er in Philadelphia bei Tschaikowskys b-Moll-Konzert am Klavier, und der Kapellmeister war einem Bericht zufolge gänzlich überflüssig, »weil Bülow alle Einsätze vom Flügel aus gab; nacheinander verfluchte er den Dirigenten, das Orchester, das Werk und sich selbst«.

Legendär wurde Bülows Abschied aus Deutschland. Kaiser Wilhelm II. hatte genug von den Temperamentausbrüchen des Kapellmeisters und kleidete seine Verstimmung in die Worte: »Wenn es jemandem bei uns nicht paßt, soll er sich den Staub von den Füßen wischen.« Als Bülow sein letztes Konzert in

Berlin beendet hatte, legte er den Taktstock nieder, zog sein Taschentuch heraus und wischte sich damit demonstrativ die Schuhe ab. Dann ging er nach Ägypten, wo er 1894 starb.

* * *

Als Grüne noch nicht links waren und schreiben konnten, las sich das so:

»Die Technik, die man heute im Sinn hat, wenn man von den Wundern der Technik redet, ist nicht wesentlich älter als vier Generationen und hat dessenungeachtet hingereicht, um Dutzende von Stämmen der Primitiven, Hunderte von Pflanzengeschlechtern, doppelt und dreimal so viele Tierarten auf dem Lande, in der Luft, im Wasser vom Antlitz des Planeten zu tilgen. Der Tag ist nicht fern, wo sie alle vertilgt sein werden, soweit man sie nicht zu züchten beliebte zu Schlachtzwecken oder zu Modezwecken, ausgenommen nur die Infusorien und Bakterien. Das Weltall ist für diesen Vertilgungswahnsinn etwas allzu geräumig, die Erde aber, sollte nicht zeitig ein ›Wunder‹ geschehen, wird daran sterben; und die Macht, die einen ganzen Planeten umzubringen imstande war, hätte dann tatsächlich ein Stück ›Weltgeschichte‹ geliefert. – – Die Stunde der Gegenwirkung wurde versäumt, und wir alle, die wir aus leidenschaftlicher Liebe des Lebens so Grauenvolles beweinen müssen, sind ›letzte Mohikaner‹. Wer aber von solchen noch Wünsche zu hegen wagt, müßte nur eines wünschen: daß eine derart Verruchtes vollbringende Menschheit so schnell wie möglich absinke, veraffe, verende, damit um ihre verwitternden und verfallenden Arsenale des Mordes noch ein Mal begrabend, entmischend und sich selber erneuernd der Rausch der Wälder brande.«

Ludwig Klages, *Der Geist als Widersacher der Seele*, 4. Auflage, München 1960, S. 768

16. Juni

Man überlege, was ein Kleist aus dem Mariechen von Freiburg, dem Fall der Familie Ladenburger, gemacht hätte! Und welche wohlfeilen Proteste auf der Buchmesse dagegen hätten organisiert werden können!

***

Vorgestern radelte ich noch entlang der Etsch, und gestern schon fragte man mich, weshalb ich denn die Hymne nicht mitsänge; ich hätte ja die Strophe, worin die Etsch als Südscheide gen Welschland ihren heiklen Platz hat, weglassen können, aber warum verschlösse ich mich bzw. meinen Mund auch der dritten? Sei ich denn ein Özil oder Boateng?

So schnell wird man vom Festredner zum Festochsen! Ich musste den braven Mann, einen *Alten Herren* einer für mich Unkundigen nicht identifizierbaren Verbindung, mit der Bemerkung abspeisen, dass ich eben nicht sänge, also nicht im Chor und mit der Menge, daheim unter der Dusche oder beim Revierreinigen nähme ich es mit jeder Wagner-Partie auf, Isolde und Brünnhilde inbegriffen. Ja, und die Senta erst! Joho-ho-hé! Aber die Nationalhymne? Ich könne sie so wenig mitbrummeln, wie es mir widerstrebe, an einer Messe teilzunehmen, ich sei eben ein vernagelter Querulant, dem die Kollektivisten im deutschen Gottesstaat der Atheisten jeden Impuls ins Gemeinschaftliche abdressiert hätten. In mir habe für alle Zeiten der solitäre, womöglich solitaristische Knall obsiegt. Anders bei Özil, der habe deshalb nie mitgesungen, weil er einem anderen Kollektiv angehört, dort falsettiere er bestimmt brav zu Cümbüş, Kabakkemâne und Sackpfeife (Tulum). Boateng indes hätte gewollt, konnte sich aber bloß den Text der ersten beiden Strophen merken, und die kamen nie dran. Aber ich singe nicht und kann nicht anders, hätt‹ Allah mich bestimmt zum Hymnenmitsinger, so hätt‹ er mich als Hymnenmitsinger geschaffen. Hergottsakra!

Wo die Szene spielt? Auf dem Burschentag der Deutschen Burschenschaft in Bachs Geburtsstadt, wo ich als sog. Festredner geladen war. Die fesch kostümierten und mit Degen bewaffneten Herrschaften auf dem Podium blieben übrigens während meines gesamten Vortrags stehen, was mich anfangs etwas irritierte – mein Publikum, wenn es sich schon nicht vor Kaminen auf Eisbärenfellen räkelt, soll wenigstens sitzen –, doch schließlich stillte mich die Erwägung, dass ich ja selber stünde. An jenen Stellen, wo der Applaus fällig wurde, rasselten die auf dem Podium mit ihren Degen, während das Publikum im Saal teils heftig auf die Tische klopfte. Hier bzw. dort herrscht noch Manneszucht.

Zur Hymne denn also. Alle drei Strophen wurden am Ende gesungen, zum elektrischen Pianoforte, derweil ich mit vernähtem Munde immerhin halbwegs strammstand, wobei mich bei der ersten Strophe durchaus sacht der Haber stach, wenn nicht gar der Habermas!, meinen Mund doch aufzutun. Die erste ist ja, ästhetisch betrachtet, eindeutig die beste. Zwei und drei sind Kitsch. Aber gut, eine kitschige Hymne, das ist ein weißer Schimmel oder ein grüner Gauner. Deutschland wiederum ist das einzige Land der Erde, wo nach Polizei und Verfassungsschutz gerufen wird, wenn jemand die vollständige Nationalhymne singt. Deutschland ist aber auch das einzige Land der Erde, das zwei Weltkriege und obendrein noch in der Vorrunde gegen Südkorea verloren hat; da wird man halt irgendwann meschugge.

Die erste Strophe gilt heute als revanchistisch, weil sie geographisch akkurat den deutschen Sprach- und Kulturraum umreißt, den Gevatter von Fallersleben weiland als einiges Land ersehnte, und man weiß nicht recht, was aus heutiger Warte daran falsch sein sollte, denn es herrschten ja dann Buntheit und Weltoffenheit, Energiewende und Willkommenskultur, Greta und Grüne von der Maas bis an jene Memel, an welcher jetzt Russen, Weißrussen und Litauer den Fortschritt behindern wie in anderen einstmals deutschen Ostlanden die störrischen Polentrolle. Man stelle sich vor: *Merkeldeutschland in den Grenzen von wenigstens 1937!* Doch die Amtsvorgänger von Trump, Putin und der Brexiteers hatten etwas dagegen. Die zweite Strophe gilt als besonders kitschig, was dem deutschen Weißwein gegenüber ungerecht ist. Die dritte mag ich nicht mehr hören, seitdem ich weiß, wer sie sonst noch singt.

Sela, Hymnenende.

***

Ein Moslem hat die Chance zu sagen, Gender sei gegen Gott. Unsereiner hat allenfalls die Chance zu sagen, ein Moslem habe die Chance zu sagen, es sei gegen Gott.

***

Die *FAZ* teilt mit: »Rund 7,8 Milliarden Euro konnte das Berliner Entwicklungsministerium im Jahr 2016 ausgeben. Im selben Jahr haben Migranten umgerechnet 17,7 Milliarden Euro aus Deutschland zurück in die Herkunftsländer überwiesen. Das waren rund 6,5 Milliarden mehr als noch im Jahr 2007, wie aus der Antwort der Bundesregierung auf eine Anfrage der AfD-Bundestagsfraktion hervorgeht.«

Zurück überwiesen. So so. Ich schlage vor, dass die Wahrheits- und Qualitätspresse künftig schreibt: Asylbewerber erhalten in Deutschland ab sofort Sozialhilfe und Aufenthaltsrecht *zurück*.

***

Übermacht, ihr könnt es spüren,
Ist nicht aus der Welt zu bannen;
Mir gefällt zu konvergieren
Mit Gescheiten, mit Tyrannen.
Da die dummen Eingeengten
Immerfort am stärksten pochten,
Und die Halben, die Beschränkten
Gar zu gern uns unterjochten.
(Goethe)

17. Juni

»Hegel war eine aristokratische Reaktion auf die französische Revolution.«
Stalin

***

»Linksversiffter Kunstkadaver« – so hat der AfD-Vorsitzende Jörg Meuthen angeblich die deutschen Bühnen oder vielleicht auch die gesamte Freie Deutsche Kunstszene (FDK) genannt. Tatsächlich stammt das Zitat nicht von Meuthen, sondern ist ihm bloß untergejubelt worden: von Ulrich Khuon, dem Präsidenten des Deutschen Bühnenvereins. Es handelt sich also um eine Art Selbstbeschreibung, die der Komödianten-Präses in aller Bescheidenheit unter falschem Namen verbreiten ließ.

Wo der Herr Khuon recht hat, da hat er eben recht.

***

»Die mutmaßlichen Rechtsterroristen der Gruppe ›Revolution Chemnitz‹« – grendelhafte Unholde, acht an der Zahl – »strebten nach aktuellen Erkenntnissen der Ermittler den Sturz der Bundesregierung und die Beseitigung des Rechtsstaats an. Für den 3. Oktober 2018 geplante Gewaltaktionen in Berlin sollten dafür nur der Auftakt sein.« Meldet *t-online*.

Man merkt bei der Lektüre der Nachricht, wie verdammt knapp das war.

18. Juni

Daniel Zimmermann, Bürgermeister von Monheim (NRW), hat einen Auftritt des (mir unbekannten) Kabarettisten Kay Ray in der von ihm verantwortungsvoll verwalteten Kommune verboten. Er könne keine Veranstaltung dulden, »die die Grenzen des Diskurses in erheblicher Weise nach rechts verschiebt«. Wenn Deutschland schon seine Landesgrenzen nicht kontrolliert, ist es löblich, dass ein deutscher Kommunalpolitiker wenigstens die kabarettistischen Grenzen schützt.

Man soll sagen: Deutschland in den Satiregrenzen von 2019.

***

Ein paar Worte zum Jubiläum des Grundgesetzes, das jetzt fast so alt ist wie der Habermas und solide Chancen hat, dessen momentanes Alter auch noch zu erreichen (wobei ich nicht darauf wetten würde), ein paar Worte zum Grundgesetz erbat sich, allerdings etwas zu spät, der Veranstalter des Burschentages, wo ich am Samstag sprach (siehe Acta vom 16.) Aber da war die Rede schon fertig geschrieben und ohnehin zu lang. Überdies fällt mir zu diesem Thema wenig ein. Ich wurde unter der auf dem Papier ja ganz nett klingenden Verfassung der Deutschen Demokratischen Republik realsozialisiert und weiß also, wie leicht diese Gummiparagraphen wiegen, wie flexibel sie sich auslegen lassen: »Alle politische Macht in der Deutschen Demokratischen Republik wird von den Werktätigen in Stadt und Land ausgeübt. Der Mensch steht im Mittelpunkt aller Bemühungen der sozialistischen Gesellschaft und ihres Staates.« (Artikel 2.1, Fassung von 1974).

Zunächst einmal: Das Grundgesetz ist eine Verfassung und zugleich auch wieder nicht, zumindest keine endgültige. Das haben sich nicht die Reichsbürger ausgedacht, sondern die Elter 1 und Elter 2 des GG selber, dessen Artikel 146 bekanntlich lautet: »Dieses Grundgesetz, das nach Vollendung der Einheit und Freiheit Deutschlands für das gesamte deutsche Volk gilt, verliert seine Gültigkeit an dem Tage, an dem eine Verfassung in Kraft tritt, die von dem deutschen Volke in freier Entscheidung beschlossen worden ist.«

Gewiefte Advokaten behaupten jetzt freilich, Artikel 146 gebe keine Handlungsempfehlung vor. Er besage nicht, dass das Grundgesetz durch eine vom Volk bestimmte Verfassung abgelöst werden *soll* oder *muss*. Es besage nur, dass das Grundgesetz durch eine vom Volk bestimmte Verfassung abgelöst werden *kann*. Anders ausgedrückt besage Artikel 146 also lediglich: Sobald Gesetz B in Kraft tritt, verliert Gesetz A seine Gültigkeit.

Diese Argumentation wirkt trotzdem nicht ganz wasserdicht. In Art. 146 wird ein »in freier Entscheidung« statuiert und in Aussicht gestellt. Wie unser Auge nach dem Schließen automatisch ein Nachbild eines betrachteten hellen Objekts in dessen Komplementärfarbe bildet, wird hier die unfreie Entscheidung vor dem inneren Auge vorstellig. Ein satanischer Vers?

Die satanischen Verse, Sie erinnern sich, so heißt nicht nur ein Roman von Salman Rushdie, mit dem sich der Schriftsteller in die Sphäre der drohenden rituellen Schächtung emporgeschrieben hat, es soll diese Verse tatsächlich geben. Der Schaitan, heißt es, hat sie gesprochen. Die Begebenheit ist in der islamischen Überlieferung festgehalten, es geht um Sure 53, Verse 19-20: »Was meint ihr wohl zu al-Lat und al-'Uzzā und auch zu Manāt, dieser anderen, der dritten?« Nach einer bei at-Tabarī erhaltenen Überlieferung fuhr Mohammed nach der Erwähnung der heidnischen Göttinnen des vorislamischen Mekka aufgrund der Einflüsterung Satans fort mit den nicht kanonisierten Worten: »Das sind die erhabenen Kraniche. Auf ihre Fürbitte darf man hoffen.«

In der gültigen Fassung sind die heidnischen Götzen eliminiert, doch Satan versucht immer wieder, an dieser Stelle in den heiligen Text einzudringen; ein überaus poetischer Gedanke. Den historischen Hintergrund – es ging wohl um eine zwischenzeitliche Konzession an einen heidnischen Stamm – schenken wir uns, denn wir müssen uns den satanischen Versen des hl. Grundgesetzes zuwenden. Die »freie Entscheidung« in Artikel 146 ist so einer. Manche behaupten inzwischen, das im GG notorisch als Souverän herumgeisternde »deutsche Volk« stamme ebenfalls aus der Höllen und ihrer Spelunck. Ich hinwiederum würde eher die Formulierung, die Bundesrepublik sei ein »sozialer Bundesstaat« (Art. 20.1) und »sozialer Rechtsstaat« (28.1) zu den Einflüsterungen von Meister Urian zählen, denn das *Framing* des Rechtsstaats mit dem Attribut »sozial« – statt des kurzen und bündigen »Die Bundesrepublik Deutschland ist ein Rechtsstaat« – hat Letzterem gewissermaßen ein Fußeisen angelegt, welches im Laufe der Jahre und der politischen Linksdrift immer schwerer wurde, und womöglich kann der arme

Rechtsstaat eines Tages deshalb nicht mehr laufen. Ähnlich steht es um den Bombast des ersten Satzes, wonach der Schutz der Menschenwürde die wichtigste Aufgabe des Staates sei, präludierend hineingraviert in eine Gesetzestafel, die gleichsam auf Leichenbergen errichtet wurde, aber niemand wäre damals auf die satanische Idee gekommen, Deutschland werde dereinst moralisch noch weiter als jemals militärisch expandieren und den halben Globus mit dem elastischen Anakondamaul seines Menschenwürdeparagraphen zu umschließen suchen.

Und wie verhält es sich mit dem Vers »Politisch Verfolgte genießen Asylrecht«? Auch ein satanischer? Nein. Teuflisch ist dessen Praxis. Teuflisch ist, dass bei uns Terroristen, IS-Kombattanten und andere Radikale ungehindert ins Land strömen und der Satz inzwischen lautet: *Politische Verfolger genießen Asylrecht.*

PS: Was die von Art. 146 in Aussicht gestellte, in freier Entscheidung beschlossene Verfassung betrifft: Die wird für die Bundesrepublik heutigen Zuschnitts nie gelten, die wird sich allenfalls ein deutsches Restvolk auf einem Sezessionsterritorium geben.

* * *

Während Regierung und Medien über sinkende Kriminalitätszahlen frohlocken, meldet die *Welt*, dass laut Bundeskriminalamt anno 2018 »im Bereich Mord, Totschlag, Tötung auf Verlangen« 230 Deutsche einer Straftat zum Opfer gefallen sind, an der mindestens ein tatverdächtiger Zuwanderer beteiligt war; ein Anstieg von 105 Prozent im Vergleich zu 2017. »Im Bereich der Straftaten gegen die sexuelle Selbstbestimmung wurden 3 261 Deutsche Opfer einer Straftat mit mindestens einem tatverdächtigen Zuwanderer und somit 21 Prozent mehr als noch im Vorjahr.«

Insgesamt wurden 46 336 Deutsche Opfer von Straftaten mit tatverdächtigen Zuwanderern (umgekehrt 8 455 Asylbewerber und Flüchtlinge einer Straftat durch einen deutschen Tatverdächtigen).

Schnitt.

Nach der Ermordung des Kasseler Regierungspräsidenten Walter Lübcke (CDU) – Lübcke hatte zuvor mit seiner Äußerung, wer mit der Masseneinwanderung nach ’schland nicht einverstanden sei, müsse halt auswandern, in der »rechten Szene« einen Wutsturm ausgelöst, der Tatverdächtige gilt als dieser Szene zugehörig; mehr ist noch nicht bekannt – warnt der »Rechtsextremismusforscher« Gideon Botsch vor einer erhöhten Terrorgefahr. »Die nächsten 12 bis 18 Monate werden besonders gefährlich«, sagte der Leiter der Forschungsstelle für Antisemitismus und Rechtsextremismus des Moses-Mendelssohn-Zentrums an der Universität Potsdam.

Ja, das werden sie. Die 50 000er Marke bei unmittelbaren deutschen Willkommenkulturgeschädigten wird in diesem Zeitraum mit Sicherheit geknackt.

19. Juni

Gestern erst ließ ich mich an dieser Stelle mehr schütteln als rühren von der Statistik, dass unsere Neumitbürger von speziell Merkels Gnaden inzwischen schon pro Doppeljahr ungefähr so viele Eingeborene über die Wupper oder um die Ecke bringen, wie es Honeckers freilich weit weniger zahlreiche und z. T. auch skrupulöse Mauerschützen in einem Vierteljahrhundert schafften, da kommt schon der Christian Wulff daher – *woher* eigentlich? – und jauchzet frohlockend, der »große Flüchtlingszuzug« werde sich für Deutschland »zu einem ähnlichen Glücksfall entwickeln wie die deutsche Einheit«, außer vielleicht für Mia, Maria und die anderen willkommenskulturell Weggehobelten (auf diese Feststellung hat er verzichtet). In einigen Jahren, also noch ein paar hundert Kollateralleichen und umverteilte Steuermilliarden später, werde Deutschland auf diese nicht nur Blutabzapfung, sondern vor allem -zufuhr als »großen Moment seiner Geschichte« zurückblicken. Ungefähr so, wie man zu Stambul heute noch mit Wonne und Wohlgefallen auf den großen Moment der geheimnisvollen Öffnung der Kerkaporta samt der anschließenden Kirmes zurückblickt? Ja, ungefähr so, wenngleich zeitlich weit weniger gerafft. Es wird ein völlig anderes Deutschland sein, welches dann zurückblickt, ein noch besseres Deutschland als das derzeit immerhin beste, dem das fromme orienterweiternde Großkollektiv, dessen Zugehörigkeit zu Deutschland Wulff damals schon als Bundespräsident beschwor, nicht mehr nur als ein Teil angehört, sondern womöglich umgekehrt.

Alles Große steht im Sturm, aber dortselbst gottlob nicht zwingend kanzlerinnenseelenallein. Wulff gewissermaßen zur Seite sprang heute Jasper von sowohl Altenbockum als auch der *FAZ*, dem vergangene Nacht per Dunkelfeldpost die Information zugestellt worden war, dass der Mordbefehl gegen den CDU-Lokalpolitiker Walter Lübcke direkt aus der AfD-Parteizentrale, dem sogenannten – in der Münchner Brienner Straße direkt unter dem heutigen Dokumentationszentrum gelegenen – Blauen Haus stammen soll. Und zwar buchstäblich *soll*! Der getreue Jasper malte einen Drudenfuß auf den Konferenztisch aus Eichenholz, an dem schon Karl Korn, Paul Sethe und der

Dr. Faust gesessen haben, schrieb an die fünf Ecken die Namen: Weidel, Meuthen, v. Storch, vom Gauland und zum Höcke, überantwortete dem Pendel die weitere Recherche, und siehe, immerdar schwang der Wünschelstein zwischen Dreien der Fünfe hin und her. Die »Gaulands, Meuthens und Weidels«, folgerte Altenbockum, hätten den Lübcke irgendwie auf ihrem eigentlich gar nicht existierenden Gewissen. Sie hatten »das Unsägliche sagbar machen« wollen, und dieses »Unsägliche, das sagbar gemacht werden soll, begleitet auch den Mord«. Es wäre »schön«, beschloss der baltische resp. westfälische Adelsspätling seine magische Betrachtung, wenn »die AfD vom Mord an Walter Lübcke zur Umkehr (*Metanoia* – M.K.) bewogen würde. Dann könnte sie sich allerdings, mangels Platz im bürgerlichen Spektrum, gleich ganz auflösen.« Die Kanzlerin soll bei der Lektüre dieses Leitartikels vor Freude am ganzen Leib gezittert haben.

Somit war die Latte, um ein der hier zelebrierten Gesinnungsathletik angemessenes profanes Bild zu wählen, hoch gelegt. Jedoch nicht für einen Täuberich! Mit der Botschaft: »Die politische Gewalt und Gewaltbereitschaft von rechts nimmt zu« – *nimmt zu*, das ist etwas völlig anderes als *liegt vorn* –, ergriff ein anderer Ehemaliger, der frühere CDU-Generalsekretär Peter Tauber, die Gelegenheit zum *Comeback*. »Die AfD im Deutschen Bundestag und in den Länderparlamenten leistet dazu einen Beitrag«, setzte der Locktauber seine Gedankenflugschau fort. »Sie hat mit der Entgrenzung der Sprache den Weg bereitet für die Entgrenzung der Gewalt. Erika Steinbach, einst eine Dame mit Bildung und Stil, demonstriert diese Selbstradikalisierung jeden Tag auf Twitter. Sie ist ebenso wie die Höckes, Ottes und Weidels durch eine Sprache, die enthemmt und zur Gewalt führt, mitschuldig am Tod Walter Lübckes.« Diesmal *die Höckes, Weidels und Ottes*. Wessen Pendel geht falsch? Na, egal, der Merkel-Zögling mit der Jens-Lehmann-Stimme ist dem *FAZ*-Leitartikler sowieso über. Tauber will nämlich Asylkritikern die Grundrechte entziehen. Wie mag das konkret aussehen? Internet-Sperre? PC-Verbot? Parteimitgliedschafts-Verbot? Moscheebesuchs-Verbot? Kinderaufzuchts-Verbot? AfD-Verbot?

Als ein anderes, weiteres Exempel für die zunehmende rechte Gewalt nannte Tauber übrigens den Angriff auf Andreas Hollstein, CDU-Bürgermeister von Altena, der im November 2017 »einen Mordversuch« nur »dank des Eingreifens zweier Mitbürger überlebt« habe. Dass der »Attentäter« mit einer zweijährigen Haftstrafe davonkam, die obendrein zur Bewährung ausgesetzt wurde, sei »ein schlechter Witz«. Tatsächlich trug der Stadtpfleger bei dem besagten Messerangriff eine leichte oberflächliche Verletzung davon. Der Täter hatte das Messer nur »aufgesetzt«. Im Gegensatz zu den ursprünglichen Medienberichten handelte der betrunkene Arbeitslose nicht aus politischen, sondern aus persönlichen Motiven. Die Tat geschah nicht geplant, sondern spontan.

Wulff, Altenbockum, Tauber – welch ein Terzett! Wer dächte nicht stracks an Mizaru, Kikazaru und Iwazaru! Aber wir haben bei J. Habermas gelernt, dass der aufgeklärte, kosmopolitische Intellektuelle differenzieren muss, sogar zwischen Nolte, Stürmer und Hillgruber, zuallererst differenzieren! Also differenzieren: Der Wulff ist ein vertrottelter Opportunist, der Altenbockum ein schreibender Callboy und der Tauber halt ein gewöhnlicher Lump. Sofern man einen versetzten Täter und politischen Menschenfresser auf einen so simplen Begriff aus der moralischen Welt komprimieren mag.

23. Juni

Der Angriff auf die Zivilisation kommt wieder aus Deutschland.

* * *

Horst Seehofer, immerhin der deutsche Innenminister, will sich womöglich selber der Bürgerrechte entschlagen. Damit greift er eine Idee von Joseph McCarthy bzw. Peter Tauber auf. Der Minister kündigte an, er lasse die Möglichkeit prüfen, Demokratiefeinden die Grundrechte zu entziehen. Zwar kann nach Art. 18 GG, auf den sich erst der Locktauber und nun Seehofer berufen, einzig das Bundesverfassungsgericht über einen solchen Fall befinden, aber warum nicht noch ein bisschen herumrandalieren, bevor man aufs Altenteil gesetzt wird und mit Bauklötzen spielt? Der *FAZ* zufolge dräute Seehofer: »Beleidigung, Verleumdung, Volksverhetzung gehören offline wie online verfolgt. Wenn die Politik die Eindämmung von Hasskommentaren ernsthaft will, müssen wir sie auch realisieren, natürlich in den Grenzen der Verfassung.« An die »Adresse der AfD« (*FAZ*) sagte der Minister, »jeder sollte seine Worte sorgsam abwägen. Worte können das Vorfeld für Hetze, Hetze das Vorfeld für Taten sein«. Für ihn bestehe ein Zusammenhang »zwischen der Sprache und solchen Exzessen der Gewalt«.

Der »Exzess«, den Seehofer hier in den Plural tüttelt, ist der mutmaßliche, jedenfalls noch nicht aufgeklärte Mord an dem Kasseler CDU-Lokalpolitiker Walter Lübcke, ein klassischer Einzelfall. Wer die hyänenhafte Gier beobachtet, mit der sich deutsche Öffentlichkeitsarbeiter mitsamt des Politsprengels zur Instrumentalisierungshatz zusammenfinden, dem könnte angst und bange werden, sofern er nicht längst ein bezugsfertiges Exil vorbereitet hat. Man hat diesem Land die Nazimentalität niemals austreiben können, nur die Zahl der Nazis ist immerhin erfreulich stark zusammengeschmolzen. Aber der kleine Doktor wäre stolz auf die aktuelle Feindstifterei des publizistischen Freikorps von der Hamburger Relotiusspitze.

Zurück indes zu Seehofer, der sich an die Spitze der Bewegung setzen und die Jagd auf die Hintermänner des Einzelfalltäters eröffnen will. »Bis zur letzten Patrone« werde sich die Berliner Koalition gegen »eine Zuwanderung in die deutschen Sozialsysteme« wehren, hat der CSU-Vorsitzende beim politischen Aschermittwoch 2011 in Passau geflunkert. Damals gab es die AfD noch nicht, und er musste die Stellung ganz alleine halten. Wird er jetzt, wie der Dorfrichter Adam, gegen sich selbst ermitteln?

Gut, mag der eine oder andere meinen, das war eine Aschermittwochsrede, da gilt Narrenrecht. Aber wir leben in tugendterroristischen Zeiten, in denen auch diese letzte Freiheit geschleift wird, sofern Rechte sie missbrauchen. Peter Frey, der Chefredakteur des ZDF, versicherte mir vor hunderten Zuhörern, ich werde nie ins Zweite Deutsche Fernsehen eingeladen – Hadmut Danisch schlägt vor, es in »Zwielichtiges Deutsches Fernsehen« umzutaufen –, weil ich mich erfrecht habe, den Bundespräsidenten eine »Marionette« zu nennen, zwar ebenfalls in einer Aschermittwochsrede und obendrein als Rollenprosa, doch der Aschermittwochsredner darf nicht mehr die Zunge in Unschuld waschen.

* * *

Auch die Kanzlerin hat zum »Widerstand« (*Spiegel online*) gegen Rechtsextremismus aufgerufen. Dieser müsse »in den Anfängen bekämpft werden und ohne jedes Tabu«, sagte sie sprachfein »vor Tausenden Gläubigen« (so *Spiegel online* in einem wahrscheinlich unbewussten Geistesblitz) beim Evangelischen Kirchentag in Dortmund. »Sonst haben wir einen vollkommenen Verlust der Glaubwürdigkeit«, fuhr die Fremdenführerin fort. Ob sie die Betonung auf »vollkommen« legen wollte?

Der besagte Tag der Kirche derer, die nicht mehr an Gott glauben können und deswegen nach immer neuen umtanzbaren Totempfählen der innerweltlichen Erlösung geilen und gieren, machte, wie man sagt, Schlagzeilen, weil man die Mitglieder der AfD aus der Gemeinschaft der einstigen Gotteskinder verstoßen hat. Manch guter Protestant wertet das als eine mutige Tat, andere nehmen es als Anlass zum Austritt.

Merke(l): Als Großimporteurin von Antisemiten und Christenverfolgern darfst du beim Grünen-Parteitag der Fotzenmalerkirche sprechen, als christlicher Abendländer nicht. Und das ist richtig so!

* * *

Walter Lübcke, Allah erfülle sein Wünsche im Jenseits wie im Diesseits, hatte auf einer öffentlichen Versammlung über die Gegner der Hereinwinkung immer neuer Migrantenmassen gesagt, wer diese Politik nicht gutheiße, könne ja auswandern. Wenn umgekehrt ein AfD-Politiker Gegnern der AfD-Politik die Auswanderung empfohlen hätte, wäre das mit Sicherheit als Hass & Hetze verdammt und multimedial flatuliert worden. Ich bin geneigt, auch Lübckes Empfehlung dem Hass aufs Holz zu kerben, dem dunklen Zwillingsbruder des Fremdenhasses, dem Hass aufs Eigene.

* * *

Gestern Abend Auftritt als Podiumsmitherumsitzer und Terzettkomplettierer auf einer Veranstaltung in Lohmen, Sächsische Schweiz. Auf der Fahrt dorthin der herrliche Blick durchs Elbtal Richtung Lilien- und Königstein. Kein einziges Windrad schändet die Landschaft. Das Areal ist zum Nationalpark erklärt worden (das Kompositum wird sicherlich in Bälde analog zur »Mannschaft« des Bestimmungswortes entledigt werden), eine Art regionale Immunreaktion auf die grüne Krankheit.

Veranstalterin war die Dresdner Buchhändlerin Susanne Dagen. Am Vormittag sollte der Kabarettist Uwe Steimle auftreten – die T-Shirts mit der Aufschrift »Volk ohne Traum«, heißt es, seien bereits bügelbereit gewesen –, doch der sagte Knall auf Fall ab. Es ward gemunkelt, der Brave habe Angst um seinen öffentlich-rechtlichen Brotkorb bekommen, weil er buchstäblich mit der Entzugsdrohung erpresst worden sei, sofern er auf ein Podium steige, welches zwar erst Stunden später, aber immer noch unter derselben Schirmfrauschaft zum literarischen Blocksberg umgerüstet werde, um dortselbst einen Hostienfrevel namens »Mit Rechten lesen« in Szene zu setzen.

Letzterer fand gleichwohl statt. Ich hatte mir als Gast der ersten *coram publico* zelebrierten Folge dieser Literaturdiskussion ausgebeten, dass keine soeben erschienenen Bücher besprochen werden möchten, weil ich weder die Muße noch die Indolenz besäße, mich auf der Suche nach wenigstens Narrengold (Pyrit) durch einen Berg Neuerscheinungsprosa zu schlägeln. Außerdem täte sich mein Aktualitätszeitfenster ohnehin ungefähr bei Homer auf, ich würde also in jedem Fall ein aus meiner Sicht aktuelles Opus vorstellen und empfehlen. Die beiden Damen gingen darauf ein, und so kamen folgende Bücher zur Sprache: Friedrich Sieburg *Die Lust am Untergang* auf Vorschlag Ellen Kositzas, Kleist *Der Findling* auf Fingerzeig von Susanne Dagen, Albert Vigoleis

Thelen *Die Insel des zweiten Gesichts* als Okkasion meinerseits, ein prall-pikareskes Sprachwunderwerk, eine Abschweifungs-Saturnalie, ein deutscher Tristram Shandy mit zur Menagerie erweitertem Personal, verfasst von einem Mitglied der Bruderschaft Hamann-Jean Paul-Henscheid, womöglich nichts für Mädchen.

Hier aber ein Wort zu Kleistens *Findling*, gerade in einer an Findlingen reichen Zeit (sie heißen heuer »Unbegleitete männliche Flüchtlinge«). Als ich neulich die Besucher des kleinen Eckladens zu der Spekulation ermunterte, was ein Kleist aus dem Fall Maria Ladenburger gemacht hätte, geschah dies unmittelbar nach der Lektüre dieser Erzählung. Für alle, die den Text nicht mehr ganz präsent haben: Der alte Geschäftsmann Piachi ist mit seinem Sohn auf Reisen, in der Stadt, die sie besuchen, herrscht die Pest, weshalb beide sofort abreisen, ein Straßenkind bittet um Mitnahme, aus Mitleid willigt Piachi ein, sein Sohn steckt sich an und stirbt an der Seuche. Der Alte nimmt den Findling an Sohnes statt an, seine junge Frau Elvire akzeptiert es bereitwillig (deren heikle seelische Disposition aufgrund eines traumatischen Ereignisses in ihrer Vergangenheit lasse ich hier weg). Nicolo, das Findelkind, wächst heran. Der Stiefvater überschreibt ihm schließlich seinen gesamten Besitz als Erbe. Nicolo dankt es seinem Adopteur schlecht: Er vergeht sich an Elvire. Piachi ist bereit, die Angelegenheit diskret zu klären, doch der Kuckucksspössling verweist auf seine Erbdokumente und sodann die Stiefeltern des Hauses. Ein daraus folgender Rechtsstreit geht zu Gunsten Nicolos aus, weil der Bischof, der auf einen Erbanteil für die Kirche hofft, sich für den Findling einsetzt; überdies will Nicolo eine dem heiligen Manne lästig gewordene Buhle heiraten. Elvire überlebt den Schock und die Schmach nicht. In einem Wutanfall tötet Piachi den Nicolo und wird daraufhin zum Tode verurteilt.

Was nun kommt, ist purer Kleist, in seiner göttlichen Rigorosität und dämonischen Großartigkeit. Weil Piachi partout die Annahme der Absolution verweigert, muss die Hinrichtung mehrfach verschoben werden. Zuletzt gesteht er sein Motiv – er will den Findling in der Hölle wiedertreffen, um dort seine Rache weiter an ihm stillen – und verflucht den Aufschub; dann endlich hängt man ihn auf. – –

Piachi sinnt auf Rache, Vater Ladenburger gründet eine Stiftung und setzt sich ein für »Findlinge«. Das ist der Unterschied. Aber natürlich ist der Ladenburger ein besserer Christenmensch – »Die Rache ist mein«, spricht bekanntlich der Herr, derweil er sich in jenen Herrn transformiert, welcher zudem spricht: »Wir haben keinen Sohn gezeugt« – als der kristallreine Wollüstling der Rache bei Kleist.

* * *

Damit Sieburg nicht ganz unzitiert bleibt: »Unter Brüdern, viel Großes ist in den vergangenen Jahren auf dem Gebiet der Literatur in deutscher Sprache nicht geleistet worden.« An dieser Feststellung hat sich seit seinem Hinschied wenig geändert.

24. Juni

»Die Sonne bestimmt in der Region München das Wetter und scheint von einem nahezu wolkenlosen Himmel. Es bleibt weiterhin trocken. Die Tageshöchsttemperaturen steigen für die Region München von 30 Grad am Montag auf 36 Grad am Mittwoch. Am Montag weht ein teilweise kräftiger Wind aus östlicher Richtung.«

Hier kommt keiner lebend raus.

***

Eben erfahre ich, dass der Schauspieler und Vorleser Peter Matić gestorben ist, eine der eindrucksvollsten und prägnantesten Sprechstimmen überhaupt. Er hat in einer monumentalen Leistung die gesamte Proust'sche *Recherche* vorgetragen; 2010 ward das Riesenwerk aus der Taufe gehoben, ich wollte es weiland noch im *Focus* preisen, doch für mehr als eine Annotation war im Leitmedium der *Proustians* kein Platz, so dass ich meine Klassik-CD-Kolumne bei *eigentümlich frei* umwidmete (und auch wieder nicht), um Folgendes zu Papier zu bringen:

»Dies ist eine Kolumne für klassische Musik. Heute sei eine geringfügige Abweichung gestattet, die eigentlich keine ist. Das in Rede stehende Werk ist in hohem Maße klassisch, und mehr Musik wird man zwischen zwei – beziehungsweise tatsächlich vierzehn – Buchdeckeln schwerlich finden. Außerdem wird es mir nie wieder vergönnt sein, in einer Kolumne 127 CDs zu empfehlen, mit 160 Stunden Laufzeit. Aber es ist ja auch der Mount Everest der Belletristik: Marcel Prousts *Auf der Suche nach der verlorenen Zeit*.

Ich habe Proust erst in meinen späten Vierzigern entdeckt, was in diesem Fall heißt: durchgelesen (den ersten Band hatte ich schon mal vor zwanzig Jahren am Wickel). Seitdem weiß ich, dass, rein literarisch betrachtet, der Höhepunkt meines Lebens nun wohl vorüber ist. Woraus wiederum folgt, dass dieser eine wieder und wieder ausgekostet werden muss, was mir im Übrigen weit einleuchtender erscheint, als im Buchladen nach eventuell lesenswerten Zeitgenossen zu suchen. Diesen Vorsatz untermauernd, erschienen in den letzten Jahren peu à peu die sieben Bände der *Recherche* als Hörbücher, gelesen von Peter Matić, Burgschauspieler und bekannt als Stimme von

Ben Kingsley, was mich zehn Minuten lang etwas und dann nie mehr wieder störte.

Zahllose Schönheiten des Buches sind mir erst durch den Vortrag von Matić aufgegangen. Eines der Hauptmerkmale jedes großen Autors besteht ja darin, dass er dem Leser sein Tempo aufzwingt. Jeder Proust-Leser weiß um die Schwierigkeiten der inneren Atemführung und Phrasierung, bei den fein gefügten aber gleichwohl Bandwurmsätzen. Matić, der Rhapsode, feiert jedes Komma. Und diese Stimme! Präzise, sonor, warm, leicht nasal, mit klingender Konsonantenbildung (bei Sängern spricht man von einer Tonproduktion ›in der Maske‹), gewissermaßen halb Trompete*, halb Bassklarinette, es ist ein Genuss sondermaßen. Matić macht deutlich, dass es sich bei Proust um Musik handelt und nichts als Musik, bis zum finalen Akkord auf – natürlich – dem Wort ›Zeit‹. Und vergessen Sie den Preis, das ist fürs Leben.

(Marcel Proust: *Auf der Suche nach der verlorenen Zeit*. Deutsch von Eva Rechel-Mertens. Gelesen von Peter Matić. Der Hörverlag)«

* *con sordino*

Daraufhin erhielt ich die folgende Mail:

Sehr geehrter Herr Klonovsky, haben Sie vielen Dank! Ihre Besprechung der Proust-Aufnahme ehrt, beschämt und f r e u t mich sehr.

Mit herzlichen Grüßen

Ihr

Peter Matić

R.I.P.

26. Juni

Zum mutmaßlichen Mord an dem CDU-Politiker Lübcke erklärt die grüne Bundestagsabgeordnete Irene Mihalic, innenpolitische Sprecherin ihrer Kirche: »Diese Einzeltäterthese muss ein Ende haben. Wir müssen uns auf strukturelle Zusammenhänge konzentrieren, auf Netzwerke konzentrieren.«

Die »These«, er sei ein Einzeltäter, stammt von jenem selbst. Der tatverdächtige Stephan Ernst hat ein Geständnis abgelegt. Er habe allein gehandelt und aus Rache auf Lübckes Aufforderung, Gegner der Massenmigration könnten ja auswandern. Nachdem man uns vier Jahre lang nach jedem Messermord und jeder zu Tode gemauselten deutschen Maid versichert hat, es handle sich um Einzelfälle, und auch Zehntausende Einzelfälle fügten sich niemals zu einer Struktur, wollen das Politbüro und die Kandidaten der Nationalen Front jetzt nicht wahrhaben, mit einem tatsächlichen Einzelfall konfrontiert zu sein. Es sollen um jeden Preis Hintermänner aufgetrieben, »geistige Brandstifter« angeprangert, Gegner der Migrationspolitik als Terrorsympathisanten denunziert werden. »Der SPD-Innenpolitiker Burkhard Lischka sagte, der Mordfall zeige, wie weit sich ›der braune Terror‹ ausgebreitet habe. Das Attentat müsse ›ein Wendepunkt werden‹.« Wende aber wohin?

Politischer Druck auf Ermittler, sie mögen das gewünschte Ergebnis apportieren, das erinnert doch sehr an die DDR. Wie beim NSU oder den angeblichen Hetzjagden im lauschigen Chemnitz will das politisch-mediale Establishment auf rhetorischem Wege Pflöcke einschlagen, hinter die dann die Ermittlungsergebnisse nicht mehr zurückkönnen. Die Einzeltäterschaft macht ihnen ihre ganze schöne Kampagne gegen »rechte« Netzwerke bis hin zu den Schreibtischen der AfD-Abgeordentenbüros kaputt.

Schnitt.

Am 30. Januar 1985 schrieben die grünen Bundestagsabgeordneten Antje Vollmer und Christa Nickels einen Brief an die »politischen Gefangenen«, wie sie in der linken Szene tituliert wurden, Christian Klar und Brigitte Mohnhaupt, in dem sie sich mit deren Hungerstreik solidarisierten. Die Freiheitskämpfer Klar und Mohnhaupt waren wegen mehrfachen Mordes an den eigentlich Richtigen von Nationalisten, Dieselfahrern und Kapitalknechten zu jeweils lebenslanger Haft verurteilt worden. Nach ihrer Begnadigung durch den Bundespräsidenten beschäftigte der Linken-Bundestagsabgeordnete Diether Dehm Herrn Klar jahrelang als freien Mitarbeiter.

Und jetzt malen wir uns aus, was geschähe, wenn ein AfD-Abgeordneter ein Sympatisantenschreiben an den »politischen Gefangenen« Stephan Ernst veröffentlichte oder in zwanzig Jahren den Mörder von Walter Lübcke als Mitarbeiter einstellte.

Die Linkspartei hat übrigens für morgen eine Aktuelle Stunde gegen »Hass und rechte Gewalt« im Bundestag beantragt. Und niemand sieht sich bemüßigt, vor einer Instrumentalisierung der Tat zu warnen.

* * *

Alter Staatsrechtler: Verfassungsmeinung.
Junger Staatsrechtler: Regierungsmeinung.

* * *

»Der Bundesverband deutscher Schwimmbäder warnt vor einer zunehmenden Aggressivität«, wird gemeldet. »Seit etwa zehn bis 15 Jahren werde es von Jahr zu Jahr schlimmer. Anlass ist der Angriff auf einen Bademeister in Essen.«

Die Behörden stehen vor einem Rätsel. Niemand kann sich diese Entwicklung erklären. Unter Grünen geht die These um, der Klimawandel treibe junge, besorgte Menschen zunehmend in den gerechten Zorn, aber anstatt sich an AfD-Büros auszuagieren, suchen sie sich Prügelknaben aus den Reihen der schon länger und zunehmend in Unterzahl hier Badenden oder greifen Mädchen an die Kirchentagsattraktion. Jedenfalls muss gehandelt werden. Bis 2030 soll jedes Schwimmbad ein eigenes Polizeirevier bekommen, bis 2040 zusätzlich eine Notaufnahme.

Wichtig ist, liebe Mitbürgerinnen und Bürger, dass Sie Ruhe bewahren, keine Verallgemeinerungen anstellen und sich von Hass und Hetze im Netz fernhalten.

30. Juni

»Frauenfußball. Mag ich beides.«
Leser ***

* * *

Seenotrettung bedeutet, ein seeuntüchtiges Schiff, auf dem sich Menschen befinden, die es offenbar mit dem Vorsatz bestiegen haben, gerettet zu werden, an die nächstgelegene Küste zu bringen. Alles andere ist *Schlepperei.*

* * *

Paintball nennt sich ein Geländespiel, bei dem womöglich etwas infantile Männer mit Farbmunition aufeinander schießen; wer getroffen wird, scheidet aus. Die deutsche Version heißt *Brownpaintball* und ähnelt dem Völkerball, das heißt, es darf nicht jeder schießen, aber alle außer den Schützen kommen als Ziele infrage, und wer nicht ausweicht oder sich rechtzeitig zu Boden wirft, ist draußen. Zurückschießen oder -werfen ist gegen die Spielregeln und gilt nicht. Geschossen wird in der Regel von Schreibtischen in Zeitungsredaktionen, TV-Journalen und Amadeu-Stiftungen; zuweilen reihen sich auch Parteifunktionäre, Intendanten oder Kirchenvertreter unter die Jäger. Ein Verletzungsrisko besteht nur für die Getroffenen.

Vor kurzem ist eine *Brownpaintball*-Partie – meines Wissens erstmals – in der Bildenden Kunst thematisiert worden, und zwar von Deutschlands berühmtesten Maler, von Neo Rauch. Das heißt, Rauch hat ein Bild gemalt, das einen Mitspieler darstellt. Es ist kein schönes Bild, aber es ist auch kein schöner Sport. Das Opus ist auf der Webseite *Anbruch. Magazin für Möglichkeiten*, so beschrieben:

»In dieser unzweideutigen Erwiderung sind Künstler und Kritiker offenbar zu einer Figur verschmolzen, die auf dem beengten Dachboden mit ihren eigenen Fäkalien eine Silhouette auf die Leinwand schmiert, deren rechter erhobener Arm in Richtung des Atelier-Fensters ausgerichtet ist, durch das Hitler von außen aufmerksam – und womöglich auch mit Genugtuung ob seiner unverminderten Gegenwart im bundesdeutschen Diskurs – hineinzublicken scheint, während sich am unteren linken Bildrand Ausgaben der taz stapeln.«

»Erwiderung« steht dort. Das heißt, mit diesem Bild reagiert der Maler auf irgendetwas. Dieses Irgendetwas biwakiert bei *Zeit.online* hinter der Bezahlschranke, und so großzügig ich mein Geld für Wein, Bücher, Restaurants oder gelegentlich an einen mir sympathischen deutschen Bettler verschwende (wie sie speziell im Reichshauptslum zuhauf lungern und zuwendungssuchend durch die Bahnen strawanzen), so sehr widerstrebt es mir, das allgemeine Zeitungssiechtum durch verantwortungslose Panikkäufe in die unverdiente Länge zu ziehen. Der Vorspann genügt ja. »Auf dunkler Scholle« lautet die Überschrift – Scholle, soviel ist klar, bedeutet Blut & Boden –, darunter folgt:

»Kunst muss autonom sein, davon waren Linke und Liberale lange überzeugt. Doch das verändert sich gerade. Jetzt treten rechts gesinnte Künstler als letzte Verteidiger der Kunstfreiheit auf«.

Ich weiß nicht, welche Linken das Hamburger Schnarchtantenblatt meint. Gramsci? Lenin? Schdanow? Lukács? Kurt Hager? Die Gruppe 47? Kevin Kühnert? Die Linke war seit je ein dezidierter Gegner der künstlerischen Freiheit, gerade Linke haben den Typus des autonomen Künstlers als Hofnarren des Kapitals, Bewirtschafter des falschen Bewusstseins, fortschrittsfeindlichen Ästheten etc. pp. verspottet, und sobald sie irgendwo herrschten, war sowieso Schluss mit der Unabhängigkeit und Freiheit der Kunst.

Die Liberalen wiederum sind längst aus dem toleranten Zeitalter der *Liberalität* in das zelotische des *Liberalismus* rochiert. Der schwarzrotgrüngelbe Allparteien-Liberalismus agiert heute illiberal gegen alles Nichtliberalistische und beteiligt sich an der Verfemung sämtlicher Künstler, in deren Werk die Ideologie des Liberalismus – Multikulti, *open borders,* Ehe für alle etc. – keinen zentralen Platz hat. Dass Kunst autonom sein müsse, ist eine Forderung, die in der westlichen Welt allenfalls zugunsten dezidiert linker Künstler erhoben wird.

Den *Zeit*-Text hat ein Kunsthistoriker namens Wolfgang Ullrich geschrieben, und auf der eben erwähnten Webseite des *Anbruch* zitieren sie ein bisschen daraus. Herr Ullrich bescheinigt dem Maler, er weiche »der verhassten Gegenwartsgesellschaft aus. Im Spiel mit leicht surrealen Bildräumen schafft er eine autonome Gegenwelt, mit viel Platz für unerfüllte Sehnsüchte.«

Das taten sehr viele Maler zu nahezu allen Zeiten, daran ist nichts Außergewöhnliches. Die *Trigger*-Vokabel lautet »verhasst«. Ich weiß nicht, ob Neo Rauch »die« Gegenwartsgesellschaft hasst, mir ist nicht bekannt, dass er dergleichen je bekundet hätte. Aber nach Blut & Boden haben wir jetzt auch Hass & Hetze im Sortiment. Die Klischees dieses sehr gewöhnlichen, aber unspeziellen Hetzers schnappen schneller ein als *Zeit*-Abonnentinnen beim Blusenkauf. Und wozu der Hass als symbiotische Klette gehört, ist ja bekannt:

»Die Distanz zur Gesellschaft lebt man nicht mehr als Bohemien aus, sondern begibt sich in eine Wahlverwandtschaft zu Reichsbürgern und Preppern, die sich in ihrem Bunker auf die finale Katastrophe vorbereiten.«

Kurz: Neo Rauch begibt sich in Wahlverwandtschaft zu Verrückten und Staatsfeinden, ungefähr so wie der Herr Ullrich zu Blockwarten und Stasi-Denunzianten. Die sogenannten Reichsbürger bestreiten die Existenz der BRD als souveräner Staat, sie tun praktisch nichts anderes als die letzten zwölf US-Präsidenten oder die EU-Kommission, aber sie sind halt deutsche Staatsbürger, und da bringt das gewisse Probleme mit sich. Ob diese Freaks wirklich so gefährlich für den Bestand der Bundesrepublik sind, wie oft zu lesen, wage ich zu bezweifeln, zumindest halte ich sie nicht für gefährlicher als die Libanesen-Clans, die Salafisten oder die Antifa. Prepper indes sind Personen, die sich in ihren Wohnungen oder wohl meist Häusern auf Katastrophen jeglicher Art vorbereiten, indem sie beispielsweise Nahrungsmittel horten, sie gelten als etwas närrisch, werden allerdings, sollte es beispielsweise einmal zu einem deutschen Blackout kommen (»Ein Mega-Blackout wird in Deutschland wahrscheinlicher», schrieb *welt.online* am 16. Juni), als vernunftgesteuerte Genies der Vorsorge gelten.

Rauch, heißt es weiter, benutze seine Prominenz, um »das politische Klima in Deutschland zu verschieben«. Anders als Campino, Grönemeyer, Lindenberg, Böhmermann, Berben, Kebekus etc. pp., wobei ich bitte, das mit der Prominenz *cum grano salis* zu nehmen. Aber Rauch schiebt das Klima, statt sich in dessen Rettungsfront einzureihen, nach »rechts«. Eine These, »auf deren Begründung auch der aufmerksamste Leser im Weiteren freilich vergebens wartet», wundert sich der *Anbruch*-Autor. Konkreteres lesen wir demnächst im »Protest der Richard-Wagner-Geburtsstadt Leipzig« gegen eine in ihrer Mitte entartete Schule.

Der in seinem Habitus und seiner Attraktivität mit Rauchs rasch hingehauenem Bild recht famos getroffene Kotwerfer hat übrigens zuletzt ein Buch über Selfies geschrieben, dessen Klappentext sich wie eine Bewerbung bei *bento* liest:

»Die Grimassen und digitalen Nachbearbeitungen von Selfies stehen in einer langen kulturgeschichtlichen Tradition von Masken und Theaterspiel. Mit Selfies machen Personen sich selbst zum Bild; damit entsteht durch sie nicht weniger als eine neue Form von öffentlichem Leben (…). Der Kulturwissenschaftler Wolfgang Ullrich zeigt, dass Selfies als erster Typus einer demokratisierten wie auch einer globalisierten Bildkultur gelten können und dass sich in ihnen lang gehegte Utopien erfüllen.«

Denunziantentum »gegen rechts« und Narzissmus, diese Verbindung ist enorm *en vogue*; ein paar unappetitliche Prototypen habe ich aufgezählt. Aber die Konkurrenz ist zahllos, und niemand wird sich den Namen dieses Fliegengewichts merken müssen.

***

Was macht eigentlich die Intelligenzpresse? Zum Beispiel solche Überschriften: »AfD-Wähler sind keine Mörder / Von Wolfgang Kubicki« (*faz.net* von heute).

1. Juli

»Das Erste« – also die ARD – twittert: »Die Redaktionen der Talksendungen bemühen sich insbesondere, AfD-Vertreterinnen (sic!) kein Forum für ihre Zwecke (sic!) zu bieten. Je nach Thema ist es aber von Fall zu Fall nötig, AfD-PolitikerInnen selbst zu Wort kommen zu lassen.»

***

»Claudia Roth: So sehen Endstadien aus.«
So etwas unhöflich, aber aus entomologischer Sicht überaus präzise, Maximilian Krah

***

Wo dem Parteienklüngel Gefahr droht, naht das Verfolgende auch.

»Wann werden die Schulungszentren in den Herrenhäusern ausgehoben, in denen die Ideologen sich als geistige Brandstifter aufführen?«, ruft Sigmar der Beleibte und Beherzte zwar etwas formulierungsmonoton, aber recht ungescheut zu Rechtsbruch und Staatsterror »gegen rechts« auf, derweil der bayerische Kanzlerinnenkaminvorleger-Dioskure fordert, bei der Exorzierung der Rechten nicht nur das Recht, sondern überdies die guten Sitten zu vergessen; es dürfe mit AfD-Vertretern nicht einmal »zum Kaffeeplausch« kommen, und grüßen solle man die Hexen und hinkenden Teufel auch nicht. Während die Union für das Armageddon gegen rechts derweil, wenngleich etwas verdruckst und verlegen, Seit‹ an Seit‹ mit der Antifa schreitet, will der CSU-Chef auch in den ihm ohnehin eher unbehaglichen Belangen der Manieren zu Rot-Grün aufschließen, denn das Nicht-Grüßen der Schwefelparteiler gehört dort zum antibürgerlichen Standard wie der Verzicht auf Make-up oder Krawatte unter den vielgeschlechtlichen progressiven Mandatsträgern.

Söder und Gabriel, diese Präzeptoren des Pluralismus, haben neben ihrer tendenzkonformen Aversion gegen den jeweiligen Paria viel gemeinsam: Beide sind knalldeutsche Plebejer, habituelle Bauernbuben in Funktionärsschuhen, die Gnade der späten bzw. westlichen Geburt hat sie davor bewahrt, in einem echten Regime die Opposition zu bekämpfen und Hausdurchsuchungen anzuordnen, beiden eignet etwas Aggressives, Dröhnendes und zugleich Lauerndes, Verschlagenes. Beiden ist anzusehen, wie schwer ihnen die Selbstkontrolle fällt, beide wissen sich nicht zu bewegen, weil sie fürchten, dass man ihnen sofort das piefige Milieu anmerkt, dem sie entstammen, beide sind unkultiviert, ungebildet, langweilig, beide sind Platitüdendrescher, in deren Waschbretthirnen außer taktischen Erwägungen nie ein eigener Gedanke vorstellig wurde. Beide geben sich nassforsch, sind aber tatsächlich feige bis in die Bandscheibenschäden. Beide sind die Inkarnation dessen, was der Schwurbelant Adorno den »autoritären Charakter« nannte und man bei der *Zeit* bis heute den »hässlichen Deutschen« nennt. Niemandes Auge ruht mit Wohlgefallen auf ihnen. Wer wollte solche Figuren an seiner Mittagstafel haben? Ein Kaffee wäre wahrlich das Äußerste, was man sich an Höflichkeit und entgegenkommender Zivilität abringen könnte …

* * *

Es ist ein großer Unterschied, ob ich mit der oder gegen die Regierungslinie hetze, aber es bleibt Hetze. Herr Tauber etwa ist ein Hetzer *par excellence*. Mit solchen Figuren kann es keinen Frieden geben, sie sinnen durchaus auf die Vernichtung der bürgerlichen Existenz von Anders- oder überhaupt Denkenden, auch wenn sie ohne den Schutz von Macht und Mehrheit sofort zu winseln anfangen würden. Wer sich die deutsche Öffentlichkeiten anschaut – in den USA ist es ja noch schlimmer –, der sieht, dass die Gräben immer tiefer werden. Schwer vorstellbar, wer sie überbrücken oder zuschütten soll.

Wäre ich ein islamischer Radikaler, würde ich sagen: Hoffentlich geht das so weiter, hoffentlich fangen sie irgendwann an, sich die Schädel einzuschlagen. Was ist leichter zu übernehmen als eine in sich zutiefst gespaltene Gesellschaft?

2. *Juli*

»Weltoffen«: anderes Wort für sturmreif.

* * *

Inzwischen haben auch die Straßenbahnen Monitore, und soeben erfuhr ich nahezu unausweichlich, dass irgendein Hollywood-Sternchen heute Geburtstag hat (und nicht etwa Gluck oder meinethalben Hermann Hesse, die sind ja auch tot); in der nächsten Sequenz ward mitgeteilt, dass der »Ellen-Ammann-Preis« diesmal an eine Frau verliehen wurde, die »geflüchtete Frauen und Kinder« aus den Massenunterkünften rette. Dort seien sie nämlich »großen Gefahren ausgesetzt. Jana Weidhaase will sie vor Übergriffen bewahren«, wie nahezu wortgleich der *Süddeutsche Beobachter* mitteilt. Aber warum? Vor den Gefahren sind sie doch geflohen und glückhaft gerettet worden. Sind schon wieder Nazis, Reichsbürger, Pegidisten am hyänenhaften Werk? Nein, die Gewalt kommt von drinnen. »Massenunterkünfte sind allein durch ihre Struktur gewaltfördernd«, sagt die Preisträgerin, das gelte für jede Art von Gewalt, nicht nur für sexualisierte. Falls jemand glaubt, es habe etwas mit den Insassen zu tun – nicht die Spur! Sie sind wohl Rassist? Wenn die Geflüchteten erst mal mit Haupt- und Nebenfrau in der Sozialwohnung residieren, gibt auch der böse Trieb nach der Tochter im Zimmer nebenan Ruhe. Außerdem: Was meinen Sie denn, wie es auf der »Gustloff« zuging! Ein *Gang Bang* nach dem anderen, erst SS, dann Wehrmacht, dann Arbeitsdienst, aber hallo!

PS: »Sehr geehrter Herr Klonovsky, obwohl damals Kind, kann ich mich noch recht gut an 1989 erinnern. Da wurden auch viele ›Geflüchtete‹, übrigens wie 2015 überwiegend über Ungarn oder die Tschechoslowakei kommend, in westdeutschen Massenunterkünften wie Turnhallen oder unterbelegten BePo-Kasernen untergebracht. Allerdings kamen mir damals weder von Eltern- noch Medienseite irgendwelche Berichte über sexualisierte Gewalt in diesen Behausungen zu Ohren. Mir stellt sich also die Frage: Wie können sich Massenunterkünfte in 30 Jahren so zum Negativen entwickeln? Ich denke, da liegt ein gesamtgesellschaftliches Versagen unbekannten Ausmaßes vor.«

* * *

Der Bundespräsident hatte die Wahl zwischen den Zahlen des BKA und denen der *Amadeu Antonio Stiftung* und hat sich seriöserweise für Letztere entschieden, die Überlegenheit der Stasi-Ermittlungsmethoden noch im Nachhinein anerkennend. »Fast 200 Menschen sind seit 1990 zu Opfern rechtsextremer Gewalt geworden. Dazu kommen zunehmende antisemitische Angriffe«, erklärte Steinmeier bei einer Rede zum 70 Jahrestag der *dpa* (die er vielleicht ein paar Hascherln, aber nicht mir, der ich 25 Jahre in dieser Branche gearbeitet habe, als objektive

Nachrichtenagentur verkaufen kann). Das BKA spricht übrigens von 75 Todesopfern bis 2015. Was den zweiten Satz Steinmeiers angeht, der mit dem ersten so gut wie nichts zu tun hat: Da versucht mal wieder einer, den Nationalsozialisten Katyn ins Kerbholz zu furchen, denn von wem die antisemitischen Angriffe verübt werden, weiß jeder inclusive des verheuchelten restdeutschen Ersatzkönigs. Die Taten derjenigen, die unsere flotten Rechtextremisten gern außer Landes jagen würden, den Rechtsextremen selber zuzuschreiben, ist natürlich ein echter Coup, wie ihn bekanntlich schon Gerhard Schröder mit seinem »Aufstand der Anständigen« inszenierte, nachdem zwei Araber eine Synagoge in Düsseldorf angegriffen hatten.

Wie viele Todesopfer die migrantische Gegenseite in diesem »molekularen Bürgerkrieg« (H. M. Enzensberger) produziert hat, erwähnt Steinmeier naheliegenderweise nicht; die Zahl ist seit 1990 gewiss ins Vierstellige gewachsen, und irgendwie sind das auch alles Opfer rechter Gewalt. Der Kampf rechts gegen rechts steht erst am Anfang.

***

Am Sonntag hielt ich in der Nähe von Bamberg bei einem Treffen der Jungen Alternative eine Rede, die sich mit der reizvollen Frage beschäftigte, wie »konstruiert« ein Etwas namens »Volk« sei. Also mit der Frage, ob Heribert Prantl, wenn er morgen zu den Tsonga auswanderte, einen Lendenschurz aus Ziegenfell anlegte, Fußrasseln umbände und sich in den Fruchtbarkeitstanz einreihte, fortan ein Bantu wäre. Unmöglich kann ich den geneigten Besucher des kleinen Eckladens bei diesem herrlichen Wetter mit dem gesamten, im Grunde nur aus Abschweifungen bestehenden Text traktieren. Nur einen kurzen Auszug will ich hier einrücken. Nämlich:

Dass diese Frage sozusagen in der Luft liegt, hängt damit zusammen, dass der momentane Zeitgeist in der westlichen Welt von Kräften bestimmt wird, die den Wunsch hegen, dieses Etwas namens Volk möge als ein Konstrukt *gelten*, weil es dann leichter abgeschafft werden kann. Wo es kein Volk gibt, gibt es nämlich auch keine Heimat, und wo es keine Heimat gibt, darf sich jeder heimisch fühlen. Es handelt sich also um einen normativen Gedanken, dessen Vater bzw. Elter 1 der Wunsch ist. Ein reines Konstrukt kann man ja nicht abschaffen. Der Zweck des Konstruktivismus ist nicht die Konstruktion, sondern die Dekonstruktion.

Wie alle Flüsse ins Meer strömen, sollen sich alle Völker und Nationen in den Ozean der Weltzivilisation ergießen und vereinen. Mag sein, dass nicht nur die linken Globalisten und die internationalen Konzerne das so wünschen, sondern auch der Weltplan dergleichen vorsieht. Dann wird man aber, um in diesem Bilde zu bleiben, konstatieren müssen, dass es die Flüsse tatsächlich gibt. Die progressivsten unter den Gesellschaftsozeanographen indes behaupten, die Existenz verschiedener Ströme sei halb Einbildung, halb Ideologie, vereint zum Vorurteil, alle Wasser seien gleich, alle flössen längst im selben Delta. Sie bestreiten sogar, dass ein Unterschied zwischen Süß- und Salzwasser besteht.

Wie konstruiert also ist »Volk«? Der erhebliche und auch nachhaltige deutsche Denker Robert Habeck zum Beispiel hat gesagt, es gebe kein deutsches Volk. Wenn das stimmt, dann gibt es keine verallgemeinerbaren deutschen Eigenarten, denn wer sollte sie besitzen? Ich habe verschiedene Gründe, darüber nachzudenken. Zum Beispiel, weil ich ein Mitglied und das vergleichsweise machtlose Oberhaupt einer multiethnischen, multireligiösen Familie bin, die mein Bruder inzwischen bis nach

Tansania ausgedehnt hat. Aber der eigentliche Grund besteht darin, dass man mit dieser These versucht, mir etwas wegzunehmen. Unter uns hellideutschen Betschwestern kann ich ausnahmsweise verraten, was.

Fast alles, was ich hasse, ist deutsch. Fast alles, was mich anwidert, ist deutsch. Fast alles, was ich verachte, ist deutsch. Wenn es dieses Deutsche nun gar nicht gibt, wie immerhin ein Mann behauptet, der deutscher Kanzler werden will, Kanzler eines Konstrukts gewissermaßen, dann bin ich wahrnehmungsgestört und muss sofort zum Psychiater. Und zum Augenarzt. Sogar meine Nase und meinen Gaumen müsste ich kontrollieren lassen. Vielleicht bilde ich mir nur ein, dass ich Wein trinke, und tatsächlich ist es Kommodenlack.

Einstweilen wehre ich mich gegen die Unterstellung, dass ich verrückt bin und Gespenster sehe. Was mir im Reichshauptslum Berlin entgegenkommt, den linken Teil des Schädels kahlrasiert, blaue Strähnen rechts, ein Pfund Blech gleichmäßig im Gesicht verteilt und ansonsten großzügig tätowiert, im Unterhemd, mit zerfetzter Jeans, Wagner für einen Pizzafabrikanten und den Kapitalismus für den Weltfeind haltend, aber für einen Sexisten immer noch irgendwie als weiblich erkennbar, ist erstens kein Konstrukt und zweitens: deutsch! Der Internetauftritt der grünen Jugend, eine Hüpfburg hysterischer Kretins und geschlechtsneutraler Teletubbies, neben der ein Zigeunerhaus wie eine Palladio-Villa wirkt: deutsch! Der Staatskirchenparteitag der Mösenmaler: deutsch! Die tägliche schwarze Messe um das Alien aus Braunau und seine unsühnbare Teufelsherrschaft: deutsch! Die Gier nach Gleichheit, die Verhöhnung des Besonderen, Artifiziellen, Verfeinerten: deutsch! Die Bereitschaft, im Kollektivrausch politischen Übergeschnappten zu folgen und sich den Kopf lustvoll an der dicksten Wand einzuschlagen, ob nun 1918, 1941 oder 2015: deutsch! Infantile Horden, die durch die Straßen laufen und skandieren: »Hoch mit dem Klima, runter mit der Kohle!«: deutsch! Schamlosigkeit und Vulgarität, verkauft als Authentizität und Natürlichkeit: deutsch! Anton Hofreiter, Sascha Lobo, Konstantin Wecker und Claudia Kipping-Eckardt: deutsch! Fernstenliebe aus Mangel an Nächsten, kinderlose Frauen, die eigene Kinder unter Klimaschädlinge rubrizieren, aber afrikanische Kinder am Bahnhof mit Teddys begrüßen: deutsch! Klassikkonzertbesucherinnen, die in die Jahre gekommen sind, jedoch nimmermehr auf die Idee, sich ihre Haare frisieren oder gar färben zu lassen: deutsch! Intellektuelle, die im Ausland nicht deutsch reden, weil sie sich dafür schämen, als Deutsche erkannt zu werden: deutsch! Überhaupt, diese ganze verklemmte Selbstablehnung, diese Streberei im endgültig Besiegtsein, diese Wollust, sich in Europa oder gleich der ganzen Welt aufzulösen, das sich-Suhlen in nationaler Minderwertigkeit, durchdrungen vom Größenwahn, dergleichen sei moralisch vorbildlich: deutsch! Windräder hineingerammt in Caspar-David-Friedrich-Landschaften: deutsch! Ungeschminkte Frauen auf flachen Sohlen, die mehr Nahrungsmittelunverträglichkeiten kennen als unsereins Stellungen: deutsch!

Ich breche hier ab, keineswegs weil ich erschöpft bin, ich könnte eine Stunde fortfahren. Ich habe in meinem Leben nichts Widerlicheres kennengelernt als Deutsche, und nun kommen Spitzenvertreter des widerwärtigen Deutschtums und behaupten, meine Wahrnehmung sei gestört, es gebe gar nichts originär Deutsches. Bis an den letzten Tag, den Allah für mich werden lässt, werde ich diesem Schwindel widersprechen. Deutsch sind sie, kerndeutsch, knalldeutsch, quietschdeutsch, dummdeutsch, jedenfalls deutsch! Basta!

* * *

Joe Kaeser, der sich bei jeder Gelegenheit wie ein DDR-Kombinatsdirektor im Sinne der Regierung zu Wort meldende Siemens-Chef, heißt eigentlich Josef Käser. Geboren wurde er in einer niederbayerischen 2000-Seelen-Gemeinde. Als er 1980 bei Siemens anfing, hörte er noch nicht auf die Kanzlerin, wie auch, die war ja damals in der FDJ, aber nach wie vor auf seinen Namen. Ab 1994 arbeitete Käser bei zwei Siemens-Tochterfirmen in Kalifornien. »Seit seinen USA-Aufenthalten«, belehrt uns *Wikipedia,* »nennt er sich Joe Kaeser.« Offenbar war ihm seine Herkunft peinlich geworden. Der deutsche Provinzler in seinem dunklen Drange nach Internationalität ist doch ein immer wieder rührendes Schauspiel.

* * *

Nachdem er gehört hatte, dass Versailles nach Urin stinke, weil alle Besucher des Sonnenkönigs ihr Wasser an den Außenwänden des Palastes abschlügen, befahl ein deutscher Provinzfürst seiner Dienerschaft, dasselbe an seinem Schloss zu tun, damit es wie das königliche röche. Von einer Namensänderung weiß die Fama indes nichts.

* * *

»Wenn Ihnen das deutsche Brownpaintball-Spiel zu viel wird«, schreibt Leser *** zum Eintrag zu Neo Rauch (Acta vom 30. Juni), »denken Sie bitte an von Platens Verse aus seinem Gedicht ›Es sehnt sich ewig dieser Geist ins Weite‹:

Mein Geist, bewegt von innerlichem Streite,
Empfand so sehr in diesem kurzen Leben,
Wie leicht es ist, die Heimat aufzugeben,
Allein wie schwer, zu finden eine zweite.

Doch wer aus voller Seele hasst das Schlechte,
Auch aus der Heimat wird es ihn verjagen,
wenn dort verehrt es wird vom Volk der Knechte.
Weit klüger ist's, dem Vaterland entsagen,
als unter einem kindischen Geschlechte
Das Joch des blinden Pöbelhasses tragen.

In puncto Schwierigkeit, eine zweite Heimat zu finden, bin ich nicht von Platens Meinung. Es ist sehr leicht, sich in der Schweiz (meinem gegenwärtigen Domizil), in Österreich (ich kann Ihnen insbesondere die Gegend um Graz empfehlen), in Italien oder sogar Kroatien (an der Küste kommt man mit deutsch und italienisch gut klar) heimisch zu fühlen.

Die einzige Perspektive, aus der sich Deutschland noch erträglich anfühlt, ist die von aussen.«

6. Juli

Im traulichen Oldenburg, genauer: auf den Online-Seiten der *Nordwest-Zeitung,* ist ein Skeptikerstreit entflammt. Sage mir, woran du zweifelst, und dich sage dir, ob du wirklich ein Zweifler bist, lautet der Wahlspruch. Nicht *Der Schönsten* steht auf dem Erisapfel, sondern *Dem guten Zweifler*.

»Als Wissenschaftler haben wir uns dem Zweifel verschrieben«, hebt ein Schreiben von elf Oldenburger Professoren an (es sind zumindest elf Unterzeichner). »Das ständige Hinterfragen auch unserer eigenen Forschungsergebnisse ist wesentlicher Teil unseres Berufs.« Doch gerade weil die zwei Maiden und neun Gesellen »den Zweifel zu unserer Sache gemacht haben«, könnten sie einen Artikel des *NWZ*-Nachrichtenchefs

Alexander Will nicht unkommentiert lassen. Dieser Artikel oder Essay steht hinter der Bezahlschranke und unter dem Motto: »Vermeintliche Gewissheiten haben in Deutschland Politik und Gesellschaft fest im Griff. Sie haben einen apokalyptischen Zug. Warum Deutschland – vor allem in der Klimadebatte – mehr Zweifel und Zweifler braucht.«

Unterzeichnet haben das Widerspruchspapier, wie gesagt, elf Professoren, nämlich: drei Biologen, ein Physiker, ein Mathematiker, ein Informatiker, ein Neurogenetiker, eine Historikerin, eine Linguistin, ein Mediävist und ein Philosoph. Also fünfeinhalb eventuelle Fachleute. Tut nichts weiter zur Sache, ich bin selber nur ein ahnungsloser, wenngleich quietschvergnügter Beobachter – Ich sage Ja zum Klimawandel! –, und hier soll es weniger um dessen mutmaßliche Menschengemachtheit gehen, sondern um die Zerstreuung des Zweifels daran.

»Herr Will zweifelt anders als wir: Sein Ergebnis steht fest und er sucht lediglich Möglichkeiten, Leserinnen und Leser in seinem Sinne zu manipulieren«, fahren die geisteswissenschaftlich »eingefederten« (Robert Habeck) Fünfeinhalb fort. »Er missbraucht den Zweifel, um Angst zu schüren – Angst vor einem angeblichen ›deutschen Sonderweg‹, Angst vor wirtschaftlichen Nachteilen.«

»Angeblicher« deutscher Sonderweg, das gibt anderswo Haue, fragen Sie die Neuzeithistorikerin. Aber wir wollen uns nicht die Freude trüben lassen an der Geburt einer neuen Vokabel: *Zweifelsmissbrauch*.

»Die Erkenntnis, dass die eindeutig messbare fortgesetzte Erwärmung der Erdatmosphäre zu einem massiven Klimawandel führt mit katastrophalen, ja existenzbedrohenden Folgen für die gesamte Menschheit, hat den wissenschaftlichen Zweifel längst hinter sich. Es handelt sich nicht um eine ›Meinung‹ oder eine

Doktrin oder einen Glauben – und auch nicht um Panikmache. Es ist Wissen, das in regelmäßigen Abständen von einem Gremium der Vereinten Nationen zusammengefasst wird und in dieser gesellschaftlich wichtigen Frage nicht Einzelmeinungen, sondern den wissenschaftlichen Konsens abbildet.«

Den Zweifel hinter sich zu haben, ist wahrscheinlich das zuverlässigste Mittel gegen dessen Missbrauch. Und wenn dann noch Gremien der Vereinten Nationen, in denen die glaubensfesten Länder gottlob eine solide Mehrheit besitzen, in regelmäßigen Abständen ihre Hirten- und Sendscheiben verfassen, die »den wissenschaftlichen Konsens abbilden« – wofür die UNO ja letztlich gegründet wurde, unter Wissenschaftlern gibt es diesen idealen postskeptischen Konsens ja nie –, geht es den Manipulierern, Schürern und Verschwörungstheoretisierern ans vergaunerte Leder.

Schnitt.

Während in Germania elf gegen eins gerungen wird, haben neunzig italienische Naturwissenschaftler – ein inzestuöser Zirkel ohne einen einzigen Philosophen oder anderen richtigen Denker inmitten – eine Petition an die Regierung veröffentlicht, in der sie Zweifel am Klimawandel schüren, Zwietracht säen und die Gesellschaft spalten.

Dass die Erderwärmung menschengemacht sei, steht dort geschrieben, und zwar in Versalien, »IS AN UNPROVEN HYPOTHESIS«. Die anthropogene Verantwortung für den Klimawandel, der im letzten Jahrhundert beobachtet wurde, werde ungerechtfertigt übertrieben (»unjustifiably exaggerated«), und die katastrophischen Prognosen seien »nicht realistisch«. Der behauptete Konsens der Wissenschaftler, schreiben die

Neunzig, und zwar schon wieder in Versalien: »DOES NOT EXIST. In fact, there is a remarkable variability of opinions among specialists – climatologists, meteorologists, geologists, geophysicists, astrophysicists – many of whom recognize an important natural contribution to global warming observed from the pre-industrial period and even from the post-war period to today.«

Vielleicht schickt der Oldenburger Elferrat schon mal seinen glaubensfest im gerechtfertigten Zweifel ruhenden Mediävisten vor?

9. Juli

Ein Offenburger Jurist schreibt mir: »Hier in Offenburg und Umland gab es in den letzten Jahren noch weitere Gewaltexzesse, aber alles Einzelfälle, versteht sich. Kürzlich wurden auf der Pressekonferenz des hiesigen Landgerichts die ›Jahreszahlen‹ bekannt gegeben (Wie viele Zivilverfahren ... etc.) Die Zahl der Totschlags- und Morddelikte sei im letzten Jahr um 300 % gestiegen. Den Anstieg könne man sich nicht erklären (das sagte der Pressesprecher des LG Offenburg).«

* * *

Seenotrettung: anderes Wort für die Förderung eines darwinistischen Wettrennens nach Europa. 2016 fand noch einen Siegerehrung statt (Köln, Domplatte); seither gilt die breitensportliche Maxime: Dabeisein ist alles. Teilnehmen dürfen theoretisch Afrikanerinnen und Afrikaner jeglichen Alters und sämtlicher in den Zielländern zertifizierter Geschlechter; da jedoch bei diesem Rennen jeder gegen jeden antritt, besteht das Feld fast ausschließlich aus männlichen Teilnehmern kriegsdiensttauglichen Alters.

Was aus den anderen wird? Was schert das einen Darwinisten?

* * *

»Es ist besser, Menschen dabei zu helfen, in ihrer eigenen Kultur aufzublühen, als sie dabei zu unterstützten, in ein völlig dekadentes Europa zu kommen«, sagt der (schwarze) Kurienkardinal Robert Sarah, geboren und zum Priester geweiht in Guinea. »Es ist eine falsche Auslegung der Bibel, sich auf das Wort Gottes zu berufen, um Migration zu unterstützen.« Gott habe das große Leid, welches dadurch entstehe, nie gewollt. Ähnlich sieht es der Dalai Lama. Reaktionäres Pack!

* * *

Am Rande der Nürnberger Prozesse wurde die Intelligenz der Angeklagten mittels des Wechsler-Bellevue-Tests ermittelt. Auf dessen Skalierung gilt ein Wert über 128 als »very superior«, also hochbegabt. 128 lautete der ermittelte Durchschnittswert der auf der Anklagebank versammelten NS-Führer. Reichsbankpräsident Hjalmar Schacht erzielte mit 143 Punkten den Spitzenwert. Der österreichische Kanzler und spätere Reichskommissar für die Niederlande, Arthur Seyss-Inquart, kam auf 141. Hermann Göring, seit Jahren Morphinist, brachte es immerhin auf 138, wie auch Admiral Karl Dönitz. Die weiteren Egebnisse: Franz von Papen, Eric Raeder 134, Hans Frank, Hans Fritsche, Baldur von Schirach 130, Joachim von Ribbentrop, Wilhelm Keitel 129, Albert Speer 128 (wahrscheinlich hat er sogar beim Test geblufft), Alfred Jodl bzw. Rosenberg 127, Konstantin von Neurath 125, Walther Funk, Wilhelm Frick 124, Rudolf Hess 120, Fritz Sauckel

118, Ernst Kaltenbrunner 113, und ganz am Ende naturgemäß der Journalist: Julius Streicher 106.

Zu gern läse ich vergleichbare Ergebnisse über die aktuelle Führung, gern auch, wenn mir Allah einen Wunsch gewährte, aus ähnlichem Anlass erhoben, aber jedenfalls überhaupt: Maas, Altmaier, Kauder, von der Leyen, Barley, Giffey, doch doch, das thät' mich interessieren, sogar noch darüber hinaus, Hofreiter, Göring-Eckardt, Roth, Kipping, Stegner. Ich kann mir kaum vorstellen, dass sich 'schland in diesem Punkte nicht ebenfalls nachhaltig geläutert hat …

10. Juli

Man liest in letzter Zeit Erfreuliches vom Kampf gegen Hass und Hetze im deutschen Herrgottswinkel des Weltnetzes. Eine »Initiative« namens »Verfolgen statt nur Löschen« feiert wahren Berichten zufolge nicht mehr nur sich, sondern mit ihren Anzeigen auch erste Triumphe, wenngleich noch nicht ganz klar wird, welche. Der im Felde des Hasses unbesiegte *Süddeutsche Beobachter* hat dieser Tage einen Staatsanwalt abgepasst, der in besagter Sache ermüdlich tätig ist – die Bettenauslastung in den Knästen schrammt ja dank des Goldes aus den Schiffen an der Kapazitätsgrenze –, und ihn peinlich genau befragt. »Die Beschuldigten sind extrem«, lautet die Überschrift, es geht aber noch weiter: »erstaunt, wenn die Polizei vor der Tür steht.« Denn damit hatten diese Hetzer nie und nimmer gerechnet! Sie dachten wohl, in einem Land, dessen Gerichte wegen der Asylklageflut überlastet sind, für gewissermaßen echte Delinquenten kaum mehr Zeit haben, die nichtvirtuellen Täter immer öfter laufen und sich von Clans vorführen lassen, kämen sie mit ihrem Verbalgefurze unbehelligt durch! Da haben sie sich geschnitten! An Falschparkern und Hetzern trainieren unsere Staatsdiener Härte für kommende große Aufgaben. (Außer natürlich, wenn die Hetzer und Parker Arabisch sprechen, doch das soll nicht unser Thema sein.)

Aber was genau ist eigentlich Hetze, und wohin soll die gemeine Kartoffel mit ihrem Hass? Wer das Interview-Aufmacherbild des *Beobachters* ansieht und sich vom Rücken der zumindest symbolhaft gegen »rechts« fotografierenden Beobachterin losreißt, erkennt dort lauter *Postings*, die alles Mögliche sein mögen, nur eben in den deutschen Grenzen von 2019 selten strafbar. »Gute Heimreise!«, »Grenzen dicht!«, »Schluss mit Überfremdung«, das sind normale Meinungsäußerung, deren direktes Gegenteil zwar Regierungshandeln, aber einstweilen ebenfalls nicht strafbar ist. Man erfährt leider aus dem Zwiegespräch mit keiner Silbe, was nun konkret im Netz verfolgt wird – und mit welchem Resultat für den am Ende überführten Hetzer. Und wie viele dieser Schweine schon hinter Schloss und Riegel gesetzt wurden, zu den Goldstücken quasi, den Lebenden zur Mahnung. Ist die Bilanz etwa gar nicht so doll? Liegt's an den allzu heiklen Juristen? An der Rechtslage gar?

Schauen wir zu. Am 5. Dezember 2016 veröffentlichte der Wissenschaftliche Dienst des Bundestages ein Gutachten »Hass und Hetze im Strafrecht« (Nr. 28/16), aus dem ich hier bereits zitiert habe. Der Gutachter verweist auf den Volksverhetzungs-Paragraphen (130) des StGB sowie die erwünschte Einbeziehung rassistischer und fremdenfeindlicher Beweggründe eines Täters in das Urteil gemäß des ergänzten Paragraphen 46, Absatz 2, womit »Hass- und Vorurteilskriminalität« stärker bekämpft werden sollen, und führt aus:

»Hass wird in diesem Zusammenhang seitens der höchstrichterlichen Rechtsprechung definiert als ›eine gesteigerte, über die bloße Ablehnung oder Verachtung hinausgehende feindselige Haltung gegen den betreffenden Bevölkerungsteil‹ (vgl. nur Bundesgerichtshof, NJW 1994, S. 1421). Die Grenzziehung, ab welcher Schwelle ein solches Aufstacheln zum Hass vorliegt, bedarf einer genauen Betrachtung des jeweiligen Einzelfalles.«

Als Beispiel für Volksverhetzung wird ein Urteil des OLG Frankfurt genannt, welches »ein Aufstacheln zum Hass« beim Verbreiter einer Schrift erkannte, »die sich ›gegen alle Asylbewerber in der Bundesrepublik‹ richtet und jene ›pauschal als Schmarotzer, Betrüger und Straftäter‹ darstellt, ›die sich über die dummen Deutschen lustig machen‹ (NJW 1995, S. 143). Denn ›die Verunglimpfung der Asylbewerber‹ solle hier dazu dienen, ›in der Bevölkerung vorhandene Vorbehalte und Ängste gegenüber den bei uns lebenden Migranten in Fremdenfeindlichkeit und Fremdenhass zu verwandeln‹.«

Keine Volksverhetzung im Sinne einer »Aufstachelung zum Rassenhass« indes, so habe das Verwaltungsgericht Regensburg festgestellt, sei »die Forderung nach sofortiger Ausweisung ›krimineller Ausländer‹ und ›Asylbetrüger‹. (...) Im rechtswissenschaftlichen Schrifttum wird betont, dass eine sachliche, wahrheitsgemäße Berichterstattung in keinem Fall als Aufstacheln zum Hass angesehen werden könne, auch wenn sie in tendenzieller Absicht erfolge und geeignet sei, ein feindseliges Klima gegen einen Teil der Bevölkerung zu schaffen.«

Hört hört! Hoho!

»Das geltende Strafrecht als Tatstrafrecht knüpft die Strafbarkeit stets an Handlungen, nicht allein an Meinungen, Überzeugungen oder die Täterpersönlichkeit, was oft schlagwortartig dahingehend benannt wird, das geltende Strafrecht sei kein ›Gesinnungsstrafrecht‹. Gedanken, Überzeugungen und Meinungen können für sich genommen nicht strafrechtlich relevant sein. Hass an sich mag also etwa aus moralischen Gründen abgelehnt werden, ist jedoch nicht strafbar. Auch die Qualifikation einer Äußerung als ›Hetze‹ besagt noch nichts über deren strafrechtliche Relevanz. Erforderlich für eine Strafbarkeit ist vielmehr gemäß dem Grundsatz *nullum crimen sine lege* (keine Strafe ohne Gesetz, Artikel 103 Absatz 2 Grundgesetz sowie § 1 StGB), dass sämtliche Tatbestands- und Strafbarkeitsvoraussetzungen eines bestimmten Delikts in Bezug auf Handlung und Täter vorliegen.«

Nochmals: Hoho! Ja hojotoho! Hass ist nicht strafbar, schön, dass hin und wieder jemand diese Tatsache in Erinnerung ruft – warum auch, der gute alte Hass gehört zum humanen Standardgefühlsrepertoire, er ist praktisch ein Menschenrecht, der Mensch darf hassen, er *muss* bisweilen hassen, Nazis zum Beispiel oder Grüne, Trump oder Merkel, Pinochet oder Pinocchio, was macht das für einen Unterschied? Freilich, wenn sich der Hass in der Hetze entlädt, muss dann eine Zivilisation bzw. Zivilgesellschaft nicht Grenzen setzen, egal von welchen Clowns sie gerade regiert wird? Wie kommt das Strafrecht zur Geltung?

»Während das Strafrecht als schärfste Sanktionsmöglichkeit des Staates mithin dazu dienen kann, als *ultima ratio* bestimmte Erscheinungsformen von Hetze als Symptom von Hass zu bekämpfen, erscheint es als grundlegendes Mittel gegen Hass und seine Ursachen kaum geeignet«, schließt der Bundestagsgutachter und macht also wenig Hoffnung im Sinne eines Mundwerkstätervolksgerichtshofs. Zugleich erfahren wir, dass gegen Hasser und Hetzer durchaus ermittelt wird, dass sogar Hausdurchsuchungen stattfinden – während man im trauten Heim von Gruppenvergewaltigern an der Gegensprechanlage Halt macht, wie dieser Tage in Mühlheim, nachdem »fünf Kinder und Jugendliche« eine Frau vergewaltigt hatten, die Familien zweier zwölf Jahre alter Verdächtiger aber Hilfsangebote des Jugendamtes hinter verschlossener Tür ablehnten – und dass die Staatsanwaltschaften Ermittlungsverfahren einleiten. Vor Gericht enden diese Verfahren anscheinend selten; jedenfalls liest man selten von Verurteilungen. Ich vermute, dass die Gerichte öffentlichkeitswirksame Auseinandersetzungen mit halbwegs intelligenten Leuten scheuen, die sich einen guten Anwalt leisten können, weil jeder normale, d.h. nicht sozialistisch sozialisierte Jurist weiß, welche juristische Moorlandschaft er auf wessen Geheiß betreten soll; es werden wahrscheinlich nur ein paar Hohlbirnen oder arme Würstchen angeklagt und abgestraft, damit man irgendwelche Erfolge vorweisen und im Einschüchterungs-Schleppnetz noch ein paar Dumme oder Naive mitfangen kann.

Zwei Exempel für diese These vereinte ein Artikel der *Augsburger Allgemeinen:* Ein im Netz aus Altersgründen nur mit Worten herummessernder Rentner, der obendrein verfassungsfeindliche Symbole gepostet hatte, erhielt eine Bewährungs- und Geldstrafe; ein psychisch kranker 32-Jähriger, der immerhin mit Anwalt und Betreuer vor Gericht erschien, der Gazette zufolge wegen jahrelangen Alkohol- und Drogenkonsums »an Depressionen und einem Angstsyndrom« laboriert, »Angst vor Tageslicht« hat (wie fast alle Rechten), aber auch »vor großen Plätzen und vor vielen Menschen«, der seinen Beruf als Altenpflegehelfer nicht mehr ausüben kann und im Suff angelegentlich einer Gruppenvergewaltigung, von welcher er lediglich erfahren hatte, Geflüchtete bzw. Schutzsuchende als »Untermenschen« bezeichnete, wurde zu einer milden Geldstrafe in Höhe von 900 Euro verurteilt, weil die Richterin sowohl der Aussage eines Volkspolizisten Glauben schenkte, bei dem Angeklagten seien keine Hinweise auf eine rechte Gesinnung gefunden worden, als auch dem Urteil des psychiatrischen Gutachters folgte, der Mann sei vermindert schuldfähig. Die Richterin sprach von einer »spontanen Einzeltat«. Deutschland erzielt den Ehrentreffer!

Freunde der Hetze, sofern ihr euch einen Anwalt leisten könnt und intelligent genug seid, von Kollektivzuschreibungen abzusehen, bleibt standhaft!

11. Juli

Es gibt eine tiefe Gemeinsamkeit zwischen den Willkommenskulturschaffenden und den Nationalsozialisten: die Überzeugung, den anderen Völkern überlegen zu sein, damals rassisch, heute moralisch.

***

Gefunden auf *Twitter*: »Wenn wir Ossis gewusst hätten, dass zu den Bananen die ganzen Pflücker mitkommen, dann hätten wir weiter Rhabarber gefressen.«

***

Der Terminus »Gruppensex« wird derzeit völlig neu codiert.

***

»Die Kandidatur von Frau von der Leyen für die Position der EU-Chefin ist nicht die letzte Spitzenposition, die von

Deutschland besetzt werden soll: die vereinbarte Neuauflage der Karlsbader Beschlüsse (erlassen nach Ermordung eines Konsuls durch einen Corps-Studenten und judenfeindlichen Ausschreitungen) wird durch eine kompetente EU-weit tätige Behörde umgesetzt. Dem Vernehmen nach wird die neue ›Zentraluntersuchungskommission‹ über eine/n deutsche/n Präsident*in verfügen. Im Gespräch sind Anetta Kahane, Heiko Maas, Dietmar Bartsch sowie Claudia Roth. ›Mit Karlsbad II sichern wir Toleranz und Vielfalt der europäischen Gesellschaft‹, sagt Claudia Roth, Die Grünen. ›Mit dem Verbot der Burschenschaften, Überwachung der Universitäten, Schließung der Turnplätze, Zensur der Presse sowie Entlassung und Berufsverbot für rechte Professoren zeigen wir, daß moderne Demokratien kein wehrloses Opfer demagogischer Umtriebe sein müssen‹.«
(Leser ***)

ZDF-Chefredakteur Peter Frey sieht es ähnlich. Auf einer Podiumsdiskussion anlässlich von »70 Jahre dpa« am 1. Juli in Berlin trug er vor:

»Es geht um Regulierung, weniger auf einer ökonomischen Basis … Es ist sehr wichtig, dass die Politik national und vor allem europäisch sozusagen die Leitplanken definiert, was auf diesen Plattformen zu veröffentlichen ist, welchem Wertekontext dort eigentlich gefolgt wird, und am Ende werden wir auch nicht um eine Art von Aufsicht, wie auch immer die aussieht, herumkommen. Dass diese Plattformen so tun, als seien sie total neutral, nur wer publiziert, ist dafür verantwortlich, das führt doch zu den Spaltungstendenzen, zu den zerstörerischen Tendenzen in der Gesellschaft.« Und Spaltung (früher: Pluralismus) ist staatsbediensteten deutschen Konsensvollstreckern zutiefst zuwider.

Der Verfassungsschutz möchte da nicht nachstehen, vor allem unter seinem neuen Zäpfchen von Chef nicht: Die »Identitäre Bewegung« wird seit heute als »rechtstextremistisch« eingestuft, ungefähr wie auf der anderen Seite die ab ca. Bundestagsmitte allseits geschätzte Antifa, wenngleich die Schlapphüte einräumen müssen: »Von Gewaltaktionen sieht die Gruppierung zwar ab, führt aber Aktionen durch, die offenbar Angst vor Migranten auslösen sollen, vor allem vor solchen mit muslimischem Glauben.« *

Und ich dachte immer, solche Aktionen führten die Radikalen unter den Moslems selber durch (ich dokumentiere hier seit Jahren zumindest eine Auswahl davon)! Man lernt halt permanent dazu. Die IB vertritt in etwa die Ansichten Orbans, Salvinis, der dänischen Sozialdemokraten, Trumps etc. pp., sie steht deutlich links von beispielsweise der südafrikanischen, iranischen, saudischen, sogar der japanischen Führung. – Deutschland 2019: Eine national und vor allem international isolierte, sich in die Enge getrieben fühlende linksgrüne Canaillokratie, auf dem letzten Loch unappetitliche Geräusche von sich gebend. Und wir können sagen, wie seien mittendrin, statt nur dabei gewesen!

* Wodurch ein gewisses Problem sich aufbaut, wie Leser *** anmerkt. Der NRW-Verfassungsschutz warnt vor Salafisten und Muslimbrüdern, löst also bei Unbedarften Angst vor Migranten aus (denn als Eigengewächse kommen diese forschen Diener Allahs hierzulande ja noch nicht vor). Wird jetzt das Bundesamt für Regierungsschutz seinen nordrhein-westfälischen Flügel als »Verdachtsfall« einstufen müssen?

13. Juli

Die Einstufung der Identitären Bewegung (IB) als rechtsextremistisch lässt sich kaum anders interpretieren denn als eine auf das Dominoprinzip vertrauende staatliche Einschüchterungsmaßnahme gegen die rechte Opposition – die IB agiert völlig gewaltfrei und vertritt Positionen, die in mehreren EU-«Partnerländern« Regierungshandeln sind –, und so wurde der Verfassungsschutzbescheid von anderen Regierungsschützern prompt verstanden. »Wer A sagt, muss jetzt auch B sagen, wer die Identitäre Bewegung für rechtsextremistisch hält, kann die AfD nicht mehr länger außen vorhalten«, kommentierte der bedeutende ARD-Schädlingsbekämpfer Georg Restle, die Cowpersche Drüse im Vollbetrieb, für die *Tagesthemen* und forderte, einmal in Fahrt gekommen, der AfD »keinen Raum, keine Bühne und erst recht keine Stimme« zu geben. Johannes Kahrs vom SPD-Restle, Hobby-Kammerjäger aus Leidenschaft auch er, rief via *Twitter* zur Säuberung auf: Die größte – und, wie viele meinen, einzige – Oppositionspartei möge verboten, ihre Mitglieder, sofern verbeamtet, stracks aus dem Beamtenverhältnis entfernt und, wollen wir doch hoffen, dem Volkszorn überantwortet werden. Darauf einen Dujardin!

Mir persönlich ist die IB grundsätzlich sympathisch, weil ich ein Herz für stigmatisierte, diskriminierte und verfolgte Minderheiten habe, zumal wenn die Nessoshemd-Träger nicht jammern, sondern Zivilcourage zeigen. Allerdings kenne ich kaum ein IB-Mitglied persönlich, ich kann mich nur mit dem idealtypischen, nicht mit dem konkreten Identitären solidarisieren, aber wenn irgendwo Martin Sellner am Pranger steht, stell' ich mich daneben.

Deshalb – keineswegs nur, aber auch deshalb – ist es für mich übrigens unmöglich, einer Partei beizutreten. Kollektive Unvereinbarkeitsbeschlüsse kann ein Intellektueller und *homme de lettres* schwerlich akzeptieren. (Stellen Sie sich nur einmal vor, ich wäre jetzt zum Beispiel Mitglied der FDP oder der CSU, also von zwei Parteien, deren Verfolgung und Verbot schöne Seelen wie Restle oder Kahrs *nicht* fordern, wie peinlich wäre das denn! Man könnte glatt auf den Verdacht kommen, selber ein Lump zu sein ...)

Wenn diese von Tag zu Tag an habitueller Naziähnlichkeit zulegende Meute weiter Fährte und Witterung aufnimmt, muss man wohl bald ausrufen: Tragt ihn mit Stolz, den blauen Fleck!

* * *

Dem unter verschiedenen Autorennamen arbeitenden *Spiegel online*-Kolumnengenerator fällt allmählich auch nichts mehr ein. Der aktuelle Text, diesmal unter dem Pseudonym Ferda Ataman veröffentlicht, perpetuiert einmal mehr die von Wolfgang Benz bis Aiman Mazyek, von Claudia Roth bis zu Recep dem Prächtigen taktisch geschätzte Unterstellung, die Muslime seien die Juden von heute. Der Kommentar hebt an mit einem zehn Jahre und hunderte Messermorde zurückliegenden Messermord, dessen ragende Besonderheit darin bestand, dass der Täter kein Moslem war, und wuchtet alsogleich den besagten Vergleich ins Weltnetz:

»Können Sie sich vorstellen, dass Journalisten eine Gruppe namens ›Patriotische Europäer gegen die Verjudung des Abendlandes‹ als ›judentumskritische Bewegung‹ bezeichnen und in Talkshows einladen? Nein? Ich auch nicht. (Es ist amüsant, wenn Automaten »ich« sagen – M.K.) Aber mit ›Islam‹ geht das (...) Ich bekomme manchmal Leserzuschriften, die etwa so lauten: ›Kritik an Muslimen kann kein Rassismus sein, weil Muslime keine ›Rasse‹ sind. Sie verharmlosen damit die

Nazi-Gräuel.‹ Interessanter Punkt. Wer war denn das Feindbild Nummer eins der Nazis? Damals galten ›die Juden‹ als der Untergang des deutschen Abendlandes – pardon, Vaterlandes.«

Es ist in einem gewissen Sinne unfair, dass ich als der Garri Kasparow der rechtspopulistischen Publizistik ständig gegen Automaten antreten muss, aber was soll's, deren Programmierer sind nicht die Hellsten, und um die Selbstlernfähigkeit ist es auch nicht besonders gut bestellt, so dass ich mich mit Standardzügen begnügen kann:

Juden im Reich 1933: etwa 500 000. Muslime in Deutschland heute: mindestens sechs Millionen. Jetzt bitte vergleichen: Wie viele Nobelpreisträger, Erfinder, Professoren, Ärzte, Komponisten, Autoren, Künstler etc. pp. gab es 1933 auf der einen und gibt es 2019 auf der anderen Seite? Umgekehrt: Wie viele Sozialhilfeempfänger, Terroristen, Gefährder, Messerstecher, Vergewaltiger etc. pp. gab es 1933 auf der einen und gibt es 2019 auf der anderen Seite?

Der Vergleich *Drittes Reich-BRD 2019* mag bei der Analyse gewisser regierungskonformer Meuteninstinkte hilfreiche Parallelen zutage fördern, aber bei der Behandlung von Juden und Muslimen führt er lediglich zu der nicht besonders sensationellen Einsicht in deren nahezu völlige Inkommensurabilität. Dafür bringt er aber etwas ganz anderes zur noch volleren Deutlichkeit, nämlich was für verachtenswerte Banditen die Nationalsozialisten waren und was für bedauernswerte Dummköpfe die Willkommenssozialisten sind.

***

»Hitlers Aussehen, als er an jenem Nachmittag (am 24. Februar 1945 – M.K.) den Saal betrat, schockierte viele Gauleiter (…) Sein körperlicher Zustand hatte sich während der letzten sechs

Monate stark verschlechtert. (...) Die linke Hand und der linke Arm zitterten unkontrolliert. Sein Gesicht war ohne jede Farbe, seine Augen blutunterlaufen, mit Tränensäcken darunter.«
Ian Kershaw, *Hitler*, Bd. 2, S. 1008

* * *

»Eine von Realitätsferne geprägte Stimmung herrschte zum Teil auch im Verwaltungsapparat von Partei und Staat. Die (...) Staatsbürokratie war mit den praktischen Problemen eines verlorenen Krieges konfrontiert, hatte mit akuten Nöten der Flüchtlinge aus dem Osten fertigzuwerden, mußte Wohnungen für ausgebombte Städter beschaffen und sicherstellen, daß öffentliche Dienstleistungen weiter funktionierten. Dabei wurde sie durch wiederholte Zusammenbrüche im Post- und Eisenbahnwesen massiv behindert. Der spröde und langjährige Reichsfinanzminister Lutz Graf Schwerin von Krosigk schloß beispielsweise Ende März Pläne für eine Steuerreform ab. Als bestünde eine Chance ihrer Durchführung, monierte Goebbels: ›Dieser Entwurf ist mir zu unsozial.‹ Ihn störte die Betonung der Verbrauchssteuer, die im Gegensatz zur Einkommenssteuer die Masse der Bevölkerung treffen würde. Daß große Teile des Landes zu dieser Zeit bereits vom Feind besetzt waren, schien bedeutungslos.«
a. a. O., S. 1018/1019

* * *

»Warum«, fragt Leser *** zu meinem Eintrag über einen Artikel des *Süddeutschen Beobachters* mit der Titelzeile: »Die Beschuldigten sind extrem erstaunt, wenn die Polizei vor der Tür steht« (*Acta* vom 10. Juli), »warum fällt mir zu dem obigen Artikel das folgende Zitat von Churchill ein: ›Wenn es morgens um sechs

Uhr an meiner Tür läutet, und ich kann sicher sein, dass es der Milchmann ist, dann weiß ich, dass ich in einer Demokratie lebe.‹ Warum nur?«

* * *

Ob die Polizei auch bald bei der Journalistin und jahrelangen Flüchtlingshelferin Doris Ammon klingelt, die Folgendes zu Protokoll gibt?

»Sie haben *null* Vorstellung davon, was das heißt, hier zu leben und zu arbeiten, wie viele Mühen, Umstellungen usw. es kostet – auch die Deutschen glauben, ein Sprachkurs und ein bisschen Zeit genügt. Welche heillose Unterschätzung und Überforderung! Wir sprechen hier von Menschen, die gar nicht oder nur ganz wenig Zeit in der Schule verbracht haben und die zu 80 Prozent nicht mal ihre Muttersprache lesen und schreiben können!

Und sie haben auch keinen Schimmer, dass wir als Deutsche Anpassung und Integration fordern und warum, und sie sehen es auch nicht ein, weil sie nie gelernt haben, über die Relativität von Kulturen nachzudenken oder überhaupt über irgendetwas ›logisch‹ oder auf der Metaebene nachzudenken. Hart, aber wahr und oft erlebt! Sie erwarten hier weiter zu leben wie dort unten auch, nur reicher. Sie wissen nicht, dass man hier deutsch spricht, sie erwarten ›kaltes Wetter, aber weniger als 20 Grad wird es nicht werden‹, sie denken, sie können hier als Schneider von Wallegewändern gut Geld verdienen, oder sie haben von vornherein nicht die Absicht, hier zu arbeiten und sagen, Allah wird ihnen ein Einkommen bescheren.«

* * *

»Reaktionäre Konservative wie (Karlheinz) Weißmann teilen eine grundsätzliche Überzeugung der Aufklärung nicht: dass alle Menschen frei und gleich geboren sind und gleiche Rechte haben.« Also sprach Jakob Augstein, der sich immerhin mit einem dieser Schwefelbuben aufs Podium gesetzt hat. Aus einem einzigen Sätzchen lugen Lüge und Lücke in traulicher Harmonie. Kein zumindest mir bekannter Konservativer ist nicht der Meinung, dass alle Menschen frei geboren sind und die gleichen Rechte haben. Es fehlt freilich ein Wörtchen zum Geltungsbereich dieser Aussage. Augstein meint wahrscheinlich – und mit ihm Kanzlerin, Grüne, Linke, Kirchen etc. –: Jeder in Deutschland auftauchende Mensch hat die gleichen Rechte wie jeder Deutsche. Also praktisch jeder Mensch auf Erden hat (in Deutschland) die gleichen Rechte, u.a. auf Sozialleistungen. Dieser Aufklärícht würde, wenn er gälte, das betroffene Gemeinwesen binnen kurzer Zeit in ein Notstands- und Bürgerkriegsgebiet verwandeln. Eine Diskussion mit einem arabischen Ulamā über das Freigeborensein von Frauen und die gleichen Rechte von Muslimen und Ungläubigen wäre ein hilfreicher gegenaufklärerischer Anfang (danach mit einem Zulu-Führer über die gleichen Rechte von Schwarzen und Weißen). Alle Menschen sind frei geboren, und sie genießen die Rechte ihres jeweiligen Landes; sollten sie damit unzufrieden sein, müssen sie das Recht ändern. Das Grundgesetz gilt nicht für Afrika. Die Überdehnung des Rechts im Namen der Moral zerstört mittelfristig jede Gesellschaft. Deshalb gibt es, gelobt sei Allah, den Populismus. Und der, verehrter Gevatter Augstein, muss genau so wenig konstruktiv sein, wie es der Antifaschismus war; es genügt, wenn er das zerstörerische Infame seinerseits zerstört. Danach möge er in Frieden ziehen.

17. Juli

Wen die Götter verhöhnen wollen, dem geben sie die Fähigkeit, Brillanz zu erkennen, allerdings strafen sie ihn zugleich mit der Unfähigkeit, selber brillant zu sein.

* * *

Freund *** machte mich heute darauf aufmerksam, dass Botswana zu den entwickeltsten Ländern Afrikas gehört. Im Demokratie-Index des *Economist* belegte Botswana anno 2016 weltweit Platz 27, es herrscht weitgehende Meinungsfreiheit, die Wirtschaftsleistung wächst, die Korruption ist vergleichsweise geringfügig, das Gesundheitssystem ziemlich modern, die Analphabetenquote die niedrigste in Afrika, neuerdings gibt es sogar eine kleine garantierte Rente, und die homosexuellenfeindliche Gesetzgebung wurde abgeschafft.

Nun müssen sie bloß aufpassen, versetzte ich, dass sich keine grüne Partei konstituiert.

* * *

Da er wegen seiner amerikanischen Frau zumeist englischsprachiges Fernsehen sehe, schrieb Leser *** gestern, habe er mehr oder weniger zufällig mitbekommen, dass vor 50 Jahren Apollo 11 zum Mondflug gestartet ist. »Ich schaue gerade auf einem englischen TV-Kanal weiße Menschen in der damaligen Zeit an und in den Interviews dazu, die heute mit Zeitzeugen geführt werden, fast ausschließlich weiße alte Männer.« Wahrscheinlich sei das der Grund, weshalb dieses epochale Ereignis hierzulande ignoriert werde, wegen »der weißen (und last but not least, wie der Lateiner sagen würde, deutschen ...) Meisterleistung, die nötig war, um auf den Mond zu fliegen«.

* * *

Dass der sogenannte Flynn-Effekt sich umkehrt und die durchschnittliche Intelligenz in der westlichen Welt sinkt, ist täglich zu beobachten und sei hier mit ein paar willkürlichen Medienmeldungen illustriert: Nicht nur Polizeianwärter müssen kaum mehr lesen, schreiben und rechnen können, weil sich sonst keine Kandidaten mehr fänden, sondern Abiturienten können es auch nicht mehr – und wer bezweifelt, dass dem *Etwas-nicht-mehr-Können* in Toleranzien bald ein flexibles *Etwas-nicht-mehr-Müssen* folgt? Die Abiturientenproteste gegen zu schwierige Mathematik-Prüfungsfragen waren nur ein Vorspiel, in Berlin müssen Medizinstudenten seit einiger Zeit kein Physikum mehr absolvieren, in England werden gerade die Mathematik- und Orthographie-Tests für angehende Lehrer abgeschafft, weil die sonst bei der Polizei landen würden; jede Nachrichtensendung, jede Talkshow, jede Freitagsdemo, jeder Kirchentag schafft neue Belege herbei; wann sah man derart viele dumme und unfähige Menschen in der Öffentlichkeit das Wort ergreifen? Und überhaupt:

Dass der Flynn-Effekt sich umkehrt, ist täglich zu studieren, aber warum es geschieht, wird noch diskutiert. Dass es mit dem Einbruch der Grünen und anderer Kulturmarxisten in die Bildungspolitik, in die Kindergärten, Schulen und Unis zusammenhängen könnte, diese Ursache sparen die befragten Experten meistens aus, womöglich aus autobiographischen oder -suggestiven Gründen. Geschenkt. Dass es mit der Digitalisierung zusammenhängen könnte, ziehen Intelligenzforscher immerhin in Erwägung, um zu einem entschieden unentschiedenen Urteil zu gelangen, sicher ist sicher, und die Lauen sollst du ausspeien (ich würde die These aufstellen, dass die

Digitalisierung sowohl die Dummheit der Dummen als auch die Intelligenz der Intelligenten verstärkt, also insgesamt an der Umkehr beteiligt ist).

Recht stiefmütterlich wird gemeinhin auch die Einflussgröße Migration traktiert. Dabei ist die Sache klar wie der Himmel über dem Kanzleramt: Wenn ich eine Substanz permanent verdünne, also etwa einem kräftigen Rotwein Wasser zusetze, wird er unausweichlich besser, wenn ich zugleich Geschmacksstoffe und Tannine entziehe, bleibt am Ende ein geschmackliches Wunder übrig; wenn ich hochkomplexen westlichen Bevölkerungen afrikanische und vorderasiatische Primär- und Sekundäranalphabeten hinzufüge, ihnen keinerlei Leistung abnötige, sie in ihrem Sosein bestärke und alimentiere, dann müsste es doch mit dem Schaitan zugehen, wenn es zuletzt nicht Patente, Nobelpreise und Jahrhundertdichtungen regnen würde.

* * *

Überschrift in der *Illu der Frau*, Heft 4/2019, Rubrik »Gesund & fit«: »Wie versorge ich eine Stichwunde?«

Seit 50 und mehr Jahren langweilen Frauenzeitschriften mit der ständigen Wiederholung ihrer Saisonthemen.

18. Juli

»Manchmal«, beginnt eine *Tagesspiegel*-Satire (der Akif Pirinçci würde schreiben: beginnt der Versuch des *Tagesspiegel*-Herausgebers, drei alten weißen Politikerinnen gleichzeitig ins nicht mehr rosenfingrige, wenngleich branchentypisch elastische Rektum zu kriechen, aber der schnallt ja eh nix), »manchmal, wusste Friedrich Hebbel, gehört mehr Mut dazu, seine Meinung zu ändern, als ihr treu zu bleiben. Das kann man wohl sagen. Ob sich das auch Annegret Kramp-Karrenbauer gesagt hat?«

Schon möglich. Ihr innerparteiliches und damit zugleich innerweltliches Idol jedenfalls mag sich das schon öfter geflüstert haben, derweil es seine Meinungen ähnlich mutig wechselte wie seine Hosenanzüge. Ob auch Merkel II. sich dergleichen Parölchen selber flüstert, ist insofern einerlei, als der *Tagesspiegel* es an ihrer Statt in satirischer Unverhohlenheit erledigt.

»›Die Saarländerin‹, so wird sie apostrophiert, dass es abschätzig klingt. Und so ist es auch gemeint. Kleines Land, geringe Bedeutung. Was soll die schon von Sicherheitspolitik, Bundeswehr und all dem verstehen, oder? Abgesehen davon, (…) dass Saarländer überproportional in der sogenannten großen Politik vertreten waren und sind, man denke aktuell bloß an Peter Altmaier oder immer noch Oskar Lafontaine«.

Oder, wenn wir schon an große Humoristen mit sicherheitspolitischem Weitblick erinnern, an Erich den Einzigen!

»Ein großer General braucht auch Fortüne, wusste der Alte Fritz.«

Sie werden sehen, wer hier nach Hebbel und dem großen Friedrich noch, obwohl maskulin, als wissend herbeigewuchtet wird, um Annegret Courage und den anderen beiden Golden Girls der CDU gewissermaßen von jenseits des Grabes zu sekundieren.

»Wenn es der Mut war, sich selbst notfalls zur Disposition zu stellen – dann könnte man es doch auch einen Mut zur Freiheit nennen. Sie ist so frei, diese Herausforderung anzunehmen und daran scheitern zu können.«

(Schon richtig, würde Akif Pirinçci jetzt schreiben, nur: Auf welchen Kandidaten für ein Amt hätte dies jemals nicht zugetroffen? Sogar unser Zäpfchen von *Tagesspiegel*-Herausgeber könnte in seinem Amt scheitern, wenngleich es so gut eingefettet ist, dass der Flutsch in jeden anvisierten Enddarm komplikationslos gelingen sollte.)

»Mit dem Willen, die Situation zu bestehen, aber im Wissen um die Fallstricke und die Leiden, die es verursachen kann, wenn man sich in den Dienst stellt oder stellen lässt. Hier ist die Tugend der Tapferkeit nicht mehr weit entfernt. Das hätte auch Platon gefallen, für den doch Tapferkeit zu den Grundtugenden zählte.«

Womit die Kramp-Karrenbauersche Tapferkeit praktisch & syllogistisch bewiesen wäre. Aber warum gerade Platon? Weil der »in ›Politeia‹, seiner Vorstellung vom Idealstaat, fast schon als Befürworter der Emanzipation erscheint, wollte der Philosoph doch Frauen den Zugang zu allen Ämtern öffnen. Wohlgemerkt allen.« Also auch AKK und Ursula von der Leyen ins OKW* und OKH**. (Wobei Akif Pirinçci, wenn er statt meiner auf diesen Kommentar reagierte, nun ins Gedächtnis rufen würde, dass Sokrates sich bereits im einleitenden Gespräch der »Politeia« dagegen ausspricht, einem – oder einer – Wahnsinnigen Waffen in die Hand zu geben, und wer bezweifelte, dass sogar der gelegentliche Xanthippe-Beschäler die Flintenuschi und die Fremdenführerin für vergleichsweise irre halten würde?)

»Wer frei ist, zu scheitern, ist frei, das Richtige zu tun«, rattert unsere sardonische Phrasendreschmaschine munter fort. »Umso besser für die Politik, wer den Mut aufbringt, sich dem zu stellen. Womit wir bei ihrer Vorgängerin wären, bei Ursula von der Leyen. Sie, die dienstälteste Ministerin der Bundeskanzlerin Merkel, über all ihre Jahre dabei, hat sich befreit vom bisherigen Amt, was in jedem Fall richtig war. Von der Leyen war dem Scheitern nahe. Ungeachtet ihrer geradezu soldatischen Art, Herausforderungen nicht aus dem Weg zu gehen, ihnen mit Wagemut zu begegnen. Aber genauso ist es ihre Begabung, Chancen zu sehen, wo sie sich bieten, Gelegenheiten sogar zu schaffen, die sie nutzen kann. Es erforderte, so gesehen, allein schon Mut, sich der Herausforderung zu stellen, im Europäischen Parlament gewählt werden zu wollen.«

Sie werden mir sicherlich beipflichten, geneigte Leser, dass die Karrieren der drei hier thematisierten Damen sich ihrem Ende entgegenneigen *müssen*, wenn schon der Herausgeber von Berlins nahezu führendem Regierungsblatt sich dermaßen über sie lustig zu machen wagt, dass damals im Osten die Stasi eingeschritten wäre.

Der *Tagesspiegel*-Artikel begann mit einem Hebbel-Zitat, und so will ich auch mit einem schließen: »Die deutsche Nation verteilt ihre Lorbeeren wie Ophelia ihre Blumen.«

(* Oberkommando Weltmoral)

(** Oberkommando Heilsdurchglühtheit bzw. Hitzewallungsbegleitgeschwafel)

* * *

»Ich bin Europäerin gewesen, bevor ich später gelernt habe, dass ich Deutsche bin und Niedersächsin. Und deshalb gibt es für mich nur eines: #Europa einen und stärken«, twittert eine der drei im Vorigen erwähnten weiblichen Heimsuchungen. Frau von der Leyen. Sie meint damit, sie sei als Europäerin geboren worden, denn sie kam in einer Gemeinde der Region Brüssel zur Welt. Wenn du in Brüssel geboren wurdest, bist du nämlich inzwischen automatisch Europäer, nicht etwa Belgier (*ius soli*) oder Deutscher (*ius sanguinis*). Aber, aufgemerkt nun also, niemand ist automatisch Europäer, der in Budapest, Neapel oder Berlin den Mutterschoß durchbrochen hat. Wer das Dunkel der Welt gar zu Basel oder Zürich ersterblickte, wurde nicht mal in Europa, sondern in einer sinistren Enklave hervorgekreißt. Freilich: In Brüssel-Molenbeek kannst du heute auch und sogar als Araber geboren werden. In Deutschland wiederum bekommt jeder Stress mit guten EU-Europäern, wer darauf hinweist, dieser und jener seien in Kinshasa oder Mogadischu geboren, also handele es sich nicht um Europäer, sondern einwandfrei um Afrikaner.

***

Das Auswärtige Amt twitterte seinerseits unlängst: »Es ist nachweislich nicht die Aussicht auf Rettung im Mittelmeer, die Menschen veranlasst, sich auf den Weg nach Europa zu machen, sondern Armut und Perspektivlosigkeit in ihren Heimatländern«.

Mit anderen Worten: Das Außenamt gibt hochoffiziös zu, dass es sich nicht um Flüchtlinge im Sinne des Asylrechts handelt.

***

CNN wundert sich: »Last week, 22 mostly Western countries launched the world's first major collective challenge to China's crackdown an Uyghur Muslims and other minorities.« Aber schon einen Tag später sprangen 37 andere Länder den Chinesen zur Seite und missbilligten den Appell, die Hälfte davon pikanterweise muslimisch, darunter Pakistan, Syrien, Saudi-Arabien und die Emirate. (Man muss sich das auf der verhetzten Zunge zergehen lassen: Syrien, das Land, aus dem scharenweise Muslime nach Deutschland angeblich fliehen, unterstützt Peking, nachdem die Chinesen von westlichen Staaten gerügt wurden, ihre muslimische Minderheit zu unterdrücken!)

»I was surprised that (Muslim countries) would put it in writing and put their names on it and sign a document to actually praise China«, wunderte sich irgendein Direktor irgendeines Global Policy-Centers gegenüber CNN, damit die Journalisten es nicht allein tun müssen. Es sei einen Sache, daneben zu stehen und die Klappe zu halten, aber eine andere, die Chinesen unaufgefordert und auch unnötigerweise zu unterstützen. »I think that's indicative of the influence and power that China has.«

»Stellt sich die Frage: Wie schafft es Peking, diese Länder unter seine Kandare zu bringen?«, notiert Leser ***, der mich auf die Meldung aufmerksam machte. »Oder: Wissen diese Länder, wie sinnvoll es ist, muslimischen Terrorismus zu bekämpfen?«

* * *

»Die USA markierten mit der Apollo-11-Mission ihren Anspruch als große, unangefochtene Führungsmacht der Welt. Zugleich konnten sich aber alle Erdenbürger freuen, weil plötzlich deutlich wurde, dass die Menschheit als Ganzes etwas Großartiges erreicht hatte. Jeder konnte sich in diesem Moment als Teil einer friedlichen, glücklichen Weltgemeinschaft fühlen, unabhängig von Herkunft oder Hautfarbe.« Schreibt *Spiegel online.*

Ich hatte gestern einen Leser zitiert, der sich wunderte, welch geringe Resonanz das 50. Jubiläum des Mondbetritts in hiesigen Medien hervorrief, derweil es in englischsprachigen Kanälen gefeiert wurde. Heute reichte er mir diesen Tweet der *New York Times* nach:

»The Apollo program was designed by men, for men. If we do not acknowledge the gender bias of the early space program, it becomes difficult to move past it.«

Nicht nur das Raumfahrtprogramm, die gesamte Mathematik, die gesamte Physik, die gesamte Chemie, die gesamte Technik, also auch die Druckmaschinen und Computer der *New York Times* samt deren Programmen, dem Strom, der sie betreibt, dem Haus, worin dergleichen Tweets ausgeheckt werden, und dem Medium, das sie verbreitet: alles nahezu vollständig *designed by men,* wenngleich keineswegs *only for men,* im Gegenteil, den Text hat wahrscheinlich ein Mädchen getwittert. Und es wird aber so was von *difficult to move past it.* Zum Glück!*

Doch weiter mit *Spiegel online, designed by men, only for mankind.*

»Heute, unter der Präsidentschaft von Donald Trump, stehen die USA kaum mehr für das Ideal der friedlichen, fortschrittlichen, demokratischen Weltgemeinschaft, die gemeinsam daran arbeitet, Herausforderungen anzugehen. Das Land strahlt nicht mehr.«

Dafür strahlt *'schland*! Es strahlt im Bordelltürenglitzer seiner Willkommenskultur, von den Freibädern bis zu den Notaufnahmen, es strahlt im Glanz der hohen Sprache seiner Dichter, vom singulären Grünbeinigen bis zu den Juli-Zehen, strahlt in der Brillanz seiner vielstimmigen Publizistik, seiner geschmackvollen Theaterinszenierungen, seiner abendlichen bunten Bahnhofsvorplätze, seiner fast fertiggebauten Flughäfen, seiner innovativen Wissenschaftler, ob nun in der KI-Entwicklung, der Gentechnik, der Biotechnologie, der Automobilindustrie, der Atomenergieforschung etc. pp., es strahlt im geheimnisvollen Lichterspiel seiner Gender-Lustgrotten, strahlt im Glanze einer einzigartigen und weltweit bewunderten Debattenkultur und genialischer Parlamentsreden, es strahlt, strahlt und strahlt nicht zuletzt im neckischen Farbenspiel des publizistischen Mittelstrahls, der aus der Hamburger Relotiusspitze verlässlich ins Land plätschert.

»Für große Träume ist kein Platz. (...) Wenn Trump über die seit Langem geplante Marsmission spricht, klingt das hohl und uninspiriert.«

Während Merkel und Macron längst inspiriert die Jupitermonde anvisieren.

»Im Weißen Haus sitzt ein Mann, der andere Länder zu Gegnern erklärt.«

Ungarn? Polen? Russland? Sachsen?

»Trumps niederträchtige Aufforderung an vier weibliche Kongressabgeordnete der Demokraten mit Migrationshintergrund, in ihre Herkunftsländer ›zurückzugehen‹, ist der vorläufige Tiefpunkt«.

Wobei der *Spiegel*-Kommentierer gewiss klammheimliche Freude empfände, wenn Trump dasselbe widerführe wie dem Kasseler CDU-Politiker Lübcke, der ja nichts anderes als der diabolische Donald gesagt hatte, als er Gegnern der Merkelschen Migrationspolitik empfahl, sie könnten jederzeit das Land verlassen, wenn sie mit der Regierung unzufrieden seien.

»Trump hat keine große, inspirierende Idee, die Menschen zusammenbringt. So wie einst die Mondlandung.«

Der Genosse Journalist zeigt, was er gelernt hat, und schließt mit der Rückkehr zum Ausgangsmotiv kühn den Kreis seiner erlesenen Argumentation. Die Mondlandung war allerdings eine Stellvertreterschlacht im Kalten Krieg, also eher das Gegenteil einer Idee, mit der *die* Menschen zusammengebracht werden sollten, ausgenommen freilich die unmittelbar beteiligten Wissenschaftler, Techniker und Astronauten, die, wie jeder weiß, allesamt Ländern entstammten, die derzeit ihre besten Kräfte auf den deutschen Mond entsenden, um ihn der Vielfalt zu erschließen.

»Amerika, der leuchtende Stern von Freiheit und Weltoffenheit, versinkt in einer Kloake aus Ressentiments und Hass. Statt als Vorbild gegen Vorurteile daheim und in der Welt anzukämpfen, erweckt Trump die niedersten Instinkte im Volk zu neuem Leben.«

Zum Beispiel den niederen Instinkt, Nachbarn, Mitschüler, Kommilitonen, Kollegen anzuschwärzen, weil sie in der falschen Partei sind oder mit ihr sympathisieren, um deren bürgerliche Existenz zu vernichten und den eigenen sozialen Status zu erhöhen?

»Es ist überhaupt nicht ausgeschlossen, dass Trump mit seinen Parolen auch bei der nächsten Wahl Erfolg haben wird. ›Viele Menschen finden das gut, was ich sage‹, ruft er. Und das ist leider - ausnahmsweise - die Wahrheit.«

Mein Gott, wie ich mich auf diesen Tag freue! Und auf die Kommentare erst!

* Natürlich folgte der Hinweis auf die Story der »Hidden Figures«, also jener drei weiblichen und überdies schwarzen Mathematikerinnen, ohne die der Mond quasi nie betreten worden wäre; man darf ja dem schlimmen Donald nicht das Monopol auf alternative Fakten überlassen.

Dass es brillante Mathematikerinnen, Physikerinnen etc. pp. gibt, darf als bekannt und normal vorausgesetzt werden, auch die Existenz von Marie Curie hat sich herumgesprochen, aber Geschichte ist nun einmal passiert, diese Schöpfungen sind fast ausschließlich männlich, und die derzeit crescendierende Klage, dies sei kein konstruktiver, gattungsdienlicher Vorgang gewesen, sondern ein exkludierender, Frauen und Minderheiten von den Trögen fernhaltender, ist und bleibt aggressive Zeitgeistpropaganda, unbeweisbar, aber zweckdienlich, keinem wirklichen weiblichen Talent nutzend, aber den Weg bahnend für ganze Herden von Minderbegabten.

* * *

Thorsten Hinz, der luzideste politische Analytiker der späten Bundesrepublik, schlägt in einem Kommentar den Bogen von der faktischen Aberkennung der Bürgerrechte für Mitglieder der Identitäten Bewegung in Deutschland über die Klimarettungs- und Kampf-gegen-rechts-Ablenkungsriten zur Ersatzbefriedigung gewisser juveniler Jagd- und Wellnessbedürfnisse hin zur Unterwerfung immer größerer Bereiche des öffentlichen Raums unter die Regeln unserer muslimischen Dauergäste. Man möchte jeden Satz zitieren; ich begnüge mich mit den folgenden:

»Was ist der Grund für die staatliche Repression gegen eine Organisation, die nur ein paar hundert Leute umfaßt und sich eingestandenermaßen absolut friedlich verhält? Zwei Hypothesen: Man will verhindern, daß sich hier der Nukleus für eine junge Gegenelite herausschält, die sich außerhalb vorgegebener Strukturen formiert. (...)

In der DDR wären manche von ihnen gewiß in der Bürgerrechtsbewegung gelandet; andere wären Teil der Subkultur gewesen, die das Regime als ›feindlich-negativ‹ einschätzte. Auf der Suche nach Weiße-Rose-Potential dürfte man bei ihnen leichter fündig werden als in den Stiftungen, Organisationen und Initiativen des staatsfinanzierten Antifaschismus. (...)

Zweitens will man eine wirkliche Politisierung der Jugend verhindern. Der gehätschelte Klimaaktivismus à la ›Fridays for Future‹ ist lediglich eine Spielwiese, auf der besinnungslose Springteufel und ›hüpfende Fruchtzwerge‹ (Henryk M. Broder) Widerstand simulieren und der jugendliche Rest-Thymos herrschaftstechnisch entsorgt wird. Politisierung dagegen heißt, sich der existentiellen Konflikte bewußt zu werden, die weder durch Normen noch durch unabhängige Schiedssprüche gelöst werden können.

Für die Identitären ist klar, daß die Zuwanderung aus außereuropäischen Regionen, die sie den ›Großen Austausch‹ nennen, einen solchen Konflikt darstellt, der sich in desaströsen Folgekonflikten entfaltet.«

Hinz nennt als *Pars pro toto* die in diesem Jahr besonders häufig in deutschen Schwimmbändern stattfindenden »Konfrontationen entlang ethnisch-kultureller Bruchlinien« und verweist darauf, dass der Chef der Berliner Bäder-Betriebe vorgeschlagen hat, die Konflikte von einem Imam schlichten zu lassen.

»Damit würde noch kein Scharia-Staat entstehen, aber ein weiterer Schritt zur Auflösung der bestehenden Rechtsordnung wäre gemacht, wenn der deutsche Staat, um die öffentliche Ordnung aufrechtzuerhalten, islamische Religionsvertreter als inoffizielle Hoheitsgewalt zu Hilfe ruft. (...) Damit im Innern relativer Friede gewahrt bleibt, sollen die alternden Deutschen sich in die Verhältnisse schicken, Teilrückzüge antreten, Opfer erbringen, Kollateralschäden akzeptieren, weil das immer noch besser sei als die offene Konfrontation. Der politische Konflikt darf auf keinen Fall benannt und in den Diskurs eingespeist werden. Er wird auf ein Gewöhnungs-, Bewußtseins- und Gesinnungsproblem heruntergedimmt.

Für die Identitären ist das die Einübung in die Unterwerfung, der sie sich verweigern und Widerstand entgegensetzen. Ihre Aktionen, die auf politische Bewußtseinsbildung zielen, stellen aus Sicht der Behörden einen schwer kalkulierbaren Störfaktor dar, der ausgeschaltet gehört.«

20. Juli

»Wenn die Regierenden sich für die Sachwalter der ganzen Menschheit halten, nähert sich der Terror.«
Nicolás Gómez Dávila

* * *

Ein exemplarischer Dialog zur Migrationskrise.

Frage: Wir werden ständig darüber belehrt, dass Europa Flüchtlinge aufnehmen müsste, erstens um nicht selber demografisch zu erschlaffen, zweitens um Afrika zu helfen. Aber wie viele sollten es denn sein?

Experte: Ungefähr 200 Millionen bis zum Jahr 2050.

Frage: Warum nicht 300 Millionen?

Experte: 200 Millionen sind realistisch.

Frage: Wenn 200 Millionen Afrikaner sich zu 500 Millionen meist älteren EU-Europäern gesellen, wird etwa jeder dritte Europäer schwarz sein. Ist das erstrebenswert?

Experte: Die Hautfarbe spielt keine Rolle. Wir sind alles Menschen.

Frage: Derzeit wächst die Bevölkerung Afrikas alle zwölf Tage um eine Million Menschen. Die 200 Millionen, die wir in den nächsten 30 Jahren aufnehmen sollen, werden also bereits um das Jahr 2030 dort nachgeboren sein. Wie haben wir dann Afrika geholfen?

Experte: So kann man das nicht sehen. Wir haben dann 200 Millionen Menschen gerettet.

Frage: Aber werden wir auch Afrika geholfen haben? Wäre es nicht besser, wenn wir überhaupt niemanden einreisen lassen und all das Geld, welches die Flüchtlinge hier kosten, direkt in Afrika investieren würden, wo es ein Vielfaches bewirken könnte, um so die Afrikaner dabei zu unterstützen, ihre Probleme selber in den Griff zu bekommen?

Experte: Wir dürfen uns nicht abschotten. Wir sind ein weltoffener Kontinent. (*Beiseite, im Gehen*: Und wovon würde ich dann leben?)

* * *

Eine russische Freundin hat während ihres München-Aufenthaltes das KZ Dachau besucht. Pikiert berichtet sie, dass die Besucher überall auf dem Gedenkstättengelände Selfies machen, besonders eifrig vor den Krematorien.

* * *

Eine *Idée fixe* der Linken lautet, in der Adenauer-Ära habe ein restaurativer Geist geherrscht, der sich vor allem in den personellen Kontinuitäten zwischen NS-Regime und früher Bundesrepublik manifestierte. Der Historiographie gilt diese These angesichts des enormen, geradezu revolutionären Wandels der deutschen Gesellschaft nach 1945 inzwischen kaum als diskutabel. Ein konservativ-christliches, traditionsbewusstes, ständisch organisiertes, maskulin-kämpferisches und relativ homogenes Volk hat sich binnen von anderthalb Generationen in eine liberale, parteiendemokratisch verwaltete, dem Konsumfetischismus verfallene, postheroische und multiethnische Bevölkerung transformiert, in der wenig Typisches, geschweige irgendetwas Konservatives übriggeblieben ist und von der eine Staatsministerin mit Migrationsbiographie nicht ganz grundlos behaupten konnte, eine spezifisch deutsche Kultur sei kaum mehr erkennbar.

Was mich an der Kontinuitätsthese aber *per se* und ungeachtet der tatsächlichen Transformation amüsiert, ist die Unterstellung, wenn das Personal identisch bleibe, müsse dies auch für die im Apparat herrschende Gesinnung gelten. Gerade unter Deutschen hat der spontane opportunistische Gesinnungs- und Frontenwechsel eine lange Tradition. Diese biegsame Untertanenmentalität war wohl vor allem eine Folge der Kleinstaaterei; jeder deutsche Miniaturstaatsbewohner musste damit rechnen, dass sein Staatswesen plötzlich von diesem und später jenem Fremdherrscher unterworfen wurde, das heißt, es bestand neben der Loyalitätspflichtskonstante namens Regionalfürst eine Loyalitätsvariable, die von der geopolitischen Großwetterlage bestimmt wurde. Flexibilität garantierte den besten Schutz und den geringsten Ärger. So etwas prägt die kollektive Mentalität.

Als Hitler 1933 die Macht übernommen hatte, drängten sofort Abertausende in die NSDAP; das Spottwort »Märzgefallene« kündete davon. Nach 1945 war bekanntlich niemand je ein Nazi gewesen, und außer Winifred Wagner gab es keinen einzigen Deutschen mehr, der Hitler bewundert hatte (Winifred war ja auch Engländerin). Aus den Nationalsozialisten wurden praktisch über Nacht im Westen Demokraten und im Osten Kommunisten. Als die DDR zusammenbrach, beschrieb der Terminus »Wendehals« die Anschmiegebereitschaft vormals überzeugter Sozialisten an sich radikal ändernde Machtverhältnisse. Anpassung ist eine allgemein menschliche Eigenschaft und Opportunismus ein Menschenrecht, aber der brave deutsche Mitmacher passt sich eine Nuance exzessiver und strebsamer an als andere. Im Kleinen erlebt man es bei der aktuellen CDU, die praktisch nur noch aus Kanzlerinnenclaqueuren besteht, obwohl diese fatale Person jede Position geräumt hat, die zu ihrem Amtsantritt als christdemokratisch galt.

Man kann sich darauf verlassen, dass die Mehrheit der Deutschen dem gerade mächtigsten politischen Trend nicht nur folgt, sondern ihm beflissen dient und eifrig vorausläuft. Und deshalb könnten die Islam-Missionare dereinst hierzulande leichtes Spiel haben, wenn nur erst einmal der Kipppunkt erreicht und der teutonische Anpassungsmechanismus eingeschaltet ist. Freilich mit dem wiederum amüsanten Nebeneffekt, dass sich selbst der hartgesottenste Salafist umgucken wird, wenn erst einmal deutsche Konvertiten in großer Zahl mit deutscher Gründlichkeit den Geboten des Islam zu folgen und die Ungläubigen zu bekehren beginnen.

***

Noch zum Vorigen. »Nun hat man die Jugend und Großteile der Gesellschaft in kurzer Zeit soweit gebracht, dass man ihnen eine saftige Klimasteuer mit guten Gewissen unter die Nase reiben bzw. aus der Tasche ziehen kann«, orakelt Leser ***. »Die Grünen haben sich als ungemein nützlich für Merkel erwiesen, denn nun kann mit guten Kollektivgewissen eine Klimasteuer erhoben werden, die das aufkommende Steuerloch stopft. Allein das Gefühl sagt, das eine Feinstaubsteuer vorgesehen war, aber man fürchtete zu sehr die ›Gelbwesten‹ auch in Deutschland. Die Klimasteuer führt letztendlich doch noch ans gewünschte Ziel. Mit dieser knechtschaftlichen Hingabe des eigenen Volkes dürfte selbst Merkel nicht gerechnet haben.«

***

Weil sie sich weigerte, einen Hijab anzuziehen und in einem Tweet auf die Tatsache hinwies, dass die (mit Abstand) meisten in den USA ermordeten Schwarzen von anderen Schwarzen getötet werden, wurde der »Miss Michigan« der Titel entzogen. Sie sei »rassistisch, islamophob und unsensibel«, beschied ihr die Jury. Kathy Zhu heißt die attraktive Maid. »I was born in china. First generation immigrant. Open up your eyes to the real world«, twitterte sie nach ihrer Degradierung.

Zhu ist Trump-Unterstützerin. Da sie keiner Klientel angehört, die nicht hinreichend für sich selber sorgen kann oder will, hat der Vorfall nichts mit Einwandererfeindlichkeit, Diskriminierung, Zurücksetzung oder Sinophobie zu tun.

21. Juni

Er habe in 25 Jahren unzählige Kritiken seiner Werke gelesen, aber er könne sich an keine mehr erinnern, notierte Anton Tschechow (er wurde nur 44). Nur eine einzige habe ihn beeindruckt und einen Platz in seinem Gedächtnis gefunden: Dieser Tschechow, hatte der Rezensent geschrieben, »wird betrunken unter einer Brücke enden«.

* * *

Dass die Bundeskanzlerin entweder ein historisch ahnungsloser oder ein komplett schamloser Mensch ist, wird hier im Eckladen seit Jahren penibel dokumentiert. Merkels bizarre Indienstnahme der Verschwörer des 20. Juli als Vorläufer für ihren staatsreligiösen »Kampf gegen rechts« führt beide Motive zusammen, wobei die Schamlosigkeit obsiegt, denn selbst sie kann unmöglich nicht wissen, dass der einzige ernsthafte Kampf gegen rechts, der in den vergangenen 100 Jahren in Deutschland stattfand, die Hinrichtung der Hitler-Attentäter durch die Nationalsozialisten gewesen ist.

* * *

Wir dürfen uns nicht abschotten, nächste Folge: Der Reichstag soll künftig durch einen zehn Meter breiten und zweieinhalb Meter tiefen Graben quer über den Platz der Republik geschützt werden, melden die Medien. Vor wem? Die Opposition ist doch schon seit Anfang 2018 drin. Fragen über Fragen …

* * *

Immer mehr deutsche Städte – 72 inzwischen – haben sich zu »Sicheren Häfen für Flüchtlinge« erklärt, obwohl die meisten gar nicht am Meer liegen, aber die Ankerzentren befinden sich ja auch samt und sonders im Trockenen, zumindest bis die ersten geretteten Schäfchen in die Nassräume einrücken. Obwohl Saarlouis noch gar nicht dabei ist, läuft die Initiative »Hafen« dort ebenfalls: »Beispiellose Aggression nach dem Stadtfest ›Emmes‹, Probleme im Freibad: Der OB von Saarlouis schlägt Alarm«, berichtet die Regionalpresse. »In der Altstadt kam es in den frühen Morgenstunden der Festtage immer wieder zu massiven Problemen mit Jugendbanden, die allesamt Migrationshintergrund haben. In einem Fall musste die Polizei den ›geordneten Rückzug‹ antreten, da das polizeiliche Gegenüber derart in der Überzahl war, dass die Unversehrtheit der Beamtinnen und Beamten gefährdet war. Und das, obwohl die eingesetzten Kräfte Angehörige der Operativen Einheit (OpE) waren.« Da solche Vorfälle vor der weißengemachten Erderwärmung und dem Auftauchen der Rechtspopulisten unbekannt waren, liegt der kausale Nexus auf der Hand. Wenn sich Saarlouis offiziell als »Sicherer Hafen« zu erkennen gibt und den Kampf gegen die Sicherheitsgefährder von rechts forciert, können die Altstadt-Bewohner auch wieder bis zum Einbruch der Dunkelheit sorgenfrei in ihre Wohnungen huschen. CO_2-intensive abendliche Tätervolksfeste sind sowieso überflüssig.

23. Juli

»Höhere Kultur hängt an allergischen Reaktionen.«
Peter Sloterdijk

* * *

Eine der Hauptaufgaben künftiger Sozialpsycholog*innen wird darin bestehen, gruppenvergewaltigte Frauen in nützliche Glieder der Gesellschaft zurückzuverwandeln.

* * *

»Muslime, seid stolz!« ruft ein *Tagesspiegel*-Gastbeiträger ins Land. Wer bislang meinte, dass viele unserer muslimischen Mitbürger gerade mit Stolz hinreichend versorgt seien, am Ende sogar noch ausreichender als mit Gründen dafür, spitze also die Ohren. »Angst vor dem Islam zu haben, entspricht dem deutschen Zeitgeist und führt zu Hass oder Überheblichkeit«, steht über dem Artikel. Es sei »endlich Zeit, sich zu wehren«.

Angst führt zu Überheblichkeit? Na was denn sonst! Deswegen blickten unsere Uraltvordern immer ein bisschen von oben herab auf Mammut, Höhlenbär und Säbelzahntiger. Auch aus dem Boxring kennt man dergleichen, Mike Tyson etwa wurde von seinen Kontrahenten stets mit äußerster Herablassung behandelt; kein Wunder, dass er durchdrehte und sie oft schon in der ersten Runde ausknockte.

Der Autor des Kommentars, Walid Nakschbandi, ist ein – ich hoffe, ich schreibe jetzt nichts Falsches – aus Afghanistan stammender Deutscher, »Produzent und Manager« (*Wikipedia*) bei Holtzbrinck, abgebrochener Jurist und vollendeter Politikwissenschaftler. All das bemerkt der Leser seines Textes sofort. Die thymotische Beschwörung hebt an mit einem Ländervergleich: Einige Tage vor Beginn des Ramadan habe die südafrikanische Supermarktkette »Pick n Pay« in ihren Läden Plakate aufgestellt, auf denen stand: *Wishing all our Muslim customers well in the Holy Month of Ramadan.* »Für die meisten Kunden, die in diesen Tagen neben mir durch die Regale schlenderten, war das eine selbstverständliche, respektvolle Geste gegenüber einer von vielen Religionsgruppen im Land. Für mich war es mehr. Ein Anlass, über meine Heimat Deutschland nachzudenken. Und ihren Umgang mit Muslimen.«

Woher der Mann weiß, was »die meisten Kunden« so denken? Na das spürt man doch!

Spontan habe er sich gefragt, ob Deutschlands Supermarktketten auch auf eine solche respektvolle Idee kommen würden. »Wohl eher nicht. Deutschland ist für seine Technik, die Motoren und die Pfennigfuchserei bekannt, aber nicht als Mutterland der Sensiblen, Empathischen und Einfühlsamen«, als welches bekanntlich Afghanistan gilt, knapp vor Pakistan.

In Rede steht also die deutsche Unwillkommenskultur bzw. Willkommensunkultur. Schon bei dreißig Milliarden Euronen pro Jahr für die seit 2015 neu Hereingeschneiten beginnen die Pfennigfuchser zu maulen oder gar AfD zu wählen. Aber eines wahrscheinlich gar nicht mehr fernen Tages wird das deutsche Sozialsystem so kaputt sein, dass diese nur steuerlich erzwungene Empathie endet, dann schauen wir, wie es mit der authentischen Einfühlsamkeit *vice versa* weitergeht. Hadmut Danisch weist darauf hin, dass es in Südafrika kein Sozialsystem gibt. Davon abgesehen, dass die Medien hierzulande ihre verbliebenen Konsumenten von Jahr zu Jahr immer mehr mit Ramadan-Berichten erfreuen – und, was mich betrifft, den Appetit auf Wein, Meeresfrüchte und Schweinefleisch schon mittags prachtvoll aufblühen lassen –, würde ich deshalb folgende Spielmodusänderung vorschlagen: Deutschland fährt die Sozialleistungen für muslimische Migranten auf südafrikanisches Niveau herunter, im Gegenzug übernehmen alle deutschen Supermarktketten die *Wishing well*-Kampagne von »Pick n Pay«. *Deal?*

»Dem Zeitgeist entspricht es eher, vor ›dem Muslim‹ Angst zu haben«, fährt Nakschbandi fort. »Schließlich könnte er jederzeit in der Fußgängerzone sein Messer zücken oder mit seinem Sprengstoffgürtel um den Bauch ›Ungläubige‹ in die Luft jagen oder ›unsere‹ deutschen Frauen vergewaltigen.«

Bekanntlich tut »der Muslim« das mit ergötzlicher Regelmäßigkeit. Wir wissen freilich seit der Sarrazin-Debatte, dass ein erheblicher Teil der sogenannten Intellektuellen entweder aus Gründen kognitiver Defizite nicht verstehen kann oder eben, wahrscheinlicher, aus ideologischem Vorsatz nicht verstehen will, was es bedeutet, wenn statistische Erhebungen signifikante Befunde über Kollektive ergeben. Es ist vergleichsweise sinnlos, Aussagen wie »Jeder vierte muslimische Junge verlässt die Schule ohne Abschluss« mit der Feststellung zu kontern, man kenne aber muslimische Anwälte und Professoren, denn weder schließt die eine Aussage die andere aus, noch hat das jemand jemals bestritten. Jeder Vierte heißt: *drei Viertel nicht*. Die mit den Messern und auch die Vergewaltiger sind, gerechnet auf ihren Bevölkerungsanteil, *signifikant häufig* Muslime (die mit den Sprengstoffgürteln sogar immer), und die Geschlechtsgenossinnen der Mias und Marias lernen diese Lektion gerade. Aber womöglich empfindet der eine oder andere sensible Moslembursche ihre züchtige Zurückhaltung als überheblich.

»Gegen die ›German Angst‹ sind Muslime scheinbar machtlos, nein, schlimmer noch, sie sind ihr ausgeliefert«, setzt unser Feindbild-Designer seinen aggressiv-larmoyanten Schmäh fort. »Dabei haben hier auch vor der sogenannten Flüchtlingskrise viele Millionen Muslime friedlich gelebt. Die meisten von ihnen hießen damals nicht nur im deutschen Gossenjargon ›Kümmeltürken‹ oder ›Muselmänner‹. Sie waren zum großen

Teil Gastarbeiter, die den deutschen Wohlstand und das Wirtschaftswunder realisierten.«

Die muslimischen Gastarbeiter »realisierten« das Wirtschaftswunder: Dieser Topos gehört inzwischen zum Standardrepertoire des Islamisierungsbegleitgeschwafels. Ich habe hier schon mehrfach darüber geschrieben, deshalb heute nur die Kurzfassung:

Das Gastarbeiter-Anwerbeabkommens mit der Türkei – das vor allem auf Druck der USA zustande kam, weil man dem Nato-Partner Türkei an der Peripherie der Sowjetunion etwas Gutes tun wollte – wurde 1961 unterzeichnet. Damals herrschte in Westdeutschland Vollbeschäftigung. Vorausgegangen war ein kontinuierliches Wirtschaftswachstum, das anno 1955, im wachstumsstärksten Jahr der deutschen Geschichte, den Begriff »Wirtschaftswunder« hervorbrachte. Die Investitionen waren von 1952 bis 1960 um 120 Prozent, das Bruttosozialprodukt um 80 Prozent gestiegen. Die deutsche Automobilindustrie hatte ihre Produktion zwischen 1950 und 1960 verfünffacht. Industrie und Dienstleister konnten innerhalb weniger Jahre zwei Millionen Arbeitslose sowie die Arbeitsfähigen unter den acht Millionen Vertriebenen und den 2,7 Millionen Menschen, die aus der DDR geflohen waren, in Lohn und Brot bringen. Im Jahr des Anwerbeabkommens lag die Arbeitslosigkeit unter einem Prozent, eine absurd niedrige Quote, die tatsächlich einen akuten Arbeitskräftemangel beschreibt. Kein muslimischer Gastarbeiter war an diesem Aufschwung beteiligt. Nur weil das Land mitsamt seiner Industrie und Infrastruktur wieder aufgebaut war, konnte es überhaupt ausländische Arbeitnehmer beschäftigen.

Die Behauptung, Gastarbeiter hätten einen Anteil am »Wirtschaftswunder«, ist eine Propagandalüge. Es mag freilich sein, dass sie bald den Weg in die Schulbücher findet, denn wir sind ja »kultursensibel« und wollen »niemanden ausgrenzen«.

Doch weiter im hilfreichen Sermon unseres Desintegrations-Tumultanten: »Als irgendwann ihr (Wähler)-Potenzial erkannt wurde, kam der damalige Bundesinnenminister Wolfgang Schäuble (CDU) auf die Idee eine Islamkonferenz auszurichten.«

Stimmt, es gibt keine Buddhismus-Konferenz, keine Shintoismus-Konferenz, keine Orthodoxie-Konferenz, oder, um nicht die Religion in den Vordergrund zu stellen, keinen Vietnamesen-, Chinesen- oder Russenkonferenz. Warum das so ist, weiß nun wirklich jeder, auch der Gevatter Nakschbandi: weil diese Gruppen selber klarkommen, weil sie sich integrieren wollen, nicht ständig beleidigt sind, nicht ständig Privilegien fordern, für die der deutsche Michel seine Steuermilliarden hinblättern soll, um sich dann im *Tagesspiegel* oder einem anderen Qualitätsmedium anblödeln zu lassen. Diese Propaganda liest ja kein Moslem; die lesen lieber ihre eigene, die aus den Heimatländern.

»Jetzt ist die Islamkonferenz tot, und bedauerlicherweise existiert nach wie vor kein gesellschaftlicher Dialog. Was aber existiert, ist ein anhaltender Monolog«, fährt unser Ankläger munter fort. Meint er die hetzerischen Predigten in vielen Moscheen? Quatsch, es geht um »eine Hetzrede, die Muslime im öffentlichen Raum beleidigt, herabsetzt, beschimpft und nicht respektiert«.

Mit bösen Worten wie »Köterrasse«, »Schweinfleischfresser«, »Kartoffel«, »Jude« und so.

»Liebe Muslime, ich adressiere euch jetzt ganz direkt« – was man nicht verwechseln darf mit: Ich frankiere euch ganz direkt –: »Warum wehrt ihr euch nicht? Warum nehmt ihr euer

Recht der freien Meinungsäußerung nicht wahr? Warum haltet ihr angesichts der Unverfrorenheit den Mund? Warum gebt ihr euch unfähig, euch intellektuell und kulturell zu verteidigen?«

Zunächst einmal, wie gesagt, weil sie den *Tagesspiegel* nicht lesen. Sodann vielleicht, weil eine deutsche Kultur jenseits der Sprache für sie schwer zu erkennen ist? Ansonsten ist die »Verteidigung« auf Schulhöfen, in Schwimmbädern, auf nächtlichen Bahnstationen und Straßen doch schon recht elanvoll angelaufen! Dass es mit der *intellektuellen* Verteidigungsunfähigkeit ein bisschen schwieriger ist, bezeugt dieser Kommentar, schon richtig, aber: »Es gibt ein Recht auf Meinungsfreiheit, so dürfen auch die Dummen ihre Meinungen äußern.« Dieser Aussage muss ich, Allah sei's geklagt, leider zustimmen, auch wenn ich konzediere, dass der Autor sich bloß vorsätzlich dumm stellt. Doch wer will da einen Unterschied machen?

Und das Positive, Genosse? »Vorschläge« (Brecht)? Ich bin für eine eher libertäre Lösung. Befristung der Sozialleistungen auf fünf Jahre pro Kopf und Leben (außer für schicksalhaft Bedürftige), nur Sachleistungen bis zur Abschiebung für all die Hunderttausenden illegal hier Aufhältigen, perspektivisch eine Zwei-Staaten-Lösung für Deutschland, NRW könnte das Refugium all derer werden, die eher in einem muslimischen Land leben wollen, in einem Kalifat meinethalben. Muslime, die das nicht wollen, sollen selbstverständlich von der Entmischung ausgenommen werden. Aber dieser perverse Mechanismus aus für Fremde zahlen und sich dann von ihnen anöden und attackieren zu lassen, muss aufhören, und er wird aufhören, entweder auf politischem Wege oder durch den Zusammenbruch des Sozialsystems.

25. Juli

»Das Heimweh verlässt die Welt.«
Frank Lisson

* * *

»Es war Deutschlands Glück, dass das Attentat vom 20. Juli 1944 scheiterte«, schreibt Arno Widmann, dem man nunmehr schon über Jahre beim mählichen Verrücktwerden hospitieren kann. Denn: »Ohne die vernichtende Niederlage Deutschlands hätten die Deutschen nicht herausgefunden aus ihrer Herrenrassenherrlichkeit.«

Was dort tatsächlich steht, ist: Hitler war ein Glück. So sahen das auch die Briten, die den übermütigen Konkurrenten auf dem Festland spätestens seit 1914 niederwerfen wollten und von der größten politischen Niete der deutschen Geschichte dazu eingeladen wurden, ihm den politischen Garaus zu machen. So sahen das auch die Amerikaner, die dank Hitler das Erbe des British Empire antraten. So sah das auch Stalin, der dank des Berliner Vabanque-Spielers sein Reich bis zur Elbe ausdehnen konnte. Und was unsere Widmänner angeht: Hitler hinterließ ein gewaltiges Beschäftigungsprogramm für die Moralherrenmenschenrasse dieser Republik. Ohne Hitler wären sie nichts. (Na ja, mit Hitler sind sie auch nicht viel, Hanswürste, die mit ihrer schlechten Familie prahlen ...)

27. Juli

»Wer mit vierzig nicht Misanthrop ist, hat die Menschen nie geliebt.«
Chamfort

* * *

Es hat schon etwas Wollüstiges, wie die Genossen Journalisten den Hitzerekord in Geilenkirchen, Lingen oder sonstwo als Bestätigung der Klimakatastrophiker-Thesen bejubeln, als sei bewiesen, dass die Hitze Menschenteufelswerk ist. Überdies: Stimmt es überhaupt mit dem Rekord?

»40 Grad Hitze. Jetzt wird das Wetter lebensgefährlich!« titelte *Bild* am 8. August 1975. Am 6. August 2003 lautet die *Bild*-Titelzeile: »Kanzler, tu endlich was gegen die Hitze!« Im Text hieß es: »Ufff! Deutschland schwitzt und stöhnt: Auch heute quälen uns 40 Grad! Und: Meteorologen sagen Gluthitze bis zur nächsten Woche voraus! Jetzt kann uns nur noch der Kanzler vor einem Sonnenstich retten! Mit Hitzefrei! Mit gratis Erdbeereis! Und jeder Menge Freibier, Freibier, Freibier!!!!!!!!!!! Noch nie hat die Sonne so vom Himmel gebrutzelt wie im Backofen-Sommer 2003!« Sogar Lance Armstrong schwächelte beim Zeitfahren aus Gründen der Dehydrierung. Aber damals machte Greta noch nicht einmal in die Windeln, weshalb die Reaktion des Boulevardblattes recht entspannt ausfiel. »Freibier« ist ohnehin eine realistischere Forderung als »Klimarettung«.

Ich entsinne mich überdies einer *Bild*-Schlagzeile in der Wendezeit, die da lautete: »Hilfe, die Trabbis werden weich!«

Ferner entsinnen sich die Archive gewisser Klimaprognosen aus dem Hamburger Weltgehirn der Wahrheitspresse: »Der Wald stirbt», »Der Schwarzwald stirbt« oder »Die Klimakatastrophe« (mit einem unter Wasser stehenden Kölner Dom auf der Titelseite) am 11. August 1986.

Am 12. August 1974 – es ist offenbar immer der August, wenn die Hirne am weichsten sind – fragte der *Spiegel* übrigens: »Kommt eine neue Eiszeit? Nicht gleich, aber der verregnete

Sommer in Nordeuropa, so befürchten die Klimaforscher, war nur ein Teil eines weltweiten Wetterumschwungs – ein Vorgeschmack auf kühlere und nassere Zeiten.« Die Antwort weiß ganz allein der Wind …

* * *

Was die Hitze den Menschen antut, auch darüber ist das Leitmedium von der Hamburger Relotiusspitze im Bilde.

»Das Düsseldorfer Rheinbad ist erneut mit Hilfe der Polizei geräumt worden. Eine größere Gruppe Jugendlicher habe randaliert, teilte die Polizei mit.« Was man sich unter »größer« (= akbar?) vorzustellen hat? In der aktuellen Meldung ist von sechzig Randalierern die Rede, deutlich weniger als bei den Schließungen im Monat zuvor (obwohl es doch noch heißer geworden ist), als »mehrere hundert« junge Männer tätig geworden waren. Wie und woraus diese mysteriösen »Gruppen« entstehen, ist weit weniger erforscht als die anthropogene Erderwärmung, klar ist lediglich, dass sie ohne den Klimawandel nicht existieren würden, denn wie Sie sich erinnern, geneigter Leser, gab es solche Gruppen früher nicht. *Spiegel online* verlinkt stracks auf ein Interview mit einem Umweltpsychologen (= Kenner und Heiler der Umweltpsyche), der erklärt, »warum sich mit steigender Temperatur auch die Zahl der Gewaltdelikte erhöht«. Damit wird auch gleich die Nazithese widerlegt, die Hitze könne nichts mit den Vorfällen zu tun haben, weil die Angehörigen solcher Gruppen aus Ländern stammten, wo es weit heißer sei als bei (noch) *uns*.

Die Gesellschafts-Seismographen von *Bento*, der *Komsomolskaja Prawda* des *Spiegel*, haben vor drei Tagen ihren siebzehn Lesern mitgeteilt, dass Schwimmbäder sowieso scheiße sind (womit ich völlig *d'accord* bin), freilich den Hauptgrund so eisern beschwiegen wie das Mutterblatt auch. Die Hitze macht »die Menschen« aggressiv. Hätte ich den Terminus »Lumpenpresse« nicht längst erfunden und erfolgreich in den Markt eingeführt, ich müsste es glatt schon wieder tun.

PS: »Noch hat sich die Polizei durchgesetzt. Aber die Rackete schippert ja schon Verstärkung heran. Was machen wir eigentlich, wenn die was Wichtigeres als ein Freibad besetzen?« (Hadmut Danisch)

***

Man soll Fräulein Rackete in die Beurteilung schreiben: *Sie trug viel zur Gruppenbildung bei.*

29. Juli

Ich sei wahrscheinlich nur deshalb am Kunstsonntag nicht auf den neuen Bayreuther *Tannhäuser* eingegangen, weil ich mir den »Quatsch« nicht angetan hätte, mutmaßt ein Leser. Nein, das war nicht der Grund. Ich habe die Aufführung im TV *gesehen* (eigentlich höre ich Opern ja eher, aber hier hat die filmhafte Inszenierung alles überlagert und Wagner zum Filmmusikkomponisten *downgegraded*). Musikalisch fand ich den Abend belanglos bis anstrengend, Gergiev hatte zuvor kaum geprobt und hat nichts Besonderes zustandegebracht (die Buhs gegen ihn fand ich trotzdem übertrieben, zumal sie wahrscheinlich eher politisch als ästhetisch motiviert waren), die Sänger waren nervtötend (Venus), solide bis gut (Elisabeth, Wolfram, Landgraf), überfordert (Heinrich; freilich gilt das für 99 von 100 Tannhäusern). Die Inszenierung fand ich zwei Akte lang ganz amüsant, sie hatte nur überhaupt nichts mit einer Richard

Wagner-Oper namens *Tannhäuser* zu tun. Dass Frau Venus als Hoffräulein verkleidet dem Sängerkrieg hospitiert, war sogar originell, wenngleich ein sogenannter Purist einwenden würde, dass sie sowieso im Saal (und im Orchester) anwesend ist, aber den heutigen Harthirnen im Parkett muss man ja alles einbimsen. Während die ausziehenden Pilger noch als gewöhnliches Bayreuth-Publikum kostümiert waren, kehrten sie als »Flüchtlinge« zurück, womit der Regisseur, dessen Name mir entfallen ist, in Zeiten wie den unseren, wo so etwas mit Kopfschüssen auf der heimischen Terrasse geahndet werden kann, eine geradezu tannhäuserische Kühnheit demonstrierte. Im dritten Akt wurde endlich auch gefickt, und zwar verräumte Wolfram endlich die 174 Jahre ungemauselte Elisabeth, was den keuschen Bub so mitnahm, dass er sein Lied an den Abendstern etwas vermasselte.

Dass ich über den von musikalischer Zweitklassigkeit untermalten Firlefanz überhaupt schreibe, hängt mit einem »beschämenden« (*stern*) Nachspiel zusammen. Nach der Premiere wurde die »Dragqueen Le Gateau Chocolat« von einem Teil der Zuhörer ausgebuht, obwohl er (oder sie) gar nicht gesungen hatte. Der »Travestiekünstler« wandte sich auf *Facebook* an das Bayreuther Publikum mit den weidlichen Worten: »Dass ich der einzige Charakter war, Le Gateau Chocolat als Le Gateau Chocolat (keine Sprech- oder Singrolle), der auf dieser Bühne ausgebuht wurde, sagt viel darüber aus, wer ihr (immer noch) seid.« Damit spielte Le Schokoladentorte »deutlich auf die braune Vergangenheit des Grünen Hügels an«, erläutert der *stern,* wenngleich nur ca. jeder hundertste bis tausendste Anwesende dem leidenschaftlichen Tortenverspachtler A. Hüttler noch persönlich seine Aufwartung gemacht haben dürfte. Damals galt jedenfalls der (von David Irving auf dem Dachboden des Festpielhauses gefundene) Führerbefehl, dass schwarze Transen in den Kulissen eines fingierten thüringischen 13. Jahrhunderts bis zum Endsieg nicht herumzustöckeln haben. Vielleicht wurde »Le Gateau Chocolat« aber auch bloß dafür ausgebuht, dass er sich für eine Rolle hergegeben hat, die in der Oper überhaupt nicht vorkommt und sie aus einer keineswegs zwingend rassistischen Perspektive *vergagt*, verdämlicht und verunstaltet, ungefähr wie Heribert Prantl im Baströckchen eine Nelson-Mandela-Oper verunzieren würde. Überdies trat er, also Monsieur Schokotorte, nicht Prantl, beim Schlussapplaus vors Publikum, noch ehe der Regisseur die Buhs derjenigen Altmodischen in Empfang nehmen konnte, die so naiv waren, auf einen *Tannhäuser* zu hoffen, fungierte also womöglich als Prügelknabe für eine weiße Hete (auch schlimm, aber anders schlimm).

***

Noch nicht einmal die Natur lebt »im Einklang mit der Natur«.

***

»Als Franz I. an Kartäusermönche die Frage richtete, wie es wohl komme, daß die Wälder des Kartäuserordens so schön erhalten und die königlichen so beschädigt seien, erwiderten diese, das liege daran, daß sie keine Forstbeamten hätten.«
Joachim Radkau, *Natur und Macht. Eine Weltgeschichte der Umwelt*, S. 170

***

»Im fünften Jahr des ›freundlichen Gesichts der Kanzlerin‹ verstetigte sich unter Diskriminierten der Brauch, länger schon Einheimische, darunter auch Frauen und Kinder, vor einfahrende

Züge zu stoßen. Die in ihrem Willkommenswillen unerschütterliche Mehrheitsbevölkerung betrachtete dies als eine Ergänzung zur ebenfalls neuartigen, aber schon etwas etablierteren Sitte, untreue Frauen und bisweilen auch deren Kinder auf Straßen und öffentlichen Plätzen unter Zuhilfenahme von Messern zu bestrafen. Zugleich begannen Gerichte dagegen vorzugehen, dass Neuankömmlinge von noch nicht ausreichend bekämpften Nazis mit Hohnwörtern wie ›Goldstücke‹ diskriminiert wurden.«
(Aus einer alten Chronik)

* * *

»Der Frankfurter Kindermord hat es in der *Neuen Zürcher* und der *Basler Zeitung* auf die Frontseiten geschafft. An der Relotiusspitze konnte man sich nur zu ›Mann soll Achtjährigen vor Zug gestoßen haben – Junge stirbt‹ hinreissen, selbstverständlich ohne weitere Nennung von Details«, notiert Leser ***: »Dem Täter wurde das Attribut ›mutmasslich‹ verliehen, dem Opfer eigenartigerweise nicht. Hier scheint Gewissheit zu herrschen.«

* * *

»87% waren im Widerstand, 13% waren Nazis, genau wie heute.«
(Leserzuschrift auf *publico.de* zu einem Text über die Instrumentalisierung Stauffenbergs durch Merkel für den Kampf »gegen rechts«)

* * *

Deutschland macht endlich Ernst mit dem Grenzschutz. Nachdem die Sicherheitsvorkehrungen bereits in vielen Bädern verstärkt wurden, gibt Düsseldorf nun ein Debüt mit Ausweiskontrollen beim Einlass. Leser *** weist darauf hin, dass die addierte Gesamtgrenze aller ca. 4600 Frei- und Freizeitbäder bei gemittelten ca. 800 Metern pro Bad mit 3700 Kilometern ziemlich genau der Außengrenze ›schlands – ca. 3850 Kilometer – entspreche, an welcher, im Gegensatz zum Schwimmbad, Zäune Menschen nicht aufhalten können, allein schon deswegen, weil dort ja keine stehen.

30. Juli

Während der willkommenskulturelle Leichenberg wächst, stellen verdienstvolle Zeitgenossen aus Politik, Kultur und Medien immer neue Vermutungen darüber an, aus welchen Gründen überhaupt gestorben wird. Die *FAZ* hat über den Frankfurter Einzelfall herausgefunden, dass letztlich der ICE, also praktisch die von Weißen erfundene Eisenbahn die Schuld trägt und man die gemeingefährlichen Züge hinter Gitter und Sperren verbannen sollte wie wilde Bestien im Zoo. Ähnlich, nur in Richtung der Bahnkunden, argumentiert die Grünen-Verkehrsexpertin Valerie Wilms, die alle Fahrgäste auffordert, sich niemals zu nah an ein Gleis zu begeben – »wenn sich alle an die Regeln halten, reichen diese Maßnahmen für eine sichere Benutzung der Bahnsteige aus« –, woraus zu folgern ist, dass Mutter und Sohn noch lebendig beisammen wären, hätten sie nicht so unverantwortlich nah am Gleis mit ihren Leben gespielt (Roger Letsch: »Immer eine Bahnlänge Abstand!«). Ein anderer Grüner schlug vor, dass Züge künftig nur noch in Schrittgeschwindigkeit in die Bahnhöfe einrollen dürfen sollten. *Eine* Frage nach den Ursachen freilich, nämlich die, ob Vorfälle mit eben noch Lebenden und dann plötzlich Toten wie zuletzt in Frankfurt (sofern heute Nacht nicht wieder ein Unglück passiert ist) in irgendeiner

Verbindung mit Personen wie unserer Kapitänsheldin Rackete stehen, ist »dumm und ekelhaft« (so der TV-Kasper Oliver Pocher), weshalb die Klasse des verunglückten Achtjährigen jetzt mit Antirassismus-Trainings gegen populistische Hetze gewappnet und für den Kampf gegen rechts fitgemacht werden sollte.

Die Frage, wer die Mörder ins Haus ließ, ist schlimmer als der Tod.

* * *

Deutschland sperrt Weihnachtsmärkte ab. Deutschland sperrt Volksfeste ab. Deutschland sperrt Domplatten ab. Deutschland sperrt Freibäder ab. Deutschland sperrt den Bundestag mit einem Graben ab. Deutschland will Bahngleise absperren. Nur seine Grenzen sperrt Deutschland nicht ab.

31. Juli

»Ich fühle mich wie eine von ihrem Fels gerissene Auster.«
Joseph de Maistre

* * *

»Es gibt Epochen des Niedergangs, in denen sich die Form verwischt, die innerst dem Leben vorgezeichnet ist. Wenn wir in sie geraten, taumeln wir als Wesen, die des Gleichgewichts ermangeln, hin und her. Wir sinken aus dumpfen Freuden in den dumpfen Schmerz.«
Ernst Jünger, *Auf den Marmorklippen*

* * *

Eine Überzeugung offenbart ihre volle Plausibilität, wenn man eine Kamera auf denjenigen richtet, der sie vorträgt, und dann, sagen wir, 500 000 Kilometer zurückfährt.

* * *

Es gibt keinen niedrigen Beweggrund, der nicht in eine linke Gesinnung münden könnte.

* * *

Fast allen Menschen kann man zuhören, wenn sie erzählen, was sie erlebt haben, aber fast alle werden unerträglich, wenn sie darlegen, was sie meinen.

* * *

Für das, was Deutsche im vergangenen Jahrhundert Polen angetan haben, »kann man nur Scham empfinden«, sagte heute Außenminister Heiko Maas bei seinem Besuch im Nachbarland angelegentlich einer Gedenkstunde an den Warschauer Aufstand – Herr Maas reist ja am liebsten ins Ausland, um sich zu schämen, und das kann er ja immerhin. Ich habe kein Problem damit, dass sich ein deutscher Politiker bei den Polen für die Exzesse der Nationalsozialisten entschuldigt. Ich erwarte freilich von einem deutschen Politiker auch, dass er, nicht unbedingt an diesem Datum, aber überhaupt, auf die Vertreibung der Deutschen hinweist, und ich meine vor allem die Vertreibung von mehr als einer Million Deutscher aus dem plötzlich polnisch gewordenen »Korridor« in der Zwischenkriegszeit, also lange *bevor* Hitler Polen angreifen ließ. Ich vermute freilich, dass Herr Maas davon noch nie gehört hat.

* * *

In Dortmund ist eine Frau, Mutter zweier kleiner Kinder, von ihrem Mann mit über siebzig Messerstichen massakriert worden; außerdem wies die Tote Würgemale am Hals auf. Wenn Sie, geneigte Eckladenbesucher, so etwas erfahren, denken Sie natürlich sofort: Seine Ehefrau abstechen und sich dabei in einen Blutrausch zu steigern, das ist mal wieder typisch deutsch. Wahrscheinlich ein Sachse. Ein Chinese oder ein Israeli kämen noch in Frage. Völlig überrascht lesen Sie dann, dass der Täter ein Afghane ist, was Sie aber sogleich daran erinnert, dass man Verallgemeinerungen unterlassen muss, weil Gewalttaten nichts mit Kulturen, Ethnien oder gar Rassen zu tun haben, sondern höchstens, wenn weiße Täter ins Spiel kommen, mit Rassismus. Ansonsten ist die Herkunft des Delinquenten egal, wie uns die Qualitätsmedien immer wieder versichern, nicht nur nach jeder Scheidung auf afghanisch, sondern auch gestern, nachdem ein Mitmensch aus zufällig Eritrea einen Achtjährigen und dessen Mutter aus zufällig Deutschland in Frankfurt vor einen planmäßig einfahrenden ICE geschubst hatte. Dass noch nie ein Biodeutscher ein Kind vor einen ICE gestoßen hat, ist kein Argument dagegen, denn es gibt auf Erden deutlich mehr Schwarze, die dergleichen ebenfalls noch nie getan haben, als Biodeutsche, damit das mal klar ist. Wenn Sie jetzt am Bahnsteig unruhig werden, weil Sie zwischen dem Gleisbett und einem dunkelhäutigen Mann stehen, oder wenn Sie als Frau vor einer Beziehung mit einem Afghanen oder Araber zurückschrecken, weil Sie etwas von Einzelfällen mit Messern gehört haben, dann sind Sie entweder Ihren Vorurteilen oder der rechtspopulistischen Hetze oder beidem zusammen auf den Leim gegangen und sollten sich gehörig schämen. (Sofern Sie nicht wissen, wie Sie das konkret anstellen sollen, schlagen Sie nach in Heiko Maasens Bestseller *Schämen statt wegducken*, Gütersloh 2019, Bioputenleder, 88 S., 18 Euro.)

***

»Ich kann mich nicht damit abfinden, dass die Presse das Morden als ›Schubsen‹ verharmlost, wenn es politisch gerade passt, aber in Chemnitz eine ›Hetzjagd‹ gesehen haben will.«
Hadmut Danisch

***

Die Völkerpsychologie, eine aus den bekannten Gründen eher als anrüchig geltende Wissenschaft, hat lange schon nachgewiesen, dass sich Nationalcharaktere bzw. ethnische Prägungen auch im Ausland und dort über Generationen erhalten. In seinem Buch *Völkerpsychologie* zieht Andreas Vonderach eine eindrucksvolle Bilanz der bis dato statistisch, kriminologisch, soziologisch, ethologisch, physiologisch und – hui! – genetisch ermittelten kollektiven Verschiedenheiten. Im Kapitel »Moral- und Kriminalstatistik« ist zu lesen:

»Aufschlussreich sind Daten aus den Staaten, in denen verschiedene Völker lebten. So war in Österreich-Ungarn die Gewaltkriminalität in allen nicht deutschen Gebieten größer als in den deutschen. Die Juden wiesen nur eine sehr geringe Gewaltkriminalität auf, dafür aber hohe Werte bei Betrug. Die Zigeuner waren beim Diebstahl stark vertreten. Auch innerhalb des zaristischen Russlands war die Gewaltkriminalität bei Deutschen und bei Juden am geringsten. Am meisten neigten dort die Kaukasus-Völker und die Tataren zu Gewalttaten. Das europäische Verteilungsmuster spiegelte sich auch in der amerikanischen Gesellschaft wider. Auch hier hatten die Nachkommen der aus Nord- und Westeuropa Eingewanderten eine viel geringere Straffälligkeit als die der aus Süd- und Osteuropa stammenden.«

Linke und liberale Soziologen bringen bei solchen Statistiken die sozialen Verhältnisse als wichtigste Einflussgröße ins Spiel. Unbeantwortet lassen sie die Frage, warum verschiedene Völker oder Ethnien verschiedene soziale Verhältnisse herstellen. Allerdings haben empirische Untersuchungen ergeben, dass sich bereits Neugeborene in ihrem Verhalten nach ihrer Ethnie unterscheiden. So beginnen weiße Babys leichter zu schreien und sind schwerer zu beruhigen als chinesische Babys, die weniger erregbar und mit fast jeder Lage zufrieden sind, in die man sie bringt. Diese Unterschiede gelten übrigens auch für Babys chinesischer Herkunft in den USA.

Am interessantesten wird es – und hier beginnt zugleich die Zone der akademischen Kopfschüsse, weil das derzeit größte Tabu der westlichen Welt den Weg sperrt –, wenn genetische Unterschiede zwischen den großen ethnischen Gruppen zur Erklärung für unterschiedliches Verhalten herangezogen werden. Zum Beispiel eben für die unterschiedliche Gewaltneigung.

Wir kennen dieses Problem aus den Diskussionen um kriminelle Zuwanderer. Statistisch ist deren Kriminalität, verglichen mit den Eingeborenen, um ein Vielfaches höher, was trotz mehr oder weniger smarter Statistikmanipulation, trotz Dunkelfeld und Gesinnungsdruck nicht mehr offiziell geleugnet werden kann. Man beschallt uns freilich multimedial mit der endgültigen Wahrheit, die Herkunft habe nichts damit zu tun, Flüchtlinge seien nicht per se krimineller als Deutsche, auch wenn sie pro Kopf deutlich mehr Straftaten begehen, andere Faktoren seien dafür verantwortlich, es handle sich vor allem um junge Männer, also eine Gruppe, die überall auf der Welt die meisten Straftaten begehe, sie seien oft traumatisiert, vegetierten weiberlos und ohne ihre Familie in überfüllten Heimen und so weiter. Wenn Holger und Jochen so leben müssten, würden sie genau so oft straffällig werden wie Achmed und Mustafa. Denn alle Menschen und Ethnien sind gleich.

Also was uns diese Wohlmeinenden eigentlich vorrechnen, ist folgendes: Wenn Martin im selben Land wie Muhammad geboren wäre, seine Eltern und Vorfahren aus demselben Milieu stammten und derselben Religion folgten, wenn er genauso aufgewachsen wäre, dieselbe Bildung erfahren, einen ähnlichen Beruf gelernt, überhaupt ein ähnliches Schicksal hätte, dann wären beide auch in einem ähnlichen Maße gewaltaffin. Zwar hat der FC Schalke 1:7 gegen Manchester City verloren, aber wenn wir statistisch alles herausrechnen, was zu Schalkes Ungunsten spricht, Budget, Trainer, Spielergehälter, Konkurrenzdruck in der Liga und so weiter, liefe die Sache auf ein Remis hinaus. Die linke Vorliebe für die Zukunft und das Reich des Optativ bringt jeden, der auf die tristen Tatsachen hinweist, in den verdienten Ruch der Ewiggestrigkeit, denn unter den immer idealeren Bedingungen einer immer gerechteren, von Diskriminierung, Rassismus, Armut und sozialer Ungleichheit gesäuberten Welt werden sich auch die großen Menschengruppen, die schlechte Menschen früher Rassen nannten, immer ähnlicher, bis man sie dermaleinst gar nicht mehr unterscheiden kann. Da bleibt dem Ewiggestrigen nur noch der Stoßseufzer: Aber kann man nicht die Massenmigration bis dahin vertagen?

Nun kommt indes ein Problem durch die Hintertür, nämlich die Genetik mit der Erkenntnis, dass die unterschiedliche Gewaltneigung innerhalb von Ethnien mit genetischen Unterschieden korreliert. In Rede steht das Mono-amino-oxidase A-Gen, kurz MAOA-Gen, das auf den plakativen Namen »Krieger-Gen« getauft wurde. Es handelt sich um ein Gen auf dem X-Chromosom, das in mehreren Allelen vorstellig wird. Seit den

1990er Jahren ist bekannt, dass das Vorkommen eines dieser Genloci, das MAOA-2R-Allel, mit aggressivem Verhalten korreliert. Die genetischen Details sind kompliziert, zusammenfassend lässt sich konstatieren, dass das MAOA-2R-Allel nur bei 0,1 bis 0,5 Prozent der Europäer vorkommt, bei amerikanischen Schwarzen mit Werten zwischen 4,7 bis 5,5 Prozent deutlich häufiger ist, bei Chinesen überhaupt nicht gemessen werden konnte, aber bei Arabern den beeindruckenden Wert von 15,6 Prozent erreicht.

Die Volksempirie – das Vorurteil – sagt bekanntlich schon lange, Araber seien heißblütig. Die Genetik pflichtet dem jetzt bei. Eine plausible, wenn auch nicht allumfassende Erklärung lautet: Eine kriegerische, patriarchalische Beduinenkultur, in der Polygamie praktiziert wird, hat über Jahrhunderte im Kampf erfolgreiche, aggressive Männer mit mehreren Frauen und zahlreichen Nachkommen versorgt, während weniger aggressive Männer von der Fortpflanzung ausgeschlossen wurden. Plausibel oder nicht – in unserem Zusammenhang genügt die Feststellung des signifikanten Unterschieds. Auch das deckt sich mit den Alltagsbeobachtungen und den Pressemeldungen über Vorfälle mit »Gruppen« und Messern in Deutschland. Aggressivität kann durchaus im Blut liegen. Ein Blick in die Gefängnisse gibt darüber Aufschluss. Keine der schon in den Zeiten vor der Flut routiniert manipulierten Polizeistatistiken wird daran etwas ändern.

Ein PS »in Sachen Mono-aminooxidase-A und China« sendet Leser ***: »Die chinesische Gesellschaft war und ist bis heute eine außergewöhnlich gewaltaffine. Dies bestätigen meine Erkenntnisse aus jahrzehntelanger Beschäftigung mit Kriminalität, Alltagsgewalt und Militär. Ich verbrachte viele Jahre im Land und konnte Zeuge zahlloser tätlicher Auseinandersetzungen werden, die in unseren europäischen Breitengraden wenn nicht ignoriert, so zumindest mit ein paar Worte geregelt worden wären.

Adrian Raine, einer der führenden Wissenschaftler auf dem Gebiet der biologischen Grundlagen von Gewalt, bemerkte jüngst zu China: ›While the base rate of the low-MAOA gene is about 34 percent in Caucasian maless and 56% percent in the Maori, it is 77 percent in Chinese males.‹ (in The Anatomy of Violence – The Biological Roots of Crime, Pantheon Books, New York 2013, p. 55). Eine herausragende Lektüre zur Historie der Alltagsgewalt bietet William T. Rowe in »Crimson Rain – Seven Centuries of Violence in a Chinese County«, Stanford University Press 2007.

Es findet sich kein einziges Jahr in Chinas später Kaiserzeit (1368-1911), in dem nicht irgendwo im Land massiv Militär eingesetzt wurde. Die Taiping-Rebellion (1851-1864), das größte Aufstandsereignis in diesem Zeitraum, zählte wenigstens 30 Millionen Tote. Auf die Atrozitäten der Mao-Herrschaft hinzuweisen ist überflüssig.«

1. August

»Das grundlegende Problem hinter der Straftat eines Migranten ist die politische Verantwortung dafür.«
Hans-Georg Maaßen

3. August

»Ich kenne weder Abscheu weder Wut.
Wahrscheinlich ist mir deshalb oft nicht gut.«
Peter Hacks

»Er sah noch eine halbe Nacht lang fern,
Jeden Kanal, und starb dann äußerst gern.«
Derselbe

* * *

Neo Rauch sei »einer der wichtigsten Maler Deutschlands«, meldet eines der wichtigsten Hamburger Onlineportale, um seinen Lesern die Nachricht »Gemälde zeigt Malerei mit Exkrementen – und bringt 750 000 Euro« verstehbar einzuordnen. Zuvor hatte ein anderes wichtiges deutsches Onlinemedium ebenfalls etwas gemeldet, nämlich dass Rauch vor allem mit Brauntönen male und quasi der inoffizielle Pinselführer von Pegida sei, und dem Traktat war anzumerken, dass dessen Verfasser, ein Kunsthistoriker namens Wolfgang Ullrich, wäre er in einem Staat geboren, wo das Melden noch geholfen hat, die richtige Adresse schon gewusst hätte. Na Schwamm drüber. Neo Rauch hatte auf seine politische Einsortierung mehr oder weniger ästhetisch reagiert und ein Bild verfertigt, das den

Verfasser des besagten Traktats als »Anbräuner« – so der Titel (s. *Acta diurna* vom 30. Juni) – zeigt, nicht ihn persönlich, sondern diesen hierzulande bis in den Bundestag allgegenwärtigen Typus als allegorische Figur. Wer richtige »Malerei mit Exkrementen« sehen will, muss nach wie vor zur *documenta* oder zu einem der anderen angesagten progressiven Bastelclubs mit angeschlossener Galerie gehen.

Das »Wutbild« (*Leipziger Volkszeitung*) ist also auf einer Benefizgala versteigert worden, gemeinsam u.a. mit einer mobilen Werbefläche, und zwar auf dem Lauf-T-Shirt, welches die Spielerfrau Cathy Hummels bei einem Marathon tragen wird (wobei ich schon gern gewusst hätte, ob die Vorder- oder die Rückseite feil war, vielleicht hätte ich mitgeboten), das Wutbürgerbild wurde, wenn wir schon beim Thema sind, »von zwei Frauen auf gefährlich hohen Absätzen und unter wackeligster Anstrengung in den Ballsaal eines Leipziger Nobelhotels gewuchtet«, wie der Korrespondent der *Zeit* nicht nur beobachtet, sondern in wackliger Sprache auf die Online-Seite des Hamburger Halbweltblattes gewuchtet hat – gefährlich hohe Absätze, geneigte Leserin, sind nämlich bei der *Zeit* sehr rar, nur die Quotentranse soll bisweilen auf solchen Pfeilern des Sexismus dahergestöckelt kommen, und beim speioft in den Gazetten zu lesenden Terminus »Nobelhotel« erinnere ich an die Definition von Johannes Gross, damit sei in der Regel ein Hotel der etwas gehobeneren Kategorie gemeint, in das der Journalist zu seiner eigenen Verblüffung eingelassen wurde –, dieses koprophile Wutbild hat also eine Dreiviertelmillion Euronen eingebracht, die nach des malenden Wüterichs Verfügung einem Kinderhospiz zugute kommen.

Gestern kolportierte ein lieber Tischgast eine angebliche Bemerkung Rauchs, auf diese Weise habe ein Text des Herrn Ullrich erstmals und wohl einmaligerweise irgendeinen Nutzen gestiftet. Sollte der Maler das nicht gesagt haben, nehme ich die Feststellung gern auf meine Kappe.

***

Baden-Württembergs Justizminister Guido Wolf (CDU) rügt, dass im Netz Fotos und Videos vom vorgestern zu Stuttgart zelebrierten Samuraischwertmord kursieren, und mahnte gesetzliche Schritte zum Schutz Gestorbener an: »Seit über einem Jahr liegt dem Bundestag ein Gesetzentwurf des Bundesrats vor, der das Fotografieren Toter und die Verbreitung entsprechender Bilder unter Strafe stellen soll.«

Ein typisches Technikfolgenproblem. Irgendein Abgemesserter lag ja auch früher schon in jeder normalen deutschen Innenstadt herum, da gab es aber noch keine Händis, die Leute sind achtlos vorbeigelaufen und haben nur aufgepasst, dass sie sich die Schuhe nicht in den Blutlachen versauen. Mit einem Foto werden die diskret Gestorbenen aber praktisch zu öffentlich Ermordeten, was auf eine grobe Verletzung ihrer Menschenwürde hinausläuft. Deswegen ist ein Gesetz zu wenig, hier ist eine Grundgesetzänderung fällig, gleich im Artikel 1, Absatz 1, wo ergänzend angefügt werden sollte: »Die Würde des Erstochenen ist unantastbar. Gewaltsam Gestorbene vor dem Fotografiertwerden zu schützen ist Verpflichtung aller staatlichen Gewalt.«

***

»Derweil der große Haufen sich, in überengen
Behältern drangvoll duldend wie auf Viehtransporten,
Aus Deutschlands nördlich milden Breiten oder Längen
Hinquält zu seinen grauenhaften Urlaubsorten« …
(nochmals Hacks)

4. August

Der tägliche Dummenfang:

»Die Furcht vor Zuwanderern wird Medienwissenschaftlern zufolge von der AfD systematisch geschürt. Zu diesem Ergebnis kommen zwei Medienforscher aus Hamburg und Leipzig«, verbreitet die *Zeit* Gegenfurcht. »›Überraschend ist, wie konsequent das geschieht‹, schreiben die Professoren Thomas Hestermann (Hamburg) und Elisa Hoven (Leipzig) in der Kriminalpolitischen Zeitschrift. Die Wissenschaftler analysierten sämtliche 242 Pressemitteilungen der AfD zum Thema Kriminalität in Deutschland und verglichen sie mit der Kriminalitätsstatistik: ›Soweit die AfD bei Tatverdächtigen die Nationalität nennt, sind dies zu 95 Prozent Ausländer, nur zu fünf Prozent Deutsche.‹«

Wenn sogenannte Wissenschaftler Pressemitteilungen analysieren, müssten sie eigentlich berücksichtigen, dass Parteien solche Mitteilungen herausgeben, um ihre politischen Ziele zu propagieren – und nicht, um Selbstverständlichkeiten festzustellen. Etwa jene, dass es in Deutschland Deutsche gibt, die Straftaten begehen (wobei es tendenziell immer weniger werden und die Ausländer sich richtig ins Zeug legen müssen, um die Kriminalitätsstatistik auf konstanter Höhe zu halten). Wenn freilich Migranten und erst recht sogenannte Flüchtlinge Straftaten begehen – und bei denen, die von der Schwefelpartei thematisiert werden, dürfte es sich zu 100 Prozent um Gewaltverbrechen handeln –, steht plötzlich eine eminent politische Frage im Raum, nämlich wer dafür verantwortlich ist, dass solche Leute überhaupt im Lande weilen und Opfer produzieren können. Offenkundig gehören sie ja nicht hierher, obendrein leben sie auf Kosten der Steuerzahler, und dann werden sie auch noch straffällig. Weil es sehr viele Deutsche ohne und auch mit Migrationshintergrund gibt, die das skandalös finden, gibt es die AfD, zu deren normalen geschäftlichen Obliegenheiten es gehört, ihre politischen Ziele zu begründen, unter anderem in Pressemitteilungen.

Als nächstes werden die Genossen Medienwissenschaftler ausgleichshalber untersuchen, wie systematisch die Grünen die Furcht vor menschengemachtem CO_2 schüren. In ca. 100 Prozent ihrer Pressemitteilungen, die auf die Schrecken des CO_2-Ausstoßes hinweisen, nennen sie den Menschen als Verursacher, obwohl das meiste Kohlendioxid natürlichen Ursprungs ist und *Homo sapiens* allenfalls ein Fünfzehntel beisteuert.

* * *

Nachdem der wöchentlich erscheinende *Spiegel* Egon Krenz ausführlich interviewt hat, zieht der täglich erscheinende Berliner Regional*spiegel* ähnlich weitschweifig nach. Was bei beiden Interviews auffällt, ist der nette Ton der Frager. So freundlich und verständnisvoll würde man einen AfD-Politker nie behandeln, und der Krenz distanziert sich auch beflissen von den Rechtspopulisten, womit er automatisch Helldeutschland zufällt. Da wird kein ehemaliger Unterdrücker, keine Systemschranze, kein Wahlfälscher und Tian'anmenmassaker-Verteidiger interviewt, nicht »der versoffene FDJ-Veteran, der Jubelperser des Politbüros, der optimistische Idiot, Egon Krenz, das ewiglachende Gebiß« (so Wolf Biermann im Oktober 1989), sondern irgendein ehemaliger Politiker, der heute Bücher schreibt und vor Nostalgikern redet. Der kann behaupten, was er will, auf ein Nachhaken der Frager wartet der Leser vergeblich. Etwa der folgende Passus (die Fragen kursiv):

»Honecker kannte sich in der Geschichte bestens aus. Er hat vermutlich im Gefängnis sehr viel gelesen, die Bücher, die es dort noch gab: bürgerliche Literatur über Kaiser- und Königshäuser, preußische Geschichte, deutsche Klassik …

… Goethe und Schiller?

Ja, aber auch Lessing, Herder, Heine. Er verwendete oft Zitate, die er auswendig gelernt hatte.

Goethe war bürgerlicher Herkunft, er bekleidete eine Funktion in einem aristokratischen System …

Ja, und? Er war ein Kind seiner Zeit. Haben Sie damit ein Problem?

Dass in der DDR, wo Klassenzugehörigkeit wichtig und der Kunstbegriff eingeschränkt war, ausgerechnet Goethe …

… wissen Sie, wohlhabend zu sein bedeutet ja nicht zwingend, einfältig und reaktionär zu sein. Für Walter Ulbricht war Fausts Schlussmonolog im fünften Akt mit der Vision ›auf freiem Grund mit freiem Volke stehn‹ die geschichtsprophetische Begründung für die DDR. Die letzten Worte von Faust, das sage ich bescheiden, kannte auch ich auswendig. Werke der Klassiker waren bei uns Pflichtliteratur in den Schulen. Viele reden heute über die DDR, ohne sie zu kennen.

Aber ich rede ja über Goethe.

Ich auch.«

Der *Kunstbegriff* (nicht die Kunst!) war »eingeschränkt«, na so was, aber dass Ulbricht auf freiem Grund mit freiem Volke stehen wollte, dieser Goethe-Missbrauch, diese Klassiker-Notzucht flutsch einfach unwidersprochen durch; deswegen hat der Walter den Erich schließlich den Stacheldraht ums Land ziehen lassen. Auch die Frage bleibt aus, was es eigentlich im DDR-Knast zu lesen gab.

»Sie waren wegen der Mauertoten angeklagt.

Jeder Tote an der Mauer war einer zu viel, keine Frage.«

Weil wieder ein Mensch seine Freiheit verlor.

»Der Bürgerrechtler Friedrich Schorlemmer hat mal gesagt: besser Moabit als Bautzen.

Knast ist nirgendwo ein Sanatorium. Wenn heute Leute berichten, wie unmenschlich es in DDR-Gefängnissen zuging, weil sie sich ausziehen mussten und ihnen in alle Körperöffnungen geschaut wurde – dann sage ich: Ja, das finde ich wirklich fürchterlich. Denn mir widerfuhr es auch.«

Ihm ging es im Westknast so schlimm wie den Feinden des Freien Volks in Bautzen – auch das rutscht im Interview einfach so durch. Spätestens hier müsste man der abgefeimten Grinsebacke ins Gesicht spucken. Und jetzt Schluss mit dem Gewäsch.

5. August

Die AfD-Bundestagsabgeordnete Verena Hartmann hat nach der »Tragödie in Frankfurt« (gesamtgesellschaftliche Konsensformulierung) den Tag von Angela Merkels Geburt (17. Juli) verflucht und ist für diese Verwechslung vielfach gescholten worden. Offizieller Verfluchungstermin ist nach wie vor der Tag der Geburt von Donald Trump (14. Juni).

* * *

Im *Vorwärts* erklärt ein SPD-Pfarrer, wie man sich nach einer »Tragödie« angemessen zu verhalten hat: Trauer, Anteilnahme, Innehalten, Fassungslosigkeit. Keine Schuldfragen stellen (außer wenn der Täter weiß ist). Auch sonst keine dummen Fragen stellen, nach politisch Verantwortlichen schon gar nicht.

Trauer. Fassungslosigkeit. Nach dem Innehalten vielleicht Kerzen aufstellen. Mit »mürrischer Indifferenz« (Herfried Münkler) auf die nächste Tragödie warten. Dass sie einen selber trifft, ist ja unwahrscheinlicher als ein Haushaltsunfall.

7. August

»Die Laster sind voller Nachsicht gegeneinander, während die Tugenden eifersüchtig sind und einander bekämpfen.«
Cioran

* * *

Wo der Konstruktivismus aufhört:
– beim Gehaltsbescheid
– beim Kaufvertrag
– beim Arztrezept
– beim Erbschein

* * *

Wenn eine sogenannte positive Diskriminierung bei der Studienplatzvergabe und bei der Jobeinstellung gut ist, warum soll dann *racial profiling* bei der Polizei schlecht sein?

PS: Leser *** nimmt diese Frage zum Anlass, eine Serialisierung anzuregen; als erste Folgen schlägt er vor:

– Wenn Rassismus nur von der Mehrheitsgesellschaft ausgehen kann, wie kann es dann jemals in Afrika Rassismus gegeben haben?

– Wenn es keinen Unterschied zwischen den Geschlechtern Mann und Frau gibt, wie kann es dann plötzlich 150 verschiedene Gender/Geschlechter geben?

– Wenn die deutsche Grenze für Migranten nicht kontrolliert wird, warum werde ich als deutscher Rückreisender aus den USA, aus GB oder Kuba im Flughafen kontrolliert?

To be continued.

* * *

Münchner Stadträte geben sich »entsetzt«, weil das Islamische Zentrum München (IZM) auf seiner Webseite empfiehlt, der Ehemann könne oder solle seine Partnerin im Falle von »Widerspenstigkeit« schlagen; die Empfehlung folgt der dreistufigen Anweisung Allahs aus Sure 4,34, welche lautet:

»Die Männer stehen über den Frauen (ar-riǧālu qauwāmūn ʿalā n-nisāʾ), weil Gott sie vor diesen ausgezeichnet hat und wegen der Ausgaben, die sie von ihrem Vermögen gemacht haben. Und die rechtschaffenen Frauen sind demütig ergeben (…). Und wenn ihr fürchtet, dass Frauen sich auflehnen (nušūz), dann *vermahnt sie, meidet sie im Ehebett und schlagt sie* (wadribū-hunna). Wenn Sie euch wieder gehorchen, dann unternehmt weiter nichts gegen sie! Gott ist erhaben und groß.«

Die Gemeinde, wird gemeldet, wolle ihre Internetseite »spätestens in zwei Wochen ändern«, denn Hast ist verpönt unter den Frommen, sogar beim heimischen Schlagen. SPD-Stadtrat Cumali Naz, »Fachsprecher für Migration«, erklärte: »Wenn das IZM propagiert, Gewalt sei ein legitimes Mittel zur Lösung von Ehekonflikten, widerspricht das fundamental den Werten unserer Gesellschaft. Aufrufe zu Gewalt haben in unserer Gesellschaft keinen Platz.«

Ich frage mich bei der wiederkehrenden Formulierung, etwas habe in unserer Gesellschaft keinen Platz, mit derselben Regelmäßigkeit, was mit dieser offenkundig falschen Aussage gemeint sein mag, denn tatsächlich hat dieses Etwas dann ja in unserer Gesellschaft erheblichen Platz, zum Beispiel haben Aufrufe zur Gewalt in unserer Gesellschaft viel Platz. Der Antisemitismus hat in unserer Gesellschaft, trotz aller rhetorisch tumben Beteuerungen, viel und sogar täglich wachsenden Platz, und jeder weiß, warum. Und die Gewalt selber erst!

PS: Bei der AfD hätten die Genossen Journalisten in einem vergleichbaren Fall wie beim IZM geschrieben: *Jetzt zeigt die Partei ihr wahres Gesicht.*

PPS: Dass man den Koran historisch lesen und interpretieren müsse, wie moderate Muslime sagen, offenbart sich anhand dieser Sure exemplarisch, denn die meisten Frauen, die von ihrem Partner geschlagen werden sollten, haben gar keinen.

»Mir schiene angezeigt, gewissen Fraun
Die fetten HinterInnen durchzuhaun.«
Peter Hacks

* * *

Was mir bei meinen vielen Bahnfahrten auffällt: Die Kinder schauen nicht mehr aus dem Fenster, weder verträumt noch aufmerksam, sondern sie schauen ins Händi oder auf die Playstation. Es ist, als ob der eine Raum den anderen abgelöst hätte, der neue, virtuelle, spannende den alten, realen, langweiligen.

* * *

»Man muss entweder ein kompletter Idiot oder ein abgefeimter Lügner sein, um angesichts der Daten zu bestreiten, dass sich

ein Bevölkerungsaustausch vollzieht«, schreibt Leser *** und sendet diese aktuelle Bevölkerungspyramide:
(Dunkel ergibt sich aus der Addition von Rot und Hell, wobei man aber für jeden Farbbereich von der ›0‹ bis zum jeweils äußeren Rand rechnen muss.)

Bevölkerung in Privathaushalten nach Geschlecht, Migrationsstatus und Alter 2017) · Ergebnisse des Mikrozensus in Tsd.

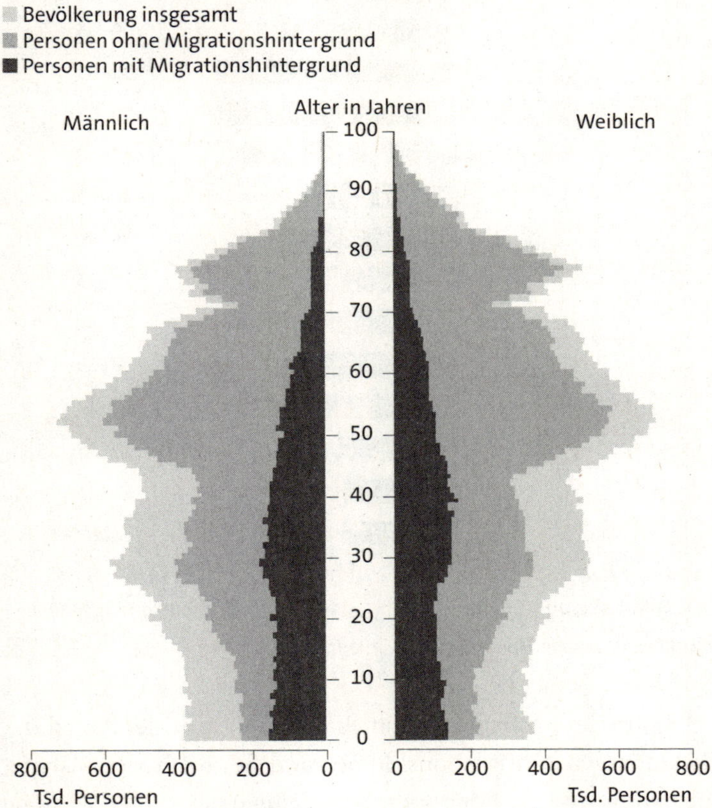

Ouelle: Statistisches Bundesamt (Destatis), 2018

Besonders aufschlussreich sei der Blick auf einzelne westliche Bundesländer, wo der Prozess am fortgeschrittensten ist. Etwa Rheinland-Pfalz:

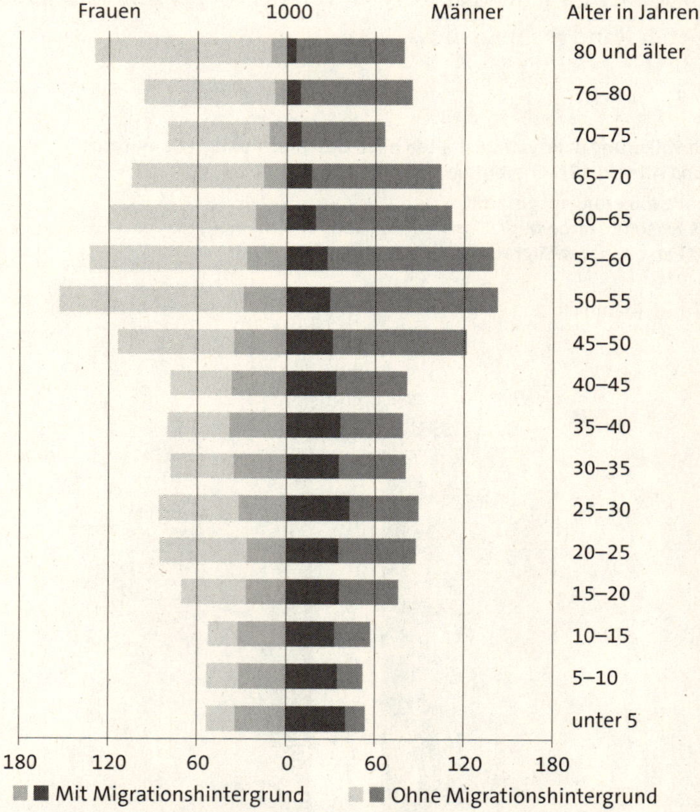

Quelle: Statistische Monatshefte Rheinland-Pfalz, 6/2019

PS: »In der Altersgruppe unter 18 Jahren liegt der Anteil der Einwohner mit Migrationshintergrund bei 61 Prozent«, hetzt die heutige Ausgabe der *Stuttgarter Zeitung* mit Zahlen wie eine AfD-Postille.

10. August

Ausland – das fühlt sich an, als habe man eine Wohnung verlassen, in der man pausenlos von Gouvernanten vollgequengelt wird.

* * *

Deutschlands führender Kriminalitätsastrologe, Professor Pfeiffer aus Hannover, hat eine neue Kategorie in den gesellschaftlichen Diskurs eingeführt: den *extremen Einzelfall*. Der extreme Einzelfalltäter ist noch seltener als der klimaneutrale Grüne. Er konnte bislang nur von sehr erfahrenen Kriminologen beobachtet werden und gilt als vom Aussterben bedroht. Ein solcher extremer Einzelfall ereignete sich ausgerechnet in dem als noch sichererer als die anderen schon extrem sicheren deutschen Städte geltenden München, wo ein 14-jähriger Iraker in einem Schwimmbad, also einem der laut *Monitor* sichersten Orte des Universums, einer Dreizehnjährigen zeigen wollte, wo der Hammer steht. »Während der jugendliche Intensivtäter mittlerweile in Untersuchungshaft sitzt, äußert sich nun die Betreuerin seiner Familie in einem Interview«, schreibt die *tz*. Die Betreuerin sagte: »Er ist ein lässiger, cooler Junge. Es ist einfach ein cooler Typ.«

Ungefähr wie Harvey Weinstein *in statu nascendi*?

Wer sich jetzt pingelig darüber verwundert, wie es denn sein könne, dass ein »Intensivtäter« als Hauptakteur in einen »Einzelfall« gerät, und wer dann auch noch unbedingt daran erinnern möchte, dass in letzter Zeit wiederholt von minderjährigen, ja sogar überaus minderjährigen Tätern zu lesen war, die einzeln und in Gruppen deutschen Mädchen oder Frauen gegen deren Willen an die Wäsche gingen und durchweg mit dem existenzveredelnden Hintergrund begnadet waren, der soll doch nach drüben gehen und die AfD wählen!

***

»Zuerst empfingen sie ihre zahllosen Gäste auf den Bahnhöfen mit Blumen und Teddybären. Kurze Zeit später überlegten sie, wie sie die Bahnhöfe am besten gegen eingereiste Gewalttäter sichern könnten.«
(Aus einer alten Chronik)

12. August

Höhepunkte der Gesellschaftsverbuntung, x-te Folge: Siebtklässler, 14, bricht Lehrerin, 62, mit mehreren Faustschlägen den Kiefer. Sie hatte ihm das Messer wegnehmen wollen. (Haben wir früher ständig gemacht, ich kannte meine Klassenlehrerin quasi nur bandagiert. Insofern spielt auch die syrische Herkunft des Rackers keine Rolle.)

14. August

Es war erwartbar, dass sie bei der *Tagesschau* am Tag des Mauerbaus, also gestern, versuchen würden, sämtliche Grenzen der Erde als einreißenswürdig zu deklarieren und damit irgendwie gleich zu machen, aber dass sie es geschafft haben, Honeckers Lauftstallbegrenzung, an der es, wenn du von drinnen ins Freie wolltest, den Fangschuss setzte, in einem Atemzug mit der israelischen Grenze zu nennen, das hätte unseren kleinen Doktor aus Rheydt erheitert.

***

Der Chemnitzer Hitlergrußzeiger, dessen Foto durch alle deutschen Medien und danach um die Welt ging, ist verurteilt worden. Dass der Mann oder besser: der Bub eher mit der Linken sympathisiert, ist bei einer »rechten« Straftat, die auch als solche in die Statistik eingehen wird, eher unerheblich, weshalb nahezu sämtliche Wahrheits- und Qualitätsmedien das Nachspiel fürsorglich beschwiegen.

15. *August*

»So etwas freut mich alten Fabler!
Je wunderlicher, desto respektabler.«
Faust II, Klassische Walpurgisnacht, Proteus spricht

***

Karrieren wie die von Carolin Emcke, Margarete Stokowski, Richard David Precht, Konstantin Wecker oder Jan Böhmermann würden erst nach einem Systemwechsel interessant. Oder noch trivialer.

***

Bei der Fahrt durch die ländliche sächsische Provinz fällt auf, dass sämtliche Wahlplakate unzerstört sind. Mit anderen Worten: Die AfD-Wahlwerbung wird nicht demoliert. Die sind im Osten noch nicht so weit.

Auf einem SPD-Plakat steht die Forderung »Grundrechte durchsetzen!« Nanu, denke ich versonnen, werden die Sozis plötzlich normal? Ich hatte mich bloß verlesen. Tatsächlich steht dort: »Grundrente durchsetzen!«

***

In einem Interview, das ich vor fünf Jahren für *Focus* mit Akif Pirinçci führte, damals ging das noch, verwendete der Skandal-, Krawall- bzw. Klimbim-Autor zur Beschreibung des Islam den Freudschen Terminus »sexuelle Zwangsneurose«. Es handle sich um eine Religion, »die sich in Wahrheit zu 90 Prozent mit der Kontrolle der Frau beschäftigt. Wenn man diesen Teil aus dem Islam wegnehmen würde, bliebe fast gar nichts mehr übrig. Es geht nur um die Geschlechter. Wer wen wann vögeln darf, was passiert, wenn die Frau ihre Periode hat, und ob sie dem Mann drei Meter hinterherlaufen muss oder fünf.« Also sprach Akif Pirinçci.

Das wirklich gravierend Andere am Islam ist in der Tat die Behandlung der Frau. (Als Napoleon – Glückwunsch zum 250. übrigens! – 1798 in Ägypten einmarschierte, hielt er es für geboten, seine Soldaten darauf vorzubereiten, dass man die Weiber im Orient anders behandele als in Europa.) Diese Welt der nichtöffentlichen, verhüllten Maiden und der männlichen Polygamie ist für westliche Psychologen normalerweise verschlossen. Desto spannender, wenn sich ein Profi dort jahrelang umtun konnte und seine Erfahrungen niederschreibt. Interessante Lektüren gibt es zuhauf, wirklich aufschlussreiche indes sind selten. Als eine solche empfand ich das Buch: *Und Gott schuf die Angst. Ein Psychogramm der arabischen Seele* (München 2018) von Burkhard Hofmann. Der Hamburger Psychotherapeut, Jahrgang 1954, betreut vornehmlich muslimische Patienten, sowohl in seiner Hamburger Praxis als auch auf der arabischen Halbinsel. Bei Letzteren handelt es sich ausnahmslos um Angehörige der wohlhabenden Schichten, aber das liegt in der Natur der Sache; der Blick in die Milieus darunter dürfte noch deprimierender ausfallen.

Hofmann geht von der Prämisse aus, dass sich in den psychischen oder seelischen Leiden eine Gesellschaft wie unter einem Vergrößerungsglas offenbare. Was seine Patienten aus diesem Weltteil auf frappierende Weise eine, sei das monotone Symptom, mit welchem sie zu ihm kommen: Angst. Warum? Zumindest der männliche Araber wirkt doch gemeinhin alles andere als ängstlich. Wenn man als erkenntnisleitenden Begriff Nietzsches Bonmot vom »Monotono-Theismus« wählt, reicht das zwar nicht zur Erklärung, aber man ist auf dem richtigen Weg. Die Verbindung aus Tradition und Religion ist im Orient nicht zu entwirren, beide Komponenten haben sich sozusagen amalgamiert. So ist schwer zu sagen, ob kollektive Verhaltensweisen und Normen ihren Ursprung eher da oder dort haben, was die Ursache und was die Reaktion ist. Zum Beispiel der extreme sowohl familiäre als auch religiöse Bindungszwang. (Entsprechend abenteuerlich verliefen manche Therapiesitzungen, etwa via Chat mit einem Gegenüber auf einem einsamen nächtlichen Parkplatz.)

»Es ist dem Gläubigen verboten, sich loszulösen, es ist ihm verwehrt, Abhängigkeit und Bindung aufzulösen. Wie ein roter Faden zieht sich dies durch die gesamte arabisch-muslimische Kultur. Und es beginnt bei der Mutter. Sie wird unendlich respektiert, verehrt und gefürchtet. Ein Loskommen ist unmöglich. Dieses Festkleben ist das Paradigma der gesamten Kultur.« Separation, sagt eine Patientin, sei für sie ein anderes Wort für den Tod. Wie bei anderen Aspekten auch, ist diese Mutter-Fixierung in einem der verbindlichen Texte fixiert; in einem Hadith sagt Mohammed, das Paradies liege zu Füßen der Mutter. Nicht loszukommen bedeutet, dass eine wirkliche Individuation kaum stattfindet. Das betrifft sowohl die Familie als auch die Glaubensgemeinschaft, die *Umma* (»Umm« heißt

»Mutter«). Egal, was Henne und was Ei war: Religion und Tradition lasten in einer unauflösbaren Verbindung auf den Biografien der Einzelnen. Der »eisenharte Griff der Kultur« (Hofmann) hält die Menschen fest umklammert.

Aufgrund des sagenhaften Ölreichtums hausen dort quasi aller Geldsorgen ledige Nomadenfamilien bzw. Dorfgemeinschaften in klimatisierten, mit allem technischen Komfort ausgestatteten Wolkenkratzern, wurzeln aber mit einem Teil ihrer Person nach wie vor im 7. Jahrhundert. Bürger im westlichen Verständnis existieren nicht. Durch Wohlstand wird der Einzelne korrumpiert bzw. sediert. Solange das Öl fließt, ist dieses System hundertfach stabiler als beispielsweise Merkeldeutschland.

Die Mittel- und Oberschicht, so Hofmann, lebe in quasi dörflichen Verhältnissen mit einem Höchstmaß an sozialer Kontrolle. Mindestens die Hälfte der Ehen werde noch arrangiert. Sämtliche Sozialkontakte fänden in der erweiterten Familie statt. Angehörige dieser Milieus reisten deshalb so häufig wie möglich ins Ausland, um für einen Moment der sozialen Kontrolle zu entgehen. Die starke Bindung führe zu Reifeverzögerungen, zum Nichterwachsenwerden. »Da die Separation in Arabien oft spät oder gar nicht stattfindet, verschiebt sich die Problematik in die Lebenszeit der Zwanzigerjahre des Patienten oder sogar in ein höheres Alter.«

Nahezu alle seine arabischen Patienten haben im Westen studiert, auch die Frauen. Doch für diese Frauen bleibe das Studium üblicherweise folgenlos: »Man studiert in England oder den USA, absolviert alle Examina, kommt nach Hause, und dann folgt aus alldem nichts. … Keine Passion, kein Zwang zum Geldverdienen, keine stimulierende Kultur, nur die täglichen Gebete.« Die Mädchen werden Mütter, die Jungen bleiben entweder ewige Söhne oder arbeiten als Geschäftsleute (Knochenjobs werden am Golf ausschließlich von Ausländern verrichtet). Folgenlos bleibt vor allem, bei aller Liebe zum westlichen Konsum, der Kontakt mit der anderen Kultur. Aufklärung, säkulares Recht, Demokratie, Pluralismus, Individualismus, Frauenemanzipation, nichts davon gilt als nachahmenswert, nichts wird importiert. Unter den Patienten waren Mathematiker und Informatiker, Männer mit einem hohen Abstraktionsvermögen, doch keiner von ihnen stellte die Regeln und die Alleingültigkeit des Islams in Frage.

Die Kinder der Oberschicht wachsen mit »unsichtbaren Eltern« auf, berichtet Hofmann, sie werden betreut von Nannys, die über Agenturen aus Indien oder den Philippinen als Lohnsklaven ins Land kommen. Die Kindermädchen übernehmen alle anstrengenden Teile der Erziehung. »Die Nanny verbringt die Nacht bei den Kindern, während die Herrschaft den ungestörten Schlaf genießt.« Es entstehe keine Eltern-Kind-Beziehung durch körperliche Nähe und gemeinsam durchgestandenen Stress. Die Nannys haben oft eigene Kinder, die sie jahrelang nicht sehen. Zum Schmerz des Getrenntseins kommen Schuldgefühle, und »wie zum Hohn« ziehen sie fremde Kinder auf. Viele dieser Kindermädchen wirkten »depressiv-unlebendig« und verrichteten ihre Dienste rein mechanisch, was auch für die von ihnen betreuten Sprösslinge ein emotionales Desaster bedeutet.

»In Arabien erscheinen mir die Väter wie die Mütter spätestens ab dem zweiten Kind uninteressiert und emotional kaum verfügbar«, beobachtet der Psychologe. Auf einen konkreten Patienten bezogen heißt es, »die emotionale Abwesenheit der Eltern« habe sich »wie ein roter Faden« durch dessen Kindheit und Jugend gezogen. Die Verschleierung der Mütter in der Öffentlichkeit wirkt als ein weiterer Kontaktverhinderer und Gefühlskiller. Die Kinder »sind dann in gewisser Weise allein oder beziehen sich auf die unverschleierte Nanny«.

Die Polygamie sei ein weiterer Quell seelischer Leiden – aber durch das Vorbild des Propheten sakrosankt. »Kränkung, Wut, Neid, Hass, Missgunst, Scham, Zorn, Ohnmacht, Trauer, Verzweiflung und all die Mischformen der Kränkung durch diesen als existentiellen Verrat empfundenen Akt des Vaters lagern sich auf den Seelen wie Mehltau ab. Mich beeindruckte immer wieder, wie die Patienten auf meine Nachfrage nach ihren darüber noch vorhandenen Gefühlsregungen sofort seelisch in schwere See gerieten.«

Ab dem vierten oder fünften Lebensjahr beginnt die religiöse Erziehung, die traditionell der Vater übernimmt. Aber der biete sich auch nicht als wirkliches Gegenüber an, sondern der gemeinsame Blick richte sich auf den fortan ewig anwesenden Dritten, auf *Big Brother*. »Hat das Kind erst einmal verstanden, dass hinter dem großen Vater eine noch viel größere und mächtigere Gestalt wartet, kann mit der religiösen Hirnwäsche frühzeitig begonnen werden. Dem Kind wird statt des menschlichen Vaters das ferne Bild Allahs angeboten.« Die Moschee sei der einzige Ort gewesen, erzählt ein Patient, an dem er je die Liebe seines Vaters habe spüren können. Nach Gesprächen mit vielen Männern am Golf, notiert der westliche Beobachter, könne er resümieren, dass diese Initiation in den Islam eine universelle, positive Erinnerung aus vielen Biografien arabischer Männer sei, der aber die Frustration auf dem Fuß folge. »Der Vater zeigt dem Sohn, wie man betet, und dann zieht er sich recht bald wieder aus der Erziehung zurück. Dem Sohn bleibt die Aufgabe, durch seine Religionsausübung und ein gottgefälliges Leben die verlorene Intimität wiederherzustellen.«

Ein für den Psychologen interessantes, für die Betroffenen indes extrem belastendes Problem in diesen Breiten ist das »Klima der sexuellen Bedrückung« durch permanente gegenseitige Kontrolle. Zur Illustration erzählt Hofmann eine Anekdote. Mitten auf einer Schnellstraße sah er ein schwarzes Bündel liegen. Beim Näherkommen entpuppte es sich als eine Frau, die reglos in ihrem schwarzen Umhang lag. »Der Verkehr schoss an ihr vorbei, keiner hielt. Ein Stück weiter stand ein demoliertes Auto.« Der ärztliche Reflex befahl ihm, anzuhalten. Die Frau war verletzt, aber ansprechbar. Erst nach ihm hielten auch andere Autos an der Unfallstelle. Deren Fahrer versuchten, den Verkehr zu verlangsamen, mit mäßigem Erfolg. Er bat die anderen, ihm zu helfen, die Verletzte auf die Rückbank eines SUVs am Fahrbahnrand zu tragen. »Alle schauten mich entgeistert an. Dass ein Notstand das Berührungsverbot auch für sie außer Kraft setzen könnte, war ihnen nicht in den Sinn gekommen.« Sie lagerten die Frau so vorsichtig wie möglich im Fond des Wagens, die Verletzte klagte über Schmerzen, doch die drei Männer waren ausschließlich damit beschäftigt, an ihrer Kleidung zu ziehen, damit weder Arme noch Beine irgendein Stück Haut zeigten. Das war ihnen weit wichtiger als der Zustand der Frau.

Kontrolle ist elementarer als Gesundheit, die Fassade hat um jeden Preis rein zu bleiben. Man muss kein Freudianer sein, um zu ahnen, welche verborgenen Feuer dort lodern. Gerade weil er so irritierend unkontrollierbar ist, wird der Trieb unter Kuratel gestellt. Man darf, ob Mann oder Frau, vor der Heirat nichts falsch machen. »So fehlt der Gesellschaft das friedensstiftende körperliche Miteinander der Geschlechter.« Aber der Trieb verschwindet nicht, er wird nur verdrängt und kehrt in Gestalt diffuser Ängste wieder. Da »die Seele eine Domäne der

Religion« sei, komme eine seelische Erkrankung jedoch einer »spirituellen Entgleisung« gleich.

Auch die Existenz des Unbewussten sei für seine Patienten ein fremder Gedanke, notiert der Therapeut, denn es vertrage sich nicht mit dem Wunsch nach Kontrolle, Ordnung und Herrschaft über das eigene Selbst. Mit dem hirnphysiologischen Zugang zu Erkrankungen der Psyche könne man dort ebenfalls nichts anfangen. Fremd bleibe den Patienten auch der Psychologe als Person. Zwar nehme man seine Hilfe in Anspruch, aber manche Patienten sahen in ihm einen Agenten des Scheitans. Andere dankten Allah, dass er ihnen in bedrängter Zeit einen Psychologen geschickt habe. Eine Arzt-Patienten-Bindung wie im Westen sei selten entstanden. Er habe sich oft gefragt, schreibt Hofmann, was er hier eigentlich tue.

Das Wort, das unsereinem bei der Lektüre zur Beschreibung des geschilderten arabischen Alltags einfällt, lautet: Stumpfsinn. Wenn man über einen wachen Geist und Sensibilität verfüge, scheine dieses Leben kaum auszuhalten zu sein, schreibt der Gastheiler. Eine häufig gewählte Variante der »Kompensation von emotionaler Leere« als auch der Triebablenkung sei die »Stimulussuche«. Dazu gehöre der kompensatorische Konsum, gerade bei Frauen (*Shopaholics*). In Europa werde vieles erworben, was unausgepackt im Keller lande, weil einzig der Vorgang des Kaufens zähle. Der Verbrauch von Psychopharmaka und Drogen sei enorm; fast alle Patienten, die bei ihm vorsprachen, waren von einheimischen Ärzten auf Psychopharmaka gesetzt worden. Die jungen Männer suchten zudem den Thrill durch Extremsport und Autofahren, und die Todesrate durch Verkehrsunfälle sei hoch.

Eine andere Kompensation bietet der Glaube. Er gibt Halt und Struktur. Das Wertesystem des Islam werde »umgeschnallt wie ein Exoskelett«. – »Gerade in einer so narzisstischen und durch den Mangel an Selbstwirksamkeit beschädigenden Kultur wie der arabischen ist der Wunsch nach Beruhigung der aufgebrachten See der Seelen groß. Durch die Religion wird zudem der Anspruch der Überlegenheit ständig wiederholt.« So habe man gegenüber dem zugleich beneideten und verachteten Westen »wenigstens auf dem wichtigsten aller Gebiete die Nase vorn«.

Das defizitäre Selbst werde mit dem Glauben wie mit einer Plombe aufgefüllt. »Der hohe Status der Religion, die ständig wiederholte Betonung der Weisheit und Schönheit des Korans, die verliebte Inbrunst im Umgang mit dem Propheten helfen, alle Selbstwertdefizite einzuebnen. Man wird Teil eines unfehlbaren, perfekten Systems. Alles ist gut, aber nur solange man glaubt. … Die Plombe wird scheinbar Teil des Selbst. Erlebt der Patient dennoch Selbstwertdefizite, ist die nächstliegende Maßnahme eine Vertiefung der Glaubensanstrengungen.« Wenn der Islam die perfekte Religion ist, können seelische Probleme nur aus einem Mangel an Gläubigkeit herrühren.

Zum Schluss richtet Hofmann den Blick auf Deutschland und seine Einwanderungspolitik. Die Vorstellung, dass das Grundgesetz über dem Wort Allahs stünde, könne »bei einem gläubigen Muslim nur Kopfschütteln hervorrufen«. Die Idee eines Euro-Islam sei »für meine arabischen Patienten lächerlich oder bestenfalls abwegig. Ein bisschen Unterwerfung geht genauso wenig wie ein bisschen schwanger.« Vielmehr sei das Überlegenheitsgefühl ein »unverzichtbarer Bestandteil des Islams«. Es sei »unvermeidbar«, dass sich in Deutschland die Strukturen »in Richtung Gottesstaat verändern« werden, »wenn der Islam einmal Mehrheitskonsens ist«.

Der Psychologe mahnt, man möge sich keinen Illusionen über die Machbarkeit von Integration hingeben, »wo dies schlichte

Realitätsverleugnung bedeutet. Der Glaube bleibt für den strenggläubigen Muslim auch in weltlichen Fragen die letzte Autorität. Unsere Vorstellung der Trennung von Kirche, Glauben und Staat wird als defizitäre Position wahrgenommen. Aus dieser Perspektive betrachtet, gehört der Islam eben nicht zu Deutschland.« Wenn der Skepsis als Grundlage des Zusammenlebens »der Respekt versagt bleibt, sollten wir aufhören, uns gegenseitig zu überfordern. Nicht alles ist überbrückbar, nicht jede Eigenart ist mit der des anderen so kompatibel, dass ein gedeihliches Zusammenleben eine Chance hat. Und manchmal ist das Getrenntleben nicht nur für Paare die bessere Lösung.«

Aus diesen Worten folgt auch die Erklärung, warum dieses aufklärerische und spannende Buch in den deutschen Medien praktisch unrezensiert blieb.

* * *

Noch zum Vorigen: »Die angenehme Meinung wird als wahr angenommen: dies ist der Beweis der Lust (oder, wie die Kirche sagt, der Beweis der Kraft), auf welchen alle Religionen so stolz sind, während sie sich dessen doch schämen sollten. Wenn der Glaube nicht selig machte, so würde er nicht geglaubt werden: wie wenig wird er also wert sein!«
(Nietzsche, *Menschliches, Allzumenschliches I*)

20. August

Der meiste Rassismus tritt dort zutage, wo das meiste Geschrei darüber angestimmt wird, dass dort der meiste Rassismus zutage trete.

***

Der *Schwarze Kanal* des seligen Karl-Eduard soll ab Freitagabend wieder auf Sendung gehen. Die *Junge Welt*, das Organ der FDJ, ein verwandter Zombie, will sich auf ihrer Internetseite als Nekromant betätigen. Wie der Berliner *Tagesspiegel* mitteilt, hat »Márta Rafael, Ehefrau des im Jahr 2001 verstorbenen Journalisten Karl-Eduard von Schnitzler, der Gazette gestattet, unter dem Titel ›Schwarzer Kanal‹ die Tradition aufklärerischer Medienkritik im Geiste ihres Mannes fortzusetzen.«

Wenn Sie, geneigter Leser, in diesem Zitat die Anführungsstriche suchen, dann tun sie dies vergeblich. Karl-Eduard trieb aufklärerische Medienkritik, ungefähr wie Julius Streicher internationale Bankenkritik. Niemand hat die Absicht, die DDR wiederzubeleben.

***

Alexander Wendt weist in seinem Wochenrückblick darauf hin, dass in vielen Medienberichten zum Jahrestag des Mauerbaus am 13. August eine bemerkenswerte Lücke klaffte, nämlich die Frage betreffend, wer eigentlich und zu welchem Zwecke diese Grenze geformt hatte, warum so viele DDR-Bürger ihren Staat verlassen wollten und warum es ihnen der Staat nicht gestattete. Die Mauer, notiert Wendt, »kam offenbar wie eine nichtmenschengemachte Klimaveränderung über Berlin«.

Nicht thematisiert wurde also, dass die Menschen vor dem Kommunismus bzw. Sozialismus weggelaufen sind bzw. von dessen Sachwaltern eingemauert wurden. Nicht thematisiert wurde, dass in Politik und Medien im Westen DDR-Kollaborateure sonder Zahl saßen. Nicht thematisiert wurde, dass Rote und Grüne, als diese Mauer endlich fiel, entsetzt über den Wunsch der

Ostdeutschen nach Wiedervereinigung waren. Ebenfalls nicht thematisiert wurde, dass die direkte Nachfolgerin und Erbin der Mauerbauerpartei heute im Bundestag sitzt, in Thüringen mitregiert und in sogenannten neuen Bundesländern als Koalitionspartner der Partei Helmut Kohls im Gespräch ist. Und der bizarre Wandel dieser Partei, die einst auf Flüchtlinge schießen ließ und heute gar nicht genug von ihnen bekommen kann, sofern es sich nicht um Deutsche handelt, war selbstverständlich ebenfalls kein Thema.

Thematisiert wurde stattdessen, dass alle Grenzen schlimm sind und die Rechtspopulisten heute wieder Mauern aufstellen wollen. Thematisiert wurde und wird, dass die besagten schlimmen Rechtspopulisten heute unstatthafte Vergleiche der beiden besten Deutschländer *ever* anstellten, um das beste und letzte Deutschland zu delegitimieren.

Nicht thematisiert wurde, dass ein junger Journalist beim Empfang des Bundespräsidenten im Schloss Bellevue davon pikiert war, dass Steinmeier in seiner Rede den Kampf gegen die AfD als wichtigste Lehre aus der Geschichte der DDR präsentierte und weder den Begriff Sozialismus in den Mund nahm noch die Linkspartei erwähnte, weshalb sich der besagte junge Journalist in der anschließenden Bürgerfragerunde erkundigte, ob es nicht angebrachter wäre, am Jahrestag des Mauerbaus über die Gefahr von links zu sprechen und *Nie wieder Sozialismus!* zu predigen. Naturgemäß erfolgte keine Antwort.

Niemand hat die Absicht, die DDR wiederzubeleben.

***

»Ich bin in der DDR vielleicht zwei Menschen in meinem Umfeld begegnet bin, mit denen ich mich nicht auch kritisch gegenüber dem Staat und dem Sozialismus hätte äußern dürfen,

während es jetzt soweit ist, dass ich gerade mal zwei Menschen kenne, denen gegenüber ich mir – der Verachtung usw. ungestraft – eine Kritik an bestimmten Zuständen hierzulande erlauben darf.«
(Leser ***)

22. *August*

Wie verdorben und schwächlich muss eine Gesellschaft sein, deren Eliten aus allen publizistischen Rohren mit Moralplatzpatronen auf das Volk schießen lassen.

* * *

Menschen, die nach Bewunderung verlangen, sind nicht eitel genug.

* * *

»Versucht, den *Dr. Faustus* von Thomas Mann zu lesen. Unmöglich. Altes Spiel. Das ist langweilig, das ist *der Boche* als Teufel.«
(Cioran, *Notizen*, 9. Januar 1967)

* * *

»Der Fanatiker ist gern Asket. Ich esse gerne; wie alle Menschen ohne tiefere Überzeugungen.«
(Derselbe, am 20. Januar 1967)

* * *

Das rechte Gerede vom Bevölkerungsaustausch erklingt zunehmend auch aus der Wahrheits- und Qualitätspresse. »Dass der Migrantenanteil in Deutschland auf ein Viertel der Gesellschaft gestiegen ist, liegt auch am rapiden Rückgang der herkunftsdeutschen Bevölkerung. Das ist vor allem in den jüngeren Generationen zu beobachten«, notiert die *Welt* (die einzelnen Herkunftsregionen werden im Artikel quantifiziert). »Daniel Thym vom Sachverständigenrat Migration« – ja, genau der, Merkels Miniatur-Carl-Schmitt (Die Kanzlerin schützt das Recht) – »überraschen die Daten nicht. ›Die Zahlen sind seit Jahren hoch, und sie werden weiter steigen. (...) Selbst wenn wir jetzt eine Nullzuwanderung hätten, würde der Migrationsanteil zunehmen.‹« Wegen des – Vorsicht, es folgt ein klassisches Rassistenargument! – unterschiedlichen Gebärverhaltens nämlich.

Merke: Wenn ein Sarrazin das konstatiert und die Zahlen in die Zukunft extrapoliert, ist es Hetze. Wer freilich den kleinen Appendix hinzufügt: »... und das ist gut so!«, hat solche Vorwürfe nicht zu befürchten, wenn auch sonst so einiges. *Moritur et ridet!*

***

Noch zum Vorigen. Leser *** weist auf ein Migrations-Papier der UNO hin, an dessen Ende die Conclusio steht: »Similarly, international migration can provide countries of destination with needed human resources and talent, but may also give rise to social tensions. Effective international migration policies must therefore take into account the impact on both the host society and countries of origin.« Und er fügt hinzu: »Auch wenn ich es nicht für eine ausgemachte Sache halte, daß unsere Population nicht einfach schrumpfen darf, und ich natürlich strictement gegen erduldete statt gewählte Einwanderung bin (was mal ein Spruch aus dem ersten Wahlkampf von Sarkozy war), dagegen kann man doch erstmal nichts sagen?«

***

»Vier Barrieren trennen uns von der Barbarei: der deutsche Generalstab, das englische Oberhaus, das Institut de France und der Vatikan.«
Paul Bourget

***

Jonathan Price, der in Oxford und Warschau Philosophie lehrt, fordert in einem Essay einen »ästhetischen Patriotismus für Europa«. Kein Jahrhundert habe mehr Hässlichkeit produziert als das zwanzigste, statuiert er, und zwar sowohl in den Künsten als auch in der Architektur als auch in der Technik und damit letztlich in der Umwelt. (Ich pflege an dieser Stelle gern einzuwenden, dass die durchschnittliche Beschaffenheit der Gebisse und vor allem der juvenilen Frauenkörper sich deutlich verbessert habe, aber das lasse ich heute.) »Der schlimmste Schaden, der durch ein zunehmend häßliches Europa angerichtet wird, ist die Tatsache, daß es selbst von den Europäern als immer weniger lebens- und liebenswert empfunden wird« – und folglich als immer weniger verteidigenswert. »Nur wenige werden bereit sein, zu kämpfen und sich zu opfern für etwas, das nur noch schrecklich, widerwärtig, grotesk, scheußlich, abstoßend, unziemlich, unförmig oder selbst ›funktionell‹ ist.« Als ein Beispiel nennt Price das »Europa Building« in Brüssel, der Sitz des Rates der EU. Wer für diesen Bau einen mystischen Ursprung erfinden müsse, lästert der Philosoph, der werde zuerst wohl auf die Idee kommen, ein gigantischer extraterrestrischer Vogel habe hier ein Ei abgelegt, und nun warte man mit einer gewissen Bangigkeit darauf, was für ein Monster dem Ding entschlüpfen werde. In der Tat ist dieser EU-Apparat ja ein Riesenkuckucks-Ei, das den Europäern ins Nest gelegt wurde – sollte dem Architekten eine Eulenspiegelei vor Augen gestanden haben? Drinnen haben die Gebäude-Designer auf die konkreten Nationalfarben der Mitgliedsländer verzichtet, stattdessen einen Eintopf aus ihnen zusammengerührt und den bunten Brei großzügig überall verteilt: an den Decken, in den Liften, an den Türen, auf den Teppichen. Auch das würde unser Till nicht anders gemacht haben, wenn er die Buntheitskamarilla hätte verspotten wollen. »Deutschland ist bunt wie nie. Aber bunt sind auch die Zufallsgemälde des Schimpansen Congo« (Dimitrios Kisoudis). Die Innenausstattung vermittle keine Botschaft außer der banalen »Einheit in Vielfalt«, notiert Price. Das sei nichts anderes als »eine neue Form der Uniformität in der omnipräsenten Betonung einer einzelnen grundlegenden Nachricht, zu Lasten jeglichen ästhetischen Werts«. Womit, gestatte ich mir hinzuzufügen, Inhalt und Form in vollendeter Harmonie zusammenfinden, ungefähr wie bei Ralf Stegner oder der Kanzlerin.

Aber dem Philosophen ist es nicht nur ums Lästern zu tun, denn er verlangt schließlich nach einem neuen ästhetischen Patriotismus. Zu diesem Zwecke hat er einen Katalog von Fragen formuliert, die er gern künftigen Gebäudeplanern vorlegen würde. Ich zitierte einige davon:

– Wären Sie bereit, selber in den Räumen zu arbeiten, die Sie entworfen oder gebaut haben?

– Würden Sie Ihre Eltern/Ehepartner/Kinder dort arbeiten lassen?

– Wären Sie bereit, in der Nähe des besagten Gebäudes zu wohnen?

– Weckt das Gebäude Ihre Bewunderung, so daß es Ihnen Freude bereiten würde, dort anwesend zu sein, und Sie gerne wiederkehren würden?

– Ist das Gebäude so entworfen, daß es die gegenwärtigen Moden überleben könnte?
(Der Essay ist erschienen im auch sonst sehr lesenswerten Sammelband *Renovatio Europae. Plädoyer für einen hesperialistischen Neubau Europas,* herausgegeben von dem trefflichen David Engels und erschienen beim Manuscriptum-Verlag.)

* * *

Drolliges tat sich in einer der vergangenen Nächte zu Weimar, näherhin im Park an der Ilm, an Goethes Gartenhaus, woselbst, wie ich mich erinnere, in tiefsten DDR-Zeiten des nachts einmal ein verliebtes Pärchen eingestiegen war, um es im Bette des Dichters sakrilegsnah zu treiben, und ein munteres, nur eben nicht von sexuell-sexistischer Notdurft befeuertes, sondern exakt gegenteilig motiviertes Treiben vollzog sich auch heuer.

»Kurz vor dem Start des 30. Weimarer Kunstfestes wurde Goethes Gartenhaus mit etlichen Klopapier-Rollen beworfen. Zur Tat hat sich nun die Künstlergruppe ›Frankfurter Hauptschule‹ bekannt«, teilt die *Thüringer Allgemeine* mit. »Aus Protest gegen den unbedarften und beschönigenden Umgang mit Goethe an deutschen Schulen, Universitäten, Theatern und Museen« habe man das Haus »geschändet«, heißt es in einer sogenannten Stellungnahme (kann auch sein, dass es ein Bekennerschreiben war), und dass der Umgang mit Goethe an deutschen Schulen, aber vor allem auch Theatern unbedarft ist, wird man ja wohl als eine noch weit untertriebene Formulierung bezeichnen müssen. Die »Frankfurter Hauptschule« kritisiert allerdings nicht nur die Aus- und Fortbildungsstätten, sondern vor allem »Goethes Werk« selber, und zwar wegen der »erotischen Hierarchien zu Ungunsten seiner Frauenfiguren, die von ihm oft als ›naive Dummchen‹ gestaltet« worden seien.

Statt beispielsweise als aufmüpfige Klopapierwerfer*innen mit bisweilen sogar Studienneigung, wenn nicht -abschluss!

»Hat denn zur unerhörten Tat der Mann
Allein das Recht?«
(Iphigenie)

Gretchen, 14, sei das prominenteste Beispiel der vor Minderjährigen nicht zurückschreckenden Weibsunterbutterung im Werk des Erzchauvinisten vom Frauen(!)plan, aber keineswegs der Tiefpunkt der nach Höhepunkten geilenden Reimerei: »In seinem (von Franz Schubert vertonten) Gedicht ›Heidenröslein‹ verharmlost Goethe laut Frankfurter Hauptschule ›eine brutale Vergewaltigung in lieblichem Trällerton‹« – wobei man, was den Trällerton betrifft, dann doch wohl eher das Dreimäderlhaus in Klopapier hüllen oder, noch tieferschürfender, mit Tampons bewerfen sollte. »Eine Sprecherin der Künstlergruppe hält es nicht für ›Zufall, dass Goethes 270. Geburtstag und das chinesische Jahr des Schweins in diesem Jahr zusammenfallen‹. Man fordere, das Gedicht vom Heidenröslein ›aus den Schulen zu verbannen.‹«

Goethe, das Schwein: So lautet das Urteil einer »Künstlergruppe« (= *#wirsindmehr*), und das wird ja wohl stimmen.

Der Einwand, die augenscheinlich analfixierten Aktionisten arbeiteten sich am irgendwie letztlich ja doch vergangenen späten 18./frühen 19. Jahrhundert ab, statt sich der speziell heutigen, unter anderem auch an und um Hauptschulen manifesten Mädchendeklassierung, -wegsperrung, -verhüllung, -zwangs- und -frühverheiratung (oder gar -ehrentötung) protestierend zu widmen, zählt nicht, weil die fragliche Gegenwart ja im 7. Jahrhundert spielt.

PS: Die Gymnasialgruppe »Mehr Raum für Akademikerinnen bei Pindar!« will sich der Initiative anschließen.

* * *

Zum gestrigen Leserbrief über gewisse Wandlungen in Stil und Gästeschaft eines Pariser Hotels will Leser*** eine Ergänzung loswerden:

»Wir wissen zwar alle, daß feiste Araber keine Bereicherung der Hotellobby sind, aber wie immer liegt das Problem bei den Weißen. Vor dreißig Jahren habe ich mich tief erschrocken, als ich im Frühstückssaal des Bayrischen Hofes (sollte Ihnen bekannt sein) einen Yankee im Unterhemd sah, während der Kellner dort damals noch mit Krawatte arbeitete. Niemand hat den Ami aufgefordert, sich zivilisiert zu kleiden oder ihn des Raumes verwiesen. Überall auf der Welt sitzen Gäste mit richtig viel Geld in kurzen Hosen im Hotel, schwatzen laut über ihre Telefone, strotzen mit ihren Tätowierungen und verprollen jeden Winkel öffentlichen Raumes, ganz gleich ob in Helsinki, Quito oder Mexico-City, und fast immer sind es Weiße, Yankees und Deutsche ganz weit vorneweg oben auf der Ekelskala.«

25. *August*

In Dresden haben gestern zwischen 25 000 und 35 000 Menschen für »Buntheit«, »Solidarität« und »Toleranz« demonstriert. Das sind ungefähr so viele Kartoffeln, wie – nach neuesten, offiziell abgesegneten Zahlen – von der *Royal Air Force* im Februar '45 in die Ewigen Hetzjagdgründe geschickt wurden (also gar nicht soo viele). Für Begabtenförderung, Landesverteidigung, Kernenergie, Steuersenkungen, Meinungsfreiheit,

Manieren, mehr Französinnen, Verbesserung des gastronomischen Angebots in der Landeshauptstadt, bemannte Raumfahrt und besseres Deutsch demonstrierte mal wieder keiner.

Nachdem sich eine Piratenparteilerin im Februar 2014 mit der Liebesbotschaft »Thanks Bomber Harris« auf ihrem nackten Oberkörper zu Dresden öffentlich für die »harte, aber notwendige« (Maxim Biller) Bombardierung der Barocknazistadt bedankt hatte, »kam es unter dem Hashtag #Bombergate in sozialen Medien zu einer teilweise leidenschaftlich ausgetragenen Kontroverse« (*Wikipedia*), in welche sich Julia Schramm, damals ebenfalls Piratenparteimaid, heute Linkspartei, via *Twitter* mit dem launigen Vers »Sauerkraut, Kartoffelbrei – Bomber Harris, Feuer frei«, einschaltete, wobei sich der Terminus »Kartoffelbrei«, wie ein Hermeneutiker der *taz* spekulierte, auf die in Dresden zu Brei gebombten Kartoffeln bezogen haben soll.

Wer jetzt irgendeine Verbindung zwischen diesen beiden unzusammengehörigen Absätzen herstellt, hat sich umgehend bei seinem Abschnittsbevollmächtigen zu melden.

* * *

Jeden Menschen meiden, der etwas fordert, was ihm angeblich zusteht.

* * *

»Klimaflüchtlinge« sind Überbevölkerungsflüchtlinge.

* * *

Zwei Drittel der Morde in Österreich werden von Ausländern begangen, meldet die Presse. Da hilft nur: Einbürgern, einbürgern, einbürgern (frei nach Dostojewski).

* * *

Mit Blick voraus auf die sächsischen Landtagswahlen ein Blick zurück auf deren Prähistorie.

»Pegida ist ›Pack‹, aber im wesentlichen ostdeutsches ›Pack‹«, erklärte der Mainzer Professor (korrekt: Honorar-Professor) Gerd Mielke – man darf ihn nicht verwechseln mit Erich Müller – in einem SWR-Interview Anfang November 2015. »Vor allem im Osten darf sich nicht die Lesart ›Die wollen doch bloß spielen‹ gewohnheitsrechtlich einbürgern. Im Gegenteil, man sollte auf eine konsequente Einschüchterung des Packs durch eine konsequente Kriminalisierung setzen, eine Strategie, die zumindest die AfD und die Pegida von ihren autoritären Mitläufermassen trennen würde. These: Wenn sich die Mengen von rechtsaffinen Kleinbürgern in Dresden in einem dreistündigen Polizeikessel erst alle mal in die Hose gepinkelt haben und abschließend mit Wasserwerfern traktiert wurden, dann haben sie für eine geraume Weile genug vom Demonstrieren.«

Das Interview ist von der Webseite des SWR verschwunden, offenbar haben irgendwelche Nazis den Mann wegen Volksverhetzung oder was auch immer angezeigt; man findet den Text aber noch im Netz. Die kritischen Fragen – also keinerlei Nachfrage, ob dieser Wunsch eines mutmaßlich versetzten Täters eventuell auf die Verletzung der Grundrechte der Einpinkler hinauslaufen könnte – stellte damals Thomas Leif, einer jener typischen sympathischen Journalisten, die den Menschen da draußen im Land die Wahrheitsmedien so unverzichtbar machen, ein leidenschaftlicher Korruptionsfahnder und durch eine minimale illegale Finanzspritze korrumpierter Gründer des nonkonformistischen »Netzwerk Recherche«.

Prof. Gerd Mielke wiederum, der wie sein renommierter Namensvetter in Tagträumen von Polizeikesseln ein spätes feuchtes Altersglück fand, war vor seiner Berufung zum Honorar-Bekenner unter den SPD-Ministerpräsidenten Rudolf Scharping und Kurt Beck Mitarbeiter in der Staatskanzlei des Landes Rheinland-Pfalz in Mainz, u. a. Leiter der »Stabsstelle Grundsatzfragen«.

***

Gegen den Hass! AfD verrecke!

***

»Die deutschen linken Intellektuellen, die zum Teil ihr eigenes Volk nicht lieben können und nicht leiden mögen, irren sich, wenn sie glauben, weil sie selbst auf die Nation verzichten können, sollten auch die übrigen 98 Prozent des deutschen Volkes darauf verzichten.«
Also sprach der Paläopopulist Helmut Schmidt.

26. August

Man muss nicht so weit gehen wie Sokrates, der über einen seiner Schüler sagte, jener wäre auch als Sklave für keinen Herrn ein Gewinn – wer wollte Frau Göring-Eckardt, Frau Roth, Frau Künast und Fräulein Hofreiter als Sklavinnen? (Martin Schulz könnte immerhin noch Bücher einsortieren*) –, es genügt, Politiker ausschließlich aus der Perspektive eines möglichen Arbeitgebers zu betrachten, um sich ein Urteil über sie zu bilden.
* »aussortieren« (Leser***)

***

Für die fällige Rettung der Welt bräuchte es, wie ein *Spiegel online*-Kolumnist schreibt, »Staatsmänner und -frauen mit globalem Verantwortungsgefühl. Aber in vielen großen Nationen, etwa in den USA, Russland, Brasilien und auf den Philippinen regieren derzeit Männer mit den politischen Instinkten von Schulhofschlägern.« Solche autokratiegläubige Naivität mag auf eine erlauchte Ahnenschaft zurückblicken – Platons Philosophenregierung! –, aber ein nichtkorrupter politischer Kolumnist sollte eigentlich wissen, dass es heute eher zu den politischen Instinkten gehört, sich als tugendhaft und bis zum Eichstrich gefüllt mit Verantwortungsgefühl zu verkaufen. Sollte es jemals eine Weltregierung geben, wer rettete die Welt dann vor den hypermoralisch kostümierten Schulhofschlägern, aus denen sie unfehlbar bestünde?

Ich bin unbeirrt der Ansicht, dass die Populisten recht haben und die Welt nur regional zu regieren und meinethalben in der Summe ihrer Teile »zu retten« ist. Dieses Ganze ist nur für einen Gott gemacht. Der Zentralismus ist immer gescheitert, und das ist noch das Erfreulichste, was sich über ihn sagen lässt.

* * *

Leser *** regt an, bei Vergewaltigungen das Geschlecht des Täters nicht mehr zu erwähnen, wenn der Delinquent ein Mann war, denn es könnte Vorurteile gegen Männer befördern. Ich stimme zu. Korrekt sollte es heißen: Das Vergewaltigende war ein Mensch.

* * *

Der Kulturmarxismus ist die Scharia der Globalisten.

* * *

Die *#unteilbar*-FDJ (bzw. MJ) spricht ihr öffentliches Glaubensbekenntnis. Kerniger Kernsatz: »Die größte Gefahr für Dresden und Sachsen kommt nicht von außen, sondern ist in diesem Land geboren und will uns in eine Vergangenheit führen, gegen die die Menschen vor dreißig Jahren auf die Straße gegangen sind.« Die Menschen sind vor dreißig Jahren gegen den Nationalstaat auf die Straße gegangen. Die Rechtspopulisten wollen die DDR zurück; wir werden ihnen dabei zuvorkommen.

28. August

Gleichwohl: »Das Gros der Journos, glauben Sie's oder nicht, tut einfach seinen Job« schreibt der achtbare Branchenkenner Wolfgang Röhl. »Was manchen Menschen, vielleicht einem Drittel der Leserschaft, mittlerweile so elend auf den Geist geht, sind die Agenda-Setter. Die Politruks, die Haltungskommissare in den Politik- und Auslandsressorts. Und natürlich im Feuilleton oder was davon übrig geblieben ist. Leute, die auswählen, was Leute zu lesen haben, indem sie die Gewichtung von politischen Nachrichten und die Richtung von Kommentaren, deren An- und Zuordnung im Blatt bestimmen.«

* * *

Framing: Diverse Medien melden, der deutsche Staat habe einen zweistelligen Milliardenüberschuss »erwirtschaftet«. Der *Tagesschau* zufolge ist die gute wirtschaftliche Situation der »Grund« für die »Mehreinnahmen«. Wenn der Zentralrat der Wegelagerer ein besonders gutes Jahr verzeichnet, ist der Grund selbstverständlich darin zu suchen, dass andere gearbeitet haben und es besonders viel zu plündern gab. Sie sind doch für den Weltfrieden? Für Europa? Die Klimarettung? Oder etwa nicht??

Passend dazu: Der Präsident der Bundeszentrale für politische Bildung, Thomas Krüger, Sozi, Protestant und Ost- bzw. Mitteldeutscher (nicht alle haben daraus gelernt), verlangt nach mehr politischer Bildung bei Berufstätigen, also nach noch mehr Agitprop, »um der Gefahr des Rechtsextremismus effektiver zu begegnen« – also um den Arbeitenden ihr falsches Klassenbewusstsein zu nehmen. »Die Problemgruppe Nummer eins sind die berufsaktiven Menschen«, beteuerte der Schelm, der nach seiner Ausbildung zum Facharbeiter für Plaste- und Elasteverarbeitung keinen Tag mehr wirklich gearbeitet hat, denn die Berufstätigen seien »nicht in formalen Infrastrukturen politischer Bildung eingebunden und haben neben Job und Familie ein relativ geringes Zeitbudget zur Verfügung«.

Die Gesellschaft ist gerettet, wenn die Satiriker verzweifeln.

* * *

Leser *** hält das Mengenverhältnis: (einheimische) Singlefrauen – paarungswillige Männer für den entscheidenden Gesellschaftsindex, und dieses Verhältnis ist so schief wie noch nie. Statt einer Million Afrikaner, so ***, hätte Deutschland besser eine Million Ukrainerinnen einreisen lassen sollen. »Menschen, und besonders junge Menschen, interessieren sich nicht für Target-Salden, Enteignung über Nullzinspolitik, Kulturverlust, innere Sicherheit, wer den nächsten Airbus für den Urlaubsflug baut oder woher das nächste Smartphone kommt. Menschen, und besonders junge Menschen, interessiert fast ausschließlich das andere Geschlecht (Ausnahmen bestätigen die Regel). Erst kommt das Vögeln und dann die Moral und alles andere. Durch den Flüchtlingswahnsinn strömten nun also hauptsächlich junge Männer in die Alterskohorte, welche durch den deutschen (europäischen) Geburtenrückgang – bei gleichzeitigem bereits vorhandenem hohen Migrantenanteil aus Ländern, in denen Frauen eben nicht machen können, was sie wollen – gekennzeichnet ist. Und schon steigt der Faktor auf 10?, 15? oder 20?«

Man müsse »einfach einmal anfangen, den jungen Männern (und allen anderen) zu erklären, dass auf eine Singlefrau, je nach Alterskohorte (oder auch nach Wohngebiet, Bildungsstand usw. usw.; damit könnten sich dann auch die Soziologen von dutzenden von Unis beschäftigen, wenn sie nicht ständig mit Propaganda und Frauenforschung beschäftigt wären) durchaus 10–20 Singlemänner kommen. Multikulturalismus gibt es nicht umsonst. Manche Gruppen bezahlen, andere Gruppen profitieren.«

PS: Dass ich die Negierung des Prinzips: um die Frauen werbende und miteinander konkurrierende Männer, den Partner auswählende Frauen für einen Hauptgrund der orientalischen Rückständigkeit halte, habe ich hier gelegentlich ausgeführt. Die Idee, die Einwanderung am Geschlechterverhältnis der Singles zu orientieren, um die Gesellschaft zu befrieden, finde ich beherzigenswert.

30. August

Meinungsfreiheit ist ein Mittel für den einmaligen Gebrauch.

* * *

»Wir haben uns nicht über Politik unterhalten. Über Politik gibt es nichts zu reden. Es ist ja ohnehin alles klar.«
(Freund ***)

* * *

Man sollte regelmäßig daran erinnern, dass Feminismus, Multikulturalismus und der sogenannte Antirassismus, sofern er jegliche Unterschiede zwischen Kollektiven leugnet, Ressentiments sind. Anscheinend zieht jede legitime Forderung nach Chancengleichheit automatisch das Ressentiment nach sich, das sie verdirbt und die Gesellschaft nicht korrigiert, sondern vergiftet.

* * *

Der Prozess, dessen Zeitgenossen wir sind, heißt Zerstörung der westlichen Zivilisation und Kultur. Sie haben bereits zerstört bzw. sind im Begriffe, es zu tun: die Sprache, die Familie, die Manieren, die Malerei, die bildende Kunst, die Musik, das Bildungssystem, die Freiheit des Wirtschaftens, die Freiheit des Forschens, die Freiheit des Meinens, die Konversation, die Landschaft, die Währung, das Geschlechterverhältnis, die Energieversorgung, den öffentlichen Raum als *res publica,* den öffentlichen Raum als ästhetischen Ort, den öffentlichen Raum als sicheren Ort, die Kleidermode, die Kirche, das Theater.

Alles machen sie hässlich – der Begriff ist etymologisch eng verwandt mit dem Hass –, die Windräder sind hässlich, die Theaterinszenierungen sind hässlich, der Ritus ist hässlich, die Kunstwerke sind hässlich, die Denkmäler sind hässlich, die repräsentativen Bauten sind hässlich, der soziale Wohnungsbau ist hässlich, die Innenstädte sind hässlich, die dorthin verpflanzten und zum Herumlungern bestellten »Gruppen« sind hässlich, Menschen in Anorak und Wolfshaut sind hässlich, der Exhibitionismus der sexuell Befreiten ist hässlich, die gesamte *Prole drift,* diese intendierte Vermassung und Zerstörung des Geschmacks der Menschen, das Verkaufen von Piercing, Tatoo und Nacktheit als »Authentizität«, all das ist hässlich, die öffentlichen Verkehrsmittel und Bahnhöfe sind hässlich, die öffentlich gesprochene Sprache ist hässlich, der geheuchelte Sündenstolz und die zelebrierte Zerknirschung sind hässlich, die gesellschaftlich erwünschten Zukunftsträume sind hässlich …

Nachdem Kommunismus und Nationalsozialismus es nicht geschafft haben, erleben wir den finalen Angriff der Linken auf Zivilisation und Schönheit, diesmal unterstützt von globalistischen Eliten, unter Zuhilfenahme »revolutionärer Subjekte« aus Afrika und dem Orient.

* * *

Deutschland ist das einzige Land der Welt, in dem öffentliche Figuren ihre ostentative Zustimmung zur Regierungspropaganda als mutig verkaufen können, ohne vom Publikum ausgelacht zu werden. »Haltung«: anderes Wort für Opportunismus, ungefähr wie »Vielfalt« ein anderes Wort für Gleichmacherei ist oder »Seenotrettung« ein anders Wort für Menschenschleuserei.

* * *

Auch mir gibt ein Gott Halt: Bacchus.

* * *

Wer zufällig eine der 20 Jahre alten *Tagesschauen* sieht, die abends in den, glaube ich, dritten Programmen laufen, dem fällt auf, wie sachlich damals berichtet worden ist. Das war kein Erziehungsfernsehen und Welterklärungs-Kika für Erwachsene, da wurden tatsächlich Meldungen vorgelesen und keine Kommentare. Vielleicht hören sie besser auf, das zu senden; die

Leute könnten wieder auf den Geschmack an der alten Bundesrepublik kommen.

***

Wer Unfreiheit hinnehmen muss, will wenigstens technisch befriedigt werden. Das chinesische Eisenbahnnetz funktioniert minutengenau, die Züge sind hochmodern und komfortabel. Unternehmen wie die Deutsche Bahn dürften normalerweise nur in einem Land von schrankenloser Liberalität existieren.

***

Leser *** sendet mir den Abschnitt »Nazismus« aus der soeben erschienenen *Magyar politikai enciklopédia* (Ungarische politische Enzyklopädie). Ich gestatte mir, daraus zu zitieren:

»Als Ideologie ein aus der Krise des Marxschen universalen Sozialismus gesuchter Ausweg, die deutsche Version der nicht internationalistischen Sozialismen (italienischer Faschismus, Austromarxismus etc.). Er ist in vieler Hinsicht der Erbe des Jugendkultes der 1920er-1930er Jahre, aber es mündeten in ihn auch andere geistige Bewegungen, zum Beispiel die aus dem angelsächsischen Kulturkreis übernommene Rassentheorie, die Attitüde der Auflehnung gegen die dekadente bürgerliche Gesellschaft, der mystische Umweltschutz, der bzw. die heidnisch gefärbte Idealismus und Christenfeindlichkeit.

Als Bewegung war die NSDAP, nach Programm und Mitgliedern eine sozialistische Arbeiterpartei, der Antipode der internationalistischen (moskautreuen) KPD. (...) Der Wahlerfolg war nicht der Ideologie, sondern in erster Linie der Tatsache zuzuschreiben, dass die demokratische Weimarer Republik keinen Ausweg aus dem Versailler Diktat und der von der Weltkrise verursachten gesellschaftlich-wirtschaftlichen Katastrophe zeigen konnte. (...)

Zu den obersten Zielen des NS gehörte es, die traditionelle deutsche Klassenstruktur abzubauen, die Privilegien der herrschenden Schichten zu beenden und all jenen gleiche Chancen zu sichern, die als zur nationalen Gemeinschaft gehörig betrachtet wurden. (...)

Das Regime galt weltweit als akzeptable Alternative zum stalinistischen Terrorsystem. Zu seinen größten Leistungen gehörte es, dass es (unter Anwendung des Keynesschen Rezepts) innerhalb von zwei Jahren die Arbeitslosigkeit auf ein Fünftel senkte. (...) Die führenden Kreise der NSDAP betrachteten als Vorbilder teilweise die sowjetische Planwirtschaft, teilweise die Wirtschaft und technisch-industrielle Rationalität der Vereinigten Staaten, freilich unter Verwerfung des kapitalistischen freien Wettbewerbs und der demokratischen Staatsform.

Die zweite Phase (1939–1945) war charakterisiert von Krieg und militärischer Expansion. (...) Hitlers Bolschewismusgegnerschaft und Rassentheorie verflocht sich mit seinem geopolitischen Ziel, Deutschland mittels der östlichen Expansion zu einer mit den Vereinigten Staaten gleichrangigen Großmacht zu gestalten. Zwei Drittel des Kriegsbudgets wurden von den Beiträgen der eroberten Staaten, der Zwangsarbeit und dem beschlagnahmten Vermögen der europäischen Juden gedeckt. Die letzten Jahre des Systems sind von den Atrozitäten gegen die slavischen Völker und der planmäßigen Vernichtung der europäischen Judenheit (Holocaust) geprägt. Die Verbrechen der zweiten Phase bleiben nicht hinter jenen des internationalen Kommunismus zurück.«

***

Berlin, Führerbunker, 29. April 1945. Die zur Eheschließung Erschienenen erklären auf die Frage des Standesbeamten, dass sie rein arischer Abstammung seien. Hätte Hitler die Frage verneint, schreibt Cioran, es wäre die wohl merkwürdigste Antwort der Weltgeschichte gewesen.

* * *

Mehrere Oberbürgermeister »schlagen Alarm« wegen der »massiven Zunahme einer gezielten Migration in das deutsche Sozialsystem«, vor allem durch ausländische Kindergeldempfänger, wird gemeldet. Nach Angaben der Bundesregierung wurde im Juni 2018 für 268 336 Kinder, die außerhalb von Deutschland in der EU oder im Europäischen Wirtschaftsraum leben, Kindergeld gezahlt.

Städte mit niedrigen Mieten lockten gerade Menschen aus Osteuropa an, klagt Fürths OB Thomas Jung (SPD). Sein Duisburger Amts- und Parteigenosse Sören Link »sprach von einer zunehmenden Anzahl von Sinti und Roma in seiner Stadt, die womöglich alle unberechtigter Weise Kindergeld bezögen. Er sehe kriminelle Energie und viel Betrug durch gefälschte Dokumente am Werk, oft wisse man gar nicht, ob die gemeldeten Kinder überhaupt existierten.«

Wieder werden Menschen wegen ihrer Zugehörigkeit zur Gruppe der ehedem so gescholtenen Zigeuner diskriminiert, wahrscheinlich sogar solche, die gar nicht existieren! Bei der Bayerischen Polizei weiß man, wie das Problem im Halsumdrehen zu lösen wäre. Deren Inspekteur Harald Pickert hat seinen Beamten die Verwendung der Begriffe »Sinti« und »Roma« sowie »jegliche Art von Ersatzbezeichnungen (z. B. ›mobile ethnische Minderheit‹)« grundsätzlich untersagt. Das einzige Problem ist, dass ohnehin jeder vorurteilsgestählte Erfahrungsrassist ahnt, worum es geht, wenn von betrügerischen Mitbürgern aus Rumänien und Bulgarien die Rede ist.

* * *

Eine alternative Formulierung für das eigentliche Oxymoron »kriminelle Migranten« ist den *Stuttgarter Nachrichten* gelungen: »Banden mit noch sehr jungen impulsiven und kaum etablierten Mitgliedern«. Für das »noch« wäre eigentlich ein Journalistenpreis fällig. Aber auch die Überschrift ist besonders geglückt: »Ein blutiger Bandenkrieg in Malmö schockiert die Schweden. Die Kriminologen warnen vor einem heißen Herbst. Was ist los in dem skandinavischen Land?«

Ja, was ist nur los in Schweden? Fragen über Fragen …

31. August

Vorschlag zur Güte an die Polen: Deutschland zahlt ihre Reparationsforderungen, dafür geben sie uns Schlesien zurück, und dort siedeln wir die ganzen Asylanten an bzw. dorthin um. Dann entstehen mitten in Polen blühende Landschaften, denn es kommen bekanntlich überwiegend Fachkräfte, der Pole passt auf, dass keiner abhaut, und 'schland ist moralisch und auch irgendwann finanziell aus dem Schneider, denn verglichen mit den Migranten ist Polen ein Fass mit zehnfachem Boden. Drei Fliegen mit einer Klappe. *Deal*?

* * *

Der *Süddeutsche Beobachter* hat in schöpferischer Zusammenarbeit mit dem sogenannten TV-Kulturmagazin *Titel, Thesen, Temperamente* ein Zwei-Mann-Team gebildet – die Vermischung von privatwirtschaftlich und staatlich finanzierten Medien schreitet, wie man sagt, munter voran –, um zu dokumentieren, »wie Rechtspopulisten und Rechtsextreme Kultureinrichtungen in Deutschland unter Druck setzen«. Wichtig ist das *Framing*: Das gerade noch tolerable »rechtspopulistisch« wird mit dem grundverwerflichen »rechtsextremistisch« zusammengerührt und dadurch vergiftet.

»Manchmal sind es anonyme Hassmails oder Mord- und Bombendrohungen. Manchmal sind es Strafanzeigen, Störaktionen, Demonstrationen gegen Kunstprojekte oder Polemiken«, hebt der Beitrag an, ohne den *Framing*-Modus zu verlassen. »Manchmal sind es Anfragen und Anträge der AfD in Parlamenten, Stadträten und Kulturausschüssen.«

Gut, Hassmails, anonyme Morddrohungen, Angepöbeltwerden, Gegendemonstrationen, das gehört für AfD-Mitglieder zur *daily soap*, aber die wollen sich bekanntlich nur in der Opferrolle aalen. Nein, suhlen. Wenn aber Angst essen sensible Künstlerseelen auf, ist das ein ganz anderes Format. Was weiß denn so ein braunes Waschbretthirn, wie einem durch die Abendnachrichten traumatisierten Berliner Intendanten oder einem *#wirsindmehr*-Erbsenprinzesschen zumute ist, wenn plötzlich auf dem Laptop die Hassbotschaft aufpoppt?

»Die Akteure aus dem rechten und rechtsextremen Milieu und ihre Mittel sind unterschiedlich. Was sie verbindet, ist die Aversion gegen ein weltoffenes, liberales Kulturleben und der Versuch, Kunstinstitutionen zu diskreditieren.«

The same procedure as every day: Wie die Kategorien »rechts« und »rechtsextrem« werden auch Kleine Anfragen im Parlament mit anonymen Morddrohungen zu einer Sauce verquirlt. Zartere Gemüter als ich bringen dafür den Begriff »Lügenpresse« in Vorschlag, aber richtig gelogen ist es ja nicht; wir haben es lediglich mit gewöhnlicher Hetze und einer Sorte von Regierungspropaganda zu tun, für deren Plumpheit man sich in Ungarn oder Russland durchaus noch schämen würde. So viel zum Präludium, wir kommen zur Chronik.

Welche liberalen Kunstwerke sind von den weltverschlossenen Schwefelbuben versuchshalber diskreditiert worden? Nun, zum Beispiel die drei bayerischen Schrottbusse, die der »deutsch-syrische Künstler« Manaf Halbouni vor der Dresdner Frauenkirche hochkant gestellt hatte, so dass das ganze Altöl herauslief, womit die gewagte Skulptur nicht nur als Kunst, sondern gleichermaßen als Protest gegen Krieg und Umweltverschmutzung betrachtet werden konnte. Anstatt das zu mögen und zu applaudieren, demonstrierten Dresdner, Sachsen, Pegidisten, Identitäre und andere ästhetisch undurchglühte Dunkeldeutsche gegen die Verwandlung des Neumarktes in einen, wie sie meinten, Schrottplatz. (Außerdem machten sie sich ins Hemd, weil man später auf der Webseite des Jahrhundertkünstlers eine Europakarte fand, in der die altmodischen Städtenamen durch trendige arabische ersetzt worden waren, aber das führt vom Thema weg.)

Als weitere Beispiele für Störaktionen gegen ein weltoffenes liberales Kulturleben listet die Chronik u.a.:

– die Anfrage des AfD-Abgeordneten Thorsten Weiß im Berliner Abgeordnetenhaus, ob dem »Zentrum für politische Schönheit« Fördergelder oder sonstige Fördermaßnahmen seitens des Senats bewilligt wurden;

– die Kleine Anfrage der AfD-Bundestagsabgeordneten Jongen, Bystron und Höchst, ob die Bundesregierung Erkenntnisse darüber habe, ob Aktivisten des Zentrums für Politische Schönheit mit öffentlichen Geldern, zum Beispiel aus dem Hauptstadtkulturfonds, gefördert werden oder wurden;

– dass die AfD-Fraktion im Berliner Abgeordnetenhaus die Kürzung der Zuwendungen für das Maxim-Gorki-Theater mit der Begründung beantragte: »Die zur Verfügung gestellten Mittel und der Zuspruch zum Maxim Gorki Theater in der Berliner Bevölkerung stehen in einem Missverhältnis!«, und dass der Abgeordnete Dieter Neuendorf im Kulturausschuss dortselbst erklärte: »Unter der Intendantin Shermin Langhoff reduziert sich das Maxim-Gorki-Theater zunehmend auf politischen Kulturkampf und Gesinnungstheater«;

– die Kleine Anfrage der AfD-Landtagsabgeordneten Gabriele Walger-Demolsky zum Sinn der öffentlichen Finanzierung »der ›Freien Kulturszene‹ durch die Stadt Bochum in Höhe von 1,5 Millionen Euro«;

– dass Marc Jongen, kulturpolitischer Sprecher der AfD-Bundestagsfraktion, sich gegen ein Papier der Kulturminister des Bundes und der Länder stellte, in dem die Museen aufgefordert werden, die Herkunft von Werken aus kolonialen Kontexten zu untersuchen und Raubkunst an die Herkunftsländer zurückzugeben; Jongen unterstellte »moralischen Größenwahn« und beklagte, dass »die kuratorischen und konservatorischen Leistungen« ignoriert würden, »die in über 100 Jahren in deutschen Kulturinstitutionen erbracht wurden, um Artefakte zu erhalten.«

Die erschütternd illiberalen und offenheitsfeindlichen Attacken gegen die Kunst, die der *Süddeutsche Beobachter* und das Magazin *Tiraden, Thesen, Toleranzien* zusammengetragen haben, werden auf den Punkt gebracht durch den AfD-Bundestagsabgeordneten Renner, der, in der Skandalchronik ebenfalls gelistet, festgestellt hat: »Wenn Kultur Werte und Identität stiftet und als Brückenbauer in der Gesellschaft agieren soll, kann sie nicht nach dem Tombola-Prinzip gefördert werden. Kunst (...) muss immer einer Beliebigkeit vorbauen, weil in der Maske der Kunst Kitsch und Propaganda um nichts weiter als um Geld buhlen.«

Man begreift schnell: Die einzige Freiheit dieser von den Rechten durch Anfragen und Proteste in Frage gestellten Kunst ist die finanzielle Sorgenfreiheit ihrer mit Steuermitteln gepamperten Fabrizierer. Die Rechten unterzögen dieses Finanzierungsmodell gern dem Markttauglichkeitstest. Das hört speziell ein ARD-Kulturredakteur nicht gern. Das ganze Toleranz- und Offenheitsgeplärr ist nur ein Greinen nach fortgesetzter Alimentierung.

* * *

Noch zum Vorigen.

Bento, die *Komsomolskaja Prawda* von *Spiegel online*, klärt auf: Der Videoschnipsel, in dem Angehörige der FDMJ im Chor unter anderem den Satz skandieren: »Die größte Gefahr für Dresden und Sachsen kommt nicht von außen, sondern ist in diesem Land geboren und will uns in eine Vergangenheit führen, gegen die die Menschen vor dreißig Jahren auf die Straße gegangen sind«, dieser Videoschnipsel »wurde am Rande der ›Unteilbar‹-Demo am vergangenen Wochenende in Dresden aufgenommen. Dort hatten am Sonnabend rund 40 000 (die wundersame Brotvermehrung ist nichts dagegen – M.K.) Menschen für eine offene und freie Gesellschaft demonstriert.« Anders als Neo-, Krypto-, Paläo-, Proto-, Post- und Pseudonazis ungestraft im Netz behaupten, tauge dieser launige Chor aber keineswegs als Zeugnis der Neosowjetisierung der Jugend, denn er sei zwar »ein Programmpunkt der Demo«, er stamme allerdings »aus einem Theaterstück, das von einem Deutschland unter AfD-Herrschaft handelt«.

Und in einem Deutschland unter AfD-Herrschaft skandieren Sprechchöre ganz unbehelligt Parolen gegen »rechts«? Na was denn sonst! Wie der bereits erwähnte Herr Gauland in seiner bereits zitierten Wahlkampfrede sagt:

»Was wird passieren, wenn erstmals AfD-Politiker in Ministerien einziehen? In den Medien und im Netz kann man ja amüsante Prophezeiungen lesen, über Fackelzüge, die Abschaffung des Rechtsstaates und die sofort einsetzende Verfolgung der Opposition – also praktisch ›Fridays for Future‹, Netzwerkdurchsetzungsgesetz und Antifa von rechts. (…) Sollten Sie Freunde oder Bekannte haben, die sich vor der Machtergreifung der AfD ängstigen, sagen Sie denen bitte: Unter der AfD wird niemand verfolgt – die Verfolger bekommen bloß kein Geld vom Staat mehr.«

Mit anderen Worten: Dann müssten sich solche Pimpfe und deren Kulturoffiziere für lau »engagieren«. Und daran würde ihnen rasch die Lust vergehen. Davon abgesehen, dass der brave Deutsche sich sowieso dort zu scharen strebt, wo die Macht sitzt. Diese sich wunder wie oppositionell gebenden Dresdner Buben und Mädels verkünden ja die Regierungsmeinung, und davon werden sie sich wahrscheinlich unter einer AfD-Herrschaft nicht abbringen lassen. Aber auch dann gibt's dafür kein Geld mehr …

* * *

Irgendwie immer noch zum Vorigen.

Die »Aktivisten« des »Zentrum für politischen Schönheit« tun, was sie auch 1933 getan hätten (und außer ihnen leider fast niemand getan hat): Sie widerstehen. Das »Künstlerkollektiv« will »mit einer Kunstaktion vor der AfD warnen. Geplant ist, mit einem Panzer vor dem Dresdner Landtag aufzufahren und der AfD den Krieg zu erklären«, meldet die *Leipziger Tätervolkszeitung*. Ich hoffe, sie haben einen T-34 aufgetrieben, also jenen Panzertyp, mit dem schon 1953 in der Ostzone und 1956 in Ungarn die Rechtspopulisten niedergeworfen wurden.

Etwas kryptisch ist das Statement des zentralsten und womöglich auch schönsten Mitglieds der mutigen Künstleraktivistengruppe, Philipp Ruch. »Wir sehen die Aktion als Zeichen der wehrhaften Demokratie und der Zivilgesellschaft«, sagte er, fügte freilich hinzu: Für den Fall, dass es die letzten freien Wahlen in Sachsen seien, wolle man vom Recht der Meinungsfreiheit Gebrauch machen. Ist der jetzt auf einmal auch pro AfD, oder was?

***

»Alle Gesetze sind von Alten und Männern gemacht. Junge und Weiber wollen die Ausnahme, Alte die Regel.«
Goethe, *Maximen und Reflexionen*

2. September

Erkenntnisse aus den Landtagswahlen:

1. Es gibt Länder mit deutlichen bürgerlich-konservativen Mehrheiten wie Sachsen (oder etwa Bayern) und Länder mit deutlichen linken Mehrheiten wie Brandenburg (und beispielweise Berlin oder Bremen). Erstere darf man als bewohnbar betrachten (die anderen werden schon dafür sorgen, dass dieser Satz täglich plausibler klingt).

2. Es ist den gelenkten Medien und dem Druck aus dem Berliner Politbüro zu verdanken, dass die bürgerlich-konservative Mehrheit sich nicht verbindet. Aber das ist nur eine Momentaufnahme.

3. Der sich selbst mit dem Zertifikat »demokratisch« drapierende Block aus CDU-SPD-FDP-Grünen-Linken hat enorm Stimmen verloren. Die Wahlen waren ein Sieg der Konservativen.

4. In Sachsen wird eine deutliche rechte Mehrheit eine deutlich linkere Regierung bekommen als zuvor. Die Botschaft wird verstanden werden. Die CDU hat ihre Sollbruchstelle nach wie vor in Sachsen.

5. Da im Westen alles besser war, ist und sein wird, auch die Gehirnwäsche, wachsen die grünen Bäume im Osten vergleichsweise weniger in den Himmel.

6. Die Klage, dass in sämtlichen Landesparlamenten im Osten keine liberale resp. libertäre Partei sitzt, verkennt, dass eine solche Partei auch im Westen und im Bundestag nicht existiert.

Erkenntnis des Abends: »Wer von anderen behauptet, dass er nicht bürgerlich ist, ist selber nicht bürgerlich.« Also sprach Robert Habeck, unser Kanzler *in statu nascendi*, bei Anne Will.

Wer künftig die NPD, die Antifa oder die grüne Jugend für unbürgerlich erklärt, sei hiermit gewarnt.

(Ein paar Lidschläge zuvor hatte Manuela Schwesig übrigens insinuiert: »Sie sind nicht bürgerlich, Herr Gauland.«)

* * *

»Nichts ist gut im Bürgertum.«
(Protestantisch, apokryph, um 2019)

* * *

Dass es keine ethnisch homogenen Bevölkerungen gebe und bereits die Vorstellung verwerflich sei, behaupten merkwürdigerweise diejenigen, die eine solche Homogenität gern auf dem gesamten Globus herstellen möchten.

* * *

Mit bemerkenswerter Offenheit wirbt ein Kommentator der *Zeit* für den Linksextremismus. Die erschütternd AfD-freundliche Arbeit der öffentlich-rechtlichen Moderatoren habe »wohl damit zu tun, dass der Rechtsextremismusdiskurs in Deutschland für die gefühlte journalistische Mitte jahrzehntelang als vernachlässigbar galt. Dabei könnte sich ein Senderverbund wie die ARD, wenn er den Sachverstand schon selbst nicht hat, diesen problemlos durch Expertinnen oder Lektüre antifaschistischer Infoblätter draufschaffen.«

Das bedeutendste Hamburger Beamtenblatt bei der Lektüre-Empfehlung. Aber warum der Lärm? Weil der Faschismus am Wahlabend in die deutschen Wohnstuben Einzug hielt:

»Der dezentralisierte Verbund der ARD ist einst nach der Erfahrung der NS-Diktatur von den West-Alliierten gegründet worden mit dem erklärten Ziel der ›reeducation‹, der journalistischen Mithilfe bei der Demokratisierung des nazistischen Deutschlands. Faschistische Propaganda sollte für die Zukunft verhindert werden. Ob die ARD diesen Auftrag heute noch lückenlos und kompetent erfüllt, dessen kann man sich nach einer Wahlberichterstattung wie der am Sonntag nicht mehr völlig sicher sein.«

Der »Auftrag« der ARD ist also die lückenlose Verhinderung »faschistischer Propaganda« (inclusive der Mär von einer Reeducation?) – und der Auftrag der *Zeit* besteht künftig wohl in der Verbreitung von Antifa-Propaganda. Irgendwer muss schließlich klarstellen, was als faschistisch zu gelten hat.

Wir gehen großen Zeiten entgegen.

***

Wenn sich hinreichend viele Zeloten zu ihr bekennen, wird auch die Demokratie totalitär.

4. September

»Hirschfeld in Brandenburg: Null Flüchtlinge, aber 50,6 Prozent AfD«, wundert sich der *Tagesspiegel*.

Leipzig, Wahlkreis 31: Null brennender Regenwald, aber 29 Prozent Grüne. Tja.

***

Vor allem Männer, heißt es, haben die AfD gewählt. Genaugenommen der nichtmasochistische Teil von ihnen.

***

»Uhrzeit und Kalender sind auch Konstrukte alter weißer Männer, die überwunden werden müssen!« (Leser***)

Es begab sich im immerwährenden Thermidor des Jahres 20 nach Greta, dass ein Gebot von Brüssel ausging, dass jeder weiße Mann auf seinen ökologischen Fußabdruck geschätzt werde ...

7. September

»Unter unsern heimatlichen Dächern
Leiden wir die Herrschaft von Verbrechern,
Ja, sogar die mittelhohen Stellen
Sind durchaus besetzt mit Kriminellen.
Kurz, mir ward das Vaterland zur Fremde.
Andrerseits, gern heb ich dir das Hemde, ...«
Peter Hacks, irgendwann in den 1990ern

* * *

In der islamischen Welt, zumindest im großen frommen Teil derselben, sind drei essentielle Dinge unter Tabu gestellt: der Wein, der Frauenkörper und die geistige Libertinage, die religiöse Skepsis inbegriffen (bei den ganz Orthodoxen obendrein noch die Musik und die darstellenden Künste). Das ist der Grund, warum dort keine *res publica* existiert und so etwas wie *savoir vivre* nahezu unbekannt ist, denn es fehlt die Dame als Zentrum des gesellschaftlichen Rituals, wie das im Westen mehrere Jahrhunderte die schöne Regel war, es fehlt überhaupt die Frau als Fetisch maskulinen Werbens und Konkurrierens. Die geistige, technische, wirtschaftliche, militärische und lange auch kulturelle Überlegenheit des Westens – inzwischen ist die westliche Kultur bekanntlich in die Hände obszöner Clowns gefallen – hängt damit symbiotisch zusammen. Wo Männer nicht um Frauen konkurrieren, die sich ihrerseits für den Stärksten und Erfolgreichsten entscheiden, wo stattdessen Frauen nach innergroßfamiliären Erwägungen und überdies noch regelmäßig an Verwandte verheiratet werden, erlahmt die geistige Entwicklung. (Das Gemaule unserer kirschmündigen Feministinnen überhöre ich jetzt; es werden immer *vor allem* Männer sein, die erfinden, formen, entdecken und produzieren, es werden immer vor allem Männer um die Frauen werben, und Frauen werden nicht aufhören, sie anzulocken – es sei denn, der Westen ist tatsächlich so blöd und degoutant, die Schönen demnächst unter Schleier und Niqab zu begraben, aber dann haben sie's nicht anders verdient.)

Die Entwicklung der Technik ist natürlich eine ambivalente Angelegenheit. Neben zahlreichen ästhetischen Abscheulichkeiten, die sie auf dem Kerbholz hat (die allerdings kompensiert werden durch die Verschönerung der Frauenkörper, der Gebisse oder der Sanitärräume), trifft die Technik regelmäßig der Vorwurf, sie zerstöre letztlich unsere natürliche Umwelt und zwinge den Menschen unter ihr uniformierendes Joch. Die Ohnmacht, den Launen der Natur ausgeliefert zu sein, weiche jener, von Menschenwerk versklavt und ins Gatter des Heideggerschen »Gestells« gesperrt zu werden. Alles richtig. Und doch lässt uns die Technik mehr Freiheiten als die Natur. Die Liebe zur Natur ist eine Art Stockholm-Syndrom, mit einem gehörigen Schuss Verlogenheit, denn gemeinhin liebt der Mensch nur die domestizierte Natur; die richtige brächte ihn ja im Handumdrehen um. Die Natur ist ein permanentes Massaker. Ihre angebliche Vollendung hat sich das einzige Naturprodukt ausgedacht, welches tatsächlich Ruhm verdient: der menschliche Verstand. Nur aus dem Logenplatz der Zivilisation, die der menschliche Verstand geschaffen hat, wirkt die Natur »schön«. Jordan Peterson hat darauf hingewiesen, dass der von uns als poetisch empfundene Gesang der Vögel tatsächlich insbesondere der Reviermarkierung gilt, es handelt sich um schieres Kampfgeschrei, aber immerhin aus Konkurrenz ...

Ich verfalle schon wieder dem Laster der Abschweifung. Zurück denn zur Symbiose aus Konkurrenz, *res publica* und Entwicklung. Was haben der Alkohol im Allgemeinen und der Wein im Speziellen damit zu tun? In seinem großartigen Buch *Bekenntnisse eines Häretikers* schreibt Roger Scruton: »Unsere Gesellschaft ist durch keine streng gehütete Konformität gekennzeichnet, sie stellt nur wenige Ansprüche an die Öffentlichkeit, die nicht im weltlichen Recht niedergelegt sind, und sie gestattet es, dass Leute sich schnell von einer Gruppe, Beziehung, Geschäftsverbindung, Religion oder einem Lebensstil zum nächsten wenden. Sie ist unendlich erfinderisch bei der Schaffung neuer Institutionen und Zusammenschlüsse, die den Leuten ermöglichen, bei aller Verschiedenheit friedlich miteinander umzugehen, ohne dass es einer besonderen Nähe oder Loyalität gegenüber einer Bruderschaft oder einem Stamm bedürfte.« Was aber lasse eine derartige Lebensweise überhaupt funktionieren? »Darauf gibt es eine simple Antwort: das Trinken.«

Was der Koran auf Erden verbiete, aber für das Paradies in Aussicht stelle, sei gerade hienieden »unerlässlich, um den westlichen Dynamo zum Laufen zu bringen. Man kann das sehr gut in Amerika beobachten, wo Cocktail-Partys sofort das Eis zwischen Fremden brechen und jedes gesellige Beisammensein in Gang kommen lassen.«

Freiheit und Trinken korrelieren – welches freie Volk hätte je den Wein unter Tabu gestellt? –, aber auch hier gilt: Die Freiheit zum Guten schafft unendlich viele Optionen für die Freiheit zum Vulgären, Blöden, Obszönen, Abscheulichen. Gleichwohl, notiert Scruton, sei er der Ansicht, dass »trotz aller Kosten, die unserer Gesellschaft durch Alkoholismus, Unfälle und zerstörte Familien entstehen, wir unseren Erfolg doch letzten Endes dem gemeinsamen Trinken verdanken«.

Der englische Philosoph hat dergleichen Lobpreisungen des einzigen liebenswürdigen und zugleich verlässlichen Gottes bereits vor einem Dezennium angestimmt, in einem Buch mit dem entzückenden Titel *Ich trinke, also bin ich* (im Original: *I drink, therefore I am,* im noch originaleren Original *Et bibere, ergo sum*), ein Opus übrigens mit zwei Registern – Personen und Weingüter –, in welchem unter anderem der jeweils passende Trank zu den großen Philosophen erörtert wird. Auch dort stoßen wir auf die Einschränkung: »Das Alkoholproblem, wie es uns in den Städten begegnet, ist eine Folge mangelnder Ehrerbietung gegenüber Bacchus. … Man kennt die Folgen des Trinkens auf nüchternen Magen – was wir hier sehen, sind die weit schlimmeren Folgen des Trinkens auf einen leeren Geist.«

Weshalb der Engländer drei Regeln für ein individuelles und zugleich sozial verträgliches Trinken postuliert, nämlich:

Man trinke, was einem schmeckt, und zwar so viel, wie man möchte. (»Dann stirbt man vielleicht ein bisschen früher, aber der Verlust wird wettgemacht durch die gute Laune, die man seinen Mitmenschen damit schenkt.«) Man soll durch sein Trinken anderen Menschen keinen Schaden zufügen. (»Man trinke, so viel man will, aber stelle die Flasche zur Seite, bevor die Freude in Schwermut umkippt.«) Man soll durch sein Trinken der Natur keinen Schaden zufügen und vor allem nichts trinken, was in Plastikflaschen angeboten wird. (»Ich habe am Straßenrand Bierdosen, Wasserflaschen, Whiskyflaschen und

Tetrapacks gefunden, aber nie eine Weinflasche.«)

Salute! Pour le plaisir!

***

»Trösten heißt, an den Egoismus erinnern.«
Théodore Jouffroy

***

»Ein Windrad würd' ich mir da nie hinstellen. Dann ist es vorbei. Stellen Sie sich mal die toskanische Hügellandschaft vor, und da stehen überall Windräder! Können Sie wegschmeißen.«
Otto Schily

***

»Ich kann ohne Liebe nicht bleiben,
Ich bin so ungern allein.
Ich kann auch nicht weniger schreiben,
Mir fällt zu vieles ein.
Die Weibs- und Leserpersonen
Danken mir nicht nach Gebühr.
Ich sollte mich besser schonen.
Wenn ich nur wüßte, wofür.«
Nochmals Peter Hacks

9. September

»Inzwischen«, sagt Freund ***, »wünsche ich mir eine grüne Bundesregierung, weil ich inzwischen der Mehrheit des Westpacks eine sozialistische Lektion von Herzen gönne.«

* * *

Die UNO, aus der Donald Trump nach seiner Wiederwahl hoffentlich austreten wird, denn einer muss, wie beim Brexit, den Anfang machen, hat auf Geheiß ihres Generalsekretärs Antonio Guterres einen »globalen Aktionsplan gegen Hassrede und Hassdelikte« vorgelegt, der einen Zivilisierten nicht die Bohne interessieren müsste, sofern er nicht in einem jener Länder lebte, in denen die Willkommensjunta Fuß gefasst und Macht erlangt hat. »Hassrede« sei »ein Angriff auf Toleranz, Inklusion, Vielfalt und das Wesen unserer Menschenrechtsnormen und -prinzipien«, erklärte Guterres. Was aber ist mit diesem Rätselwort gemeint? »Jede Art von Kommunikation in Wort, Schrift oder Verhalten, die eine Person oder eine Gruppe in Bezug auf eine Person oder eine Gruppe angreift oder abwertende oder diskriminierende Sprache verwendet, basierend auf ihrer Religion, Ethnie, Nationalität, Rasse, Hautfarbe, Abstammung, Geschlecht oder einem anderen Identitätsfaktor.« Medien »jeder Art«, denen dergleichen angelastet werden kann – eine Person unter Hinweis auf ihre Gruppenzugehörigkeit zu diskriminieren –, sollen dingfest gemacht, angeprangert und finanziell ausgetrocknet, also praktisch zurückgehasst werden.

Wie korrekte, nichtdiskriminierende, kultursensible Berichterstattung aussieht, kann man am Exempel der rapide steigenden Zahl mit Sprengstoffen verbundener Delikte in Schweden studieren. 2018 gab es in Ikea-Land nach Regierungsangaben 306 Schießereien und 162 »nichtgenehmigte« Explosionen, also irgendwie Bombenanschläge, die nach Medienberichten durchweg von Schweden begangen wurden bzw. eben in Schweden von »Kriminellen«.

In Schweden bringen Schweden Schweden um, *so what?*, und mitunter reisen Schweden auch in Nachbarländer, um dort das alte Lied wieder zu etablieren:

»Bet, Kindlein, bet,
morgen kommt der Schwed'.«

Etwa: »Vor einer Woche wurden nach einer Explosion vor der dänischen Steuerverwaltung in Kopenhagen zwei verdächtige Schweden festgenommen. Die beiden stünden möglicherweise in Verbindung mit der Tat, teilte die schwedische Strafverfolgungsbehörde mit. Bereits zuvor war ein tatverdächtiger Schwede festgesetzt worden, nach einem weiteren Landsmann werde international gefahndet.«

Aber ist das nicht eventuell schwedendiskriminierend?

* * *

Der Blogger Hadmut Danisch ist auf *Twitter* gesperrt worden, weil er ein Statement des TV-Kaspers Jan Böhmermann wiedergegeben hat, nämlich: »Das einzige, was dieses Bundesland (Sachsen – M.K.) noch retten kann, ist eine Koalition aus Roter Armee und Royal Air Force.«

Zum Böhmermann-Statement selbst wäre freilich zu sagen: Sowohl die Royal Air Force als auch die russische Armee stehen heute eher auf der Seite der Sachsen. Aber das hat der Staatsfunkclown wohl nicht geschnallt.

* * *

»Sobald der Menschenseele ein neues Dogma eingepflanzt ist, inspiriert es die Institutionen, die Künste und das Verhalten der Menge. Die von ihm über die Seelen geübte Herrschaft ist dann eine absolute. Die Männer der Tat denken nur an dessen Verwirklichung, die Gesetzgeber nur an dessen Anwendung, die Philosophen, Künstler, Schriftsteller beschäftigen sich nur mit dessen Umsetzung in verschiedene Formen.« Also schrieb Gustave Le Bon in seinem 1895 erschienenem Buch *Psychologie der Massen* (hier zitiert nach der 4. Auflage, Stuttgart 1922, S. 104).

Oswald Spengler präzisiert:

»›Selbstbestimmungsrecht des Volkes‹ ist eine höfliche Redensart; tatsächlich hat mit jedem allgemeinen – anorganischen – Wahlrecht sehr bald der ursprüngliche Sinn des Wählens überhaupt aufgehört. Je gründlicher die gewachsenen Gliederungen der Stände und Berufe politisch ausgelöscht werden, desto formloser, desto hilfloser wird die Wählermasse, desto unbedingter ist sie den neuen Gewalten ausgeliefert, den Parteileitungen, welche der Menge mit allen Mitteln geistigen Zwanges ihren Willen diktieren, den Kampf um die Herrschaft unter sich ausfechten, mit Methoden, von denen die Menge zuletzt weder etwas sieht noch versteht, und welche die öffentliche Meinung lediglich als selbstgeschmiedete Waffe gegeneinander erheben. Aber eben deshalb treibt ein unwiderstehlicher Zug jede Demokratie auf diesem Wege weiter, der sie zu ihrer Aufhebung durch sich selbst führt.«

(*Der Untergang des Abendlandes,* München 1919, S. 796)

Die Diagnose ist seit langem gestellt.

* * *

»Neid«, »Gleichheit«, »Regression«, »Schwerkraft (Faulheit)«: So lauten die Namen, die auf den Feldzeichen der Legionen des Sozialismus geschrieben stehen. Sie gelten als unbesiegbar.

* * *

Das Problem ist nicht, dass es Superreiche gibt, sondern dass es fast nur vulgäre Superreiche gibt.

***

Das neue »falsche Bewusstsein« in einem Satz: Ich fühle mich nicht benachteiligt.

***

In seinem 1907 erstveröffentlichten Essay »Villa«, einem Versuch über die ästhetische Vermählung von Landschaft, Landhaus und Familiengeschlecht in Italien, gelingt Rudolf Borchardt eine bestechende Beschreibung der italienischen Mentalität (im Kontrast zu den Illusionen, welchen sich speziell der deutsche Italienreisende über dieselbe hinzugeben pflege):

»Der citramontane Aberglaube, der alle Künstlerqualitäten von Phantasie und Leidenschaft, genialem und brausendem Blut, Leichtsinn und Idealität auf den Ehrenscheitel des Italieners häuft, kann kaum irgendwo grimmigerem Hohne begegnen als bei den so mißkannten selber, den zähen und rechnerischen, kalten, überlegenen und klaren Kindern einer seit undenklicher Zeit festgewordenen Rasse, so fein von Kopf, wie deutlich, ja grob von Seele, im ausgeträumten Innern schwunglos und streng bei der Sache, so schönen Schein des Schwungs eine elastische Sprache ihnen leihen mag – diesem greisen und ungläubigen Volk von Bauern und Gerichtsleuten, Bürgern im historischen Sinne des Wortes, Händlern und Unterhändlern, Vermittlern und Bankiers, das nur halb aus der Lähmung von Armut und Unfreiheit hat heraustreten dürfen, um sich auch schon mit den immanenten Eigenschaften des Lateiners wieder zu bezeugen.«

Im *ausgeträumten Innern* ... – Gott, wie großartig! In diesen zwei Worten ist nahezu alles gesagt, was Italia und Germania unterscheidet. Die uralte Italia lebt im Bewusstsein ihrer Dauer in der Realität, die pubertäre Germania indes hat noch lange nicht ausgeträumt. Joachim Fest grauste es vor der »ewigen Mobilmachungswut« seiner Landsleute. Deswegen ist es so anstrengend, in Deutschland zu leben. Die unfrohen deutschen Gouvernanten lassen einen nicht in Ruhe, sie vergällen einem die Lebensfreude, sie überprüfen täglich die Gesinnung, hier ist jeder nicht der Irrenwärter seines Nachbarn, wie Friedell das zivilisatorische Prinzip auf den Punkt brachte, sondern jeder kann jederzeit seines Nächsten Verfassungsschützer werden, wie es Günter Maschke formulierte. Es verlangt die guten Deutschen durchaus nach guten Taten mit Letztbegründung, immer müssen sie sich strebend bemühen, immer wollen sie die Besten, die Moralischsten, die Vorbildlichsten sein, im Aufbauen wie im Niederreißen, im Siegen wie im Besiegtsein, im Überrennnen der Welt wie im Überranntwerden von der Welt; ihr Herdenbehagen benötigt entschieden den Gleichschritt, und ihr Puritanismus fahndet allzeit nach Sündenböcken, sogar die Kunst behandeln sie erkennungsdienstlich, du hast sie entweder an der Kehle oder sie lecken dir die Stiefel, kein Maß, keine Mitte, kein Verständnis für Vorläufigkeiten, keinen Sinn für Lebensart, immer ziehen sie Lehren und vollstrecken irgendeinen Konsens, immer aufgeregt, Geifer statt Amüsement, Diskussion statt Konversation, »authentisch« statt kultiviert, immer an der Tete des Zeitgeistes, immer »Zeichen setzend«, immer prinzipiell, immer »romantisch« und offen für jede Art Illusion, ... –

* * *

Alle Kirchen wegdenken aus Deutschland, die Kathedralen in den Städten ebenso wie die brandenburgischen Dorfkirchen und die Zwiebeltürme in Bayern. In Gedanken ersetzen durch Nutzarchitektur, sozialen Wohnungsbau, Windräder und die umschöpferische architektonische Vielfalt aus Arabien.

Vorfreuen.

(Auf den Tod, meine ich.)

10. September

Das Glockenspiel der Potsdamer Garnisonkirche ist auf Geheiß des SPD-Bürgermeisters abgeschaltet worden. Angeblich steckt irgendeine Initiative dahinter, deren Mitglieder sich wegen der »revisionistischen, rechtsradikalen und militaristischen Widmungen« auf den Glocken – beispielsweise des preußischen Wahlspruchs *suum cuique* (übersetzt etwa: »Jedem sein Nazi«) – in ihrer Toleranzkraft überfordert fühlen. Dieser Grund scheint mir freilich vorgeschützt. Tatsächlich ist ja die regelmäßig ertönende Melodie des Liedes »Üb' immer Treu und Redlichkeit« praktisch regierungsfeindlich, zentralbankfeindlich und irgendwie auch antiziganistisch.

***

Anfrage an Radio Erewan: Kann ein Mensch mit einem IQ von 110 einem Menschen mit einem IQ von 150 überlegen sein? Antwort: Im Prinzip ja, es müssen nur genügend Leute mit einem 110er IQ im Publikum sitzen.

11. September

Seinen Rang nicht zu kennen ist eigentlich ein Makel. Man hat ihn zum Menschenrecht erhoben.

* * *

Es lohnt sich immer wieder, den Reden von Alexander Gauland mit Aufmerksamkeit zu lauschen – was der durchschnittlichen Abgeordneten zur Linken des Redners leider verwehrt ist, denn viele dieser Mädels müssen immer affektiv ins Auditorium plärren, was ihnen gerade so unsortiert durch die nur spärlich innenbeleuchtete Rübe rauscht –; heute, in der sogenannten Generaldebatte, sagte der Hauptmann der Schwefelbrüder unter anderem:

»Wir glauben, der gestrigen Haushaltsrede von Olaf Scholz entnehmen zu dürfen, dass ein Paradigmenwechsel in der Regierung stattgefunden hat. Der Bundesfinanzminister hat erklärt, warum es richtig ist, dass Deutschland aus der Kohleverstromung aussteigt und mittelfristig dem Verbrennungsmotor Adieu sagt, obwohl anderswo das exakte Gegenteil passiert: ›Weil wir es können.‹ Das ist jetzt wahrscheinlich die neue offizielle Parole: Nicht mehr ›Wir schaffen das!‹, sondern: ›Wir können das!‹ – Warum ist Napoleon nach Moskau marschiert? Weil er es konnte! Warum hat Walter Ulbricht die Mauer gebaut? Weil er es konnte! Wir verstehen. Deutsch sein heißt bekanntlich, eine Sache um ihrer selbst willen zu tun; Herr Scholz hat es einmal mehr bestätigt. Denn was bedeutet seine Aussage anderes als: Wir würden auch dann aussteigen, wenn es nichts bringt. Aber was soll es eigentlich bringen? Für das Weltklima ist Deutschland keine besonders relevante Größe. Es geht hier offenbar um Symbolik. 1945 waren wir die Teufel der Welt. Heute wollen wir die klimaneutralen Engel des Planeten sein. Das leuchtende Vorbild.«

Und in Anspielung auf die Energiepolitik Chinas:

»Sie kennen alle den Spruch: Das interessiert mich ungefähr, als wenn in China ein Sack Reis umfällt. Im Reich der Mitte könnte sich der komplementäre Spruch einbürgern: Das interessiert mich so, als wenn in Deutschland ein Kohlekraftwerk vom Netz geht.«

In einer historischen Kurzreminiszenz führte der AfD-Vorsitzende unter anderem aus, dass heute, wie in der DDR, wieder »Ergebenheitsadressen der Kulturschaffenden an die Regierung« stattfänden – er kann diese Vergleiche einfach nicht lassen! Haushaltsposten wie der Etat der Bundeskanzlerin seien vor den Wahlen in Dunkeldeutschland aufgebläht worden, um aus diesem Reptilienfonds Organisationen mit Steuergeldern zu beschenken, deren Mission die Oppositionsbekämpfung sei (also die Bekämpfung solcher Reptilien wie die wütend besorgten Motivkrawattenfaschos): »Zum Beispiel vervierfachte sich der Etat des ›Bundesverbandes Freie darstellende Künste e.V.‹ auf wundersame Weise. Die Führung dieses Verbandes ist maßgeblich beteiligt an der ›Erklärung der Vielen‹, einer bundesweiten Initiative vor allem staatlich geförderter Bühnen und Institutionen, die sich primär gegen die AfD richtet. Dieses Beispiel hier nur als eines von vielen. Die Bundesregierung finanziert die Spaltung der Gesellschaft entlang ihrer willkürlich eingezogenen Linien. Die interessante Frage lautet: Darf sie das überhaupt?«

Und nun zitierte der schlimme Bürgerlichkeitssimulierer ein Gutachten des wissenschaftlichen Dienstes des Bundestags, worin es heißt, dem Staat bleibe es zwar unbenommen, Wertvorstellungen zu verbreiten, solange sie freiheitlich-demokratisch seien, derartige Aktionen dürften sich aber nicht gezielt gegen bestimmte Parteien richten, denn: »Dies wäre ein Verstoß gegen die staatliche Neutralitätspflicht.«

12. September

Man wird einmal sagen: Die Trump-Jahre waren die friedlichsten in der jüngeren Geschichte der USA, ein späte Erholungsphase, bevor das Land auseinanderfiel.

* * *

»Davon abgesehen bestätigen die Meldungen, daß ich ganz zu recht paranoid bin.«
Art Spiegelman

* * *

Während die Bundesregierung ein »Demokratieförderungsgesetz« plant, das sie ermächtigen soll, die Opposition genüsslich zu strangulieren – Parole: »Mehr Demokratieförderung wagen!« bzw. »Krieg ist Frieden!« –, während der SPD-Bundestagsabgeordnete Johannes Kahrs sich sorgt, seine Partei könne noch schneller verschwinden, als er ein AfD-Verbot durchgesetzt hat, während Niklas Frank, wohlgeratener Sohn des NS-Juristen und Generalgouverneurs von Polen Hans Frank, welchletzterer bekanntlich 1946 zu Nürnberg durch den Strang vom Leben zum Tode befördert worden ist, wohingegen sein bestürzend kregeler Filius seit nunmehr schon Jahrzehnten damit hausiert, Nachkomme eines nationalsozialistischen Großverbrechers zu sein und heute wieder resp. immer noch die Stimme seines Vaters zu hören vorgibt, nämlich aus dem Munde von AfD-Politikern, während all dieser zwar wohlmeinenden, aber eben nicht wirklich handfesten Aktivitäten gegen »rechts« haben mitten in Dunkeldeutschland ein paar Burschen gezeigt, wie es richtig geht:

Ein Trupp Beherzter prügelte in Leipzig die Gäste einer Party halbwegs krankenhausreif, nachdem sich die Reihen der Letzteren so sehr gelichtet hatten, dass ein für jeden Angriff nötiges Kräfteverhältnis von 3:1 zugunsten der Angreifer (vgl. Unternehmen »Barbarossa«) hergestellt war: »Acht bis zehn Leute wurden von 20 bis 30 Angreifern, dunkel gekleidet und vermummt, verfolgt, geschlagen und getreten«, berichtet die *Leipziger Volkszeitung*. »Die Täter setzten Pfefferspray, Schlagstöcke und Quarzhandschuhe ein.« Die Überzähligen sollen dabei »Scheiß Faschisten! Scheiß Nazis!« gerufen haben, weshalb die Polizei über ihr Motiv durchaus rätselt. Der AfD-Stadrat Marius Beyer, aus dessen Umfeld die Partygäste stammten, versucht jetzt, den Zwischenfall gegen die Demokratieförderung zu benutzen, aber die freie Presse lässt sich nicht von ihm instrumentalisieren. Kein Medium außer eben der *Leipziger Tätervolkszeitung* hat darüber berichtet (und die hinter Bezahlschranke), dass ein 18-Jähriger, der eben erst AfD-Mitglied geworden war (18!!), bei dem Angriff einen Bruch des Handgelenks und zahlreiche blutende Wunden davongetragen haben soll, während zwei Frauen mehrere Meter eine Böschung hinabstürzten und sich an den dornigen Sträuchern dortselbst Verletzungen mit womöglich dauerhaften Narben zuzogen. Wollen wir uns ausmalen, was in der Wahrheitspresse los wäre, wenn sächsische Skinheads eine Grünen-Party aufgemischt hätten?

19. September

»Im Alten Testament war Gott noch wie, wie – Kinski.«
Lisa Eckhart

* * *

Allein im Jahr 2018 gab es in ’schland 265 930 Straftaten mit Tatverdächtigen ohne Aufenthaltstitel. Das antwortete die Bundesregierung auf eine Kleine Anfrage der eher nicht Grünen. Darunter: 98mal Mord, 261mal Totschlag, 1 082mal Vergewaltigungen und sexuelle Nötigung/Übergriffe, inklusive 153 Versuche, diese Straftaten auszuführen, 3 477mal räuberische Erpressung und räuberischer Angriff auf Kraftfahrer sowie 16 929mal gefährliche und schwere Körperverletzung. Ausländerrechtliche Verstöße, wie etwa illegale Einreise, sind dabei noch nicht berücksichtigt. Die meisten Tatverdächtigen stammten aus Syrien (25 328), Afghanistan (16 687) und dem Irak (10 225). 265 930 Straftaten pro Jahr ergeben ca. 728 Straftaten pro Tag.

Die Frau, die das politisch zu verantworten hat, hat in ihrem Amtseid geschworen, Schaden vom deutschen Volk abzuwenden. Ihre Politik ist Landesverrat, nicht im formaljuristischen Sinne, sondern eher in jenem, den die Figuren ahnen, die in der Öffentlichkeit »Volksverräter« skandieren. Frau Merkel tut gut daran, sich »Menschheitsaufgaben«, wie sie den Klimawandel nennt, zuzuwenden. Es handelt sich um Vorbereitungen zum Absprung: Sie will von der »Titanic« auf die »Santa Maria 2.0« wechseln.

* * *

Ein in der »Ehemaligen« Aufgewachsener bzw. voll Erblühter (Meister Iste!) sieht sich heute von einem Wald aus Déjà-vus umstellt. Zum Beispiel, wenn die Merkel-Jugend – auch: Deutsche Klimajugend – zur Gruppenarbeit bittet: Wer nicht mitmacht beim »Klimastreik«, hat ein Problem, schreibt die *Berliner Zeitung*. Oder bei der Lektüre eines lupenreinen, nur aus *Fake News* und Drohungen bestehenden Artikels im *Tagesspiegel*, welcher kulminiert im Schlusspassus: »Auf die Frage des Tagesspiegels, ob die Positionen des Vereins bekannt sind, wollte sich die Geschäftsführung des NH München Ost Congress Center nicht äußern. Eine Sprecherin des Unternehmens teilte mit, man distanziere sich ausdrücklich von der politischen Botschaft. ›Ein Leugnen des menschengemachten Klimawandels ist mit den Wertevorstellungen der NH Hotelgruppe nicht vereinbar.‹«

* * *

Wo Landesverrat Staatsräson ist, verwandelt sich Patriotismus automatisch in Rechtextremismus.

20. September

»Es ist denn auch eine sinnlose Banalität, wenn man betont, die Massen bedürften einer Religion; denn alle politischen, religiösen und sozialen Glaubensinhalte finden bei ihnen nur Eingang in der religiösen Form, die sie jeder Diskussion enthebt. Wäre der Atheismus den Massen zugänglich, so würde er bei ihnen den ganzen intoleranten Eifer eines religiösen Gefühles erlangen und in seinen äußeren Formen bald zu einem Kultus werden.«
Gustave Le Bon, *Psychologie der Massen*

* * *

Ich versuche mir freilich immer auszumalen, wie man aus China auf die europäischen Kinderkreuzzügler schaut.

Der Diplomat und Autor Albrecht Rothacher, Gründer des *Asia Europe Journal* und Leitender Verwaltungsrat für Wirtschaftsfragen im Europäischen Auswärtigen Dienst (EAD), schreibt in der aktuellen *Jungen Freiheit* (Printausgabe): »Neben dem Ziel, Rohstoffquellen weltweit zu kontrollieren und Technologien zu stehlen, hat es der chinesischen Führung die Verkehrsinfrastruktur angetan. Die chinesischen Ambitionen sind kein Staatsgeheimnis. Bis 2025 will es in zehn Schlüsselindustrien (›Made in China 2025‹) weltführend werden: in Hochtechnologien wie der Robotik, der künstlichen Intelligenz durch die Fusion aller Datenbanken in China, der Luft- und Raumfahrt, der Elektromobilität (da man die deutschen Dieselmotoren nicht schlagen kann) und genetischer Medikamente. Dazu will China den Zugang zu ihren Rohstoffquellen direkt kontrollieren«.

Im Kyoto-Protokoll haben sich sämtliche westliche Industrienationen zur Limitierung ihres CO_2-Ausstoßes verpflichtet. Ausgenommen sind China und Russland; die dürfen sogar noch zulegen. Die europäische Jugend, die Internet- und Smartphone-Jugend, die Vielflieger-Jugend, die Unesco-Jugend fordert derweil den technologischen Rückbau ihres Kontinents. Die europäische Konkurrenz schafft sich ab, zuvor wird ihr *Know how* noch kräftig abgeschöpft. Jugendliche sind ziemlich dumm, aus dem objektiven Grund, dass sie eben nur wenig wissen und wenig erfahren haben – wer diese Aussage bezweifelt, möge mir einen in die Jahre Gekommenen zeigen, der sich nicht ein bisschen dafür schämt, was er als junger Mensch getan und geglaubt hat, ja der behauptet, als junger Mensch klüger gewesen zu sein –, und speziell junge Deutsche haben sich über

Generationen als verlässliche nützliche Idioten erwiesen, doch ich kann mir schwer vorstellen, dass die Chinesen nicht ein bisschen ihre Finger im deutschen Randfeld des *New Great Game* haben.

Während China seinen sozialistischen Staatskapitalismus durchzieht, streben progressive Europäer zum dekarbonisierten Öko-Sozialismus. Ein Staatsrelikt des Realsozialismus weist schon mal die Perspektive: Kuba führt wieder Ochsen auf Feldern ein, melden die Staatsmedien dortselbst.

* * *

Es gibt einen einzigen wirklichen Anlass, den Kohlendioxidausstoß zu senken: den Islam. Dessen Ausbreitung wäre ohne das Erdöl nämlich praktisch beendet.

* * *

Bei seiner Wahlkampfrede in thüringischen Arnstadt sagte Alexander Gauland:

»Ich darf noch einmal daran erinnern, dass die AfD den Klimawandel nicht leugnet – das Klima wandelt sich permanent –, sondern dass wir den Anteil des Menschen am Klimawandel für nicht hinreichend geklärt halten.

Auch wenn Sie aus den Medien ständig etwas anderes hören: Es gibt keine gesicherten Erkenntnisse über eine durch den Menschen verursachte Erderwärmung. Was es gibt, ist eine politisch motivierte Panikmache. Wir haben vom komplexen Klimasystem der Erde und sämtlichen Faktoren, die es beeinflussen, nur vage Vorstellungen. Wissenschaftler der NASA vermuten, dass wir am Beginn einer kleinen Eiszeit stehen, weil die Sonne ein sogenanntes Minimum einlegt, eine Pause sozusagen. Doch solche Vermutungen passen nicht in das politische

Konzept einer globalen Erwärmung. Weil die Computermodelle, auf die sich der Weltklimarat IPCC beruft, eine Erwärmung prophezeien und die grüne Weltkirche ihre Klingelbeutel nur gefüllt bekommt, wenn der Mensch, der Kapitalismus bzw. der Westen schuld sind, hat dieser Klimawandel menschengemacht zu sein.«

Die mediale Wiedergabe:

»Alexander Gauland leugnet die Schuld der Menschen am Klimawandel« (*stern*).

»Gauland leugnet Erderwärmung« (*FAZ*)

Danach erläuterte der AfD-Vorsitzende die klimapolitischen Ziele seiner Partei: Kohleausstieg wie geplant bis 2038; Grundlastsicherung durch flexible moderne Gaskraftwerke mit hohem Wirkungsgrad; alternative Energien als Ergänzung in sinnvoller Abwägung zwischen Nutzen und Schaden; Rücknahme des Atomausstiegs, Wiedereinstieg in die Atomenergieforschung angesichts der enormen Fortschritte in der Technologie.

Kein Wort davon in den Medien. Kein Wort auch über diesen Passus seiner Rede:

»Wir sind uns auch der Tatsache bewusst, dass uns das Schicksal Afrikas nicht gleichgültig sein kann. Nur gilt eben auch hier die Maxime, dass Politik sich an den Realitäten orientieren muss, nicht an frommen Wünschen. Die Bevölkerung Afrikas wächst derzeit alle zwölf Tage um eine Million Menschen. Die knapp zwei Millionen Migranten, die wir seit 2015 aufgenommen haben und die uns hier vor erhebliche Probleme stellen, sind dort in einem halben Monat nachgeboren worden. Niemand in Afrika bemerkt unsere fatale Großzügigkeit! Dagegen hat ein direkt in Afrika ausgegebener – oder noch besser: investierter – Euro nach den Worten des deutschen Entwicklungshilfeministers Gerd Müller die dreißigfache Wirkung wie ein in Deutschland eingesetzter. Außerdem gelangen derzeit die stärksten und rücksichtslosesten Wanderer nach Europa, keineswegs die bedürftigsten.

Unsere Position ist klar: Grenzen schließen, Masseneinwanderung beenden, stattdessen Hilfe für wirklich Notleidende und Investitionen an Ort und Stelle. Die Bevölkerungsexplosion ist das größte Problem unseres Planeten, übrigens auch für die Umwelt. Wenn wir uns weiter als eine Art Überlaufbecken dafür anbieten, werden wir bald überhaupt niemandem mehr helfen können.«

Das ist es, was die Unterscheidung zwischen Lügen-, Lücken- und Lumpenpresse so schwierig, aber irgendwie auch überflüssig macht.

* * *

Gestern erzählte mir eine soeben ihrem Studium entwachsene und größeren, wenn nicht großen Aufgaben entgegenschwirrende Politologin, es gälten im akademischen erkennungsdienstlichen Betrieb sieben eherne Kriterien zur Zertifizierung von Rechtsextremismus. Eine davon ist selbstredend der sogenannte Rassismus, wobei der Terminus »antimuslimischer Rassismus« in den Lasterkatalog eingepreist wurde. Ich ließ den ideologischen Opa raushängen und wandte ein, dass Muslime doch keine Rasse seien. Das sei richtig, erwiderte sie, aber an der Uni werde der Begriff inzwischen für jede Art von kollektiver Abwertung gebraucht.

Dann, fragte ich, gibt es also auch Rassismus gegen AfD-Mitglieder? Ja, sagte sie nach einem kurzen Nachdenken, wahrscheinlich gibt es auch das.

21. September

Neue Redensart: Das ist so sicher wie der nächste Messerangriff.

* * *

»Erster Wiesn-Eklat schon vor dem Anstich«, meldet die Münchner Boulevardpresse. Beim traditionellen Verkosten der Oktoberfest-Biere hatte der Paulaner- und Hacker-Pschorr-Chef Andreas Steinfatt gesagt, dieses »Vorglühen« sei ihm »ein innerer Reichsparteitag«. Der Vorfall habe Konsequenzen: »Wie die AZ berichtet, hat jetzt ein Gastronom mit zwei Lokalen in München die Kooperation mit Paulaner gekündigt. Die Entgleisung ist nicht der einzige Grund. Auch Sticheleien Steinfatts gegenüber Klimaaktivisten hätten den Lokalbesitzer laut des Berichts geärgert.«

Geschäftspartner, über deren Gesinnung sich irgendwelche Fundamentalisten »ärgern«, werden gekündigt, Gäste mit falschen Ansichten nicht mehr bedient. Mit jedem Tag wächst die Zahl der Worte, die man nicht aussprechen darf, die Zahl der Gedanken, die man besser für sich behält, und parallel dazu das Fähnlein derer, die sich für einen Witz entschuldigen müssen oder exkommuniziert werden. Was für eine klemmärschige, was für eine konformitätsgeile, was für eine kuschbereite, was für eine gottbespeienswürdige Gesellschaft!

Es wird mir gleichwohl ein »innerer Grünenparteitag« (Alexander Wendt) sein, auf die Wies'n zu gehen und mit normalen Leuten anzustoßen.

* * *

»Meinungs-Euthanasie«
Peter Sloterdijk

»Ethische Säuberungen«
Frank Lisson

»Idiotur«
(Leser ***)

* * *

»Man könnte zu diesen Fridays for Brainwash-Aufmärschen und über die Berichterstattung dazu natürlich verdammt viel sagen. Aber das Widerwärtigste an diesen marodierenden Revolutionsgarden, die das Leben in vielen Städten heute teilweise lahmgelegt haben, ist das Verständnis dieser Radikalen von dem Verhältnis zwischen Bürgern und Staat. Da marschieren Menschen auf, die den Staat dazu aufrufen, Steuern zu erhöhen, Verbote zu verhängen und in die persönliche Lebensweise der Bevölkerung bis ins kleinste Detail einzugreifen. Ein solches Ausmaß des Wunsches nach totalitärer Staatsführung und Unfreiheit ist schlichtweg beängstigend.«
(*Facebook*-Fund)

* * *

Verschwörungstheorien gelten zu recht als unseriös. Keine Verschwörungstheorie könnte erklären, warum so viele Deutsche Merkel wählen.

23. *September*

Die Lufthansa teilt mit, dass die Sitzreihe 13 wieder eingeführt wird. Dafür gibt es künftig keine Reihe 18 mehr.

* * *

Einer der größeren Erfolge der Lücken- oder eben kanzleramtsnahen Presse war (und ist) die Anonymisierung der Opfer des Breitscheidplatz-Anschlags. Keiner kennt ihre Gesichter, ihre Geschichte, ihre Hinterbliebenen. Auch von den Leiden der zum Teil ja Schwerstverletzten erfahren wir nichts.

* * *

»Laut Bundesagentur für Arbeit leben drei Viertel der Syrer im erwerbsfähigen Alter ganz oder teilweise von Hartz IV. Das verwundert nicht. Die optimistischen Szenarien aus dem Jahr 2015 haben sich offensichtlich nicht erfüllt«, meint die *Welt*.

Was für eine Heuchelei. Keiner, der seine Sinne beisammen hatte, hat jemals die Propagandamärchen der Willkommensjunta von angeblich ins Land strömenden Fachkräften und einem neuen Wirtschaftswunder geglaubt. Wie viele andere freie Medien auch legt dieses Diarium seit Jahren davon Zeugnis ab, dass man es von Anfang an wissen konnte. Niemand soll sich herausreden dürfen. Weil die Bundesregierung samt ihrer schreibenden, sendenden, lehrenden, predigenden und singenden Claque die Ziele der Massenmigration nicht sinnvoll erklären kann, denn es gibt für diese zerstörerische Politik keine sinnvolle Erklärung (außer der Zerstörung selbst), wird der humanitaristische Amoklauf auch nicht gestoppt; ein Stop würde schließlich als Eingeständnis dafür gewertet, dass man den falschen Weg eingeschlagen hat. Die Klimahysterie kommt solchen Spitzbuben jetzt gerade recht; dieses Land kann schließlich keine Kriege führen, um von seinen inneren Problemen abzulenken, es braucht dafür – einstweilen noch geistige und fiskalische – Bürgerkriege.

* * *

Im Grunde, sagt Freund ***, sei der Trachtenumzug auf das Oktoberfest eine AfD-Werbeveranstaltung. Der Claim dazu laute: »Wollen Sie, dass Ihre Kinder das auch noch erleben?«

* * *

»SUVs werden ja nun schon in Gegenden Besserverdienender mit ›Du stinkst‹-Aufklebern auf der Frontscheibe verziert«, meldet Freund *** aus der Hauptstadt einer nun schon etwas älteren Bewegung. »So geschehen in der Ainmillerstraße (der ›Staatsschutz‹ ermittelt). Demnächst wird man sie abfackeln (wo man SUVs verbrennt, da verbrennt man ja irgendwann auch Menschen – so oder ähnlich heißt es doch) Aber: Heute sah ich einen Tesla, beklebt mit ›Du stinkst‹ – dass Aktivisten sich aber auch gar nicht mit Autos auskennen …«

Was heißt »demnächst«: Im hessischen Kronberg haben »Aktivisten« in einem Autohaus 40 sogenannte Luxuswagen zerstört. Was es dem Klima nutzen soll, wenn jetzt 40 Autos abgewrackt, neu gebaut und neu geliefert werden müssen, wissen diese Hochbegabten allein. Aber zur kurzzeitigen Stillung des ordinärsten Sozialneides mag die »Aktion« beigetragen haben …

* * *

Nun Zivilgesellschaft steh auf, nun Klimaschutz brich los!

24. September

»Wenn ein westdeutscher Intellektueller einen Diskursraum betritt, schaut er immer zuerst nach, wo sich die Fluchttür befindet.«
Alexander Wendt

***

Dass Greta Thunberg, salopp gesprochen, ein bisschen meschugge ist, war von ihrem ersten Auftritt an schwer zu übersehen und nur unter massiver Einwirkung körpereigener Wohlfühlopiate bei ohnehinnigem Grünstich zu tolerieren. Wie ihre launige resp. »emotionale« (ARD) Rede vor der UN-Klimakonferenz offerierte, hat sich dem Knall nun die unvermeidliche Hybris beigesellt. Mit Tränen in den Augen (was für eine am Asperger-Syndrom laborierende Person ungewöhnlich ist) rief die 16-Jährige den Staats- und Regierungschefs der UN-Vollversammlung zu: »Wie konntet ihr es wagen, meine Träume und meine Kindheit zu stehlen mit euren leeren Worten?« Dass sie zum verbalen Amoklauf ansetzt, hatte sich angekündigt.

Man könnte freilich vermuten, dass diese Eskalationsstufen einem Drehbuch folgen, welches PR-Strategen der grünen Weltkirche für ihre momentane Lieblingssprechpuppe entworfen haben (Danisch fühlt sich durch Gretas gallige Mimik an Chucky, die Mörderpuppe erinnert), natürlich unter Missbrauch einer juvenilen Panik-Schieberin, die bestimmt an das glaubt, was sie da von sich gibt.

Das eigentliche Problem ist die Reaktion der Traumräuber und Jugenddiebe. Anstatt das verwirrte Schwedenmädel von der Polizei zum Flughafen und daheim dann zur Schule bringen zu lassen, damit es nicht noch mehr Kindheit vergeudet, legten die Staatslenker ihre Stirnen sorgenvoll in Falten, wiegten mit den Köpfen, summten bedröppelt »Oje-oje« und »Ui-ui-ui«, und die deutsche Bundeskanzlerin, die eine politische Hure zu nennen eine Beleidigung für einen ehrenwerten, sympathischen und vor allem notwendigen Berufsstand wäre, fühlte sich nach dem »Weckruf der Jugend« so putzmunter und folgsam wie Brünnhilde nach dem Siegfried-Kuss; die Weckkraft des Explosiönchens von Fukushima war wahrscheinlich ein Zikadenfürzlein daneben.

Merke: »Der Welt geht es gar nicht so schlecht, wenn man bedenkt, wer sie regiert.« (Don Nicolás)

Inzwischen hat die Nachwuchs-Niobe »Klima-Beschwerde gegen Deutschland eingelegt«, und die Medien melden es wie eine wichtige Nachricht, nicht etwa unter »Vermischtes« oder »Kuriositäten«. Zugleich empören sich TV-Zuschauer (also ein paar grüne, unter der Lupe der Wahrheitsmedien aufgeblähte Twitterer) über die Themenwahl des gestrigen ARD-*Brennpunkt*; statt über die Pleite von Thomas Cook informiert zu werden, hätten diese rundum positiven Wutbürger lieber mehr »Gretology« (nochmals A. Wendt) geguckt. Der Unterschied ist nur, dass es bei dem bankrotten Reiseanbieter Abertausende konkret Betroffene gibt – die Engländer, wurde gemeldet, starten mit der Heimholung von 150 000 Thomas-Cook-Touristen ihre größte Rückholaktion in Friedenszeiten –, während die Alptagträume einer von Hysterikern und Opportunisten hofierten quartalsirren Geisterseherin eben nur Halluzinationen sind, deren Relevanz für Millionen Menschen sich aus dem Missbrauch ergibt, der mit ihnen getrieben wird. Aber darüber einen ARD-*Brennpunkt*? Eher sendet die *Aktuelle Kamera* wieder.

So blieb es denn Donald Trump vorbehalten, die Ehre des westlichen Rationalismus wiederherzustellen, mit einem sehr westlichen rhetorischen Stilmittel: »She seems like a very happy young girl looking forward to a bright and wonderful future«, twitterte Mister President. »So nice to see!«

* * *

Zu meinem gestrigen Eintrag über das erwünschte Vergessen der Breitscheidplatz-Opfer sendet mir Leser *** einen Link zur Webseite des ZDF; es lief im Zweiten eine Dokumentation, in der einige Verletzte bzw. Angehörige der Getöteten ihre Geschichte erzählen konnten (in der Mediathek gibt es anscheinend nur noch einen Trailer). Ein anderer Leser sendet das Foto einer improvisierten Gedenktafel, die er im Mai 2017 am Tatort fotografiert hat: »Auffallend, dass keines der deutschen Opfer mit Namen oder gar Bild dort kenntlich gemacht war, die meisten ausländischen dagegen schon. Wer dafür verantwortlich war und ob es dem Wunsch der Angehörigen entsprach, kann ich nicht beurteilen.«

25. *September*

»Zum Sündigen gehört Geist; ja, recht betrachtet, ist aller Geist nichts anderes als Sinn für die Sünde.«
Thomas Mann

***

Der Benachrichtigungskanal *n-tv* hat die Schamwochen eröffnet: »Fürs Fliegen, Fleischessen und Autofahren müssen sich Menschen inzwischen rechtfertigen. Denn damit belasten sie das Klima. Wenig Beachtung findet das Bauen. Dabei hat gerade der von der Politik stark angekurbelte Neubau einen großen Anteil am CO_2-Ausstoß in Deutschland.« Zum Beispiel der Bau von Asylantenunterkünften? Nein, der eher nicht. Sondern der Wohnungs- und Eigenheimbau zu Nutz und Frommen derer, die oft schon viel zu lange hier leben. »Niemand sollte stolz darauf sein, gebaut zu haben«, zitiert der Kanal einen

»Stadtentwicklungsexperten« (künftig wahrscheinlich: Stadtabwicklungsexperte), »wegen des Klimas kann man sich dafür ebenso schämen wie für Autofahren und Fleischessen.«

Bauscham also. (Von dieser Lautverschiebung hatte der sprachverliebte Hundebesitzer Thomas Mann doch keinen Schimmer!) Bauscham, das ist originell, denn bislang hat sich noch nie jemand dafür geschämt, gebaut zu haben, von Cheops (Chufu) bis Eiffel, von Schinkel bis Gropius (auch wenn der Gründe dafür gehabt hätte). Das kann aber noch lange nicht alles sein. Was ist mit der Tanzscham? Der Feierscham? Bekleidungsscham? Beleuchtungsscham? Heizscham? Telefonierscham? Mobiliarscham? Forschungsscham? Konzertbesuchsscham? Diskursscham? Tageszeitungsabonnementsscham? Raumfahrtscham? Zeugungsscham? Kinderaufzuchtsscham? Existenzscham? Feuerbestattungsscham?

Ganz am Ende wird dann die Grünenwählscham stehen. Aber bis dahin ist noch eine gewaltige Schamfrist …

* * *

Wenn eine staatliche Institution wie die Hessische Filmförderung, die ihren Etat über das Hessische Ministerium für Wissenschaft und Kunst und den Hessischen Rundfunk aus Steuergeldern bezieht, den Geschäftsführer entlässt, weil der sich privat mit dem Vorsitzenden der größten Oppositionspartei getroffen hat (und aus der gleichgeschalteten Presse nicht mal ein Grummeln zu vernehmen ist), dann leben wir nicht mehr in einem Rechtsstaat, sondern in einer Diktatur. *Tertium non datur.*

* * *

»Die Ideologie einer ›vom Menschen gemachten Klimakatastrophe‹ wurde in den achtziger Jahren geboren, als englische

Wissenschaftler bei der damals regierenden Margaret Thatcher vorstellig wurden, um Geld für den Betrieb ihrer teuren Computermodelle zu erbitten. Sie versprachen ein schlüssiges Klimamodell zu erarbeiten und damit die englische Wissenschaft wieder an die Weltspitze zu führen. Als Grundlage für ihr Klimamodell nahmen sie den seit 1954 registrierten Anstieg des CO_2-Gehaltes in der Atmosphäre und behaupteten, dieser Anstieg wäre auf menschliche Aktivitäten zurückzuführen und würde die Menschheit in namenloses Elend stürzen. Es ist auch nicht ein einziger Ansatz zu erkennen, dass die Mitglieder dieser Gruppe die Klimaänderungen der vergangenen Jahrtausende angesehen, geschweige denn nach einem Verständnis gesucht hätten.

Im Jahr 1990 stellte das 1988 gegründete IPCC seinen ersten Weltklimabericht vor, der in einhundert Jahren eine Katastrophe prophezeite. Zwar musste das IPCC seine Aussagen in den Folgejahren abmildern, doch hatte das IPCC inzwischen übernationale Macht erlangt, die es auszubauen galt. Das Geld spielte keine Rolle mehr, seit man sich auf die politische Bühne begeben hatte und eine immer größere Zahl von ›Wissenschaftlern‹ dem IPCC zuarbeiteten. Nochmals und in aller Deutlichkeit: Das IPCC ist entgegen den Statuten eine politische Organisation und keine naturwissenschaftliche.

Inzwischen hat die ›Klimakatastrophe‹ auch die letzte Regierung der Erde erreicht. Das ›Kyoto-Protokoll‹ wurde geboren, die unsinnigste Geldvernichtungsmaschine, die Politiker erfinden konnten. Vor allem die deutschen Regierungen begannen, die Wirtschaft des Landes ›ökologisch‹ auszurichten, ohne auf die Warnungen jener Naturwissenschaftler zu hören, die der ›Klimakatastrophe‹ noch nicht erlegen waren. Das Ergebnis der ›nachhaltigen ökologischen Ausrichtung‹ wird eine stete Verarmung der heute noch reichen Industrieländer mit Deutschland als Vorreiter zur Folge haben. Sie mutierte inzwischen zur schlimmsten Selbstverstümmelung, die sich Menschen ausdenken konnten, weil sie unweigerlich in eine weltumspannende Klimadiktatur münden wird. Wann das Unheil sein Ende findet, vermag niemand zu sagen.

Wird es irgendwann einmal kälter, werden die gleichen Geister aufstehen und wiederum behaupten, diese neue ›Klimakatastrophe‹ wäre von Menschen gemacht. Unzählige Forscher werden bereit sein, das durch ›wissenschaftliche‹ Untersuchungen zu bestätigen.«

Westfernsehen? Nein, das stand vor gar nicht mal so langer Zeit, am 3. April 2007, in der *FAZ*. Der Autor dieses Textes war übrigens Ingenieur und hielt mehrere eigene Patente; das käme im heutigen Journalismus nicht mehr in die Wundertüte!

* * *

Es bestehe »kein Zweifel daran, dass der Klimawandel menschengemacht sei«, erklärte indes Frau Merkel beim New Yorker Klimagipfel. Das ist eine glatte Lüge. Soeben wurde ein vielhundertfacher Zweifel publik. Knapp 500 Wissenschaftler aus aller Herrinnen Länder (mit Ausnahme derer, in denen auch sonst kein Zweifel herrscht) haben in einem Brief an UN-Generalsekretär António Guterres der These vom menschengemachten Klimawandel widersprochen. »Die Klimamodelle, auf denen die internationalen Politikansätze derzeit aufbauen, sind ungeeignet«, heißt es in dem Schreiben, das übertitelt ist es mit der Feststellung: »Es gibt keinen Klimanotstand.«

Die deutsche Wahrheits- und Qualitätspresse folgte bislang einhellig der Richtlinie der Führerin. Da es keinen Zweifel gibt, wird auch keiner gemeldet. Rührt euch!

* * *

»Angela Merkel ist berühmt für ihre vulgäre, nichtssagende und konfuse Sprache, die allen Regeln der Grammatik und der Semantik trotzt. Bérengère Viennot übersetzt ihre Reden und Beiträge ins Französische und ist dabei mit einem Universum konfrontiert, das sie fassungslos und wütend macht. In ihrem brillanten Essay geht sie dem Phänomen der Merkel-Sprache auf den Grund: Wie fließend ist der Übergang von der wirren Banalität ihrer Worte zu ihrer Politik? Was sagt die Verwahrlosung ihrer Sprache über den Zustand Deutschlands aus? Und warum geht uns das alle etwas an?«

Demnächst gibt es das vielleicht in Ihrem gut sortierten Buchladen. Einstweilen nur ein Buch mit dieser Kurzbeschreibung und des Titels *Die Sprache des Donald Trump*.

30. September

»Es gibt nur einen *Friday for Future*: den Karfreitag.«
Alexander Pschera

* * *

Unser Außen- und ehedem Justizminister belieben, auf *Instagram* Folgendes mitzuteilen: »Die Feinde der Freiheit verdienen keine Freiheit.«

Ob unser Heiko weiß, wen er da zitiert – im Original: »Pas de liberté pour les ennemis de la liberté!« –, und was dieser zweifellos begabte junge Revoluzzer, Propagandist und Kopfabschneider auf sein Kerbholz geladen hatte, bevor er selber aufs Schafott stieg (was wir dem Heiko natürlich weder wünschen noch prophezeien wollen)?

* * *

Klimaexperten warnen: Wir haben höchstens noch zwölf Jahre Zeit, bis die Welt in neuen Untergangsprognosen ertrinkt. Das ist wissenschaftlicher Konsens. Wenn wir nichts unternehmen, müssen wir in zwölf Jahren einen neuen Termin für den Weltuntergang finden. Das ist eine sehr bedrohliche Situation, aus der wir uns nur retten können, wenn wir die Kontrolle über die Wirtschaft unmittelbar den Regierungen überlassen und unseren Lebensstil so ändern, dass neue Prognosen unnötig sind.

* * *

Gestern lud mich ein Freund auf die Wiesn vor, in eines der Festzelte, Puristen fragen bitte nicht, welches, und während wir lärmumtost & quietschvergnügt, in die Betrachtung der zahllosen Dirndlträgerinnen vertieft, den Gerstensaft in unsere Leiber rinnen ließen, einigten wir uns darauf, dass in zwei von drei möglichen künftigen Regierungssystemen – sowohl der grün-sozialistisch-klimaneutralen Erziehungsdemokratur als auch dem Kalifat – das Oktoberfest verboten werden muss, wegen des schamlosen öffentlichen Alkoholgenusses, wegen des maßlosen Fleisch- und speziell Schweinefleischverzehrs, wegen des obszönen Frauenfleischvorzeigens und der erwünschten sexuellen Belästigung, wegen der ungeheuren Stromverschwendung für Gaudi und Gomorrha, wegen der gottlos frivolen Fröhlichkeit, wegen des unverantwortlich hohen Ausstoßes von Methan (Huch!) und Kohlendioxid (Prösterchen!), und *last but not least* weil die Wiesn eine Bargeldzone ist.

1. Oktober

Auf rasende Wut stoße derjenige, der sich der aktuellen Weltuntergangsstimmung verweigere, der sich von der allgemeinen Hysterie nicht anstecken lasse, der allen Unheilsprophezeiungen gegenüber skeptisch und obendrein sogar auf verstockte Weise heiter bleibe. Also schrieb einmal sinngemäß Johannes Gross.

* * *

Acta-Leser wissen mehr, allerdings gegenstrebig zu den anscheinend erst durch die Lektüre belehrten *Spiegel*-Lesern nicht *a posteriori,* sondern sowieso. Das gestrige Kryptozitat von Heiko dem Unermesslichen veranlasste eine Reihe von Eckladenbesuchern, mir weitere zitierenswerte Aussprüche aus dem Munde des Todesengels der Revolution zu senden, neben dem bekannten, dem Gevatter Maas gewissermaßen auf den charaktervoll kleinen Leib geschneiderten »Un peuple n'a qu'un ennemi dangereux, c'est son gouvernement« (»Ein Volk hat nur einen gefährlichen Feind, seine Regierung«) etwa noch das zugleich sexistische wie islamfeindliche und vor allem großartige Manneswort »Chez les peuples vraiment libres, les femmes sont libres et adorées« (»In einem freien Volk sind Frauen frei und werden angebetet«). Am bündigsten freilich kommentierte Leser ***: »Demokrat zitiert Demokraten.« *So what?*

* * *

»Rechtspopulisten sprechen Menschen an, die die Folgen des Klimaschutzes fürchten – das ist eine Gefahr für den gesellschaftlichen Zusammenhalt«, warnt kurz vor knapp der *Tagesspiegel,* dem wir jetzt die originelle Wortschöpfung »Braunwesten« verdanken. »Wenn die AfD, selbsternannte Alternative für Deutschland, immer noch nicht erkannt wäre als das, was sie ist – dann spätestens jetzt: Sie ist die für das demokratisch verfasste System gefährlichste Partei seit Jahrzehnten«, kommentiert das selbsternannte Berliner Zentralorgan für gesellschaftlichen Zusammenhalt. »Und die Gefahr geht nicht zurück, sondern schreitet fort. An der Spitze: Alexander Gauland als Geist des Ungeistes.« Erst widersprach die AfD (mit Gauland als Geist des Ungeistes mittenmag) dem Euro-System, dann opponierte die AfD (mit Gauland als Geist des Ungeistes an der Tete) gegen »die humanitäre Geste der Kanzlerin und Vorsitzenden der früheren Partei Gaulands, der CDU, Flüchtlinge auf ihrem Weg nicht verrecken zu lassen, sondern im Land aufzunehmen« (wo sie ihrerseits für das Verrecken mancher Eingeborenen sorgten), und nun verweigert sich die AfD (mit Gauland als Geist des Ungeistes vorneweg) der deutschen Menschheitsaufgabe Weltklimarettung. Und die bindende Klammer der ungeistigen Trinität sei, dass er, Gauland, wie bereits der Verfassungsschutz in einem mit mehr als 400 Seiten viel zu lang geratenem *Tagesspiegel*-Artikel statuiert hat, »die Glaubwürdigkeit der parlamentarischen Demokratie ›bewusst delegitimiert‹«.

Ein großer, ein wichtiger Kommentar. Nur eine Petitesse, Genossen. Bei der Delegitimierung überschätzen Sie den Gauland und unterschätzen zugleich die aktuellen hiesigen Atlanten und Karyatiden des Parlamentarismus; das schaffen die schon ganz allein.

* * *

Während des Verfassens einer Rede zum 30. Jahrestag des Mauerfalls erinnerte ich mich daran, dass bei uns daheim Westfernsehen tabu war (die Bundesliga ausgenommen), schließlich lauerten die Agenten des Klassenfeindes nur darauf, unschuldige Sozialistenkinderköpfe mit ihrer Propaganda zu infiltrieren. Noch im Sommer 1989 versicherte mir ein Bekannter, Ökonom, Offizier, Genosse, dass in *jeder* Sendung des Westfernsehens mehr oder weniger subtil versteckt die politische Manipulation mitliefe.

Ob der Mann damals schon recht hatte, vermag ich nicht zu beurteilen (die *Monitor*-Sendungen des Klaus Bednarz waren ja eher geeignet, ausreisewillige DDRler zur Umkehr zu bewegen), aber wenn ich mich versehentlich ins heutige Diversity-TV verirre, muss ich ihm durchaus prophetische Fähigkeiten attestieren.

2. Oktober

Die Medien melden den Tod von Jessye Norman. Sie war die große Liebe meiner Zwanziger, bevor ich mich nacheinander in Leontyne Price, Kirsten Flagstad, Elisabeth Grümmer und Janet Baker verliebte (Elisabeth Schwarzkopf bin ich zeitlebens treu geblieben). *Standing Ovations* pflasterten ihren Weg. Ich erlebte die Norman nur einmal live, im Januar 1988 im Ostberliner Schauspielhaus, ich saß vor ihr in der ersten Reihe, in NVA-Uniform übrigens (Dienstgrad: Gefreiter), wofür meine damalige Gemahlin eine Januarnacht im Schlafsack in der Schlange nach den hochbegehrten Karten verbracht hatte, derweil ich das sozialistische Vaterland vor »Räubern« (Erich der Einzige) schützte, und da ich im Anschluss an den Liederabend den Nachtzug nach Eggesin nehmen musste, erschien ich im Narrenwichs zum Konzert. Norman-Auftritte führten in der Regel und weltweit dazu, dass das Publikum völlig ausrastete, eine Zugabe nach der nächsten forderte, und weil die Diva diesen Wünschen großzügig willfahrte, hatte ich große Sorge, meinen Zug zu verpassen (UE = unerlaubte Entfernung = drei Tage Bau), aber ich schaffte es gerade noch.

Die Norman hatte etwas Majestätisches, und ihr Strahlen nach jedem Lied war fast noch überwältigender als ihr Organ selbst. Es heißt, sie sei Sopranistin gewesen, was nicht ganz stimmt, sie war Sopranistin, Mezzo und Alt zugleich, und das war auch der (kleine) Makel an ihr, ihre Stimme war so außergewöhnlich breit, dass oben halt irgendwann mal Schluss war. Sie musste die Spitzentöne mit viel Kraft und einer eigentümlichen Technik förmlich aus sich herauswuchten. Kaum ein Nachruf vergaß darauf hinzuweisen, dass sie schwarz war, also eine der ersten schwarzen Sängerinnen auf der Opernbühne. Stimmt. Die erste war übrigens, wenn ich recht im Bilde bin, ihre Landsfrau Leontyne Price*, meine Lieblings-*Tosca* – nein, nicht die Callas, Scarpia soll schließlich verrückt sein nach dieser Diva (und nicht die Diva selber verrückt) –, eine der sinnlichsten Frauenstimmen überhaupt (man könnte jetzt darüber spekulieren, ob das mit ihrer Rasse zu tun hat, aber es gibt ja keine Rassen), und die, Jahrgang 1927, steuert stracks auf die 100 zu (die Norman war Jahrgang 1945).

Möge die eine Heroine denn weiter in Frieden altern und die andere in Frieden ruhen!

Als ein Connaisseur oder Junkie des vergleichenden Hörens muss ich einräumen, dass Jessye Norman heute mit nur wenigen Einspielungen an der Spitze meiner freilich unmaßgeblichen Gunst liegt. Es gibt einen verrückten *Lohengrin* unter Solti, wo sie und Domingo die Hauptrollen singen, man sagt ja, dass *Lohengrin* die italienischste Wagner-Oper sei, die Titelpartie ist zumindest die einzige Wagnertenor-Rolle, die italienischen Tenören relativ problemlos zugänglich ist, aber dies ist der italienischste *Lohengrin* überhaupt, eine Saturnalie des Belcanto (vor allem im 3. Aufzug – man bemerkt übrigens gerade im Kontrast zu Domingo ihre enorme Professionalität beim Singen in fremden Sprachen). Unerreicht ist außerdem die umwerfende Aufnahme von Chaussons *Poeme de l'amour et de la mer* – und herausragend sind die »Vier letzten Lieder« unter Masur**. Als ich den Maestro 1998 in New York besuchte, wo er als Chefdirigent der Philharmoniker den Stab führte, sprach ich ihn auf diese Produktion an, das heißt, ich erklärte ihm, dass ich sie für das womöglich Bedeutendste halte, was er je gemacht habe, dieses Schwelgerische und in einer fast schon herzstockenden Breite Ausmusizierte, das sei ganz einzigartig, und Masur sagte nach einem kurzen Nachdenken: Ja, das könne sein; allen, die damals dabei waren, sei zumindest klar gewesen, dass ihnen etwas ganz Besonderes gelungen sei.

* »Ich habe eben nachgeschlagen: die erste schwarze Sängerin an der Met war wohl doch Marian Anderson«, schreibt Leser ***.

** Mehrere Leser fragen, ob ich die Norman/Masur-Aufnahme allen Ernstes über die mit Schwarzkopf und Szell stellen wolle. Nein. Die Letztere ist halt die apollinische Version.

PS: »Marietta Slomka hatte zum Tod von Jessye Norman nicht etwa nur so etwas Triviales wie Trauer im Gepäck. Trauer – wer hätte denn davon jemals was gelernt. Also machen wir es so: ›Ihr Operndebut gab sie in Berlin. Für Ihren Auftritt wurde sie damals heller geschminkt. (Regie: Sinkende Stimme, verzweifelter, verzweifelnder, aber auch die totale Verderbtheit einer solchen Zumutung gleichsam entschuldigender Blick in die Kamera:) Wie sich das für die Tochter einer afroamerikanischen Bürgerrechtlerin anfühlte, das wagt man sich nicht vorzustellen.‹ Mein Gott. Heller geschminkt! Tatsächlich. Eine Vergewaltigung! Deutscher Rassismus pur. Mit weiteren Details mag Slomka das sie zahlende TV-Publikum nach dieser Eröffnung – Film ab! – aber nicht belästigen. So erfährt das zahlende ZDF-Publikum selbstredend weder etwas vom Unterschied von Rolle und Darsteller noch natürlich, welche Rolle eine dafür natürlich zeitlebens dankbare Anfängerin hier eigentlich bekam: die Elisabeth in Tannhäuser.« (Leser ***)

3. *Oktober*

Ich finde, eines unserer Meinungsforschungsinstitute sollte eine repräsentative Erhebung starten mit den Fragen:
– Sind im Kampf gegen rechts alle Mittel recht?
– Fänden Sie es legitim, gegen Rechte Gewalt anzuwenden?
– Sollten extremen Rechten die Bürgerrechte entzogen werden?
– Würden Sie neben einem AfD-Mitglied wohnen wollen?
– Sollen die Wohnungen von Klimawandelleugnern beschlagnahmt werden?

* * *

»Die Hospitalität Alt-Englands ist tot, und der mag es doppelt bedauern, dem es, gleich mir, in frühern Jahren vergönnt war, diesen liebenswürdigen Zug des englischen Volkscharakters in vollster Blüte kennenzulernen. Im Jahre 44 verbracht' ich einen schönen Mai in diesem Lande. Wie war da alles anders. Mein Fremdenpaß war eine Art passe par tout und jede in schlechtem Englisch geschriebene Zeile ein selbstausgestellter und doch vollgültiger Empfehlungsbrief. Auf der Straße fand ich freundliche Führer, an öffentlichen Orten willfährige Dolmetscher und an der table d'hôte meines Gasthauses Tischgenossen, die mich in ihre Familien einführten und einluden zu Sonntagsbesuchen auf ihre Villen und Landhäuser. Mir war es mitunter als durchlebt ich einen Traum, als sei ich an die Küste einer Zauberinsel geworfen, und wenn ich aus diesem Traum mich selbst erweckte, so beschlich mich ein Mißtrauen gegen solch Übermaß von Freundlichkeit. Es war zuviel, als daß ich nicht hätte nach Motiven voll Selbstsucht suchen sollen.

Acht Jahre sind seitdem vergangen und an die Stelle einer Liebenswürdigkeit, die den Argwohn rege machen konnte, ist nun selber der Argwohn getreten. Ein Fremder sein heißt verdächtig sein. Die Flüchtlinge, die das Jahr 49 an diese Küste warf, haben teils mit, teils ohne Schuld den Fremden diskreditiert. Im Gefolge von Patrioten und Ehrenmännern, die dankbar diese Zufluchtsstätte betraten, überflutete allerhand Gesindel die Straßen und Plätze Londons, und an die Stelle herzlichen Willkomms trat alsbald Abneigung und Ekel. Hundertfacher Mißbrauch des Asylrechts rechtfertigte die Kälte und Abgeschlossenheit nur allzu sehr, die englischerseits alsbald zum guten Ton zu gehören begann, und die Dürftigkeit der Erscheinung, die Not, Armut und Abgerissenheit vollendete, was der Undank gegen gebotene Gastfreundschaft zu tun noch übriggelassen hatte.«

Wer hat's geschrieben? Der für seine Intoleranz berüchtigte Theodor Fontane (*Ein Sommer in London*, 1854).

* * *

Wer meint, die Mathematik sei eine neutrale, rein logische Wissenschaft mit wahren oder falschen Aussagen, irrt gewaltig. Ein Beispiel aus einem K-12-Lehrplan für Schulen in Seattle offenbart bemerkenswerte Einblicke und deprimierende Aussichten: »Können Sie unterdrückende mathematische Praktiken erkennen und benennen?«; »Wie wurde Mathematik eingesetzt, um farbige Menschen und Gesellschaften von Unterdrückung zu befreien?«

Wir gehen großen Zeiten entgegen!

5. Oktober

Im Kiosk sah ich im Vorübergehen eine *stern extra*-Ausgabe mit dem Titel »Zeit für Helden« liegen. Auf dem Cover: Udo Lindenberg, die Kapitänin Rackete, Jesa Greta und der Basketballer Dirk Nowitzki.

Helden? Ich wähnte bislang, ein Held müsse für eine außergewöhnliche Tat Mut aufbringen, oder eine außergewöhnliche Lebensleistung vorzuweisen haben. Letzteres ist bei den Abkonterfeiten, außer Udo, dessen lebenslanger Alkohol- und Zigarettenkonsum womöglich ans Heroische grenzt, auszuschließen. Für Mut steht auch keiner der Vier, weder die Schlepperkönigin, die den gesamten progressistischen Polit-, Medien-, Kirchen- und NGO-Klüngel inclusive deutscher Kanzlerin, Außenminister und Bundespräsident hinter sich weiß, noch die schwedische Weltklimaheiländin (wenn wir das Portiönchen Mut nicht mitrechnen, welches es braucht, um vor ein Publikum zu treten und abzulesen, was die erwachsenen Führungsoffiziere einem aufgeschrieben haben), der Udo sowieso nicht, und den Korbwerfer lassen wir mal außen vor.

Ich könnte jetzt sagen, ein Martin Sellner hat zehnmal mehr Mut als die abkonterfeierten phantastischen Vier, aber das wäre ja immer noch Null.

* * *

Ich bin dafür, dass Deutschland islamischer wird. Frauen sollen Kinder bekommen und nicht arbeiten. Gender-Lehrstühle sollen abgeschafft werden. Gender ist gegen Allah. Wer will mich jetzt wegen »Hassrede« drankriegen?

* * *

Ist es nicht erstaunlich, dass eine so widerwärtige, krumme Kreatur wie der Mensch so schöne Dinge schaffen kann wie das Negligé, die Kathedrale, das Ölgemälde, das Cembalo, die Récamiere, den Jaguar E-Type, den Eisenbahn-Salonwagen, das Dry-Aged-Tomahawk-Steak, das Schachspiel, den Cabernet-Sauvignon, den Tiger II und die Mondrakete?

* * *

»Wenn sich der Mensch nur zurücklehnen und über sein bevorstehendes Ende oder seine erschreckende Bedeutungslosigkeit und Einsamkeit im Kosmos nachgrübeln würde, so würde er mit Sicherheit den Verstand verlieren oder dem lähmenden Gefühl seiner Nichtigkeit erliegen. Wozu, so könnte er sich fragen, wozu soll er sich abmühen, eine große Symphonie zu komponieren oder auch nur seinen Lebensunterhalt zu verdienen oder auch einen anderen Menschen zu lieben, wenn er doch nur für einen Augenblick das Leben einer Mikrobe auf einem Staubkorn fristen darf, das durch die unvorstellbaren Weiten des Raums wirbelt?« Also frug Stanley Kubrick anno '68 in einem Interview mit ausgerechnet dem *Playboy*, also einem Magazin, dass sich wie kein anderes an der Beantwortung seiner Frage abarbeitete.

Pascal rät bekanntlich, der Mensch möge sich unbedingt zerstreuen, damit ihn genau solche Gedanken nicht beschleichen. St. Martin empfiehlt, sich am Wunder aller Wunder zu erbauen, nämlich dass überhaupt Seiendes *ist,* und wir dieses Wunder immerhin und womöglich als einzige Gegenseite wahrzunehmen vermögen. Die meisten Menschen trösten sich mit religiösen Verheißungen, die ihnen eine persönliche Unsterblichkeit versprechen, über die vergleichsweise beschissene Gesamtgattungssituation hinweg, am drolligsten jene frommen Wüstensöhne, deren Paradies exakt so beschaffen ist wie ein gut klimatisiertes westliches Bordell außerhalb der westlichen Gesetzgebung (Jungfrauen!), wobei sie dasselbe Etablissement um der Frömmigkeit willen hienieden auszuräuchern gehalten wären bzw. sind. Das Menschenbild der Alten mit ihrem untrüglichen Gespür für die Tragik der Existenz ist mir ungleich sympathischer, wenn ich auch den Gedanken nicht teilen mag, dass es für den Menschen das Beste wäre, gar nicht erst geboren zu werden, wie der weise Silenus zu König Midas sprach (wir wissen alle nicht, wie qualvoll und jämmerlich es endet; erst dann erfährt jeder die Antwort, ob es tatsächlich besser gewesen wäre, oder ob das Leben sich gelohnt hat).

Mich persönlich deprimiert diese humanoide Nichtigkeit null. Ich finde sie amüsant, sogar ein bisschen entlastend. Zur Tragik gehört ja die Komik. Die Friedhöfe der Welt sind voll von Menschen, die sich für unentbehrlich hielten (Clemenceau). Ich mache bekanntlich gern Witze, und ich muss neidisch akzeptieren, dass meine gesamte Existenz Bestandteil des umfassendsten und vor allem besten Witzes ist, der sich überhaupt denken lässt. Allein die Kapriolen, die Menschen anstellen, um sich ihre Rolle in diesem Großen Jokus nicht einzugestehen! Das groteske Schauspiel ihrer Bedeutungshuberei! Ich finde, man sollte dankbar sein, einen Logenplatz erwischt zu haben, wenn man nicht gerade selber auftreten muss. Der Augenblick ist die Ewigkeit. Was gibt's zu essen?

6. Oktober

Bei ihrer Rede zum Tag der deutschen Einheit warnte die Kanzlerin davor, ähnlich wie zu DDR-Zeiten »die Ursache für Schwierigkeiten und Widrigkeiten vor allem und zuerst beim Staat und den sogenannten Eliten« zu suchen, »denen man sowieso nichts glauben könne und die dem Einzelnen irgendwie nur im Wege sind«. Ein solches Denken sei in ganz Deutschland zu beobachten. »Setzte sich ein solches Denken durch, führte das ins Elend.« (Vergleichbares war zuvor von einem anderen Politiker mit Zonen-Pedigree zu vernehmen, dem Bundesfreiheitsbuffo J. Gauck, freilich noch ohne DDR-Rückbindung.)

Nun heißt es grübeln. Warnt die Kanzlerin davor, die Ursache für Widrigkeiten bei den Eliten zu suchen, weil es zwar damals zutraf, aber heute nicht, oder warnt sie generell davor, weil es damals schon falsch war?

Allerdings geht jeder Versuch einer Exegese der Merkelschen Sprache von vornherein fehl, weil das eigentliche Ziel dieses schwammigen Rotwelschs ja gerade darin besteht, nichts Konkretes auszusagen, eine diffuse gute Laune im Sinne eines *Ich kümmere mich schon, Ich habe alles im Griff* zu verbreiten, aber zugleich jede Erwiderung, jede anschließende Debatte im Ansatz zu ersticken. (Ich sage das aus der heiklen Perspektive eines Autors, der sich regelmäßig auf Merkels Regierungserklärungen Antworten ausdenken muss.) Es wäre also müßig, der Kanzlerin vorzuhalten, dass sie kein Deutsch kann, auch grammatikalisch nicht, denn genau diese Zertrümmerung von Sprache, von Semantik, von Sinn ist ja intendiert. Dass ihre Reden aus ästhetischer Sicht abscheulich sind, bleibt davon unbenommen.

* * *

»Wenn wir dereinst im Weltmaßstab gesiegt haben, dann werden wir in den Straßen einiger der größten Städte der Welt öffentliche Bedürfnisanstalten aus Gold bauen. Das wäre die ›gerechteste‹ und beste anschaulich-belehrende Verwendung des Goldes für die Generationen, die nicht vergessen haben, wie man des Goldes wegen zehn Millionen Menschen niedergemetzelt und dreißig Millionen zu Krüppeln gemacht hat.« So der Genosse Lenin im November 1921.

Der chinesische Romancier Yu Hua hat berichtet, der Bürgermeister von Peking habe zu kulturrevolutionären Zeiten eine Petition eingereicht, die Verbotene Stadt abzureißen und an ihrer Stelle Latrinen zu errichten. Mao Tse-tung hat den Vorschlag anscheinend ignoriert.

Mit den öffentlichen Volksscheißhäusern hatten's die Kommunisten anscheinend, aber hier blieben ihre Weltveredelungsversprechen ausnahmsweise uneingelöst.

9. Oktober

Anschlag auf die Synagoge in Halle, bislang zwei Tote.

»Heute sieht man wieder ganz genau was Twitter eigentlich für ein durchgeknalltes Scheißhaus ist, niemand weiß etwas genaues, aber alle hauen sofort wie die Irren ihre zur eigenen politischen Agenda passenden Theorien und Spekulationen in die Tasten«, schreibt ein Twitterer, und dem ist nichts hinzuzufügen.

Zwei Prognosen: Wenn es islamische Radikale waren, werden sie wieder alle schalmeien: Das hat nichts mit dem Islam zu tun. Wenn es Rechtsextreme waren, wird die Allparteienkoalition versuchen, gerade mit Blick auf die Wahlen in Thüringen eine Art Ermächtigungsgesetz gegen »rechts« daraus zu stricken.

* * *

Am Abend hat die Bundeskanzlerin ihre Solidarität mit der jüdischen Gemeinde Halle bekundet und auf Anregung der Staatssekretärin S. Chebli eine Mahnwache an der Neuen Synagoge in Berlin-Mitte abgehalten. Es ist jene Synagoge, in die vor fünf Tagen Mohamad M. (23) einzudringen versuchte, mit einem Messer bewaffnet, »Allahu Akbar!« und »Fuck Israel!« rufend, bis ihn Wachleute mit Pfefferspray außer Gefecht setzten und der Polizei übergaben, ohne dass jemand im Anschluss Haltung zeigte. Samstag wurde Mohamad M. aus dem Polizeigewahrsam entlassen.

Auch nach dem Anschlag auf den Breitscheidplatz ließ sich die Kanzlerin auf keiner Mahnwache blicken (die Frau ist auch nur ein Mensch mit einem benutzbaren schlechten Gewissen), obwohl unter den Opfern eine Israelin war. Mahnwachen gelten in diesen Kreisen offenbar nicht den Opfern, sondern den richtigen Tätern. Geschäft ist Geschäft.

* * *

»Wenn die DDR wiederkommt, wird sie nicht sagen: Ich bin die DDR. Sie wird sagen: Ich bin das bunte, weltoffene Deutschland.« (Leser ***)

* * *

Treffliche Formulierung der Dresdner Buchhändlerin Susanne Dagen: Die Ostdeutschen haben den Westdeutschen nicht nur die Diktaturerfahrung voraus, sondern auch die »Utopieerfahrung«.

***

Speisewagen im tschechischen Eurocity. Auf den Tischen weiße Decken. Das Angebot dreimal so umfangreich wie im ICE und von erheblich höherer Qualität (was nichts heißt). Drei verschiedene Eierspeisen, acht Hauptgerichte, nicht aus der Mikrowelle, sondern am Herd zubereitet (zumindest das Omelette), dazu Vor- bzw. Zwischenspeisen (Tapas, Tortillas), Suppen, Salate, Käseteller, Desserts. Vier Weißweine, zwei Rote, ein Sekt, ein Champagner, vier Biersorten. Die Preise, wie man sagt, moderat. Kein eingeschränktes Angebot, keine defekte Kaffeemaschine, kein kaputter Kühlschrank, überhaupt kein *Kein*. Die sind halt noch nicht so weit.

***

Apropos. Zerknirscht gebe ich zu, dass Begriffe wie »Umvolkung« oder »Großer Austausch« den Sachverhalt womöglich missverständlich beschreiben (jeder anständig gebliebene Grüne kennt ja Karl Krausens Bonmot: »Es ist nicht wahr, dass ich ihn an die Wand drücken *wollte*, es ist mir bloß gelungen«). Einigen wir uns also auf: *Personalwechsel*. Und zwar mit verkleinertem Angebot und eingeschränktem Service.

10. Oktober

Der Attentäter von Halle gehört, wie das von ihm selbst verfertigte Video zeigt, der momentan am schnellsten wachsenden Gruppe in Kein-schöner-Land an: den geistig Minderbemittelten (von denen die Allermeisten allerdings völlig friedlich sind). Ein Kurzzeit-Bandit, ein rechtsextremes Waschbretthirn, ein aggressiv narzisstischer Nachahmungstäter und Dafür-sein-restliches-Leben-Wegschmeißer, aber gottlob ein Schwachkopf; er hätte sonst unter den völlig ungeschützten Juden in der Synagoge wohl ein Blutbad angerichtet. Dass ihm, nachdem er die Synagogentür nicht aufbekam, völlig egal war, wen er während seiner fünf Minuten Ruhm stattdessen umlegt, spricht Bände. Wie man solche Amokläufe verhindern soll, steht in den Sternen. Mehr Sicherheitsleute, mehr Kameras, mehr Schleusen und Detektoren, klar, das wirkt, das macht Israel seit Jahren vor, aber hier muss ich den unfähigsten Innenminister aller deutschen Zeiten zitieren, der, nachdem er Tausende islamische »Gefährder« unbehelligt ins Land gelassen hatte, verkündete: »Hundertprozentige Sicherheit gibt es nicht.« Der Sicherheitsbranche lachen jedenfalls goldene Zeiten.

* * *

Was tat sich sonst so an der inneren Front?

Gegen den Amokfahrer in Limburg, der einen, ich würde sagen: Zwanzigtonner in eine Reihe an der Kreuzung wartender Pkw gefahren und dabei acht Menschen verletzt hat, ist Haftbefehl erlassen worden. Der 32-jährige Syrer ist wegen Drogen- und Gewaltdelikten polizei-, aber wegen seiner Herkunft noch nicht medienbekannt (#Alltagsrassismus); er soll sich vor der Tat betrunken haben; anschließend zerrte er einen Lkw-Fahrer aus seinem Fahrzeug, setzte sich an dessen Stelle hinters Steuer und hatte Spaß. Unklar sei allerdings, heißt es, ob der Mann aus terroristischen Motiven gehandelt habe – die *Welt* schrieb vor kurzem noch salomonisch von einem »Lkw-Vorfall« (würde indes nie von einem »MPi-Vorfall« zu Halle sprechen). Im Grunde ist das aber einerlei, diese Type hatte hier wahrscheinlich schon *per se* nichts zu suchen, und als »polizeibekannter«

Straftäter erst recht jedes Aufenthaltsrecht verwirkt; es handelt sich um einen beliebigen Akteur aus einer Skandalchronik namens Willkommensbarbarei.

Zu Siegen wiederum und obendrein in der Hindenburgstraße hat ein junger Türke – aber was heißt obendrein, damals war das Kaiserreich ja mit den Osmanen verbündet, nur mit dem Siegen hat es nicht geklappt –, hat also ein junger vermutlich türkischer oder türkischstämmiger Mann einen 41-jährigen Familienvater mit acht Stichen in den Oberkörper lebensgefährlich verletzt – ich gehe davon aus, dass es ein Türke war, denn nach der Tat setzte er sich in die Türkei ab –; ein Einzelfall, der jetzt vor Gericht verhandelt und gütlich beigelegt wurde, in Abwesenheit des unter seinen Verletzungen irgendwie noch rätselhaft leidenden Opfers selbstredend. »Es war letztendlich eine sehr schwere Entscheidung«, sagte die Richterin – es war wieder eine Richterin – Elfriede Dreisbach, bevor sie dem Buben eine harte Bewährungsstrafe aufbrummte. Der Staatsanwalt hatte fünf Jahre Haft wegen versuchten Totschlags verlangt, das Gericht kam aber überein, der Verteidigung dahingehend zu folgen, dass es sich »nur« um eine gefährliche Körperverletzung handle. »Eine Strafe darf nicht zur Entsozialisierung führen«, gab die Richterin – ihr Name ist Elfriede Dreisbach, erwähnte ich das schon? Elfriede Dreisbach – Auskunft über das Milieu, in dem sie ideologisch dressiert wurde; man wolle den jungen Mann überdies nicht aus dem Studium reißen, er hätte »als Typ Probleme im Gefängnis«, und außerdem habe er sich entschuldigt.

(*Lächelnd ab.*)

Es gibt in 'schland parallel zu den Parallelgesellschaften ersichtlich auch eine Paralleljustiz.

PS: Ich wüsste zu gern, was der Achtfach-Zustecher studiert. Pädagogik? Veterinärmedizin? Islamistik? Kriminalistik? Jura gar?

14. Oktober

Sie alle kennen –, nein, nicht die wilde Schwermut, die uns bei der Erinnerung an Zeiten des Glücks ergreift, sondern die Ankündigung, ein Buch erscheine gerade zur rechten Zeit oder, noch termingenauer, zum richtigen Augenblick. Eine solche Schrift ist die erste Publikation der Jüdischen Bundesvereinigung in der AfD, kurz JAfD, erschienen unter dem Titel: »Was Juden zur AfD treibt«.

Ich hatte die Gelegenheit, die Gründungspressekonferenz der JAfD live zu erleben. Beim anschließenden Frage-Antwort-Spiel traten die Medienvertreter routiniert auf die üblichen moralischen Hühneraugen und versuchten, die gewohnten Reflexe auszulösen. Der Effekt war gleich Null; die auf dem Podium blieben völlig unbeeindruckt und zogen stattdessen so elanvoll vom Leder, dass einigen Journalisten ganz blümerant zumute gewesen sein mag. Eure Tabus sind nicht unsere, lautete die frohe Botschaft, wenn ihr jemanden ins Bockshorn jagen wollt, sucht euch dafür jemand anders.

Dieselbe Libertinage herrscht in der JAfD-Broschüre. Nach den Maßgaben der Aufmerksamkeitsökonomie – Mann beißt Hund – müsste das Büchlein derzeit durch sämtliche Medien geistern, aber eine wirklich freie Presse entscheidet natürlich ganz allein, was sie thematisiert und was nicht. Der Titel ist überaus präzise gewählt: Was Juden zur AfD *treibt* – treibt, wohlgemerkt, nicht unbedingt *zieht*. Nach dem Anschlag auf die Synagoge in Halle waren im Netz vereinzelte Kommentare von AfD-Leuten zu lesen, der Art, es seien zu Halle doch Deutsche umgebracht worden und keine Juden, warum drücke sich die Kanzlerin dann in einer Synagoge herum, womit Juden also gewissermaßen die deutsche Volkszugehörigkeit abgesprochen wurde. Ob das nun dämlich oder antisemitisch ist, will ich nicht entscheiden müssen; auch hier gilt der Satz, man möge nicht gleich Bosheit unterstellen, wo Blödheit als Grund hinreicht. Selbstredend gibt es in der AfD Antisemiten, vielleicht nicht ganz so viele wie bei den Linken, Grünen und Sozen, jedoch ausreichend viele, um sich als Jude nicht direkt bzw. rund um die Uhr angezogen zu fühlen.

Aber hier geht es um die Treiber. Einer der Autoren, Wolfgang Fuhl, stellvertretender Bundesvorsitzender der JAfD, zitiert dazu den Herausgeber der *Jüdischen Rundschau,* Rafael Korenzecher, mit der Feststellung: »Nun ist die neue Opposition mit ihren nicht zu übersehenden deutlich rechtslastigen Problemen ganz sicher weder auf uns Juden maßgeschneidert noch unser Wunschkind. *But this is what we got* – mehr haben wir nicht. Und das ist beschämenderweise immer noch viel, viel mehr als uns die etablierten linkslastigen und Islam-affinen Judenhass-Dulder und Israel-Dämonisierer bieten.«

In den an Gottfried Benns *Ptolemäer* angelehnten Kapiteln »Lage« – »Defekte« – »Bestände« sind Aufsätze jüdischer Intellektueller versammelt, die entweder mit der deutschen Schwefelpartei sympathisieren oder ihr selbst angehören. Die Autoren, zwischen 1949 und 1996 geboren, sind, wie man sagt, in der Welt herumgekommen – ich liste spaßeshalber ein paar Geburtsorte auf: Charkow, Los Angeles, Odessa, Weil am Rhein, Jerusalem, Taschkent, Brüssel, Boston, Alexejewka (Kirgisistan) –, sie arbeiten als Unternehmer, IT-Spezialist, Journalist, Ingenieur, Dozent, Ärztin etc., die meisten haben Kinder und einen deutschen Pass.

Was also »treibt« diese Leute in eine Partei, die nach den Erkenntnissen solcher eminenten Drauf- und Durchblicker wie Annegret Kramp-Karrenbauer oder Michael Roth (SPD) den

»parlamentarischen Arm des Rechtsextremismus« bildet? (Die Frage, wo dann wohl dessen Kopf zu verorten sein mag, verkneife ich mir mal.) Die ziemlich überraschende Antwort lautet: Es ist die Ausbreitung des Islam und damit der muslimischen Judenfeindschaft nach Europa.

Anstatt, wie die Kanzlerin rät, solchen letztlich ja nun doch wohl ziemlich unbegründeten Ängsten mit Flötenspiel, dem gelegentlichen Singen von Volksliedern und dem Vertrauen auf die wachsende Zahl importierter Führerscheinprüfungsabsolventen zu begegnen, kritisieren diese Schwefeljuden die anhaltende Massenmigration von Feinden, Verächtern oder Nichtverstehern der offenen Gesellschaft, den Parteienblock der undifferenzierten Einwanderungsbefürworter, die kanzleramtsnahen Medien, die Erweiterung des deutschen Grundrechts auf Israelkritik zur öffentlichen Grundpflicht, nebenbei auch das grünrote Familienbild – und nicht zuletzt den Zentralrat der Juden. Bereits im Vorwort versichert Arthur Abramovych, Student der Neueren deutschen Literatur und stellvertretender JAfD-Bundesvorsitzender, es gehe den Autoren auch darum, »das Deutungsmonopol des Zentralrats in seine Schranken zu verweisen«.

Von einem »Zentralrat der Hofjuden«, der heute darüber entscheidet, »welche Juden rein und welche unrein sind«, spricht recht unflätig gar Olli Weksler, der als Kontingentflüchtling nach Deutschland einwanderte, Informatiker, Webdesigner, ehedem Robotik-Student in Moskau. Der Zentralrat könne lediglich für die Mehrzahl der bei ihm organisierten Juden sprechen, sekundiert Wolfgang Fuhl, der zweite stellvertretende JAfD-Bundesvorsitzende, und das sei allenfalls die Hälfte der ca. 200 000 in Deutschland lebenden Juden; die Mitglieder von *Chabad*, der derzeit am schnellsten wachsende Gruppe, gehörten übrigens nicht dazu.

Weksler kam 1992 nach Deutschland, und wenn er heute erlebt, »was für Ungeheuer der Menschheit aus Netanyahu, Bush, Orbán, Kwasniewski und nun Trump gemacht werden«, fühlt er sich an »Hetzkampagnen der UdSSR« erinnert. Überhaupt verblüfft den Neudeutschen hierzulande einiges. Zum Beispiel, dass er als Jude von Leuten in die rechte Ecke gestellt werde, welche, wie etwa die »Mohns und alle übrigen Bertelsmänner«, auf Vorfahren zurückblicken, die »eingefleischte Nazi-Propagandisten waren, genauso wie DuMont & Co, deren Nachkommen unzählige SPD-Zeitungen verlegen und dabei auch Israel bekämpfen«. Oder der Abbas-Lober Martin Schulz, der Israel-Beschimpfer Sigmar Gabriel, »viele ehemalige Kommunisten und Maoisten in Amt und Würden, aktuell Steinmeier und Kretschmann«. Oder aber, nicht lange nach seiner Ankunft, die Ernennung des vormaligen Linksextremisten Joseph Fischer zum Außenminister. Dazu der Anwalt von Horst Mahler Bundeskanzler, der von Gudrun Ensslin Innenminister, all das »rundete für mich das Bild der neuen Führungsriege des Landes ab«.

Aber schlimmer geht bekanntlich immer. »Seit der illegalen Grenzöffnung vom 5. September 2015« – der regierungsskeptische Judenlümmel weiß offenbar nicht, dass der Leib- und Hofjurist der Kanzlerin, Professor Thym aus Konstanz, alternativlos bewiesen hat, dass es weder eine Öffnung gab noch irgendetwas Illegales geschehen ist, mithin also ca. zwei Millionen Afrikaner und Orientalen völlig legal neu hier sind und z.T. beachtliche Straftaten auf ihre schuppigen Scheitel gehäuft haben –; »seit der illegalen Grenzöffnung« – die eigentlich bloß eine Nichtgrenzschließung gewesen ist, mit welcher die Kanzlerin das Recht keineswegs brach, sondern vielmehr schützte – »sitzen meine gesamte Großfamilie, viele meiner jüdischen Verwandten und Bekannten fast buchstäblich auf gepackten

Koffern. Bis dahin wählen sie aber alle nur die AfD.« Was ja wohl ein hinreichender Grund ist, sie ins Ausland zu treiben!

Emanuel Bernhard Krauskopf, Sohn eines aus Polen stammenden *Irgun*-Kämpfers und einer deutschen Jüdin, aufgewachsen in Belgien, der Schweiz, Israel und Deutschland, Diplom-Ingenieur für Maschinenbau, beruflich tätig in Fernost, in den USA und in der islamischen Welt, Mitglied der Jüdischen Gemeinde von Berlin, verheiratet mit einer amerikanischen Jüdin, Vater von vier Kindern, eine typische völkische & Rechtspopulisten-Biografie also, die in der AfD enden musste, Krauskopf erinnert daran – sofern man an Dinge erinnern kann, die hierzulande kaum jemand überhaupt erfahren hat –, dass 1962, als Algerien unabhängig wurde, die Regierung ein Gesetz erließ, wonach nur Muslime Staatsbürger werden konnten. Daraufhin verließen alle 150 000 algerischen Juden das Land, die meisten nach Frankreich. Diese Absetzbewegung war nur eine von vielen; fast eine Million Juden zogen es vor, aus den unabhängig gewordenen islamischen Ländern zu flüchten, eines der zahlreichen Tabuthemen im Westen, wo man gehalten ist, das Ende der Kolonialzeit uneingeschränkt positiv zu bewerten. Doch seit Barack Obama, Angela Merkel und progressive westliche Regierungen, seit EU und UN und inzwischen auch der Papst die neue Völkerwanderung eingeleitet haben, müssen die nach Europa geflohenen Juden – die dort bereits sesshaften natürlich auch – beobachten, wie sich der muslimische Judenhass hier breitmacht, wie sich die *No-Go*-Zonen für sie ausdehnen. Wenn etwas empirisch sicher ist, dann dass sich der islamische Extremismus mit der Einwanderung von Muslimen verbreitet, egal wie friedlich die Mehrheit der Muslime ist.

»Jüdische Schüler, die gemobbt werden, Kippah-Träger, die angefeindet werden, Rabbiner, die auf offener Straße zusammengeschlagen werden, Polizeischutz für Synagogen und jüdische Gemeindehäuser, die Ermordung des jüdischen Mädchens Susanna, deren Tod im muslimischen Umfeld des Täters bejubelt wurde, nachdem ihre Zugehörigkeit zum Judentum publik geworden war«, fasst Fuhl die Lage in Deutschland zusammen; andere Länder, voran Frankreich, sind, was Gewalt gegen Juden betrifft, schon weit fortgeschrittener.

Über Jahrzehnte seien »das religiöse Christentum und das Judentum (speziell auch in Israel)« von den intellektuellen Wortführern »auf das Heftigste« kritisiert worden, notiert wiederum Krauskopf. »Den Islam aber schlossen diese Menschen ins Herz.«

Hier muss ich einhaken. Eine Herzenssache war der Islam für deutsche und vor allem französische Linksintellektuelle nur vor dessen dritter großer Expansion nach Europa, in den romantischen Zeiten der Neuen Linken, den späten 1970ern. Michel Foucault und der schon erwähnte Joseph »Stalin-war-so-ein-Typ-wie-wir« Fischer haben 1979 die islamische Revolution im Iran begrüßt, wobei der feistforsche Fischerjockel auch als Mullah eine adäquate Figur abgäbe, während der schwule Philosoph dort wohl eher am Baukran geendet wäre. Fabelhaft war, wie der fromme Asket Fischer seine Parteinahme begründete: Die iranische Revolution sei »gegen das Eindringen des konsumistischen Atheismus der westlichen Industriegesellschaften« gerichtet gewesen.

Doch seitdem sich die islamische Revolution bis auf deutsche Weihnachtsmärkte und französische Strandpromenaden durchgesetzt hat, sind sogar viele linke Herzen enger geworden; was die Linke heute an die Seite der Moslems treibt, ist ihre witternde Feigheit; die meisten Linken verspüren eine luftabschnürende, handfeste Angst vor den Reinheitsvollstreckern des koranisch Gebotenen; sie beherrscht gerade jene Intellektuellen und Pressbengel, die mit dem Begriff »Islamophobie« herumfuchteln, weil ihr religionskritischer Impetus mit dem Auftauchen des ersten tatsächlichen religiös befeuerten Drohkollektivs in ihrem bundesrepublikanischen Schrebergarten prompt erloschen ist und sie sich lieber aus der Schar der möglichen Aggressionsobjekte davonstehlen wollen.

Den Terminus »Islamophobie« stamme vom »seinerzeit wichtigsten Islamofaschisten« Ayatollah Chomeini und der »Organisation für islamische Kooperation« OIC, hält Krauskopf fest. Chomeini habe den Neologismus erfunden, um iranische Frauen, die keine Schleier oder Kopftücher tragen wollten, als pathologische Figuren zu verunglimpfen. Die OIC erklärte die »Islamophobie« zur »zeitgenössische(n) Form von Rassismus und Fremdenfeindlichkeit«, und heute tragen nützliche Idioten im Westen die Propagandaformel in die Köpfe der Falsch- oder Ungläubigen, zu denen sie selber gehören.

Merke indes, Leser: Fremdenfeindlichkeit entsteht vor allem durch die Einwanderung von feindlichen Fremden!

»Die Hoffnung auf einen auf Menschenrechten aufbauenden Sonderweg eines europäischen Islams ist tot. Muslime, die heute noch für diesen Weg kämpfen, brauchen Personenschutz«, fährt Krauskopf fort. »Vor Allah sind zwar alle Muslime gleich, egal ob schwarz, weiß oder braun. Die islamische Apartheid richtet sich aber gegen Nichtmuslime. Es handelt sich mithin um eine typische Form von Apartheid, wie sie der Linken vorschwebt.« Der »links-muslimischen Erweiterung des Rassismus-Begriffs um die Kultur« müsse der Kampf angesagt werden, »genau dieser Humbug, eine Variation von Chomeini und OIC, dient dazu, eine kritische Diskussion über die Unvereinbarkeit des Islams mit unserer deutschen und europäischen Kultur abzuwürgen.« Es sei die Aufgabe der Opposition, »die Gesellschaft aus diesem intellektuellen Würgegriff zu befreien«.

(Hört sich fast an wie Pegida, allerdings scheint für die meisten Medienschaffenden noch eine unübersteigbare Kluft zwischen den Kategorien oder auch Entitäten »Jude« und »Nazi« zu existieren. Das muss nicht so bleiben. Nur Mut! Es ist ein kleiner Schritt für den Journalisten, aber ein großer Schritt für den Qualitätsjournalismus! Auch AfD-Juden sind Nazis! Nazijuden. Klingt anfangs etwas ungewohnt, aber geht doch. Nazijuden. Nazijuden. –)

Der amerikanische Historiker Daniel Pipes, Islam-Spezialist und Berater mehrerer US-Regierungen, führt einen bemerkenswerten neuen Begriff ein. Was die Presse gemeinhin als rechts, rechtspopulistisch völkisch oder nationalistisch bezeichnet, nennt er »zivilisatorisch«, denn diese Leute seien »vornehmlich bestrebt, die westliche Zivilisation zu erhalten«. Juden in Frankreich etwa stellten weit weniger als ein Prozent der Bevölkerung, erlitten aber 40 Prozent aller rassistisch und religiös motivierten Gewalttaten, und zwar nicht durch schon länger in Frankreich lebende Franzosen. Umfragen zufolge denke jeder dritte europäische Jude über eine Auswanderung nach – nicht wegen der Rechtspopulisten. Gewiss, einige dieser *Zivilisationisten* »behalten rassistische, verschwörungstheoretische und bornierte Ansichten über Juden bei.« Aber sie seien nicht das Hauptproblem der Juden, »keine Bedrohung im Stile der 30er Jahre«, sondern »eine gesunde Antwort auf ein außerordentliches Problem«. Wo *Zivilisationisten* regieren und strenge Einreisekontrollen durchführen, lebten Juden sicherer, etwa in Ungarn, wo keinerlei antisemitische Übergriffe bekannt seien.

Liebe Kinder, holt bitte eure Hefte hervor und schreibt euch auf: *Der Rechtspopulismus ist eine gesunde Antwort auf ein außerordentliches Problem.*

Die amerikanische Journalistin Orit Arfa, die seit einiger Zeit in 'schland lebt, schreibt: »Ich habe einige AfDler getroffen. Und ich weiß, dass es sehr gute Menschen sind … Sie kämpfen für die Sicherheit ihrer Familien, für die Werte der wahren Gerechtigkeit und Freiheit.« Die wonnige Maid vergleicht die AfD mit den Bewohnern von Gush Katif im Gazastreifen, die im Rahmen des sogenannten Sharon-Planes im Sommer 2005 ihre Häuser räumen mussten und, da sie sich sträubten und vor der Hamas warnten, von den Medien als Extremisten verunglimpft wurden. »Die Erfahrung in Gaza lehrt mich, wie Medien und Regierung eine ganze Bevölkerung verunglimpfen können.« Diese Siedler seien »jung, schön und cool« gewesen, religiös, »aber keine Fanatiker«, und doch wurden sie als Extremisten stigmatisiert, »als ob es nichts Extremes daran gäbe, Juden am hellichten Tag aus ihren Häusern zu zerren oder eine Million Menschen aus fragwürdigen Ländern ungehindert über die Grenzen ins Land zu lassen«. Die Juden in der AfD seien für Deutschland dasselbe, »was die Siedler von Gush Katif für Israel sind«. Im Übrigen hätten sich deren Prophezeiungen bewahrheitet, dass nach dem Rückzug Israels aus dem Gazastreifen von dort der Terror kommen werde.

»Die palästinensische ›nationale‹ Frage« sei zu einem »Dogma der Progressiven« geworden, erklärt der Israeli Boaz Haetzni, dessen Vater 1938 aus Deutschland emigrierte. »Sie sind gegen jedweden Nationalismus mit Ausnahme des ›palästinensischen‹, da dieser ein Werkzeug zur Zerstörung Israels darstellt.«

Wir haben es mit einem phänomenalen Wandel zu tun. Ahasver ist sesshaft und »rechts« geworden. In den Worten von Alain

Finkielkraut: »So verändert sich das Image des Juden: Inzwischen ist er der Verwurzelte.« Das hat selbstredend Folgen für das Verhältnis der – eher rechten – Israelis zu den – eher progressistischen – westeuropäischen Juden. »Die Staatsräson wird die israelische Regierung letztlich dazu bringen, sich über die Bedenken der örtlichen jüdischen Gemeinden hinwegzusetzen und mit den Zivilisationisten zusammenzuarbeiten, während die europäischen Juden weiterhin auswandern und ihren eigenen Einfluss zunehmend verringern werden«, prognostiziert Pipes.

Mittlerweile dämmere es so manchem Juden, »dass er keinerlei Anlass hat, sich geschmeichelt zu fühlen, wenn auf seine Kosten zu Toleranz aufgerufen wird«, heißt es im Epilog von Arthur Abramovych. Den modischen Versuch, letztlich jedem, der an einer globusweiten ethnisch-kulturellen Totalvermischung nicht interessiert ist, »gruppenbezogene Menschenfeindlichkeit« zu unterstellen, konterkariert der Student mit der Frage: »Können sie (die linken Juden – M.K.) sich wirklich nicht vorstellen, dass es Unterschiede zwischen Menschengruppen gibt und mithin auch Gründe, bestimmte Menschengruppen abzulehnen und andere nicht?«

Die von ihm als Gymnasiast erlebte physische Gewalt ging nämlich »nicht von deutschen, sondern von türkischen und arabischen Jugendlichen« aus: »Neben mir, dem Urenkel eines in *Baij Jar* erschossenen Rabbinersohnes, war bei einer dieser unangenehmen Gelegenheiten der hauptsächliche Leidtragende der Urenkel des ersten nationalsozialistischen Emmendinger Kreisleiters; und dass wir uns beide unter den Tritten und Schlägen der enragierten Fremden bückten, scheint mir rückblickend das heutige Verhältnis zwischen Deutschen und deutschen Juden zu versinnbildlichen, als eine deutsch-jüdische Symbiose der anderen Art.«

***

»Auffällig« findet Leser *** die »Fehl-Früh-Fern-Diagnose des Ecklädchens vom 10. Oktober zum gärigen (Halle-Attentäter) Stephan Balliet aus Benndorf: ›ein rechtsextremes Waschbretthirn, ein aggressiv narzisstischer Nachahmungstäter und Dafür-sein-restliches-Leben-Wegschmeißer, aber gottlob ein Schwachkopf‹, wohingegen sein Anwalt aus eigener Beobachtung etwas ganz anderes feststellt: ›Sein Mandant sei intelligent, wortgewandt, aber sozial isoliert. Auslöser für die Tat sei gewesen, dass er andere Menschen für eigene Probleme verantwortlich mache‹, sagte Rechtsanwalt Hans-Dieter Weber dem Südwestrundfunk.«

Ein anderer Leser war der Meinung, ein Kerl, der sich Schusswaffen selber zusammenbastle, könne nicht wirklich dämlich sein.

Im letzteren Sinne mag der Einwand zunächst berechtigt sein, allerdings bleibe ich bei meiner Einschätzung, der ich ja ein »gottlob« beifügte. Balliet war offenkundig zu blöd, seinen geplanten Massenmord in die Tat umzusetzen. Nichts von dem, was er vorhatte, funktionierte. Er zerschoss einen Reifen seines eigenen Autos. Er legte, nachdem er nicht an sein eigentliches Ziel kam, irgendwen um. Er schoss mehrfach auf eine bereits tote Frau. Was er während seines Amoklaufes vor sich hin brabbelte und für die Nachwelt mitschnitt, zeugt ebenfalls weder für Wortgewandtheit noch für Intelligenz. Seine Äußerungen weisen ihn als rechtsextremes Waschbretthirn aus, sein Video ist das eines Narzissten. Womöglich habe ich mich mit der Formulierung geirrt, er habe sein Leben für fünf Minuten Ruhm weggeschmissen. Da gab es wohl nichts wegzuschmeißen.

15. Oktober

Gestern ließ das ZDF für den täglichen »Kampf« gegen »rechts« eine Grünen-Politikerin in einem Biomarkt als normale Kundin auftreten, um sie als Zeugin für den harten, aber notwendigen Boykott von »AfD-Hirse« – Produkte aus der »Spreewälder Hirsemühle», deren Betreiber AfD-Mitglied ist – ins Treffen zu führen (wie von Zauberhand ist der Beitrag inzwischen von der Homepage des Senders verschwunden, aber das Netz hat ein gutes Gedächtnis). Die Entscheidung, ob dieser Vorgang unter Lüg..-, Lück..- oder Lum...-Presse rubriziert werden muss, überlasse ich, geschätzte Leserin, ganz allein Ihnen.

Ich nehme an, die Genies beim Zweiten haben keinen Schimmer mehr davon, dass Bertolt Brecht 1950 ein Gedicht namens »Die Erziehung der Hirse« verfasst hat, in welchem Väterchen Stalin als »des Sowjetvolkes großer Ernteleiter« auftritt; das Monster als Erzieher also. Der вождь war nämlich dem Scharlatan Trofim Denissowitsch Lyssenko auf den Leim gegangen, einem Agrarbiologen, der behauptete, die Eigenschaften von Pflanzen würden nicht durch deren Gene bestimmt, sondern ausschließlich durch Umwelteinflüsse, man könne etwa Sommergetreide so »erziehen«, dass es winterfest werde und größere Erträge bringe (alle auf Lyssenkos Theorien fußenden Experimente gingen schief, die Folge waren Hungersnöte), so wie die Kommunisten (und die Linken überhaupt) ja auch den Menschen für ein soziales, nicht für ein biologisches Wesen hielten (und halten), das vor allem von der Umwelt und nicht von seinen Genen geprägt werde, weshalb sie den Menschen als beliebig formbar betrachten und ihn ständig erziehen wollen, seine genetische Ausstattung, sein Geschlecht, seine Rasse etc. für »konstruiert« erklären und jeden als Rassisten, Sexisten,

Biologisten stigmatisieren, der ihnen bei diesem blühenden Unsinn widerspricht (leider können unsere Linken ja niemanden mehr an der Kolyma erziehen, dass er quasi winterfest wird und größere Erträge bringt).

Was das mit dem ZDF-Beitrag und dem Hirseboykott zu tun hat? Das fragen Sie nicht im Ernst, oder?

16. Oktober

Nach allem, was ich inzwischen mitbekomme, unter anderem auch Erkenntnisse der Ermittler, war mein Urteil über den Täter von Halle womöglich doch halb falsch. Die Hinweise auf einen psychischen Defekt mehren sich. Es heißt, der Kerl rede wirr. Außerdem sei sein Handeln mindestens ebenso sehr von durchgeknallten Vorstellungen aus den dunkelsten Teilen der *Gamer*-Szene beeinflusst gewesen wie von irgendwelchen rechtsextremistischen Ideen.

* * *

»Limburger Unfallfahrt war kein Terrorakt«, twittert erleichtert die *Tagesschau*. Die Polizei sieht kein terroristisches Motiv, da dem Fahrer keine Verbindung zu einer terroristischen Vereinigung nachgewiesen werden konnte. Seine Motive lägen eher »im persönlichen Bereich« solide versteckt.

Wenn ein fröhlicher Syrer einen Lkw in einen Pulk an der Ampel wartender Pkw lenkt, ist es also eine »Unfallfahrt«. Immerhin keine »Wallfahrt«! Die Fahrzeuge »wurden zusammengeschoben«, heißt es auf *tagesschau.de*. Beim Zusammenschieben wurden bedauerlicherweise acht Personen verletzt, denn wenn so ein Zwanzigtonner erst mal schiebt, dann drückt es auf der Gegenseite tüchtig. Dieses »Schieben« ist wohl das Äquivalent zum »Schubsen«, welches auf deutschen Bahnsteigen Einzug gehalten hat.

Die Aussage der Polizei, es könne nicht Terrorist sein, wer keine Verbindung zu terroristischen Gruppen unterhalte, ist von grotesker, wahrscheinlich gewollter Blödheit. Der IS hat bekanntlich jeden Muslim auf Erden aufgefordert, Ungläubige zu töten, egal auf welche Weise, unter anderem und explizit wurden Fahrzeuge als Waffe empfohlen. Wer die Menschheit in Gläubige und Ungläubige teilt und Letztere der Verachtung anheimstellt, ist schon mal bereit, ihnen ordentlich heimzuleuchten. Es gibt selbstverständlich auch isoliert handelnde muslimische Einzeltäter, nur die empfinden sich nicht als solche, da sie ja aus der *Umma* heraus zu agieren wähnen. Der Bub, der mit Messer und »Allahu akbar!«-Rufen in die Berliner Synagoge einzudringen versuchte und inzwischen, weil ihm mehr als Hausfriedensbruch nicht zur Last gelegt wird, wieder auf freiem Fuß ist, hatte offenbar auch keine Verbindung zur islamischen Terrorszene. Sein Motiv liegt folglich im Persönlichen.

Der Amokfahrer von Limburg mag kein terroristisches Motiv gehabt haben – einzig Allah blickt in sein Herz. Aber es ist eben Unsinn zu behaupten: keine Verbindung zu Terroristen, kein Terror.

Im Übrigens soll man bei solchen Vorfällen nicht zuerst fragen, ob sie mit Terror zu tun haben, sondern: Haben sie mit Einwanderung zu tun?

PS: Stephan Balliet, der Attentäter von Halle, unterhielt Kontakte in die Gamerszene, aber zu keiner terroristischen Gruppe. Anders Breivik trieb sich zwar in rechtsextremen Internetforen herum, hatte aber keine Verbindungen zu irgendwelchen Terroristen. Ergo: …

23. Oktober

Partygespräch mit einem Geschäftsmann, der nach vielen Jahren USA-Aufenthalt seit kurzem wieder in Deutschland siedelt. Er habe weder Sympathien für Donald Trump noch für die europäischen Rechtspopulisten, erzählt er, aber wenn er den Wahl-O-Mat befrage und seine Positionen eingebe, komme immer AfD heraus. Er würde aber niemals die AfD wählen, allein schon wegen ihrer EU-kritischen Haltung. Er als Vertreter der Wirtschaft sei ohne Wenn und Aber pro EU. Nur als EU werde Europa gegenüber China und den USA bestehen können. Die Wirtschaft funktioniere ohnehin nur international. Ob ich ihm erklären könne, was die Rechtspopulisten gegen die Globalisierung haben.

Ich frage ihn, ob er David Goodharts Unterscheidung von »Anywheres« und »Somewheres« kennt. Er verneint, aber als ich ihm erkläre, was mit dieser gewiss vergröbernden und holzschnittartigen, aber letztlich für meine Begriffe sehr erhellenden Dichotomie gemeint ist, leuchtet es ihm sofort ein. Er ist ja ein klassischer *Anywhere,* jettet beruflich um die Welt, wechselt mit dem Arbeitsplatz den Kontinent, die Ehefrau ist Amerikanerin, aber es gibt natürlich viele Mischformen, sogenannte *Inbetweeners* (hat nichts mit der gleichnamigen *Sitcom* zu tun), zu denen sich auch der Betreiber des kleinen Eckladens zählen würde. Doch wie gesagt, zur Erklärung des Phänomens Populismus taugt die Unterscheidung.

Anschließend kommen wir noch auf den schlimmen Donald zu sprechen, den ich bekanntlich mehr mag als jeden von mir bewusst wahrgenommenen amerikanischen Präsidenten zuvor, woraus ich auch diesmal kein Hehl mache, und zwar, wie ich darlege, aus vier Gründen: Er habe, im Gegensatz etwa zum Friedensnobelpreisträger Obama, keine Kriege begonnen, keine Länder zerstört, sondern im Gegenteil die Konfliktherde ausschwelen lassen; er habe sodann den sogenannten »Demokratieexport«, also die militärische Einmischung der USA in die inneren Angelegenheiten anderer Länder im Namen bzw. unter dem Vorwand der Menschenrechte, beendet (außer in Deutschland hat diese Umerziehung bekanntlich nirgends funktioniert); er habe Arbeitsplätze für Abertausende normale Amerikaner geschaffen; und, *last but not least*, er habe die Herrschaft der widerlichen *political correctness* erschüttert. Das genüge mir bereits. – Aber seine schrecklich vulgäre Sprache? – Als Bewohner eines Landes, dessen Regierungschefin und Wortführerin A. Merkel heißt, hätte ich über die vulgäre Sprache andernorts betreten und beschämt zu schweigen.

Wir wechselten alsbald das Thema, doch zu dem verlassenen passt sehr gut der Hinweis auf ein im Jahr 2015 an einer renommierten US-Universität erschienenes Buch, auf das mich Leser *** aufmerksam machte: Ronald P. Formisano, *Plutocracy in America*. Der Begleittext sagt schon ziemlich alles:

»The growing gap between the most affluent Americans and the rest of society is changing the country into one defined – more than almost any other developed nation – by exceptional inequality of income, wealth, and opportunity. This book reveals that an infrastructure of inequality, both open and hidden, obstructs the great majority in pursuing happiness, living healthy lives, and exercising basic rights. A government dominated by finance, corporate interests, and the wealthy has undermined democracy, stunted social mobility, and changed the character of the nation. In thistough-minded dissection of the gulf between the super-rich and the working and middle classes, Ronald P. Formisano explores how the dramatic rise of income inequality over the past four decades has transformed America from a land of democratic promise into one of diminished opportunity. Since the 1970s, government policies have contributed to the flow of wealth to the top income strata. The United States now is more a plutocracy than a democracy. Formisano surveys the widening circle of inequality's effects, the exploitation of the poor and the middle class, and the new ways that predators take money out of Americans‹ pockets while passive federal and state governments stand by.«

Und wer hat vor Trump acht Jahre regiert, zum Entzücken der europäischen Linken?

* * *

In Hamburg gibt es den *Don Giovanni* in einer Neuinszenierung, worauf der NDR in einem erfrischend blöden Kurzbeitrag hinweist. Zunächst einmal trifft die kunstblutbeschmierte und extrem artikulationsfähige Darstellerin der Zerlina die exegetisch hilfreiche Feststellung, »dass Don Giovanni auf alle Menschen irgendwie ›steht‹, mit allen Menschen irgendwie Anziehungskraft empfindet« – Zerlina, das Bauernmädchen, dem Adorno noch huldigte (»Wer in sie sich verliebt, meint das Unaussprechliche, das aus dem Niemandsland zwischen den kämpfenden Epochen mit ihrer silbernen Stimme tönt«, wobei der alte Schwerenöter den adlig-maskulinen Gegenpol und -part nicht zu preisen vergaß: »Zerlina hatte recht, daß sie ihn mochte«), dem aber hier die allseits beliebte, wenn auch neuerdings von rechts infam missbrauchte Opferrolle zugedacht ist, eines Opfers nämlich von »toxischer Männlichkeit«, wie der Regisseur sodann darlegt. »Diese Art von Männlichkeit muss vom Erdboden verschwinden, sonst geht gar nichts weiter«, sagt Jan Bosse, der im persönlichen Habitus, wie man sieht, damit schon erfreulich weit gekommen ist.

Wenn sich das effeminierte Sensibelchen einmal mit richtiger toxischer und obendrein muslimischer Männlichkeit konfrontiert sähe – etwa jene fröhlichen 90 Kilo bärtiger Virilität, die ich unlängst zu Birmingham bei einer Demo gegen Sexualkundeunterricht an einer englischen Schule ins Mikro raunzen hörte: »First God created man and then he created woman for man's pleasure« –, wäre unser Regiepupsi aber rasch auf den Knien.

***

Apropos. Wie reizend, dass der Bundespräsident die Patenschaft für fromme Moslems übernimmt, die sich in 'schland, Allah zur Ehre und selbstverständlich auf eigene Rechnung, mehren und fortzeugen. Aber was soll man angesichts dieser staatlich honorierten Fruchtbarkeit von einer Frage halten wie:

»Ist das Kinderkriegen unseren Mitmenschen gegenüber verantwortungsvoll, da statistisch gesehen nichts einen größeren CO_2-Fußabdruck hinterlässt als ein Kind?«

Also frug hetzerisch, ausländerfeindlich und vor Islamophobie strotzend Luisa Neubauer, die Stellvertreterin Gretas auf deutscher Erde.

25. Oktober

»Bei einer Wiedervereinigung wären die Deutschen bald wieder zum Fürchten«, schwante es einem Esel (Günter Grass). »Die DDR wird genauso lange existieren wie die Bundesrepublik«, orakelte ein anderer (Günter Gaus).

Und nun muss ich den beiden zugestehen: Sie hatten recht. Anders als sie ahnten, aber doch recht.

***

Wozu braucht diese Republik einen Antisemitismusbeauftragten? Ist doch logisch: Wenn eine bedeutende Antisemiten-Importspediteurin an der Spitze der Regierung agiert, muss es jemanden geben, der sich »vor Ort« um das Importgut kümmert. Wie aber kümmert man sich um Antisemitismus? Indem man ihn öffentlich beklagt und »die Gesellschaft in die Pflicht nimmt«, denn wie wir aus sämtlichen soziologischen, sozialwissenschaftlichen, sozialkundlichen, sozialpsychologischen, sozialpathologischen und soziopathischen Seminaren lernen, ist »die Gesellschaft« unter allen Umständen der passende Adressat für jede Art von Vorwürfen an asoziale Kollektive, welche »in die Pflicht zu nehmen« die normale bürgerliche Feigheit sogar einem Regierungsbeauftragten verwehrt.

Der von Berlin aus dem Antisemitismus wehrende Antisemitismus-Beauftragte der Bundesregierung, Felix Klein, hat in der *Berliner Morgenpost* vor einem »neuen Höhepunkt« des Antisemitismus in Deutschland gewarnt, denn Warnen ist eines Antisemitismusbeauftragten Aleph und Taw bzw. Alpha und Omega. Klein sandte seine Warnung aus jener Stadt, auf deren zentralem Platz vor kurzem mit dem Segen des rotrotgrünen Senats zwei arabische Rapper auftreten sollten, die in ihren, nun ja, Liedern die Vernichtung Israels besingen (die Veranstaltung wurde nach Protesten schließlich abgesagt, einreisen durften die beiden trotzdem, Auschwitz-Heikos fröhliches Ministerium, Außenstelle Ramallah, hatte das Placet erteilt). Herr Klein sandte seine Warnung aus einer Stadt, in der Juden geschlagen, bespuckt, aus der Schule gemobbt werden, weil ihre Vorväter einfach schneller bei der Gotteshervorbringung waren als eine andere, weit größere, erst seit kurzem zu Deutschland gehörende Glaubensgemeinschaft, weshalb man als Kind Israels besser auf Kippa, Davidstern und erst recht auf die noch offensichtlicheren kleidermodischen Accessoires des Judeseins verzichtet, aber, so der Herr Klein, *Shabbat schalom!* schon mal an dieser Stelle, »Antisemitismus war in bürgerlichen Kreisen in Deutschland immer vorhanden, doch heute äußern sich die Menschen offener.«

Jetzt die Hefte raus, liebe Kinder, und hurtig aufgeschrieben, sofern ihr schon oder noch schreiben könnt: Antisemitismus stammt aus bürgerlichen Kreisen. Ohne bürgerliche Kreise gäbe es weniger davon. »Die Hemmschwellen sind gesunken«, fährt der Antisemitismus-Kenner fort, »zum Beispiel durch die Verbreitung von Hass und die Verrohung im Internet.« – Na Gott sei Dank hatten die Nazis noch kein Internet! Aber wir merken uns auch das, liebe Kinder: Ohne das Internet gäbe es weniger Antisemitismus. – »In der politischen Kultur sei der Umgang ebenfalls rauer geworden«, fährt der Antisemitismus-Verantwortliche fort, »wozu auch die AfD beigetragen habe.« – Schreibt euch speziell das noch hinter die Ohren und in eure Kladden: Ohne die AfD gäbe es weniger Antisemitismus.

Klein reagierte mit seinen Warn- und Weckrufen auf eine neue Studie des Jüdischen Weltkongresses, über die der *Süddeutsche Beobachter* berichtet hatte, eine Gazette, die schon mal eine Judenkarikatur nach Julius Streicherscher Herzenslust abdruckt und wo Israelkritik zu den Grundpflichten jedes anständig gebliebenen Redakteurs gehört, weshalb Wolfgang Gedeon (Stuttgart) den Auslands-Teil des *Beobachters* wahrscheinlich nicht ungern liest, wo aber zugleich, bei aller Ablehnung des rustikalen Selbstbehauptungswillens quicklebendiger Nahost-Juden, Frau und Herr Stolperstein als Opfer der Vorgängerorganisation der AfD eine gewisse postmortale Popularität genießen. Diese Studie habe ergeben, dass 27 Prozent der Deutschen »antisemitische Gedanken« hegten. »Der Israel-bezogene Antisemitismus in Deutschland liegt mit 40 Prozent sogar noch deutlich höher.«

Also ich würde mich ja zunächst einmal darüber freuen, dass der gesamtgesellschaftliche Durchschnitt noch unter dem von SPD, Linken und Grünen liegt, bevor mir die Frage in den Sinn käme: Was hat denn diese bürgerliche, Internet-affine Mitte neuerdings gegen Israel? Und warum findet dieses mehr oder weniger antisemitische Milieu eine Partei wie die AfD okay, die offen pro-israelisch ist?

»Auch in der Gesellschaft fand eine Verrohung statt, etwa in der Musik«, sagte der Antisemitismus-Sachverständige noch. »Wenn eine Band wie Rammstein die Verkaufszahlen für ihr Album hochtreiben will, indem sich die Mitglieder als KZ-Häftlinge verkleiden, die ihren Tod erwarten, dann wurden da auch Grenzen überschritten.« Ja, und wenn du dann auf der Straße eine Kippa siehst, drehst du halt durch und überrennst die nächste offene Grenze.

Also: Bürgertum, Internet, AfD, Rammstein … habt ihr alle Ursachen zusammen, Kinder? Nein, Grenzdurchbrüche gehören nicht dazu, das musst du streichen, Peter, das heißt Grenzüberschreitungen, aber lass die Grenzen am besten ganz weg. Achmed, hör auf, den Schlomo zu schlagen. Was willst du, Omar? Im Film *Schindlers Liste* haben sich auch Schauspieler als KZ-Häftlinge verkleidet, um die Verkaufszahlen nach oben zu treiben? Das ist doch etwas ganz anderes …

* * *

Solange es nur um öffentliche Auftritte von bösen Menschen wie etwa Jörg Baberowski oder der Polizeigewerkschaftler

Rainer Wendt oder von AfD-Politikern ging – die öffentlich ohnehin nur unter Polizeischutz und in Universitäten *per se* nicht auftreten können, es aber nicht anders verdient haben –, so lange war es völlig egal, ja im Grunde richtig und angemessen, also praktisch staatsbürgerkundlich korrekt, wenn der linke Pöbel im Namen aller Boykotte gegen sie organisierte. Als unsere »Linksfaschisten« (wie, historisch etwas ungelenk, St. Jürgen Habermas den Sachverhalt mehr zum Ausdruck als auf den Begriff brachte) damit begannen, dem AfD-Gründer Bernd Lucke den Traum eines jeden Universitätsprofessors zu erfüllen – keine Lehrveranstaltungen bei vollen Bezügen –, war ein leises Gemosere zu vernehmen. Nachdem nun aber auch bewährte Talkschau-Teilnehmer und sogar veritable Minister i.R. wie Christian Lindner und Thomas de Maizière daran gehindert wurden, einen öffentlichen Vortrag zu halten, dachte man sich beim *heute-journal,* darüber müsse der Zuseher irgendwie in Kenntnis gesetzt und belehrt werden.

Wen würden Sie, geneigte Leserin, wenn Sie überdies geneigt wären, sich einmal kurz und nicht allzu tief in die Rolle des Claus Kleber zu versetzen, zu diesem Sachverhalt interviewen? Lindner? De Maizière? Lucke gar? Ein AfD-Mitglied ginge ja nicht, der oder das würde sich sofort zum Opfer stilisieren. Also wen?

Falsch.

»Nicht nur Bernd Lucke, auch Renate Künast hat die Schattenseiten der Meinungsfreiheit kennengelernt«, moderiert der Kleberclaus das traute Zwiegespräch an. Über so ein delikates Thema kann man im ZDF im Grunde nur mit einem Mitglied der Expertenpartei sprechen. Also gibt die knuffige Grüne Auskunft, und die erste Antwort ist schon mal nicht verkehrt, nämlich, sie wisse gar nicht, ob diejenigen, die Lucke niedergebrüllt haben, »sich wirklich zu Recht auf Meinungsfreiheit berufen hätten. Glaube ich nicht. Ich wäre schon dafür eingetreten, mit ihnen zu diskutieren. Und glaube, dass ein Professor, der früher mal eine Partei gegründet hat, mit dem Inhalt die makroökonomische Vorlesung beginnen sollte. Mit der Frage, ob das mit der D-Mark Sinn macht oder nicht, hätte ich mir so gewünscht.«

Von Merkel lernen heißt, formulieren lernen. Künast ist Juristin, das stellt sie schon mal klar. Das Niederschreien einer makroökonomischen Vorlesung ist keine erkennbare Meinung. Wer früher mal eine Partei gegründet, sie aber gerade noch rechtzeitig verlassen hat, darf Vorlesungen halten. Aber er hätte mit den Schreiern diskutieren sollen.

Kleber wendet weise ein: »Man hat kein Wort von ihm hören können.« Und endlich zur Sache kommend, fährt der Moderator fort: »Nun war Herr Lucke schon auch ein Mann, der im rechten Rand gefischt hat, mit Worten wie ›Entartung von Demokratie‹, und der sich mit Menschen aus der rechtsextremen Szene umgab. Hat er damit ein Stück weit Meinungsfreiheit verwirkt?«

Wäre ich Lucke, ich würde eine Anfrage an den Staatssender schicken, mit welchen Leuten »aus der rechtsextremen Szene« ich mich umgeben hätte; wie der Verleumderclaus sich aus der Sache davonzustehlen suchte, wäre bestimmt lustig. Die Bemerkung, dass ein Staatsbürger »die Meinungsfreiheit verwirkt« haben könnte, ist großes Nazikino, doch das Engholm/Rau'sche »ein Stück weit« als liebevoll-pädagogische Einschränkung – Bastonade muss sein, aber du darfst die Socken anlassen – verleiht ihm eine gemütvoll-spätbundesrepublikanische Note.

Künast ist freilich nicht so doof, beim Grundrechteabbau mitzuspekulieren; sie repliziert gekonnt: »Meinungsfreiheit kann man gar nicht verwirken.«

Kleber schlägt einen Haken nach rechts: »Nun hat man aber schon den Eindruck, dass manche aus der eher linken Szene sich Dinge erlauben, die sie Rechtsextremen ganz sicher nicht erlauben würden. Also zum Beispiel die Verhinderung von öffentlichen Auftritten.«

Künast: »Ja, denken wir an den Kollegen de Maizière, der ein Buch vorstellen wollte und heute im Bundestag glücklicherweise gesagt hat, er wird es doch nochmal vorstellen. Finde ich auch richtig so. Mich frustriert das, dass Leute jetzt zu dieser Methode greifen, gleichwohl ich die beiden rechts und links finde, nicht vergleichbar halte. Die einen haben jetzt Veranstaltungen verhindert, was unklug und falsch war. Auf der anderen Seite, im Rechtsextremismus, ist es ja organisiert von Pegida, Identitären Bewegung, AfD, die so richtig versuchen die Menschen, den Menschen Angst zu machen, sich in diesem Land überhaupt nicht mehr zu engagieren.«

Also die einen verhindern Veranstaltungen, die anderen nicht, aber die anderen sind schlimmer, weil sie Angst machen (wie eigentlich?). Leider verhindern die Linken inzwischen sogar Auftritte, gegen die Frau Künast gar nichts hat. Ansonsten wäre es weder schlimm noch der Rede wert, denn die Veranstaltungsverhinderungen sind ja aktive Angstbekämpfungsmaßnahmen. Ist das endlich verstanden worden?!

27. Oktober

Beim *Süddeutschen Beobachter* machen sie sich tiefschürfende Gedanken über den »Vorstoß« der Bundesverteidigungsministerin, in Nordsyrien eine sogenannte Sicherheitszone errichten zu wollen. »In der Sache ist das ein plausibler Vorschlag, im

Stil aber haben sich Kramp-Karrenbauer und auch die Kanzlerin bereits am ersten Tag schwere, ja unerklärliche Fehler geleistet. Die Arbeitsteilung zwischen Kramp-Karrenbauer und Angela Merkel ist unangemessen und lässt hinter der außenpolitischen Initiative zu viel innenpolitische Motivation vermuten. Und der Koalitionspartner SPD wurde sinnlos düpiert«, statuiert das Hochqualitätsblatt.

Dieser rein innenpolitische Blick auf einen außenpolitischen Vorschlag ist symptomatisch, denn wir treiben ja längst »Weltinnenpolitik« (wer hat dieses Oxymoron eigentlich erfunden? Küng? Sölle? Goebbels?); außerdem glauben sie in den Münchner Schriftleiterstuben, die deutsche Politik gelte noch was auf Erden. Schauen wir näher hin.

In Rede steht eine Sicherheitszone in Syrien unter Beteiligung der Bundeswehr, aber auch der Russen und der Türken. Treten wir zunächst vor den Globus. Zwischen Deutschland und Syrien haben Klio und Allah das Mittelmeer und die Türkei gelegt. Wenn AKK deutsche Soldaten dorthin entsenden will, lautet die erste Frage, auf welchem Wege eigentlich? Durch die Türkei? Da könnte Recep der Prächtige Einwände haben oder finden. Mit dem Flugzeug, durch die Luft sozusagen? Gute Idee, aber mit welchen Maschinen? Russland hat im vergangenen Jahr den Vertrag zur Benutzung seiner AN-124 auslaufen lassen. Eigene Transporter für Einsätze dieser Größenordnung besitzt die Bundeswehr nicht. Überkühn durchs erdnahe All? Der Termin für die Eröffnung von Altmaiers Weltraumbahnhof steht ja sozusagen noch in den Sternen, auch wenn starke Bautruppen vom BER abgezogen werden könnten. Dann also traditionell per Schiff! Die deutsche Flotte! Klar zum Kalfatern! Aber welche Schiffe? Der deutsche Flugzeugträger befindet sich leider noch in der Namensfindungsphase (Die »Süssmuth«? Die »Diskurs«? Die »Weltoffenheit«? Die »Vielfalt«?). Auf dem Landweg über Gibraltar und rommelmäßig quer durch Nordafrika? Aber mit welchem Material?

Das führt uns zur zweiten Kardinalfrage: Mit welcher Truppe will AKK eigentlich Syrien teilbefrieden? Mit einer Bundeswehr, die mit der Formulierung »Bedingt einsatzbereit« noch euphemistisch beschrieben wäre? Betrachten wir nun die geostrategische Lage von 'schland. Die Briten gehen raus aus der EU, eine Atommacht mit einer beachtlichen Flotte. Von den USA sind wir entfremdet, Trump zieht seine Marines überall zurück. Das amerikanische Desinteresse an der Nato verwandelt das Bündnis in einen Zombie. Russland ist militärisch hochpotent, weilt aber bekanntlich nicht im schrumpfenden Kreise deutscher Freunde. Die türkische Armee ist mittlerweile stärker als die Bundeswehr, sie hat beispielsweise mehr funktionierende (deutsche) Tanks als die deutsche Resttruppe. Womit sich Deutschland das russische und das türkische Wohlwollen erkaufen will, ist ein Geheimnis. Der deutsche Esel-streck-dich hat sich den Magen längst leergewürgt. China ist die Sphinx, die mit maliziösem Lächeln in der Loge sitzt und dem Satyrspiel vom Ende der westlichen Dominanz zusieht.

Nur ein einziger Verbündeter ist Merkel geblieben: Frankreich. Die einzige Atommacht der EU, wirtschaftlich ein alimentierungsbedürftiger Clochard, im Inneren zutiefst zerrissen und bürgerkriegsbereit, aber der gallische Hahn wird bis zuletzt nach der Hegemonie über den Rest krähen. Den atomaren Drohschutz, den er dem rechtsrheinischen Nachbarn theoretisch gewähren kann, wird er sich praktisch teuer bezahlen lassen.

Die Sicherheitszone in Nordsyrien ist eine eskapistische PR-Idee, mit der sich AKK innenpolitisch wichtig machen will, da hat der *Süddeutsche* wohl recht. Die Dilettantentruppe um Merkel hat dieses Land weit gebracht. Deutschland ist geopolitisch in keiner Beziehung ein *Player,* noch weniger als in den Zeiten der Pax Americana. Die kommenden Krisen werden zeigen, mit welchen Verrenkungen sich der politische (und militärische) Zwerg in der Mitte Europas anderen Mächten andienen muss. Die einzig noch interessante Frage lautet, ob dieser Zustand intendiert war, also ein Produkt der Perfidie ist, oder ob tatsächlich nur Dummheit, Feigheit, Inkompetenz und ideologische Verblendung bis zu diesem Punkt geführt haben. Wie auch immer: Eine Mehrheit hat mitgemacht. Sie wird die Quittung bekommen. (Die anderen leider auch, ja, aber so läuft es bekanntlich immer.)

* * *

Noch zum Vorigen.

Dass in Deutschland kein Bevölkerungsaustausch stattfindet, haben uns die Bundesregierung und die kanzleramtsnahen Medien nachdrücklich versichert. Das bedeutet allerdings keineswegs, dass sich ein solches Phänomen nicht andernorts vollziehen und von denselben Medien ebenso nachdrücklich kritisiert werden kann, nämlich in Nordsyrien. Erdogan will »Millionen syrischer Geflüchteter ins mehrheitlich kurdische Nordsyrien zwangsumsiedeln und damit die dortige Bevölkerungsstruktur umschichten. Letztlich plant Erdogan also eine ethnische Vertreibung, zumindest mittelfristig«, klagt beispielsweise Claudia Roth, der es hier mit der Umschichtung gar nicht mittelfristig genug vorangehen kann. Syrer wieder in Syrien anzusiedeln, laufe auf einen Bevölkerungsaustausch hinaus, bestätigt die *Tagesschau*. Syrer in Deutschland anzusiedeln, selbst wenn es keine sind, ist dagegen nur die Umwandlung einer monoethnischen, monotono- bzw. nullokulturellen Gesellschaft in eine multiethnische und multikulturelle.

29. Oktober

»Der Populismus ist der Schrei der Völker, die nicht sterben wollen.«

Großer Satz! Er stammt von Philippe de Villiers. Der Franzose war zugleich Autor und Politiker (auf der anderen Seite des Rheins ist das heute noch möglich), Vorsitzender des MPF, Mitglied des Europaparlaments. Sein neues Buch heißt: *J'ai tiré sur le fil du mensonge et tout est venu* (»Ich habe an einem Faden des Lügengespinstes gezogen, und es ist alles ans Licht gekommen»). Es ist (noch) nicht auf deutsch erschienen. In einem Artikel heißt es: »Villiers will in seinem Buch aufzeigen, ›dass das heutige Europa, ohne Körper, ohne Kopf, ohne Wurzeln, ohne Grenzen, keine falsche Umsetzung darstellt. Die geöffneten Archive liefern den Beweis: Das dekonstruktive Gen, das die Europäische Union unterhöhlt, befand sich in der DNA der ›Gründerväter‹. Das Programm war von Anfang an festgelegt. Sie wussten, was sie taten und was sie wollten: eine gehirnlose Governance, um sich auf einen globalen Massenmarkt zuzubewegen. Wir sind weit entfernt von einem unabhängigen Europa.‹

Auf die Fangfrage, ob sein Buch ein Mittel sei, um sich für ›populistische Parteien‹ einzusetzen, antwortete er: ›Nein, ich gebe keine Anweisungen, ich schlage Alarm. Ich schlage und schlage Alarm. Bevor der Muezzin kommt. Der Populismus ist der Schrei der Völker, die nicht sterben wollen.‹«

* * *

Einer geht noch.

»In den neuen Ländern gibt es unverkennbar eine Vorliebe fürs ganz Extreme«, expliziert eine der glänzenden politischen Analystinnen, wie sie beim *Focus* irgendwo vom Band gehen, nach der Landtagswahl in Thüringen.

Ausnahmsweise liegt das führende deutsche Politikanalyse-Portal mal leicht daneben. Tatsächlich haben gerade die Ostdeutschen ein Faible fürs Moderate, Berechenbare, Solide, Nichtverrückte.

Was könnte es schließlich Extremeres geben, als binnen dreier Jahre anderthalb Millionen meist männliche, überwiegend analphabetische, wirtschaftlich und sozial schwer integrierbare, jährlich Alimentierungsmilliarden verschlingende Kulturfremde in ein Land zu schleusen und jede Kritik an deren höchst beachtlicher Mord-, Totschlags-, Vergewaltigungs-, Raub-, Gruppenschläger- und Messerstecherbilanz ebenso als Extremismus zu brandmarken wie jede Kritik an der Fremdenfeindlichkeit, Frauenfeindlichkeit, Judenfeindlichkeit, Christenfeindlichkeit, Schwulenfeindlichkeit, Arbeitsfeindlichkeit etc. *ad nauseam* pp., die viele von ihnen mit ins Land bringen? Was könnte es Extremeres geben als die – nach Auskunft von Peter Altmaier, weiland noch Umweltminister – bis zu eine Billion Euro teure sogenannte Energiewende, ein Experiment mit ungewissem Ausgang (außer für die Subventionsabgreifer und Lobbyisten), das die Energieversorgung eines demnächst unbedeutenden Industrielandes akut gefährdet, Landschaften schändet, Hekatomben von Vögeln das Leben kostet und pro Jahr allein 27 Milliarden Euro über die EEG-Umlage umverteilt? (Die Hälfte davon fließt aus privaten Haushalten, also aus der Tasche des Malochers und der Aldi-Kassiererin, in die Aktiendepots von Grundbesitzern und Investorengruppen.)

Was könnte es Extremeres geben als eine Bundeskanzlerin, die in ihrer quälend langen Amtszeit praktisch jede ihrer politischen Positionen geräumt und in das exakte Gegenteil verkehrt hat?

Was könnte es Extremeres geben als den deutschen Atomausstieg als Reaktion auf einen Unfall in 10 000 Kilometer Entfernung mit nach wie vor null Todesopfern, ausgelöst von Naturgewalten, wie sie hierzulande niemals drohen?

Was könnte es Extremeres geben als die Idee, Europa, *den* Kontinent der Vielfalt, die Wiege fast aller Lebenskunst, Lebensart, Technik, Musik, Dichtung, Hochkultur, Kulinarik und, dies alles umschließend, der individuellen Freiheit, dem wüstesten Zentralismus in seiner Geschichte, den Launen, Flausen, Idealen und Ideologemen einer Handvoll ungebildeter, verklemmter, »wahrscheinlich gehörnter« (Don Nicolás) Bürokraten zu unterwerfen? Was könnte es Extremeres geben als die Rede der Bundeskanzlerin auf den grundvergaunerten Eurokraten, Geld- und Sparguthabenentwerter Mario Draghi: »Du hast den Euro durch unruhige See navigiert. Kontroversen bist du nicht aus dem Weg gegangen und wir können nun wirklich auf eine stabile Währung blicken«? (Zumindest, für die Ossis, seit 1989.)

Was könnte es Extremeres geben als den »Global Compact for Migration«, dessen Fernziel nichts Geringeres ist als eine globale monoethnisch-monokulturelle Einheitsmenschheit? (Auch wenn die Lautsprecher des Zeitgeistes derzeit exakt das Gegenteil verkünden.)

Was könnte es Extremeres geben als die Freitagsgebete von hüpfenden Schulschwänzern, die von einem Phänomen namens Klima zwar null Ahnung haben, es aber »retten« wollen? (Gut, vielleicht die anderen Freitagsgebete, sofern sie öffentlich in europäischen Städten stattfinden.)

Was könnte es Extremeres geben als die schrittweise Demontage einer Volkswirtschaft aufgrund der kollektiven Wahnidee, man »rette« damit »das Klima«?

Was könnte es Extremeres geben als die kern- und knalldeutsche Nazimentalität, Meutenbildungsmentalität, Petz- und Spitzelmentalität täglich auf der Pirsch nach Nazis?

Was könnte es Extremeres als die Ex-Stasi-Spitzelin Kahane an der Spitze einer staatlich alimentierten Spitzelstiftung zur Bekämpfung der Opposition, quasi als Plastikschild und Holzschwert des Kanzleramts?

Was könnte es Extremeres geben als Großimporteure von Judenfeindlichkeit, die Preise zur Bekämpfung des Antisemitismus ausloben?

Nein, lasst es mal gut sein, Brüder und Schwestern im Westen, bei euch war zwar alles besser, auch die Gehirnwäsche, aber die Ossis sind nicht extrem. Die haben bloß erkannt, dass man sich vor Amokläufern jeglicher Art schützen muss, gerade auch vor moralisierenden.

PS: Im *Focus* wie überall, wo die medialen Qualitätsstandards noch etwas gelten, ist die Rede vom »Triumphzug eines Mannes, der gerichtlich verbrieft ›Faschist‹ genannt werden darf: Björn Höcke«.

Zwei Aperçus. Erstens: *darf*, nicht *muss*. Zweitens: Wie *darf* Frau Künast gleich »gerichtlich verbrieft« genannt werden …?

* * *

Es hört einfach nicht auf. Angela Merkel hat den Theodor-Herzl-Preis des *World Jewish Congress* erhalten. Der genaue Grund ist unbekannt. Da der Austragungsort des bizarren Zeremoniells die Jüdische Gemeinde München ist, »sind alle gekommen, die in München den Staat und die Gesellschaft repräsentieren: der bayerische Ministerpräsident Markus Söder, der Oberbürgermeister Dieter Reiter sowie diverse Minister und Abgeordnete. Der Chef von BMW ist da, und der Generalbundesanwalt. Als wollte die ganze Republik an die Seite der jüdischen Gemeinde rücken«, schluchzt *Spiegel online* ergriffen. »Ministerpräsident Söder hält ein Grußwort, verspricht Taten statt Worte im Kampf gegen den Antisemitismus. Er redet über viele Themen, auch über Fake News und warnt: ›Der Pfad der Unwahrheit führt immer ins Nirwana.‹«

Dieser Söder-Satz ist so brunzblöd, er zeugt von einer derartigen Geist- und Ahnungslosigkeit (und ist, nebenbei, wahrscheinlich auch buddhismusfeindlich), dass er einen gesonderten Tusch verdient, wobei sich unser mit der *Fake News* des Äons aufwartender CSU-Spitzenknallkopf zu recht Hoffnungen machen darf, jenen göttlichen Zustand innenraumversiegelter Totalhohlheit in Bälde zu erreichen. Doch die eigentliche Frage lautet: Warum bekommt die Kanzlerin in einem Haus, das von bewaffneten israelischen Sicherheitsleuten rund um die Uhr bewacht wird, die auch sehr genau wissen, vor welcher Klientel, den Theodor-Herzl-Preis des *World Jewish Congress*? Ich habe die Frage hier bereits beantwortet: Herzl wollte, dass möglichst viele europäische Juden nach Israel auswandern, und wer hätte in jüngster Zeit mehr dafür getan als die Bundeskanzlerin?

* * *

Noch zum Vorigen.

»Ich bin immer noch linksliberal. Individuelle Freiheit steht für mich an erster Stelle. Aber jetzt komme ich zu dem Wichtigsten, was ich Ihnen sagen möchte: Nach dem Nationalsozialismus und dem Kommunismus, ist der Islam die dritte globale Ideologie, die die Menschheit bedroht. Ich bin oft gegen den ungarischen Ministerpräsidenten Viktor Orbán aufgetreten und werde es auch weiterhin tun. Aber eines muss ich anerkennen – und zwar die Tatsache, dass er einen echten und grundlegenden Konflikt zwischen zwei Wertesystemen erkannt hat: dem europäischen Abendland und dem arabischen Islam!«

Also sprach der ungarische Schriftsteller György Konrád, der die nationalsozialistische Judenverfolgung überlebt hatte und im Ostblock zu den bekannten Oppositionellen gehörte.

»Meine Frau und ich haben Freunde in Amsterdam und Rotterdam. Vor Jahren zog eine marokkanische Familie in ihr Gebäude in Amsterdam. Anfangs waren sie sehr freundlich, bis ihre Zahl stark anstieg. Dann schienen sie zu bestätigen, was ein deutscher Imam kürzlich auf die Frage geantwortet hatte: Was steht bei Ihnen höher, die deutsche Verfassung oder das Scharia-Gesetz? Der Imam sagte: Wenn wir eine Minderheit sind, dann die deutsche Verfassung. Wenn wir in der Mehrheit sind, die Scharia.«

Aber ich will Sie nicht langweilen, das zitieren die Vertreter der demokratischen Parteien im Bundestag und in den Talkshows ja rauf und runter, die Zentralratsoffiziellen sowieso.

30. Oktober

Kommt Zeit, vergeht Rat.

* * *

Der progressistische Intellektuelle hat zwei Maximen: Alles, was sich nicht exakt definieren lässt, existiert auch nicht, und alles, was sich definieren lässt, ist konstruiert.

* * *

Leser ***, Jurist, schreibt »zu Ihrem Hinweis darauf, dass viele Politiker höhnisch in jedes ihnen hingehaltene Mikrofon sagen, man dürfe Höcke laut Gerichtsbeschluss als ›Faschist‹ bezeichnen: Dem lässt sich nicht nur entgegenhalten, als was man Renate Künast laut Gerichtsurteil bezeichnen darf – dieser Hinweis ist wohl nicht sehr nachhaltig, da mit einer Aufhebung des Urteils in der nächsten Instanz zu rechnen ist. Aber im Hinblick darauf, dass Söder tönt, die AfD sei ›die neue NPD‹, sei daran erinnert, dass man nach einer Entscheidung des Bundesverfassungsgerichts die CSU als ›die NPD von Europa‹ bezeichnen darf (sofern es um eine politische Auseinandersetzung und nicht um eine reine Schmähkritik geht) – BVerfG, Beschluss vom 22.6.1982 – 1 BvR 1376/79. Von der Meinungsfreiheit ist es eben gedeckt, den größten Blödsinn zu behaupten, soweit es um Meinungen, also Wertungen, und nicht um falsche Tatsachenbehauptungen geht.«

* * *

Danisch zitiert in seinem Blog – in einem Eintrag, der sich mit dem Film *Joker* beschäftigt und feststellt, dass alle sympathischen Figuren darin »Farbige«, alle abstoßenden, abartigen Verlierertypen dagegen Weiße sind – die zutiefst zitable Zuschrift eines Lesers aus Südafrika:

»Die verfolgte Mehrheit – meinereiner, da Hetero & Mann – ist mit einem gewissen Anspruch an sich selbst angetreten. Diesem Anspruch wird ein Großteil von uns nicht gerecht; ich kenne nur noch Wenige, Superopportunisten, die noch ganz oben auf der Welle schwimmen. Das sind in den allermeisten Fällen widerliche Zeitgenossen, völlig rückgratlos. Der Rest begnügt sich mit dem Erreichen des Minimalziels, in der Hoffnung, in Ruhe gelassen zu werden.

Ganz langsam merken aber viele in meiner Generation (= 30 Jahre, also die im Alter zwischen 25 und 55) – und es werden täglich mehr –, dass sie trotz aller Anstrengung keine reelle Chance haben. Es wird von – ja, von wem eigentlich? – wissentlich und willentlich verhindert, daß diese Kaste von mittelalten weißen Männern in Bezug auf das, was sie sich vorgenommen, reüssiert.

Der Daseinskampf war schon früher hart, überall. Aber vorher gab es erst wenige konkrete Verhinderungsstrategien gegen die Mehrheit. Wer sind dann die Nutznießer dieser Kampagne? Jene, welche von weißen Heteros mit Recht verachtet werden, weil sie aus verschiedenen Gründen nicht so viel hinkriegen oder wenn, indem sie die Spielregeln verletzen (Araber, Afrikaner, Latinos); z.B. durch Drogenhandel. (...)

Es ist bei uns also das durchaus begründete Überlegenheitsgefühl einer Kaste, welche die meisten Opfer für die Gemeinschaft bringt, das verletzt wird. Man fühlt sich von vorn bis hinten verarscht. Wenn dahinter auch noch System steckt, und das tut es, wandelt sich die Energie, die man sonst voll und ganz auf das eigene Fortkommen und Erhalt der Familie richten würde, in Frust und Wut auf die Verhinderer. Das ist nur eine Frage der Zeit, bis das hochgeht. Deswegen reagiert das System so panisch auf die AfD in Thüringen.

Die ›toxische Männlichkeit‹ fühlt sich von Höcke nicht nur nicht abgestoßen, sondern hebt ihn auch noch in den Sattel. Man beachte: ca. 28% der Leute zwischen 25 und 55 haben den gewählt. Et voilà.

Jordan Peterson, der ganz leicht halbseidene, hellsichtige Glitzerschamane, sieht das m. A. nach richtig voraus: Er fürchtet den Backlash einer gut ausgebildeten, kriegserprobten, bis an die Zähne bewaffneten, unterprivilegierten weißen Mehrheit, die bei der nächsten Depression nichts mehr zu verlieren haben. Das schwappt auch auf Europa über. Meine Prognose über den Ausgang: Sezession in Amerika; Untergang der EU; Auflösung der NATO; Wiedererstarken Russlands in Europa; Jahrelanger Bürgerkrieg.

Macht Euch auf etwas gefaßt.«

1. November

Spitzel heißen jetzt »kritische Journalisten«. Das Online-Portal *Übermedien* beklagt, dass der Berliner Christoph-Links-Verlag von einer »Abmahnwelle von rechts« überzogen werde. Es geht um ein Buch namens *Völkische Landnahme*, geschrieben von zwei »JournalistInnen« und »langjährigen BeobachterInnen der deutschen Neonazi-Szene«. Die beiden antivölkischen Beobachter beschreiben darin, »wie Rechtsextreme sich oftmals unbemerkt im ländlichen Raum breit machen. Wie sie dörfliche Strukturen unterwandern, ökologische Landwirtschaft betreiben, sich für nationales Brauchtum und völkische Kindererziehung stark machen. Im Rampenlicht wollen die wenigsten solcher Neonazis stehen. Doch genau dafür haben Röpke und Speit gesorgt.«

Ungefähr so, geschätzte Leserin, als wenn Sie in Ihrem Garten einen Stein umdrehen und Tageslicht in das Gewimmel darunter bringen.

Mehrere Personen, die in dem Buch als Rechtsextreme und »völkische Siedler« mit vollem Namen und halber Adresse genannt werden, versuchen nun, sich auf juristischem Weg gegen diese unerwünschte Aufmerksamkeit zu wehren. Der Verleger und die beiden AutorInnen halten die Abmahnungen für einen Angriff auf die freie Meinungsäußerung. Behaupten sie zumindest.

Die Sache ist simpel: Grundrechte sind Abwehrrechte, eigentlich gegen den Staat, aber auch gegen die Zudringlichkeit anderer. Diese Menschen wollen, gut epikureisch, auf ihre Art im Verborgenen leben. Ich weiß nicht, ob es wirklich Neonazis sind, das ist in diesem Kontext sowieso einerlei; auch Nazis haben ein Recht auf Privatsphäre, auch Nazis haben das Recht, privat in Ruhe gelassen zu werden. Die sogenannten völkischen Siedler begehen offensichtlich keine Straftaten. Es ist hierzulande zwar verboten, Propaganda für den Nationalsozialismus zu treiben – Propaganda für den Kommunismus ist uneingeschränkt erlaubt –, aber was einer in seinen vier Wänden macht, ist (noch) seine Sache, Kinder zum Brauchtum zu erziehen ebenfalls, und geflochtene blonde Zöpfe setzen neuerdings wieder ikonografische, ja idolatrische Standards. Gefährlich können die »Siedler« überdies nicht sein; ein Wichtel wie Andreas Speit ließe sich sonst kaum bei ihnen blicken.

Wo soll ein Privatim-Nazi eigentlich hin? Was soll er tun? Da ziehen sie sich schon aufs Land in dünn besiedelte Regionen zurück, verstecken sich *in the middle of nowhere,* aber sie werden ans Licht gezerrt – mit welchem Ziel eigentlich? Freiwillige Auswanderung? Vertreibung? Umerziehung? Staatliche Kindeswegnahme? Staatsbürgerschaftsentzug? Suizid?

Zwei Zwecke sehe ich. Erstens den banalen moralischen Surplus für die Steineumdreher. Zweitens, apropos Suizid, geht es womöglich gezielt darum, die »Rechten« bei allen Gelegenheiten so sehr unter Druck zu setzen, sie zu stigmatisieren, zu schmähen und zu verfolgen, bis endlich einer durchdreht und man triumphierend ausrufen kann: Wir haben es doch gewusst! Wir habe sie zu recht verfolgt! Sie sind gefährlich! Beseitigt sie!

Dieser Impuls ist totalitär.

***

Immer noch zum Vorigen.

Das Bundesamt für Verfassungsschutz hat, entweder auf Drängen der Fremdenführerin oder ihr bloß »entgegenarbeitend« (frei nach Ian Kershaw), eine Hotline eingerichtet, auf welcher der wachsame Bürger Meldung erstatten kann, wenn er in seinem Umfeld »rechte Umtriebe« bemerkt. Oder mutmaßt. Oder ahnt. Wörtlich geht es um:

»Hinweise zu Rechtsextremismus, Rechtsterrorismus, Reichsbürger und Selbstverwalter«. Solche Hinweise »werden rund um die Uhr vertraulich aufgenommen«.

Wer das bezahlt? Na unser Genosse Heiko Maas, er lebe hoch! Hoch! Hoch! Ob auch Skalpprämien ausgelobt werden, hängt von der Qualität der ersten Anrufe ab. Natürlich sind einige Aktivisten bei *Wikipedia,* Amadeus-Antonius-Bund und »Störungsmelder« ein bisschen sauer, dass man sie jetzt umgehen will.

»Bitte missbrauchen Sie es (das Nottelefon – M.K.) nicht zur Denunzierung von Bürgerinnen und Bürgern«, rufen die Denunziationsermunterer mit unterdrücktem Kichern. Damit der kleine Blockwart 2.0 nicht völlig orientierungslos die Lichter und Lauscherchen aufsperrt, bekommt er einen Klick weiter ein Fahndungsprofil als Handreichung:

»Unter Rechtsextremismus«, heißt es dort, »werden Bestrebungen verstanden, die sich gegen die im Grundgesetz konkretisierte fundamentale Gleichheit der Menschen richten …«

Die ist im GG zwar nicht konkretisiert, sondern nur die Gleichheit vor dem Gesetz, ansonsten bloß die Rechtsgleichheit aller deutschen Staatsbürger, denn im Gegensatz zu 'schland hat der Geltungsbereich des GG räumliche Grenzen, *but »we work on it«* (so M. Zuckerberg in ähnlichem Kontext zu A. Merkel).

»… und die universelle Geltung der Menschenrechte ablehnen.«

Das heißt, sämtliche muslimische Staaten, die die Kairoer Erklärung der Menschenrechte unterzeichnet und besagte Rechte samt und sonders unter Scharia-Vorbehalt gestellt haben, sind rechtsextrem. Gut zu wissen.

»Rechtsextremisten sind Feinde des demokratischen Verfassungsstaates, sie haben ein autoritäres Staatsverständnis, das bis hin zur Forderung nach einem nach dem Führerprinzip aufgebauten Staatswesen ausgeprägt ist.«

Das wird der merkelfromme Teil der CDU gern hören. Claudi Roth besucht und empfängt übrigens gern iranische Rechtsextremisten.

»Offener oder immanenter Bestandteil aller rechtsextremistischen Bestrebungen ist zudem der Antisemitismus.«

Das wird mir allmählich etwas zu islamophob.

»Individuelle Rechte und gesellschaftliche Interessenvertretungen treten zugunsten kollektivistischer ›volksgemeinschaftlicher‹ Konstrukte zurück (Antipluralismus).«

Am Ende erscheint sogar die EU auf dem Schirm, ts ts ts …

Die DDR 2.0 – eine BRDDR mit restdemokratischem, rumpfmarktwirtschaftlichem, multikulturellem, zunehmend levantinischem Antlitz – naht, wenn selbst der geübteste Exeget einen Verfassungsschutztext nicht mehr vom Besinnungsaufsatz eines *taz*-Praktikanten unterscheiden kann.

2. November

Menschen, denen das Glück oder die Gnade zuteil wird, dass ein originärer, noch nie zuvor gedachter, tatsächlich eigener Gedanken in ihrem Kopf vorspricht, wissen, wie selten und unwahrscheinlich dergleichen ist. Auch solche Geister zehren fast ausschließlich von Ideen, die bereits von Anderen formuliert worden sind. Sie wissen, wie viel sie denen schulden, die vor ihnen gedacht haben, wie sehr sie heute noch auf den Schultern derer stehen, die vor vielleicht fünftausend Jahren den Schritt vom Sagen und Beschwören ins unbekannte Land des Denkens vollzogen, und wie unglaublich schwer jeder der ersten Schritte ins Unerschlossene gewesen sein muss. Einen Denker, der auf diesem langen und beschwerlichen Wege einmal Neuland entdeckt hat, für »überholt«, für »nicht mehr aktuell« zu halten, ist das traurige Privileg von Figuren, die sich mit ihren Überlegungen ausschließlich in den sicheren Gefilden des schon-Gedachten und von der gerade herrschenden Mode Abgesegneten aufhalten.

4. November

Nachdem bekannt wurde, dass bei den grünen Bundestagsabgeordneten Claudia Roth und Cem Özdemir Morddrohungen eingegangen sind, die mutmaßlich aus einem rechtsextremen Milieu stammen, hat Innenminister Seehofer eine »hochproblematische Verrohung unserer Gesellschaft« beklagt. Der Vorfall schaffte es an zwei Abenden in die Hauptnachrichten der *Tagesschau.*

Als ein Eritreer in Frankfurt eine Mutter und ihr Kind vor den einfahrenden ICE stieß, beklagte Seehofer keine Verrohung der Gesellschaft. Als in Limburg ein allahlob deutscher Staatsbürger, wenngleich mit dem existenzveredelnden und in diesem Falle tunesischem Hintergrund, seine abtrünnige Ehefrau auf offener Straße mit einem Beil in Stücke schlug, beklagte Seehofer keine Verrohung der Gesellschaft. Auch nachdem am vergangenen Sonntag zwei vermummte Linksextremisten in die Wohnung der Prokuristin einer Leipziger Immobilienfirma eindrangen, der Frau mehrmals mit der Faust ins Gesicht schlugen und sich dann auf *indymedia* ihrer Mannestat rühmten, blieb der Innenminister stumm.

Wahrscheinlich erwacht Onkel Horst nur dann aus seinem metaphysischen Schlummer, wenn er die Leute, die bedroht werden, zufällig kennt.

* * *

Im Bekennerschreiben der Antifa-Helden, die der Prokuristin die Fresse poliert haben, heißt es: »Wir freuen uns, wenn sich der Bau von Luxuswohnung o.Ä. verzögert, denken aber, dass diese Aktionsform angesichts vollumfänglicher Versicherungsabdeckung nur symbolischen Charakter hat. Wir haben uns deswegen entschieden, die Verantwortliche für den Bau eines problematischen Projekts im Leipziger Süden da zu treffen, wo es ihr auch wirklich weh tut: in ihrem Gesicht.« Nur *Bild* Leipzig hat etwas ausführlicher über diesen Vorfall berichtet. In der sächsischen Stadt haben Linksextremisten mit Terror-Anschlägen auf Baustellen zuletzt zweistellige Millionenschäden angerichtet.

Eine Skandalisierung solcher Taten würde davon ablenken, dass der Feind rechts steht.

* * *

Der Berliner Migrationsforscher Herbert Brücker verkündet gegenüber der *Welt* die frohe Botschaft, dass der Anteil der Bürger mit ausländischen Wurzeln in Deutschland bis zum Jahr 2040 auf bis zu 40 Prozent steigen werde. Eine Prognose für 2080 gab er offenbar nicht ab. Ab wann die rechte Verschwörungstheorie, hier finde ein Bevölkerungsaustausch statt, endlich unter Strafe gestellt wird, regelt demnächst ein Bundesgesetz.

* * *

Ein Samstagabend mit ZDF-Info:

17.45 »Staatsfeinde in Uniform. Droht Deutschland neuer Rechtsterrorismus?»
18.15 »Völkische Siedler – Schattenwelten auf dem Land»
19.00 »Störfall AfD – Das Netz der Rechten»
19.45 »Chemnitz – Eine Stadt zwischen Trauer und Hass»
20.15 »Rechtsrock in Deutschland – Das Netzwerk der Neonazis»
21.45 »Die Welt der Reichsbürger»
22.30 »Die Arier. Doku»
0.00 »Auf der Spur des rechten Terrors»

7. November

»Was unterscheidet eigentlich Leipziger Linksextreme, libanesische Clans und Reichsbürger?
Eine Gruppe gilt als staatsgefährdend.«
(Alexander Wendt)

***

Leser *** rügt: »Sie verwenden regelmäßig diese von einem bestimmten Milieu sich selbst als Ehrentitel zugewiesene Bezeichnung ›Antifa‹. Nichts könnte inhaltlich verkehrter sein. Warum benennen wir als halbwegs normal Gebliebene diese Durchgeknallten nicht als das, was sie sind: Neofa – oder von mir aus NeoSA?«

Also was mich betrifft: Ich empfinde »Antifa« nicht als Ehrentitel, sondern als eine Mischung aus falschem Pathos, unfreiwilliger Satire und Kitsch. Überhaupt geht mir die inflationäre, penetrant dumme und dreiste Verwendung der historisch zu einer abgeschlossenen Epoche gehörenden Termini »Faschismus« und »Nazi« gewaltig aufs Plätzchen. Aber diese aggressiven Schelme sind ja keine Neofa! Ich zitiere in der Sache regelmäßig und unverdrossen Wolfgang Venohrs Definition, Faschismus sei »die bürgerliche Gesellschaft im Belagerungszustand«. Anti*fa* ist also von der Tendenz her nicht grundfalsch, nur suggeriert dieses »Anti-«, man wende sich gegen einen echten Feind, gehe ein hohes persönlich Risiko ein, während ja aus dieser Perspektive auch Merkel, Macron, Frau Clinton, die EU-Spitze, die Deutsche Bank und die Evangelische Kirche auch Anti*fa* sind. Die Buben des Schwarzen Blocks leben von Staatsknete, die halbe Parteien- und Medienlandschaft hätschelt sie als Bodentruppe gegen »rechts«, und die Polizei in rotgrün regierten Bundesländern ist gehalten, die Randalierer ungefähr wie aufmüpfige Schulmädchen zu behandeln. Schon die DDR-Bereitschaftspolizei würden ausreichen, und es wäre Schluss mit Anti. Wobei das »Anti« eine Verdrehung der tatsächlichen Richtung mit dem Ziel ist, sich selbst als den *zurück*schlagenden Teil zu präsentieren; tatsächlich erleben wir ja keinen Widerstand gegen, sondern Attacken auf ein System, das sich wunderlicherweise nicht ernsthaft wehrt und die Angreifer obendrein alimentiert.

8. November

Im Umkleidraum eines Freiburger Fitnessstudios hat ein Rechtsextremist einen Juden von hinten am Kopf gepackt, ihm die angeklammerte Kippa heruntergerissen, mit Prügel gedroht, mehrmals »dreckiger Jude« oder »dreckige Juden« geschrien sowie »Free Palestine!« – ein unter Nazis populärer

Ersatzslogan für »Sieg heil!« –, die erbeutete Kippa dabei angespuckt und sie schließlich, da Anatolien doch so fern lag, in den Mülleimer entsorgt.

Aber es gibt noch Antisemitismus-Beauftragte in Baden-Württemberg! Also eigentlich heißt er Beauftragter *gegen* Antisemitismus, Michael Blume ist sein Name, und der Herr Blume wehrt im Ländle couragiert alten und neuen Anfängen. Zum Beispiel der DIN-Norm 5009. In Deutschland wird nämlich »noch immer nationalsozialistisch buchstabiert«, wie der *Süddeutsche Beobachter* meldet, und herausgefunden hat es, na wer schon, der Herr Blume natürlich. Wenn der Judenhass bereits beim Telefonieren Alltag ist, dann darf man sich über alltägliche Tätlichkeiten nicht wundern. Zum Beispiel, wenn es heute noch »N wie Nordpol« heißt. In der Buchstabiertafel müsse wieder wie früher, bevor die Nazis, Nobile und Nautilus am Pol auftauchten, »Nathan« das N abkürzen, forderte Blume in einem Brief an das Deutsche Institut für Normung in Berlin. »Nordpol« stehe in der NS-Ideologie nämlich für die Herkunft sogenannter »Arier«. Man merkt, der Mann hat studiert, Religionswissenschaften sogar. Die Arier wanderten übrigens von dort nach Indien aus und waren gerade weg, als Robert E. Peary und Frederick Cook sich darum stritten, als erster am Nordzipfel des Planeten gewesen zu sein.

Einmal beim großen Buchstabierwaschgang, schlägt die führende schwäbische Antisemiten-Scheuche für das D statt David »Debora« vor, wegen der Gleichberechtigung von Mann und Frau. Und damit auch der letzte »Free Palestine«-Nazi lernt, dass es korrekt »dreckige Jüdinnen und Juden« heißt.

9. November

Jahrestag des Mauerfalls
Ein Plakat* mit einem Schlauchboot voller »Flüchtlinge« suggeriert eine Verbindung zwischen 1989 und der Gegenwart und damit die neue historische Erzählung, wie man sie auch in nahezu sämtlichen Medien verabfolgt bekommt: Im Herbst 1989 gingen die Menschen für Weltoffenheit und gegen Abschottung auf die Straße. Grenzen sind schlimm, und die Rechtspopulisten wollen heute wieder Mauern bauen. So wie des nachts alle Katzen grau sind, werden im Zwielicht dieses neuen Narrativs alle Grenzen gleich. Die lustigen Gesellen aus Staatsfunk und Willkommensjunta wollen uns einreden, dass es keinen Unterschied gibt zwischen: *Niemand darf raus* und: *Nicht jeder darf rein*. Dass es keinen Unterschied gibt zwischen einem Menschen, der seine Haustür abschließt, um selber zu entscheiden, wen er hereinlässt, und einem anderen Menschen, der jemanden in seinem Haus gefangen hält.

PS: Diejenigen Bürgerrechtler, die heute Seit' an Seit' mit dem *Juste milieu* gegen die AfD »kämpfen«, haben mit den Westlinken immerhin gemein, dass sie damals den Sozialismus erhalten, die DDR reformieren und gerade *kein* Volk sein wollten. Dort ist tatsächlich zusammengewachsen, was zusammengehört.

PPS: »Bei dem Versuch, die Mauer zu überwinden, starben mindestens 160 Menschen« (*Tagesschau*). Ungefähr wie andere beim Versuch, den Mount Everest zu bezwingen.

* Zum Foto auf dem Plakat notiert Leser ***: »Ist Ihnen entgangen, dass das Schlauchboot gar keinen Außenbordmotor mehr hat? Entweder sind die Fachkräfte von Hand bis zur Zwölfmeilenzone gepaddelt, wo Seewatch oder Alan Kurdi wartet, oder nach dem Erreichen der Zwölfmeilenzone auf dem

offenen Meer wurde der Außenborder von den Schleppern zur Wiederverwendung abgehängt – recyceln ist ja modern – für das nächste Asylantenboot. Der Außenborder ist die größte Investition der Schlepper, ein Schlauchboot gibt es ja für 1 500 Dollar bei Alibaba.«

Jahrestag der Pogromnacht
Die Larven auf Zerknirschungssimulation gefaltet, von Kameras und Sicherheitspersonal umgeben, stehen die Schlepper der künftigen Synagogenanbrenner in den Synagogen, schämen sich für den alten und warnen vor dem neuen Antisemitismus, ohne mit einer Silbe dessen Ursachen und Bekenner zu streifen; dann reißen sie sich erleichtert die geliehene Kippa vom Kopf, setzen sich in ihre gepanzerte Limousine, nennen dem Fahrer den Namen des Restaurants und: *Lächelnd ab.*

11. November

Am Rande einer Veranstaltung in Berlin sprach mich ein Herr auf das Thomas-Mann-Wort vom Antikommunismus als »Grundtorheit unserer Epoche« an, eine Formulierung, die auch ich in den *Acta* verwendet hätte bzw. habe, und versprach, er werde mir einen Artikel aus einer älteren *FAZ* schicken, aus dem hervorginge, dass dieses Zitat nicht korrekt sei. Nun ist der Text eingetroffen. Er stammt aus der »Bilder und Zeiten«-Tiefdruckbeilage (seufz) vom 24. Juni 1995 und ist überschrieben mit: »Antikommunismus, eine Grundtorheit? Über ein angebliches Zitat von Thomas Mann« (leider nicht online zu finden).

Dieses Zitat sei in der DDR überaus populär gewesen, führt der Autor aus, die SED-Oberen hätten die Aussage des Nobelpreisträgers als eine »Kostbarkeit« für ihre Propaganda betrachtet, man habe Manns Worte auf Plakate und Transparente gedruckt (sie standen jedenfalls in meinem Deutsch-Lehrbuch). »Nur: Das Zitat ist nicht echt, es stellt, wie Erika Mann 1965 in einem Brief an den führenden Kulturfunktionär der DDR, Alfred Kurella, festgestellt hat, eine ›Vereinfachung‹ dar, ›die der Fälschung gleichkommt‹.« Thomas Manns Tochter habe damals ausdrücklich verlangt, dass Plakate mit diesen Worten »umgehend verschwinden« sollten und eine Richtigstellung erfolge.

Kurella antwortete schlau, er werde selbstverständlich und umgehend seinen Teil zur Tilgung jedes Falschzitates beitragen, aber im gegebenen Falle handle es sich ja gar nicht um ein »Fehlzitat«, sondern »um eine völlig sinngetreue und daher legitime Zusammenziehung und Vereinfachung«. Erika Mann reagierte pikiert, doch offensichtlich blieben ihre Interventionen erfolglos. Die Genossen drüben wollten ihre Beute nicht preisgeben. Aber hatte Erika Mann recht? »Der Unterschied zwischen dem falschen Zitat und dem tatsächlichen Ausspruch Thomas Manns liegt darin«, resümiert der *FAZ*-Autor, »daß Thomas Mann nicht im ›Antikommunismus‹ die ›Grundtorheit unserer Epoche‹ sieht, sondern ›in dem Schrecken der bürgerlichen Welt vor dem Wort Kommunismus, diesem Schrecken, von dem der Faschismus so lange gelebt hat.‹«

Meinte der politisierende Dichter also etwas ganz anderes?

Im *Acta*-Eintrag vom 5. Juli steht zu lesen, es habe wohl kaum ein deutscher »Großschriftsteller« vor Grass »mehr politischen Unsinn geschrieben als der Schwafelhans Thomas Mann, der sich seine ehrenwerte Hitlerverachtung mit einer ehrlosen Stalinbeschleimung erkauft hat (was zwar in linken deutschen Kreisen *en vogue*, aber nicht nötig war), vom ›Antikommunismus als Grundtorheit unserer Epoche‹ bis hin zu den ›gutmütigen

Riesen‹ Russland und Amerika, wie er 1950 im Vortragsessay ›Meine Zeit‹ schrieb, wo sich über Stalins Völkerschlachthaus der Passus findet: ›Ich möchte keinen Zweifel lassen an meiner Ehrerbietung vor dem meiner Zeit angehörigen historischen Ereignis der russischen Revolution. Sie hat in ihrem Lande längst unmöglich gewordene anachronistische Zustände beendet‹ und ›das Lebensniveau der Massen unendlich menschlicher gestaltet‹.«

Dann lag ich wohl auch daneben, und jetzt lande ich auf einem Misthaufen mit den DDR-Kulturbonzen?

Lesen wir einfach Manns Originaltext von der fraglichen Stelle an weiter. In Rede steht der Aufsatz »Schicksal und Aufgabe«, 1944 zuerst auf englisch veröffentlicht, kurz darauf in: *Deutsche Blätter,* Santiago de Chile, Heft 7/1944 auf deutsch. Der Kommunismus, führt der Schriftsteller im Anschluss an die missbräuchlich-berühmte Formulierung weiter aus – ich zitiere nach: Thomas Mann, *Essays,* Bd. 5., Frankfurt/M. 1996, S. 234 ff. – sei zwar ein politisch-ökonomisches Programm »und in dieser Form stark zeitgebunden«, aber »schon die religiösen Volks-Bewegungen des ausgehenden Mittelalters (hatten) einen eschatologisch-kommunistischen Charakter«. Der Kommunismus sei also »älter als Marx und das neunzehnte Jahrhundert. Der Zukunft aber gehört er an insofern, als die Welt, die nach uns kommt, in der unsere Kinder und Enkel leben werden, und die langsam ihre Umrisse zu enthüllen beginnt, schwerlich ohne kommunistische Züge vorzustellen ist: das heißt, ohne die Grundidee des gemeinsamen Besitz- und Genußrechtes an den Gütern der Erde, ohne fortschreitende Einebnung der Klassen-Unterschiede, ohne das Recht auf Arbeit und die Pflicht zur Arbeit für alle.«

Deswegen möge sich der Mensch »vor Wortgespenstern wie

›Kommunismus‹« nicht fürchten, es verhalte sich mit den sozialen Veränderungen nicht anders etwa als mit den Entwicklungen in der Musik, erst erscheine das Neue als Kakophonie, aber dann gewöhne man sich daran, in der Steuergesetzgebung nicht anders als im Konzertsaal, es ergehe dem Ohr kaum anders als dem »sozialen Gewissen«.

»Ich habe gar keinen Zweifel«, fährt Mann fort, »daß Welt und Menschenleben sich *nolens, volens* und unaufhaltsam in eine Lebensform hineinbewegen, für die das Epitheton ›kommunistisch‹ noch das zutreffendste ist, das heißt in eine Lebensform der Gemeinsamkeit, der gegenseitigen Abhängigkeit und Verantwortlichkeit, des gemeinsamen Anrechtes auf den Genuß der Güter dieser Erde, einfach infolge des Zusammenwachsens des Erdraumes, der technischen Verkleinerung und Intimisierung der Welt, in der alle Heimatrecht haben, und deren Verwaltung alle angeht.«

1944, während der Genosse Stalin eine kurzes Massenmordpäuschen einlegte, aber nur, weil er sogar seine GULag-Leibeigenen für den Kampf gegen die deutschen Aggressoren benötigte, phantasierte sich Thomas Mann den Kommunismus *mit menschlichem Antlitz* zurecht, ohne sich um die realen Zustände im Riesenreich der Gemeinsamkeits-Apostel und Gesellschafts-Intimisierer zu scheren. Bemerkenswert, wie der Dichter, obwohl Zeitgenosse und damit Zeitzeuge, den Nexus zwischen Kommunismus und Faschismus verwischt, indem er unterstellt, der Faschismus habe vom kommunistischen Schreckbild profitiert, wo doch ohne die bolschewistische Schreckensherrschaft weder der Faschismus noch der Nationalsozialismus überhaupt die Weltbühne betreten hätten; ohne Lenin kein Mussolini, und A. Hitler wäre Postkartendesigner geblieben. Der Kommunismus ist die Grundbarbarei unserer bzw. der 1990 verstrichenen

Epoche, der Antikommunismus mithin eine Grundweisheit aller künftigen Zeiten, und der große Schriftsteller Thomas Mann war – von seiner, wie gesagt, aller Ehren werten, wenn auch durch keinerlei Kompromittierungsversuchungen gefährdeten Verachtung der Nazis selbstverständlich abgesehen – ein politischer Esel.

PS: »So sehr ich Ihre Beiträge schätze, möchte ich doch anmerken, dass Sie mit dem Politesel Thomas Mann übers Ziel hinausschiessen«, moniert Leser ***. »Klar waren viele seiner politischen Essays, angefangen von den ›Betrachtungen‹ bis hin zu den Ihnen vielleicht vorliegenden weiteren Aeusserungen in vielerlei Hinsicht politische Eselei. Beeinflusst zuletzt vielleicht auch von der zu recht rief verletzten Erika Mann, die ja am Lebensende auch zwischen allen politischen Stühlen gesessen hat. Tatsache aber bleibt, dass die Familie Mann wirksamer als jede Einzelperson gegen die Nazis opponiert und zu deren Fall beigetragen hat. Viel schlimmer ist, dass gefeierte Grossschriftsteller und andere Granden, sogar mit Nobelpreis nach 1950 immer noch treudoof Moskaus Trompete gewesen sind, wo längst klar gewesen ist, was dort passiert war.«

Die »Betrachtungen«, geehrter Herr ***, sind nach dem »Joseph« mein Lieblingsbuch von Mann …

14. November

»Wir dürfen nicht nur das machen, was wir richtig finden, sondern wir müssen das machen, was Afrika glaubt zu brauchen, mit seinen Regierungen, aber auch mit seiner Zivilgesellschaft«, rotwelscht die im Kanzleramt leider nur zwischengelagerte Übergeschnappte auf dem Evangelischen Kirchentag, und Applaus brandet auf aus den Reihen der innerweltlich erlösungsbedürftigen Ungläubigen, ehe die Narrenfestleiterin mit »Wir können die Erderwärmung stoppen« fortfährt – »wir« meint wahrscheinlich: George, Barack, Heiko und ich –; es ist schon ein erhabenes Gefühl, einer Gesellschaft, die solchen autoaggressiven, in einfacher analphabetischer Sprache vorgetragenen Schwach- und Mindersinn nicht nur hinnimmt, sondern beklatscht, bejubelt und wählt, beim mählichen Verrücktwerden zuzusehen.

* * *

Johann Kühme, Präsident der Polizeidirektion Oldenburg, erklärte in einer Rede vor Kommunalpolitikern – ich zitiere die Ausführungen einer regionalen Gazette –: »›Sprache führt zu Hass. Hass kann zu Hetze führen und Hetze zu Gewalt.‹ Wer diesen Nährboden mit Worten dünge, mache sich zum Mittäter. ›Ich schäme mich als Deutscher dafür, wenn AfD-Politiker Muslima als Kopftuchmädchen titulieren oder die Nazis als Vogelschiss in der tausendjährigen Geschichte‹ – solche sprachlichen Entgleisungen nährten Hass und Hetze, und ›wir wollen das als Polizei nicht hinnehmen‹.«

Ein erstaunliches Statement für einen zur Neutralität verpflichteten Beamten. Sehen wir von der Primitivität und Hohlheit dieser immergleichen Worthülsen ab – solche Sprache kann zu Hass führen, in der Tat –, bleibt die Frage, ob sich ein Polizist außerhalb von Diktaturen offiziell so äußern darf. Immerhin soll der Mann Recht und Gesetz durchsetzen. Unser Polizeichef schämt sich also »als Deutscher«, wenn Finstermänner Kopftuchmädchen Kopftuchmädchen nennen, denn wahrscheinlich dürfen nach der Lex Kühme allenfalls Kopftuchmädchen Kopftuchmädchen Kopftuchmädchen nennen; gottlob wächst deren

Zahl ja immer mehr. Aber weder öffentliches Schämen noch öffentliches Rügen der strafrechtlich irrelevanten Wortwahl von Politikern sind sein Job, so populär das öffentlichen Schämen »als Deutscher« auch hierzulande sein mag, und genau so wenig wäre es sein Job, Leute anzuprangern, die »Kartoffel« sagen oder »Schweinefleischfresser«, dergleichen hat einen Polizeibeamten nicht zu interessieren. Dasselbe gilt auch für eine schlecht gewählte Metapher, mit welcher Alexander Gauland die Nazis bezeichnete – keineswegs deren Verbrechen, wie sofort von interessierter Seite herbeigelogen wurde – und die der AfD-Chef schon x-fach bedauert und zurückgenommen hat.

Aber wir verstehen: Ein *Westbeamter* meldet sich bereit, ein *Volkspolizist* zu werden.

* * *

Ich prophezeie seit Jahren, dass die Blockparteien das Mediensiechtum beenden werden, indem sie einfach öffentlich-rechtliche Zeitungen aus den zunehmend marktuntauglichen Blättern machen, und dass viele Artikel in der Wahrheits- und Qualitätspresse quasi Bewerbungsschreiben für die staatliche Finanzierung sind, weshalb man sich über die allgemeine Tendenziösität und Einförmigkeit nicht wundern möge; nun geschieht es: »Heimlich, still und leise sollen die Verlage zukünftig bis zu 645 Millionen € an staatlichen Subventionen erhalten«, meldet *Tichys Einblick*. »Damit werden auch sie an die Kette staatlicher Zuwendungen gelegt – staatsferne Medien werden marginalisiert.«

Alle diese Blätter verlieren rapide an Auflage, die Leute kaufen das Zeug nicht mehr, also muss man mit ihren Steuern den potemkinschen Medienpluralismus finanzieren. Ich kenne nur eine Partei, die das beenden könnte und würde.

20. November

Gestern Auftritt im Kieler Landtag. Geladen hatte die Fraktion der Teufelsbrüder, aber als wirklicher Koberer agierte Ralf Stegner, der sich allen Ernstes im Ältestenrat des Landtages darüber echauffiert hatte, dass ich dort aufkreuzen würde, den Nachweis anzutreten, dass eine deutsche Kultur diesseits der Sprache immerhin noch existiert, wie es bekanntlich eine Parteifreundin Stegners dereinst trotz ihres gelegentlichen Kontaktes zur Kanzlerin in stolzer Unbeirrtheit behauptet hat. Doch der sozialdemokratische Banause (wenn dieser Pleonasmus gestattet ist) will anscheinend auch das erlesene Deutsch bekämpfen, sogar wenn es ihn verherrlicht. Vielleicht nimmt er mir aber einen Artikel über ihn krumm, aus welchem ich denn prompt zum Aufwärmen vortrug …

Was Stegner tatsächlich schuf, war Aufmerksamkeit.

»Hitzige Diskussion um einen zweifelhaften Vortrag: Die AfD-Fraktion hat den Autoren Michael Klonovsky eingeladen«, kündigten die *Kieler Nachrichten* drei Tage zuvor an (es heißt »den Autor«, Kameraden aus der Schreibstube; »den Toren« indes hätte ich gelten lassen). Die »Empörung der übrigen Landtagsfraktionen« darob sei »groß«. Dabei ist Empörung gar nicht der Nordlichter Naturell! Worüber waren die oppositionsabholden Sprotten bloß so aufgebracht, dass sie sich im Vorfeld bizarre Statements abquälen mussten wie: »Klonovsky verbreitet gefährliche Verschwörungsmythen und ist einer der Hauptstrippenzieher der rassistischen Rhetorik der AfD.« Also schlug der SPD-Abgeordnete Tobias von Pein die Saiten, nein: die Strippen der Rhetorik an, meldeten die *Kieler Nachrichten*. Pein ist überdies noch Vorsitzender der SPD Stormarn, Mitglied im Förderkreis der Hans-Böckler-Stiftung, im Kinderschutzbund, der Arbeiterwohlfahrt, der Europa-Union Deutschland und beim FC St. Pauli, also ein paar Fädchen zieht auch er. Aber Hauptstrippenzieher, das ist schon ein anderer Dienstgrad! »Wer Klonovskys Ressentiments und Menschenfeindlichkeit nicht teilt, wird diffamiert«, fügte er hinzu, schreiben die *Kieler Nachrichten*. Von wem? Von meinem persönlichen Mänadenchor?

Halten wir hier kurz inne. Ich nehme jede Wette darauf an, dass Gevatter Pein, würde er *coram publico* genötigt zu erklären, was Ressentiment eigentlich bedeutet, in ein peinliches Stammeln geriete, so wie er auch für all seine anderen hetzerischen Unterstellungen keine Belege hat außer jenem, dass die Antifa und die »Omas gegen rechts« (oder hieß es »Omas gegen Nazis«? Die müssten ja immerhin von früher noch welche kennen, wahrscheinlich aus der eigenen Familie) vor dem Landtagseingang dasselbe skandierten, und dann wird es schon stimmen. Als ich aus dem Taxi stieg, rief mir einer dieser Buben zu, ob ich auch zu der Faschisten-Lesung wolle, das heißt, die da gegen mich demonstrierten, wussten überhaupt nicht, gegen wen sie in der Kälte standen und sich warm pfiffen, sie haben nie ein Buch von mir gelesen – wahrscheinlich könnte ich das »von mir« auch noch weglassen –, womit wir wiederum den Zirkel zu Freund Pein geschlossen hätten, über den sich wohl Ähnliches sagen ließe.

»Die AfD disqualifiziert sich ein weiteres Mal und zeigt ihr wahres Gesicht« (also praktisch meins), gab wiederum der CDU-Fraktionschef Tobias Koch zu Protokoll, der uns entweder mitteilen will, dass die Schwefelpartei sich bei all ihren vorhergehenden Selbstdisqualifizierungen noch einer Larve bediente, oder eben auch nur daherschwätzt, was ihm so unsortiert wie reflexhaft durchs Waschbretthirn rauscht. (Wer meine Menschenfeindlichkeit nicht teilt, wird diffamiert; diese Verheißung muss ich jetzt wohl ganz alleine einlösen.)

Wenn die anderen ihr enormes Mütchen kühlen, will auch der Fraktionschef der Freidemokraten nicht abseits stehen. »Dass die AfD-Fraktion auf Kosten der Steuerzahler reine Propaganda-Veranstaltungen mit rassistischen Rednern durchführt, ist schwer zu ertragen«, hassredete es aus Christopher Vogt, FDP, und zwar von jener Meinungsfreiheit gedeckt, unter deren wehendem Mantel ich in den Saal einzog. Sagt zumindest mein Anwalt. Jeder kann jeden einen Rassisten schimpfen. Vor allem jeder Lump. Das nennt sich Canaillokratie und funktioniert ebenfalls, sogar wie geschmiert, auf Kosten der Steuerzahler. Diese tristen Figuren können anscheinend nur noch in vorgestanzten Floskeln reden bzw. denken; wie sehr muss eine Gesellschaft geistig auf den Hund gekommen sein, die sich von solchen pawlowschen Pudeln repräsentieren lässt?

***

Genozide, meint der »Klimaaktivist« Roger Hallam (ich war früher bloß ein gelegentlicher Klimaxaktivist, das fühlte sich aber auch ganz gut an), Genozide seien fast normale Ereignisse, auch der Holocaust sei für ihn nichts als »just another fuckery in human history«, was sich, wenn man die Bedeutungsverschiebung von der vulgären Sexualmetaphorik der meisten anderen Völker zur speziell deutschen Fäkalmetaphorik in die Übersetzung einfließen lässt, als »nur ein weiterer Scheiß in der Menschheitsgeschichte« übersetzen lässt. Hat aber nix mit »Vogelschiss« zu tun und sollte auch nicht auf vergleichbare Weise mutwillig fehlinterpretiert werden, der Mann gehört ja zu den Guten. Vielmehr wird hier einem neuen begrifflichen *Salto mortale* der Linken der allfällige zirzensische Trommelwirbel vorausgeschickt: dem *Klimacaust*.

22. November

»Wir sind heute in der wunderbaren Lage, zu begreifen, welche abstoßende Sache für einen Patrizier oder einen antiken Ästheten das Erscheinen des Christentums gewesen sein muss.« *
Cioran, Dezember 1967
* »Besonders die Ächtung des Circus.« (Leser ***)

* * *

Regel für *Studierende*: Alle Texte, die älter als 20 Jahre sind, enthalten fragwürdige, kaum mehr aktuelle Botschaften; sie sind, sofern sie ein Mann geschrieben hat, oftmals sexistisch, sofern sie ein Weißer geschrieben hat, immer strukturell rassistisch; sie reproduzieren bewusst oder unbewusst überholte patriarchalische und rassistische Machtstrukturen; sie konstruieren Wirklichkeit, wurden aber von der Wirklichkeit längst überholt; man muss sie äußerst kritisch lesen, ihre rückständigen, manipulativen und repressiven Absichten entlarven.

Ausgenommen sind natürlich der Koran und die Hadithe. Auch fortschrittliche Menschen haben schließlich nur eine einzige Gesundheit.

* * *

Für eine bloße Verschwörungstheorie ist *Le Grand Remplacement* aber schon recht weit vorgedrungen, nämlich ins französische Fernsehen. Maboula Soumahoro, von Einwanderern von der Elfenbeinküste abstammende und in Paris geborene außerordentliche Professorin für Englisch an der Université François-Rabelais, Tours, sowie am Pariser Institut für Politikwissenschaft mit Forschungsschwerpunkt »afroamerikanische Studien und afrikanische Diaspora«, beschied Alain Finkielkraut vor laufender Kamera: »Ihre Welt geht unter. Sie können in Panik geraten, wie Sie wollen, es ist vorbei!« Und dann ist es der Philosoph selbst, der den rassistischen Verschwörerbegriff in den Lügenmund nimmt.

Ich kann den intellektuellen Rang von Madame Soumahoro nicht beurteilen, ihre Studiengebiete interessieren mich dafür viel zu wenig, sie mögen aber völlig legitim sein, auch wenn echte Koryphäen wohl so schnell nicht daraus hervorgehen werden, weil sie vom Ressentiment durchtränkt sind. Ich kann und will über diese Dame nichts sagen, die laut französischer *Wikipedia* vor allem als »Antifaschistin und Afrofeministin« bekannt ist, womit ja genug über sie gesagt wäre. Aber über den von ihr triumphierend angekündigten Untergang ein Wort. Kann gut sein, dass ihr das Lachen schnell vergehen wird. Es ist nicht ganz unwahrscheinlich, dass ein nicht unerheblicher Teil derjenigen, die in den nächsten zwei Generationen den Westen dieses Kontinent beerben und übernehmen werden, mit dessen Infrastruktur, Technik und Kultur nicht viel mehr anfangen kann als ein Gorilla mit einer Violine. Dass all der schöne Wohlstand von den Shopping Malls über die medizinische Betreuung bis zur Energieversorgung eines Tages nicht mehr vorhanden ist, und speziell von Feministinnen und »Antifaschistinnen« ist in solchen Fällen wenig Hilfe zu erwarten, weil ihre parasitäre Existenz ohne Wirt nicht mehr funktioniert, das heißt, sie sind dann auch nicht mehr vorhanden (allenfalls, wenn es sich lohnt, *zuhanden*). Dann werden es die anderen sein, die noch einmal bitter aus ihren Gräbern und Exilen lachen.

* * *

Patrick J. Deneen, Politikwissenschaftler an der University of Notre Dame, Indiana, über seine Studenten (Auszüge):

»Meine Schüler sind Nichtswissende. Sie sind überaus nett, angenehm, vertrauenswürdig, meist ehrlich, wohlmeinend und absolut anständig. Aber ihr Gehirn ist weitgehend leer, ohne nennenswertes Wissen, das die Folge einer Ausbildung über die eigenen Herkunft und das Geschenk einer früheren Generation sein könnte. Sie sind der Höhepunkt der westlichen Zivilisation, einer Zivilisation, die fast alles Eigene vergessen und dadurch eine nahezu perfekte Gleichgültigkeit gegenüber ihrer eigenen Kultur erreicht hat. ... Sie haben gelernt, wie Eintagsfliegen zu sein, durch Zufall in einer flüchtigen Gegenwart lebend. ... Was unser Bildungssystem produzieren will, ist kulturelle Amnesie. ... Unsere Studenten sind die Verwirklichung eines systemischen Einsatzes zur Herstellung von Individuen ohne Vergangenheit, von kulturlosen Nummern, die überall leben und jede Art von Arbeit verrichten können, ohne nach ihren Zielen zu fragen. ... Sie sind die erste Generation abendländischer Akademiker mit der Verpflichtung zur gegenseitigen Gleichgültigkeit ... Jeder Überrest einer gemeinsamen Kultur würde diese Hauptrichtlinie stören.«

Anstelle der antiken *res publica,* so Deneen, habe die moderne westliche Universität »die weltweit erste *res idiotica* geschaffen« (im Wortsinne). – »Sie werden gegen niemanden kämpfen, denn das gehört sich nicht. Aber sie werden auch niemals für etwas kämpfen.« ... »Ich liebe meine Schüler. Aber ich trauere um sie ...«

* * *

Heute heißt es nicht mehr *L'Éducation sentimentale,* sondern *La rééducation sentimentale,* vor allem jener Gefühle, über welche die Wahrnehmung von Unterschieden stattfindet.

* * *

Welt online meldet unter Berufung auf einen Report des Instituts der deutschen Wirtschaft, dass in den MINT-Berufen Stand Oktober in Deutschland 263 000 Arbeitskräfte fehlten. »Eine Rechnung zeigt, wie bedeutsam ausländische Fachkräfte sind, um die Lücke zu verringern.« Überschrift: »Zuwanderer bewahren Deutschland vor Fachkräfte-Kollaps«. Illustriert ist der Text mit dem Foto einer jungen dunkelhäutigen Ingenieurin.

Finde den Fehler.

* * *

Durch den Klimawandel werde unsere Gesundheit leiden, droht lüstern die *Zeit*. Diesmal ist die Quelle nicht der Kaffeesatz aus der Kantine des IPCC, sondern das in London erscheinende Medizin-Journal *The Lancet*. »Bei einem Weiterwirtschaften wie bisher ›wird das Leben jedes heute geborenen Kindes tiefgreifend vom Klimawandel beeinträchtigt werden‹, teilt das Konsortium *The Lancet Countdown* mit. Gehe der CO_2-Ausstoß weiter wie bisher, werde ein derzeit geborenes Kind an seinem 71. Geburtstag im Schnitt in einer um vier Grad wärmeren Welt leben.« Und nicht, wie bisher angenommen, an seinem 74.

Ich gestehe, dass mich diese Klima-Theologie wenig interessiert; ich habe, bevor ich auf der Erdoberfläche mählich gegart werde, anderes zu tun, als mich in diesen Spekulations- und Modellsalat einzulesen. Aber so viel weiß ich: Es gibt keine seriöse Quelle, die in den nächsten siebzig Jahren vier Grad Temperaturanstieg prognostiziert, es gibt dazu überhaupt keine seriöse Prophezeiung, weil nicht alle Faktoren bekannt sind, die in den nächsten 70 Jahren eine Rolle spielen werden (die NASA hat ja eine Abkühlung durch den Rückgang der Sonnenaktivität angekündigt). Und wenn es sich so verhielte, wie *The Lancet* barmt, können wir sowieso allmählich zur Abschlussparty übergehen, dann ist eh nichts mehr zu retten. Denn wenn es in 70 Jahren vier Grad sind, wie viel wären es dann in 100 Jahren?

Wenn irgendwer in der Hamburger »Hui-buh!«-Redaktion ernst nähme, was man da selber in den Äther morst, dann müssten die Leitartikel über den notwendigen Ausstieg aus dem Atomausstieg und die Forderung nach rigiden Geburtenkontrollen in Afrika dort nur so vom redaktionellen Band gehen. Und die flammenden Manifeste gegen die islamische Zeugungspropaganda erst! Aber sie sorgen sich dann doch mehr um ihre gegenwärtige Gesundheit als um die Zukunft des Klimas. Siebzig Jahre sind eine lange Zeit. Bis dahin ist auch die schrillste Prognose vergessen.

Apropos *The Lancet*: Im September des vergangenen Jahres hat die Medizin-Gazette eine Meta-Studie zur Wirkung von Alkoholkonsum auf die Gesundheit jener anthropomorphen Krebse veröffentlicht, die im kommenden Säkulum angeblich gekocht werden. Damals schlagzeilte die *Zeit* vergleichbar hysterisch: »Selbst das eine Bierchen ist schon ungesund« und warnte: »Alkohol schadet ab dem ersten Tropfen. Und ist weltweit für noch mehr Tote verantwortlich als gedacht.« Was die statistische Erhebung tatsächlich zeigte, war beinahe das Gegenteil. In der hunderttausendköpfigen Gruppe, deren Angehörige fünf Gläser Wein oder Bier am Tag tranken, erkrankten kolossale 328 Personen mehr an möglicherweise auf Alkoholeinfluss rückführbaren Zipperlein als bei der Vergleichsgruppe der Abstinenzler, also 0,328 Prozent. Ich vermute, es handelt sich diesmal um ein ähnliches Muster; man will das eigene Klimakatastrophengedöns inmitten des allgemein herrschenden schließlich an die Leserin bringen.

Eine andere Frage zu dieser Studie drängt sich noch auf: Wenn, wie es heißt, vor allem die Kinder am meisten unter der Erderwärmung von vier Grad leiden würden – *würden*; das ist zwar nicht empirisch, aber gesichert –, warum bekommen dann die Menschen in Weltgegenden, wo es vier und mehr Grad wärmer ist als in Hamburg und London, deutlich mehr Kinder nicht nur als *Zeit*-Redakteurinnen, sondern als Europäerinnen überhaupt? Schnallen die's nicht, dass es für die Kleinen viel zu heiß ist? Anders gefragt: Fangen wir hier in *Good Old Europa* auch wieder richtig mit dem Schnackseln und Kindermachen an, wenn die vier Grad mehr endlich bis auf die lahmen bleichen Lenden durchschlagen?

25. *November*

Ein Rechtsruck liegt dann vor, wenn die Zahl der von Linken verhinderten Veranstaltungen so spürbar wächst, dass die Medien darüber zu berichten beginnen.

***

Übrigens: Stand März 2019 gibt es in Kein-schöner-Land 185 000 nicht vollstreckte Haftbefehle.

***

Wenn sich ein intelligenter Mensch langweilt, dann immer in Gesellschaft.

***

»Es ist für jeden deutschen Faschisten schon eine harte Arbeit, zehn Antifaschisten ernähren zu müssen.«
Alexander Wendt

***

Pahl-Rugensteinmeier.

***

Überraschende Unterstützung erfuhr dieser Tage die von rechtsextremen rassistischen neonazifaschistischen Hassern & Hetzern ungestraft verbreitete Fake-Verschwörungstheorie einer angeblich stattfindenden *Umvolkung* von diesem (die Sache selbstverständlich nur ironisch übertreibend meinenden) Absender: »Dann aber bitte auch Wahlrecht für Ausländer*innen, die hier arbeiten und Steuern zahlen. Umvolkung muss konkret werden!«, twittert Kühnerts Kevin.

***

Die *Spiegel online*-Kolumnistin Margarete Stokowski beklagt ihr hartes Los, praktisch täglich »Hassangriffen der rechten Szene im Netz« zum Opfer zu fallen. Seit sie angefangen habe, »feministische Texte zu schreiben«, erhalte sie »Morddrohungen und alle möglichen Arten von Gewaltandrohungen«. Zu wirklichen Attacken sei es allerdings noch nicht gekommen.

Gut, könnte man jetzt sagen, das ist gerade für AfD-Leute Alltag, nur dass man denen überdies noch die Autos abfackelt, die Scheiben einschmeißt, die Häuser beschmiert, die Wirte und Vermieter bedroht, die ihnen Versammlungsräume zur Verfügung stellen wollen, oder sie eben auch direkt angreift, aber das ändern nichts daran, dass es widerwärtig ist. Frau Stokowski erklärt in ihrem Interview zwar, ihr sei durchaus bewusst, dass dergleichen Drohungen auch über andere Zeitgenosse ausgekübelt werden, nur ist der von ihr in Schutz genommene Personenkreis ein recht exklusiver. Dass Politiker, Publizisten und Blogger der »rechten Szene« ebenfalls betroffen sind, hat sie mehrfach begrüßt. Zur Bundestagswahl 2107 steuerte sie den Kommentar »Antifaschismus muss Alltag werden« bei, und natürlich legen Klein-Margarete und ihre Clique fest, was »Faschismus« ist. Niedlich war immerhin, wie sie die Drohung »Antifa bleibt Handarbeit« erst ausstieß und dann im Rahmen der ihr verfügbaren Schlauheit zu versimpeln suchte mit den Worten: »das heißt, dass wir in den kommenden vier Jahren die Hände voll zu tun haben werden, denen nachhaltig auf die Nerven zu gehen, die versuchen, sich als Konservative zu verkleiden, aber in Wirklichkeit für Rassismus, Nationalismus und völkisches Denken stehen«. Mit »Handarbeit« auf die Nerven gehen, na klar, wo sich eine Tastatur und eine Margarete treffen, klappt sogar das.

»Es kann nicht genug Antifa geben«, echote sie sich selber im September 2018 zu und monierte: »Sobald man sich in der Öffentlichkeit positiv auf die Begriffe ›Antifa‹ oder ›radikal‹ bezieht, gibt es Leute, die das als Aufruf zu Gewalt verstehen.« (Aber hatte sie nicht gesagt, ihr werde keine Gewalt angetan; wo ist dann das Problem bei denjenigen, die sie »radikal« mit Worten malträtieren, wie es die Neofa bei den von ihr markierten Zielpersonen mindestens tut?). Vor sechs Tagen bestritt die maulende Myrte sogar die Existenz eines »linken Mobs«, der Andersmeinende – *Andersdenkende* unterstellte ja, bei der Neofa würde überhaupt gedacht – bedroht.

Also Frau Stokowski jammert, weil sie im Netz beleidigt und bedroht wird – den Gentleman, der ihr beisteht, hat sie ja zum Sexisten erklärt –, sie hat aber keine Schwierigkeiten damit, wenn dergleichen anderen widerfährt, sofern die eben zur politischen Gegenseite gehören. Da hält sich mein Mitleid denn doch in Grenzen. Und ob sie wirklich wegen ihrer »feministischen Texte« beleidigt wird und nicht wegen ihrer teilnahmsvollen

Worte über die Nicht-Schläger, Nicht-Scheibeneinschmeißer, Nicht-Autoanzünder und Beinahe-nie-Veranstaltungsverhinderer aus dem Kreise der Schläger, Scheibeneinschmeißer, Autoanzünder und Veranstaltunsgverhinderer von links, sei dahingestellt. Aber immerhin scheint die Maid im Stahlbad der Verbalschikanen einen Gesinnungswandel zu durchlaufen; hat sie die Neofa vor einiger Zeit noch angefeuert, leugnet sie inzwischen deren Existenz. Weitere Einsichten demnächst unter »Stokowski« in Ihrer *Spiegel online*-Einheitskolumne.

* * *

Mit einem gewissen Entsetzen nahm die nichtalimentierte Öffentlichkeit zuletzt die Nachricht zur Kenntnis, dass die Bundesregierung den kanzleramtsnahen potemkinschen Medienfassadenpluralismus durch Bezuschussung der in Frage kommenden Gazetten mit Steuermitteln zu stabilisieren gedenkt. Cheer up, oh my brothers and sisters! Sollen sie doch ihren Judaslohn kriegen, solange nur die Auflage sinkt!

* * *

»Grönland – Ground Zero des Klimawandels«, metaphert munterfroh der *Tagesspiegel.*

Dann wohl auch: »Schweden – Stalingrad des Multikulturalismus«? Und: »Südpol – Cannae der Polschmelzhysteriker«? Oder: »Arabien – die Katalaunischen Felder des Feminismus«?

Bilden Sie weitere Beispiele!

* * *

In Übersee gibt es bekanntlich heftige Diskussionen darüber, inwieweit geschlechtsumgewandelte ehemalige Männer das Fairplay-Gebot im Frauensport demolieren und die gesamte

Sparte *ad absurdum* führen, im Netz kursieren amüsante Videos von kernigen Debütant*innen bei Wettkämpfen des zarten Geschlechts, wo endlich einmal Männer Frauen folgenlos in der Öffentlichkeit verhauen dürfen. Die Erfolge der (Trans-)Genderlobby stellen nicht weniger aufs Spiel als den Frauensport insgesamt, was insofern egal ist, als Geschlechter lediglich Konstrukte sind. Die umgekehrte Gefahr, dass Transmänner den Männersport zerstören, besteht ja gottlob nicht.

2. Dezember

»Als Genetiker weiß ich, dass es nicht mehr möglich ist, die durchschnittlichen Unterschiede zwischen den ›Rassen‹ zu ignorieren.«
David Reich, Professor für Genetik in Harvard, in der *New York Times* vom 21. März 2018

* * *

Die Soziologin Jutta Allmendinger beobachtet derzeit den Wohnungsmarkt in Übersee. Gegenüber *Zeit online* beteuert sie: »Es gibt dicke rote Flecken auf der Landkarte, wo nur noch Wohngeldbezieher leben. Andererseits Viertel mit einem überproportional hohen Anteil von Immobilienbesitzern und Beziehern hoher Einkommen. Dabei brauchen wir durchmischte Wohnviertel. Sonst findet keine Begegnung mehr statt. In dieser Hinsicht ist Amerika ein Höllenvorbild.«

Als Hölle. Hm. Warum eigentlich nicht Venezuela? Oder Kuba? Immerhin haben wir derzeit immer noch eine Partei in der Regierung, deren Vorsitzender von Kollektivierung redet, und was Kollektivisten an der Macht zustandebringen, lässt sich derzeit in diesen Ländern am eindrucksvollsten studieren. Schlimmer als Amerika geht immer.

Zeit online erkundigt sich besorgt: »Welche Gefahr birgt diese Entwicklung für unsere Gesellschaft?«

Allmendinger repliziert: »Letztendlich steht die Demokratie auf dem Spiel. Weil eine Demokratie immer davon abhängt, dass sich Menschen zugehörig fühlen. Dass die kleinen Wirs der Familien miteinander verbunden sind und sich als Teil von großen Wirs fühlen. Dass das partikulare Vertrauen in Einzelne zu einem generalisierten Vertrauen in die Mitmenschen wird. Das aber setzt voraus, dass es Orte der Begegnung gibt. Die müssen wir wieder schaffen. Begegnungen sind die einzige Möglichkeit, ein Übermaß an Stereotypisierungen und Stigmatisierungen zu überwinden, unter denen unsere Gesellschaft zunehmend leidet. Ich glaube, es kann keine demokratische Gesellschaft geben, wenn bestimmte Gruppen langfristig ausgeschlossen sind. Aber genau das geschieht gerade.«

Jedem AfD-Wähler kommen diese Töne irgendwie bekannt vor. Aber Frau Allmendinger (in deren Namen die *Allmende* kaum verborgen fortwest) meint es nicht im Sinne der *Somewheres.* In ihrem Interview über fehlenden Wohnraum und wachsende Obdachlosigkeit in Kein-schöner-Land fällt weder das Wort Migration noch das Wort Ausländer, denn die Tatsache zu erwähnen, dass irgendein Zusammenhang bestehen *muss* zwischen ca. zwei Millionen seit 2015 neu Hereingeschneiten, nach wie vor in großer Zahl Hereinschneienden und in der Regel sowohl ohne Aufenthaltsrecht als auch ohne solide Jobaussicht hier Lebenden, das wäre fremdenfeindlich und nationalistisch und sicherlich auch rassistisch. Da diese uns aufgezwungenen, von einem großen Teil der Gesellschaft jedoch irgendwie gewollten Deutschland-Debütanten ja irgendwo wohnen müssen, sich eine Wohnung freilich meist nicht leisten und auf dem freien Markt besorgen können, werden sie eben auf Kosten der Steuerzahler und zu Nutz und Frommen der Vermieter irgendwo untergebracht, was im Umkehrschluss dazu führt, dass für schon länger hier Lebende der Wohnraum knapp wird und manche, wie man in den Gazetten liest, nach vielen Jahren Mieterdasein ihre Bleibe verlieren, weil das Geschäft mit den staatlich finanzierten Dauergästen sicherer und lukrativer ist. Soweit das.

Jetzt zu den »Wirs«, dem »generalisierten Vertrauen in die

Mitmenschen« und den »Orten der Begegnung«. In multiethnischen, multikulturellen Gesellschaften kann es so etwas nur geben – ich wiederhole mich auch hier –, wenn der Magen der Aufnahmegesellschaft bei der Verdauung des Fremden nicht überlastet wird, wenn die Einwanderer nicht separate Milieus vorfinden, in die sie sich gar nicht erst einfügen müssen, weil es ihre eigenen sind, und wenn die Neuen nicht alimentiert werden, sondern für ihr eigenes Auskommen sorgen müssen. Wenn, mit einem Wort, die Aufnahmegesellschaft von Zurechnungsfähigen regiert wird. Das ist seit spätestens 2015 hierzulande nicht (mehr) der Fall. Deswegen meiden viele Einheimische die »Orte der Begegnung«, nicht nur den Görlitzer Park oder das Kottbusser Tor in Berlin, sondern überhaupt den nächtlichen Park, die Hauptschule, den Problembezirk. Auch fast alle Befürworter von mehr Einwanderung tun das, denn der perversen Logik dieser Gesellschaft folgend muss jeder abwägen, ob ihm das Trommeln für den Merkelismus und gegen »rechts« mehr nutzt, als diese Politik ihm und dem Land, zumindest aber seiner näheren Wohnumgebung schadet.

Generalisiertes Vertrauen entsteht in einer Gesellschaft jedenfalls nur über große Zeiträume. Dem Fremden gegenüber ist der Mensch aus guten Gründen skeptisch. Eine fragmentierte Gesellschaft – und diese Fragmentierung wird nicht nur durch soziale, sondern weit öfter und drastischer durch ethnisch-kulturelle Identitäten gestiftet – ist eine Gesellschaft der Vorsicht, des Misstrauens und der »Verwerfungen« (Yascha Mounk). Kollektive Mentalitäten sind das Riff, an dem der Multikulturalismus regelmäßig scheitert. In einer Rede habe ich dazu Folgendes ausgeführt:

»Ein etwas profanes Kompositum zur Beschreibung solcher kollektiven Mentalitäten heißt: kulturelles Kapital. Es verbindet die Sphäre der Alltagskultur mit jener der Ökonomie. Das ist bekanntlich eine sehr praktische Sphäre, weshalb die universitäre Idee, alle Völker seien letztlich irgendwie gleich, dort nie Fuß gefasst hat. Das Konsumverhalten der Völker unterscheidet sich erheblich. Ein und dasselbe Produkt wird in verschiedenen Ländern unterschiedlich beworben. Es handelt sich um eine Art *Racial Profiling* der Marketingabteilungen. Die typisch deutsche Werbung mit dem Mann als Depp und der Frau als Wegweiser wäre anderswo der Image-Tod des Produkts.

Kein Unternehmen wird in einem Land investieren, ohne zuvor zu recherchieren, was für ein Menschenschlag dort lebt, das heißt Kalkulationen über das kulturelle Kapital anzustellen. Dazu gehören: Bildung, Intelligenz, Arbeitsmoral, Leistungswille, Pünktlichkeit, Verlässlichkeit, Vertragstreue, Rechtstreue, Fairness. Wo kulturelles Kapital dieser Art über Generationen akkumuliert wurde, wird man mit höchster Wahrscheinlichkeit eine Gesellschaft vorfinden, in der Achtung vor den Rechten des Individuums inclusive Meinungs- und Religionsfreiheit herrscht, die Staatsgewalt kontrolliert wird, die Kriminalität gering ist, eine gute Balance zwischen Egoismus und Gemeinwohlorientierung besteht sowie ein allgemeines Interesse an Bildung und Aufstieg für ein entwicklungsfreudiges Klima sorgt.

›Eine wesentliche Leistung des kulturellen Kapitals besteht im Aufbau von Vertrauen‹, schreibt Rolf Peter Sieferle, er ruhe in Frieden. ›Menschen, die sich kulturell unter Gleichgesinnten bewegen, neigen dazu, diesen Vertrauen entgegenzubringen und nicht in jeder Situation misstrauisch Betrug zu wittern und Schutzmaßnahmen zu ergreifen. In ökonomischer Sicht handelt es sich hierbei um ein Senken von Transaktionskosten.‹

Sieferle erinnert an die heute märchenhaft erscheinende Instanz des Geldbriefträgers, der bis in die 1960er Jahre Bargeld an private Adressen zustellte. ›Da läuft ein älterer Mann mit einer schweren Geldtasche durch die Straßen, von jedem erkennbar, und es geschieht ihm nichts. Heute müsste er von einem Aufgebot an Bodyguards begleitet werden.‹

Das hier in Rede stehende Vertrauen erreichte in den ethnisch-kulturell eher homogenen Ländern Nord- und Westeuropas eine erstaunliche Stabilität und war ein Hauptgrund für deren wirtschaftliche und geistige Leistungsfähigkeit. Dieses Vertrauen – und das ihm zugrundeliegende kulturelle Kapital – werden gerade mit dem Segen der Bundesregierung abgeräumt. Wenn wir heute von deutschen Rentnern lesen, die Betrügern mit dem berühmten daseinsveredelnden Hintergrund auf den Leim gegangen sind, erleben wir, wie gewissermaßen die Restbestände abgemolken werden. Diese alten Leute sind ja nicht zwingend senil, aber in einer Umwelt des gegenseitigen Vertrauens aufgewachsen.

Ich will hier keine gesellschaftliche Entwicklung beschreiben oder beklagen, sondern nur darauf hinweisen, dass kulturelles Kapital in verschiedenen Völkern oder meinethalben Kulturkreisen verschieden verteilt und alles andere als ein Konstrukt ist.

Auf die Frage: ›Can most people be trusted?‹, haben 1990 52 Prozent der Amerikaner und Kanadier mit Ja geantwortet. Anno 2000 waren es nur noch 36 bzw. 39 Prozent. Im selben Jahr antworteten immer noch 67 Prozent der Dänen mit Ja, aber nur drei Prozent der Brasilianer. Wer Vertrauen misst, misst nicht nur den Zivilisationsgrad, er treibt zugleich Völkerpsychologie. Ein Linker würde sagen: Er schürt Vorurteile.

Das Ethos einer Leistungsgesellschaft ist viel zu komplex und hat viel zu tiefe Wurzeln, als dass irgendwer es ›konstruieren‹ könnte. Es ist ein über Generationen gewachsenes Phänomen.

Deswegen dauert es auch vergleichsweise lange, solches kulturelles Kapital zu zerstören. Sie können sich ausmalen, wie kräftig ein Organismus sein muss, der zugleich die Grünen hat und am Morbus Merkel laboriert, aber trotzdem noch wirtschaftlich leistungsfähig ist. Nur: Wenn keine Medizin verabfolgt wird, kommt unvermeidlich der Tag, an dem der Organismus kollabiert. Wenn das kulturelle Kapital einmal zerstört ist, kommt es nie wieder.

Halten wir fest: Kulturelles Kapital ist ethnisch-kulturell verschieden verteilt. Der Fluch des Multikulturalismus besteht darin, dass die Sicherheiten einer über Generationen eingeschliffenen Alltagskultur nicht mehr gelten, dass im Umgang der Menschen keine Selbstverständlichkeiten mehr existieren, weil plötzlich unterschiedliche Gruppen auf ein und demselben Territorium unterschiedlichen Verhaltenscodes folgen. Das Missverständnis wird zur Regel, seine Vermeidung zum ersten Gebot. Ein falsches Wort, eine falsche Geste kann katastrophale Folgen haben. Dann müssen die Regeln des Zusammenlebens tatsächlich täglich neu ausgehandelt werden, und zwar nach den Kriterien des Stärkeren. Das gesellschaftliche Ritual der Geschlechter beispielsweise, der ganze Kosmos von Galanterie, Koketterie, Flirt, Rendezvous, ist dann endgültig passé, nicht nur an amerikanischen Universitäten oder in der Redaktion der Zeit. Unbegleitete männliche Flüchtlinge oder glaubensfeste Neumitbürger verklickern ohnehin gerade deutschen Willkommensmädels die Besitzverhältnisse in der neuen Geschlechterhierarchie.«

Das sind einfache Wahrheiten. Aber wer sie ignoriert, zerstört genau das, was Frau Allmendinger für die Grundlagen einer Demokratie hält.

* * *

Die Grünen haben auf ihrem Parteitag beschlossen, den Bau von Eigenheimen zu erschweren, denn »Einfamilienhäuser verbrauchen besonders viele Ressourcen, da im Vergleich zum Mehrfamilienhaus der Außenhautanteil sehr groß ist, zudem verschleißen sie extrem viel Bauland und Infrastruktur. Immer neue Einfamilienhausgebiete auf der grünen Wiese treiben den Flächenverbrauch weiter an und führen vielerorts gleichzeitig zu leerfallenden und öden Ortskernen.«

Linke Politik: Immer mehr ungebildete, unselbständige Ausländer ins Land holen, die autochthone Bevölkerung zu deren Alimentierung nötigen und dabei schleichend enteignen, alle zusammen in Wohnsilos »gut durchmischen«, die daraus resultierenden Konflikte verschweigen*, Kritiker Rassisten nennen und sich selbst als moralisch veredelte Vorhut der Weltverbuntung feiern lassen. Wer könnte dieser Versuchung widerstehen? –

* Das lässt sich derzeit am besten am Falle Schwedens studieren; man achte auf die Diktion des Berliner *Tagesspiegels*: »Land kämpft mit kriminellen Gangs. Zahl der Bombenanschläge in Schweden steigt stark an. In kaum einem anderen europäischen Land greifen Kriminelle so häufig zu Sprengstoff wie in Schweden. Jetzt gab es wieder mehrere Explosionen.« Gangs, Kriminelle, es gab Explosionen, aber warum, und warum früher nicht, ts ts ts …

* * *

Twitterfund.

Anja Reschke: »›Menschenrassen gibt es nicht und hat es nie gegeben‹ (Jenaer Erklärung 2019)«

Dr. Greenthumb: »Ich bin promovierte Molekulargenetikerin. Geben Sie mir ein paar Speichelproben/Blutproben, und ich kann Ihnen anhand genetischer SNP/Marker und Mikrosatelliten klar zeigen, welcher Ethnie der Proband abstammt.»

* * *

Noch zum Vorigen: Die Zahl der Messerattacken in Deutschland ist seit den Tagen des freundlichen Gesichts der Kanzlerin immer weiter gestiegen, wird gemeldet. Die Gründe bleiben noch rätselhafter als jene für das freundliche Gesicht.

* * *

Immer noch irgendwie zum Vorigen:

»Familien aus Osteuropa erhielten in Krefeld für rund 90 Kinder Kindergeld, die gar nicht in der Stadt lebten – und das möglicherweise jahrelang. Der Schaden geht in die Millionen«, schreibt *Focus online*. Die »Familien« stammen aus Rumänien und Bulgarien ... Nennen Sie mir bitte ein Vorurteil, das nicht stimmt.

4. Dezember

Es gibt sehr wenige Menschen, die von sich behaupten dürfen, sie seien um ihrer selbst willen auf der Welt, was in einem bedauerlichen Kontrast zu den Vielen steht, die es gleichwohl tun.

* * *

»Ein Gott ist ein Gott«, klärt mich mein Ältester über die Funktionsweise irgendeiner kollektiv erschaffenen Online-Phantasiewelt auf, »wenn er genügend Follower hat.«

Eigentlich wie in der realen Welt.

***

Munter voran geht es bei einem Prozess, der angeblich gar nicht stattfindet:

Ein Herr namens Suleman Malik twittert: »›Kein Moschee Neubau in Erfurt.‹ Kleben Nazis an Laternen auf unserem Moscheegelände. Doch. Die Moschee wird stehen, dann wird noch eine weitere gebaut, und dann noch eine und dann noch viele weitere. Bis jedes Dorf eine Moschee hat! Nazis werden uns daran bestimmt nicht hindern.«

Natürlich nicht. Nazis hatten noch nie etwas gegen Moscheen! Nur gegen Synagogen!

***

Dass unsere Hl. Greta, wie alle Heiligen vor ihr, lediglich – aber immerhin! – das Medium einer bedeutenderen Instanz ist, habe ich hier gelegentlich zum Unwillen mancher ihrer Jünger*innen gepriesen. Allmählich scheint die besagte Instanz willens zu sein, aus dem Hintergrund zu treten.

Auf der von George Soros finanzierten Webseite »Project Syndicate« stellen Chucky und zwei Mitmarionetten nun klar, dass für den Kampf gegen die »Klimakrise« inzwischen ein Endsiegziel ausgegeben wurde: die Demontage der »kolonialistischen, rassistischen und patriarchalen Unterdrückungssysteme«.

»An den nächsten beiden Freitagen werden wir wieder auf die Straße gehen«, heißt es dort, »weil es die Wissenschaft verlangt.« Der wissenschaftliche Kommunismus? Ja, wahrscheinlich der. »Maßnahmen müssen wirkungsvoll und weitreichend ausfallen. Schließlich geht es bei der Klimakrise nicht nur um die Umwelt. Sie ist auch eine Krise der Menschrechte, der Gerechtigkeit und des politischen Willens. Kolonialistische, rassistische und patriarchale Unterdrückungssysteme haben sie geschaffen und befeuert. Wir müssen diese Systeme ausnahmslos demontieren.« Die Karten liegen also auf dem Tisch. Ich erinnere in diesem Zusammenhang immer wieder gern an die Worte von Ottmar Edenhofer, Direktor des Potsdam-Instituts für Klimafolgenforschung: »Wir verteilen durch die Klimapolitik de facto das Weltvermögen um. (...) Man muss sich von der Illusion freimachen, dass internationale Klimapolitik Umweltpolitik ist. Das hat mit Umweltpolitik, mit Problemen wie Waldsterben oder Ozonloch, fast nichts mehr zu tun.«

Damit dürften eigentlich alle Fragen ausgeräumt sein. Mit einer Ausnahme, nämlich jener, ob der Klimaschwindel auffliegt, bevor oder nachdem diese Gauner erfolgreich waren.

* * *

Noch zum Vorigen.

Am 26. März verabschiedete das umstrittene Europaparlament eine Entschließung zu den »Grundrechten von Menschen afrikanischer Abstammung in Europa« mit 535 zu 80 Stimmen. Strenggenommen verabschiedeten die 535 Hochherzigen eine Resolution gegen ein bislang noch nicht hinreichend beschriebenes Skandalon namens »Afrophobie«. Die halbstündige Aussprache ereignete sich, wie in der Kreisliga üblich, vor leeren Rängen. Selbstverständlich fand diese Ankündigung eines so fundamentalen wie einstweilen noch unverbindlichen Rechtsbruchs, äh, Dingens, einer großartigen Rechtsumwertung und bedeutenden Neugewichtung bereits damals ihren sogenannten Niederschlag in den *Acta diurna*; in der Wahrheits- und Qualitätspresse und den rückständigen nationalen Parlamenten blieb der Vorgang dagegen bislang nahezu unbeachtet. Es gibt in den europäischen Staaten ja noch keine exklusiven Grundrechte für irgendeine ethnische Gruppe; Staatsbürger genießen samt und sonders die gleichen ungerechten Rechte, sogar und ganz unverdientermaßen, wenn es sich um Rechtspopulisten handelt. Was die Europaabgeordneten hier ankündigen, ist die Etablierung von Sonderrechten, und einstweilen, bis die Generation furchtbar gütiger Juristen vom Schlage Daniel Thyms die Verfassungsgerichte übernommen hat, muss man dergleichen progressive Umwertungen noch auf Schleichwegen in die afrophobe Rassistenwelt tragen. Was aber wäre geheimer als ein Papier der EU? Das Beschweigen dieser Entschließung folgt also der üblichen Logik, das Tätervölkerrecht und seine Trägerkollektive ohne Hast, aber stetig auszuhöhlen, bis eines Tages vollendete Tatsachen statuiert resp. konstatiert werden können. Soviel Zukunft war nie!

Nach der Xenophobie, der Homophobie und der Islamophobie ist also wieder eine neue Angststörung entdeckt worden, an der weiße Europäer so bedauerlicherweise wie grundlos leiden und von der sie endlich geheilt werden müssen, vor allem dadurch, dass Afrikaner künftig »auf sicheren und legalen Wegen in die EU einreisen« und von besagter Grundlosigkeit Zeugnis ablegen dürfen. Wie viele? Das fragt sich nicht. Es werden schon genug kommen!

Das Papier listet – ohne jeden ohnehin unnötigen Beleg – eine Reihe von Tatsachenbehauptungen, etwa dass Kinder afrikanischer Abstammung in Europa diskriminiert werden, indem sie schlechtere Schulnoten erhalten als ihre weißen Mitschüler (eine Aussage, die Rassisten gern mit dem Nazizusatz »für gleiche Leistung« einschränken würden, aber nichts da! Teilhabe! Respekt!), ferner dass Menschen afrikanischer Abstammung auf dem Arbeits- und Wohnungsmarkt benachteiligt werden, obwohl gerade »Menschen afrikanischer Abstammung im Laufe der Geschichte erheblich zum Aufbau der europäischen Gesellschaft beigetragen« hätten, nein: haben (leider gerät die *Out-of-Africa*-Hypothese derzeit unter Druck; ansonsten stimmte diese Behauptung ja hundertprozentig). Jedenfalls sollen die »gewaltigen Errungenschaften« des Sozialismus, quatsch, der Afrikaner in Europa offiziell anerkannt werden, beispielsweise durch einen »Internationalen Tag des Gedenkens an die Opfer der Sklaverei und des transatlantischen Sklavenhandels«.

Beiseite: Warum nicht des transmittelmeerischen oder transindischozeanischen? Und: Wäre das nicht ein Tag der offiziellen Islamophobie bzw. Muslimfeindschaft? Immerhin war der islamische Orient das »größte sklavistische System der Welt«, wie der Historiker Egon Flaig in seiner *Weltgeschichte der Sklaverei* schreibt, vor allem vom 8. bis zum 12. Jahrhundert, wobei sich die Sklaverei auch danach und bis heute in diesem geheimnisvollen Weltteil gehalten hat, während es immer und überall langweilige Christen waren, die sie abschafften. Und natürlich erlitten zahllose Weiße dieses Schicksal, wie eben auch Schwarze ihre eigenen »Rassen(hui!)genossen« an die Sklavenhändler verkauften. Unbenommen davon bleibt, dass Schwarze insgesamt am meisten unter der Sklaverei zu leiden hatten. Einschub beendet.

Außerdem, setzt sich der Weckruf fort, seien Menschen afrikanischer Abstammung »in politischen und gesetzgebenden Organen massiv unterrepräsentiert und entwürdigenden Angriffen in der Öffentlichkeit ausgesetzt«, neuerdings auch zunehmend von ebenfalls Menschen afrikanischer Abstammung (das steht nicht in dem Papier), und erst wenn sie via Quotenregelung zu den Gesetzgebern aufschlössen, würden die öffentlichen Entwürdigungen zwar erst recht nicht enden, aber ihre wirkungsvolle Bekämpfung könnte ins Werk gesetzt werden, oder sind Sie etwa rassistischer Meinung?

Das Parlament fordert die Mitgliedstaaten und EU-Organe auf, »anzuerkennen, dass Menschen afrikanischer Abstammung besonders stark Rassismus, Diskriminierung und Fremdenfeindlichkeit ausgesetzt sind und ihre Menschen- und Grundrechte nicht im gleichen Maße wahrnehmen können« wie zum Beispiel die perlweiße Margarete Stokowski.

Und wenn die sozialistischen Gouvernanten beiderlei Geschlechts schon einmal dabei sind, andere zu irgendetwas aufzufordern, schlagen sie im humanitären Überschwang den Befehlston an, etwa indem sie anweisen, »die Erstellung von Profilen auf der Grundlage der Rasse oder der ethnischen Zugehörigkeit in allen Formen der Strafverfolgung, der Terrorismusbekämpfung und der Einwanderungskontrolle zu beenden und die Praktiken der unrechtmäßigen Diskriminierung und Gewalt offiziell anzuerkennen und zu bekämpfen«, zum Beispiel mit »Anti-Rassismus-Schulungen sowie Schulungen zur Beseitigung von Vorurteilen«. Ferner wird den der EU nachgeordneten Regierungen mit dem Nachdruck des drohenden Untertones empfohlen, »die rassistisch begründete Voreingenommenheit in ihren Strafrechts-, Bildungs- und Sozialsystemen zu überwachen und proaktive Maßnahmen zu ergreifen, um für einen gleichen Zugang zur Justiz zu sorgen und die Beziehungen zwischen den Strafverfolgungsbehörden und Minderheitengemeinschaften zu verbessern« sowie »sicherzustellen, dass Erwachsene und Kinder afrikanischer Abstammung gleichberechtigten Zugang zu hochwertiger Bildung und Betreuung ohne Diskriminierung und Segregation haben, und erforderlichenfalls angemessene Maßnahmen zur Unterstützung des Lernens vorzusehen«. Regierungskommissar für Voreingenommenheitsüberwachung, das wäre ein echter Traumjob!

Außerdem soll »die Geschichte der Menschen afrikanischer Abstammung in die Lehrpläne« einfließen, »eine umfassende Sicht auf die Themen Kolonialismus und Sklaverei« eröffnet werden, unter besonderer Berücksichtigung der »historischen und gegenwärtigen negativen Auswirkungen auf Menschen afrikanischer Abstammung«. So definiert man Klassenziele.

Erst der »Global Compact for Migration«, dann die Entdeckung der »Afrophobie«, und alles unterm Feldzeichen der »Klimakrise« … – mal sehen, ob immer mehr europäische Krebse bemerken, dass sie zwar langsam, aber überaus zielstrebig gekocht werden, und vielleicht doch aus dem Topf krabbeln.

* * *

War die Wirtschaftsbilanz der afrikanischen Länder eigentlich vor dem Kolonialismus besser? Warum streben so viele Afrikaner aus jener Weltgegend, in der die »Afrophobie« abgeschafft worden ist, in jene, wo sie nahezu unbeschränkt herrscht? Und wovon werden sie unter den Afrophobikern leben? Von der Afrophobie? Ah!
Fragen eines lesenden (weißen) Arbeiters.

5. *Dezember*

Lebten wir tatsächlich im *besten Deutschland, das es je gab,* wäre nie ein Mensch auf diese latent hysterische Formulierung gekommen.

* * *

Eben lief im ICE (Nr. 944 auf der Fahrt von Weiß-ich-nicht nach Düsseldorf) folgende Information über den Bildschirm:

+++ Achtung, dieser Zugteil ist WLANfrei. Sie werden heute nicht von unnötigen Werbemails genervt und können entspannt reisen. +++

Prima! Endlich! Ich bin ja in der Regel weniger von Werbemails genervt als von der Geschwindigkeit, mit der sich die Seiten im ICE-Netz aufbauen, aber egal, ich hoffe, diese Aktion wird fortgesetzt. Etwa:

+++ Achtung, dieser Zugteil ist unbeheizt. Sie werden heute nicht von unnötigem CO_2-Ausstoß genervt und können noch klimaneutraler reisen. +++

+++ Achtung, dieser Zugteil ist gastronomiefrei. Sie werden heute nicht von Sodbrennen und unnötigen Blähungen genervt und können nüchtern reisen. +++

+++ Achtung, dieser Zugteil ist weiberfrei. Sie werden heute nicht von unnötigem Geschnatter genervt und können erotisch unabgelenkt reisen. +++

+++ Achtung, dieser Zugteil ist nazifrei. Sie werden heute nicht von unnötigen Hass- und Hetzreden genervt und können leitkulturlos reisen. +++

+++ Achtung, dieser Zugteil ist ausländerfrei. Sie werden heute nicht von unnötiger sexueller Anmache genervt und können ohne Angst vor Messern reisen. +++

+++ Achtung, dieser Zugteil ist doch nicht wie angekündigt grünenfrei, die haben sich wie immer reingeklagt. Benutzen Sie Ihre Kopfhörer; eine Erleichterungstüte finden Sie bei Bedarf an der Rückenlehne des Vordersitzes. +++

To be continued.

* * *

»Trennung, Arbeitslosigkeit, Alkohol- und Drogenmissbrauch gehören zu den großen Risikofaktoren bei Frauenmorden –

und diese ereignen sich vor allem in Beziehung und Familie. Zu diesem Schluss kommt eine Arbeitsgruppe, die angesichts einer Häufung schockierender Frauenmorde zu Beginn des Jahres noch von der alten Regierung eingesetzt wurde«, meldet der Staatsfunk aus der Ostmark. Genau so habe ich mir das als vorurteilsfreier Mensch angehörs der Häufung schockierender Frauenmorde dort- und hierzulande gedacht! Bestimmt, habe ich mir gedacht, ging es da um Trennung und Arbeitslosigkeit, vielleicht auch um Alkohol. Es kann ja nicht sein, habe ich mir gedacht, dass das einfach so und ohne jeden Risikofaktor plötzlich abgeht! In Wirklichkeit, habe ich mir gedacht, handelt es sich um Trennungs- und Arbeitslosigkeitskriminalität. Wenn die Ösis (und die schon länger in 'schland Lebenden) endlich ein allgemeines Recht auf Arbeit hätten, wie es in der DDR herrschte, dann sänke die Zahl der schockierenden Frauenmorde mindestens um die Hälfte. In der DDR gab es natürlich auch Trennungen, aber nie habe ich gehört, dass eine in ihrem gesetzlich gesicherten Arbeitsverhältnis ruhende sozialistische Persönlichkeit seine Frau, Partnerin oder Genossin Gespielin mit einer Axt frikassiert, ihr die Kehle durchgeschnitten oder sie mit 70 Messerstichen aus dem Kollektiv verstoßen hätte, wie es plötzlich immer mehr Deutsche und Österreicher unter dem Einfluss des rückständigen Frauenbildes der Rechtspopulisten und aus Arbeitsmangel tun. Nie hat ein DDR-Bürger seine Frau an ein Auto gebunden und durch die Straße geschleift, auch dann nicht, wenn er tatsächlich eins hatte. Er besaß ja einen sicheren Arbeitsplatz! Und Trennung von der Alten daheim hin oder her, die Partei hielt an ihm fest …

Der Westen und die Ostmärker müssen noch viel darüber lernen, wie man Risikofaktoren verkleinert!

8. Dezember

Ein paar Meldungen, scheinbar zusammenhanglos, doch das Muster scheint deutlich durch.

Der »Wissenschaftliche Beirat der Bundesregierung Globale Umweltveränderung« (WBGU), angeführt von Prof. Schellnhuber, quasi Merkels Lyssenko, hat sein »Hauptgutachten« veröffentlicht: »Welt im Wandel. Gesellschaftsvertrag für eine Große Transformation«. Der neue *Große Sprung nach vorn* führt ins energiepolitische Nirvana bzw. die dekarbonisierte Volkswirtschaft. Obwohl das Papier in uferloser technokratischer Geschwätzigkeit verzapft ist, erschöpft sich das Kernkapitel – »Eine Vision als Gedankenexperiment: Die globale Vollversorgung mit erneuerbaren Energien« – in dürren anderthalb Seiten (128/29). Die Vision besteht darin, dass die eine, die tolle Kurve steigt, die anderen, die schlimmen, sinken. Dann sind se halt weg. Alle nichtregenerativen Energien werden verworfen, dazu explizit auch die Atomenergie. Den Gorilla auf der Hollywoodschaukel – die Bevölkerungsexplosion in Afrika und Asien – ignorieren die Autoren konsequent. Dafür fuchteln sie mit Drohbegriffen wie »Global Governance«, »Transformative Prioritätensetzung«, »Transformative Governance der Energiewende«, »Transformative Governance der Urbanisierung« ... Der Rest ist Alarmismus: »In vielen Ballungsgebieten bilden sich im Sommer Hitzeinseln aus, was die Auswirkungen von Hitzewellen verstärkt. In Europa führte beispielsweise 2003 eine solche Sommeranomalie zu mehr als 40 000 zusätzlichen Todesfällen, vorwiegend bei kranken und älteren Personen« (S. 61). Na, ob da mal nicht der Feinstaub dahintersteckt?

»Es geht mit Riesenschritten voran: Bis zur nächsten Krise ist das Bargeld abgeschafft«, alarmiert seinerseits ein Gastautor bei *Focus online,* wobei diese Sirene aus der Warte der Großen Transformierer eher eine frohe Botschaft verkündet, denn mit dem Bargeld stirbt die Freiheit, keineswegs nur jene des Konsums; aus der Bargeldabschaffung ergäben sich unbegrenzte staatliche Kontroll- und Erpressungs-, ja Existenzvernichtungsmöglichkeiten, weil jede anonyme Transaktion abgeschafft wäre, während sich jede digitale Abwicklung kontrollieren und sperren lässt. Und der Weg dorthin ist verblüffend simpel: Die Banken müssen nur das Bargeld gegenüber dem Digitalgeld abwerten. Bei der Nullzinspolitik der EZB, also der zügigen Entwertung der Sparvermögen, hat man beobachten können, wie gering die Widerstände gegen solche Maßnahmen sind. (Übrigens – apropos *Große Transformation* – steht man im Falle eines Blackouts ohne Bargeld mit verdammt leeren Händen da, beispielsweise wenn man es ins stromdurchblutete Ausland schafft.) Die westeuropäischen Schlafwandelvölker nehmen, mit Ausnahme der Franzosen, anscheinend alles hin, was ihre Regierungen, die EU und die vergaunerten Vereinten Nationen ihnen aufdrücken bzw. abpressen; ihre immer weitere Auflösung durch die Massenmigration Kulturfremder läuft ungebremst weiter, wer dagegen protestiert, ist ein Fall für den Regierungsschutz, das heißt, die europäische Binnensolidarität wird immer weiter aufgeweicht. Man kann leicht extrapolieren, wohin das führt, wenn die Opposition nicht stärker und seriöser wird.

Zugleich marschiert 'schland sturheil in Richtung Gesinnungsstaat. Das BKA baut sich gerade eine reizende »Hetzer«-Datenbank auf. »Soziale Medien müssen Hasspostings künftig dem BKA melden«, frohlockt es von der Relotiusspitze, und diesmal ist es keine Ente. Irgendwelche Ein-Euro-Jobber werden künftig darüber befinden, was den offiziellen Ermittlern gemeldet wird; Letztere wiederum müssen wohl personell enorm aufgestockt werden. Wer das bezahlt?

Der nächste Meldung nur als *Pars pro toto*; dergleichen geschieht täglich allerorten und tendenziell immer öfter – heute gerade wieder mit tödlichem Ende in Stuttgart –, bis die Lektion gelernt ist:

In München musste ein Sondereinsatzkommando der Polizei auszurücken, weil »eine verängstigte 27-Jährige« (*tz*) die Polizei angerufen hatte. Die Frau fürchtete um sich und ihre Tochter, weil ihr »hochaggressiver« Freund sie bereits geschlagen habe und ein Messer bei sich trage; irgendwas mit Ehre und Trennung und Besitzverhältnissen also. Mir leuchtet schon ein, dass deutsche Mädels nicht mehr richtig scharf auf das sind, was aus dem deutschen und überhaupt westlichen Mann geworden ist, aber man muss sie eben über die neuen Eigentumsrechte aufklären, die sich bei multikulturellen Paarungen ergeben. Der echte Kerl mit dem berühmten daseinsveredelnden Hintergrund beschützt seine Gespielin zwar in der Regel, aber er lässt sich weder Hörner aufsetzen noch vollquatschen, erst recht nicht über ihre angeblichen Rechte, und er zahlt auch nicht bei der Trennung – außer heim. Und dann, Ladies, kommt er am Ende in den Knast, sofern die Richter noch nicht durch kultursensible Frauen oder Pudel ausgetauscht sind, und nimmt dort die Plätze weg, die für Online-Hetzer dringend gebraucht werden …

Was hier demnächst abläuft, ist also dies: Dekarbonisierung der Volkswirtschaft, Enteignung, Transferleistungen nach Afrika bei schwindenden Mitteln, auf Dauer gestellte Migration nach Europa, digitale Überwachung, Fahrverbote, Flugverbote, Produktionsverbote, Hausbauverbote, Bargeldabschaffung, Freiheitsabschaffung, BKA-Datei für Kritiker (bei ständiger Erweiterung des »Hetzer«-Kreises), irgendwann Rationierung von Energie, Fahrkilometern, Wohnraum, steigende Kriminalität, die aber von eingebürgerten »Europäern« verübt wird, Beschweigen der Ursachen, überall aufflammende Unruhen, Eskalation des »Kampfes gegen rechts«; Ausplünderung, Knebelung, Verameisung und Chinesierung Europas unter der Ägide von Figuren wie Merkel, Lagarde, von der Leyen, Baerbock. Als Endsiegsverheißung: Weltregierung, globale Osmose, globaler Ausgleich, bei Inkaufnahme von Technosphärenkollaps, massiver IQ-Schrumpfung, kultureller Regression, totaler elektronischer Kontrolle.

Wollen Sie so leben?

9. Dezember

»Wir brauchen auch heute wieder die visionäre Kraft, mit der Beethoven politisch und vor allem künstlerisch Position bezog. Sein Werk ist ein Zeichen für die demokratischen Errungenschaften eines geeinten Europas und gegen das Erstarken populistischer Rufe nach Abschottung und Ausgrenzung.« Also schlitterte Monika Grütters, die allen Ernstes immer noch so genannte Kulturstaatsministerin, routiniert auf der Schleimspur ins Beethoven-Jahr. Vor allem dies »vor allem« ist unbezahlbar! Und erst des Tonsetzers Einsatz für Frauenrechte und gegen Islamophobie!

Repräsentative Demokratie bedeutet, dass man öffentlich überwiegend von Figuren *repräsentiert* wird, mit denen man privat kein Wort wechseln, denen man nicht die geringste seiner Privatangelegenheiten anvertrauen würde. (Wir wollen nicht darüber reden, dass vor 100 Jahren noch jeder zweite deutsche Politiker Beethoven *spielen* konnte.)

***

Ganz anders die Hauptstadt der »Kein Bier für Nazis«-Bewegung. Der *BR* teilt mit: »München gilt als die sicherste Großstadt Deutschlands« – noch vor Augsburg, wo gerade »Gruppen« negative Schlagzeilen machen –, »und dennoch: Viele Frauen beschleicht nachts auf dem Nachhauseweg oder beim Warten an der Bushaltestelle ein mulmiges Gefühl. Auch eine positive Polizeistatistik hilft nicht gegen die Angst vor Übergriffen. Die Grünen im Münchner Stadtrat haben deshalb einen Antrag eingebracht, der heute beschlossen wurde: Ab März 2020 soll es Fünf-Euro-Taxigutscheine geben für die nächtliche Fahrt nach Hause.«

Eine positive Polizeistatistik, was mag das sein? Mehr Festnahmen als Straftaten? Volle Knäste? Oder eher völlig leere? Na egal; jedenfalls erleben gerade die feschen Münchner Mädels mulmige Momente, wenn sie aus den Armen ihres Gspusis in die Dunkelheit entlassen werden, völlig grundlos zwar – aber seit wann haben Frauen Gründe? –, und die grüne Fachpartei für eingebildete Bedrohungen sieht eine weitere Gelegenheit gekommen, mit anderer Leute Geld Gutes zu bewirken. Die Rechtspopulisten schüren Ängste und Vorurteile, die Grünen bauen sie wieder ab. Für fünf Euro kommen Sie in München immerhin vom U-Bahnhof Odeonsplatz bis zur Staatsoper; dann hat *frau* das Schlimmste hinter sich.

***

Mehr noch als *Foie gras* und Kaviar ist momentan das Klima in aller Munde. »Es gibt keinen Zweifel mehr: Der Klimawandel nimmt an Fahrt auf«, schallt es froh von der Hamburger Relotiusspitze. *Der Wandel nimmt an Fahrt auf:* Ob die Genossen im Norden die Textchefs aus CO_2-Gründen inzwischen einsparen?

Es gibt zum fahrtaufnehmenden Wandel – unter dem Titel »Klimafragen« – jetzt auch eine Art Petition. Sie stellt tatsächlich nur Fragen, ist also ziemlich subversiv, denn über uns kam zuletzt nicht nur das Buch, in dem keine Zweifel ist, sondern auch die menschengemachte Klimakatastrophe, die zu bezweifeln (oder deren Bekämpfung mit dummen Fragen aufzuhalten) die momentane schlimmste Form der Blasphemie bildet.

Auf der Klimafragen-Webseite fand ich die Maxime: »Wenn es Wissenschaft ist, gibt es keinen Konsens. Wenn es Konsens gibt, ist es keine Wissenschaft« (Michael Crichton).

Genießen Sie die letzten Tage der Skepsis!

* * *

»Wäre es nicht langsam an der Zeit, Stolpersteine für die Opfer der Willkommenskultur zu setzen?«, erkundigt sich Leserin ***.

10. Dezember

Der naturwissenschaftliche Beweis ist das Experiment. Der geisteswissenschaftliche das Zitat.

PS: »Ich weiss wohl, was Sie sagen wollen und stimme völlig zu, aber ich kann es dennoch einfach nicht lassen, besserwisserischen Senf beizusteuern: Da es in der Natur der Naturwissenschaft liegt, Beweisen im mathematischen und landläufigen Sinne eher abhold zu sein, dies tatsächlich gewissermaßen ihre wesentliche Innovation gegenüber vorigem ist und eine intellektuelle Singularität darstellt, die den abendländischen Er-

kenntnisgewinn über alles andere majestätisch erhebt, erlaube ich mir vorzuschlagen: Der naturwissenschaftliche Test ist das Experiment. Der geisteswissenschaftliche der Beifall.«
(Leser ***)

* * *

Lieber Leser, verfertigen Sie bitte eine Tabelle aller Länder der Erde und schreiben Sie in die Spalte daneben, welche davon nach dem Willen von UNO, EU und Kanzleramt durch Massenmigration künftig »bunter« werden müssen. Meditieren Sie darüber.

* * *

Für den Lauser, der zu Augsburg versehentlich einen Feuerwehrmann (außer Dienst) erschlagen hat, werden gewiss mildernde Umstände gelten. Erstens nämlich war er keiner jener latent rassistischen Augsburger, die ihre Wurzeln bis ins (italienische!) *Augusta Vindelicorum* zurückverfolgen wollen, sondern kam in der sogenannten Fuggerstadt als Einwandererkind zur Welt, litt also, zweitens, höchstwahrscheinlich unter tat- bzw. tatverdachtsmildernden sozialen Schwierigkeiten und, da er neben der deutschen auch die türkische und die libanesische Staatsbürgerschaft besitzt, unter einem notorischen Identitätskonflikt. Drittens gilt der Augsburger Königsplatz, wo sich der Zwischenfall zutrug, seit dem 16. Jahrhundert als Kriminalitätsschwerpunkt, wird allerdings erst – zum Nachteil eines aktuellen Beteiligten am »tödlichen Streit« (BR) – seit Dezember 2018 videoüberwacht. Zum vierten hat ein Freund den 17-jährigen mutmaßlichen Hauptverdächtigen als »hilfsbereit, nett und herzlich« beschrieben. »Ich kenne den Halid sonst gar nicht so«, beteuerte er; sein Freund sei eher »konfliktscheu« und der »Vorfall in Augsburg« (*Focus*) in seinen Augen ein Unfall gewesen. Der herzliche und konfliktscheue Hauptverdächtige bei der tödlichen Attacke sei in den vergangenen Jahren schon mehrfach strafrechtlich in Erscheinung getreten, unter anderem auch mit Körperverletzung(en?), räumte zwar ein Sprecher der Kriminalpolizei ein, doch dafür, dass der Bub konfliktscheu ist, spricht allein die Tatsache, dass er kein Messer dabei hatte bzw., wenn doch, es immerhin nicht zückte.

Außerdem wurde mehrfach in den Medien betont, dass die Jungs aus der »Gruppe« nur die beiden Männer geschlagen haben, jedoch nicht deren Begleiterinnen. Schutzsuchende der ersten Generation brennen den Weibern noch öfter tüchtig eins über, aber schon, wenn sie in 'schland geboren werden, lassen sie die Frauen laufen und kümmern sich nur um die Kerle. Es ist also Hoffnung, etwa ab der über- oder überübernächsten Generation wird die Integration bereits nahezu hundertprozentig gelungen sein. Nur ca. 30 000mal schlafen und ein paar tausend »Vorfälle« noch!

* * *

Ein Nachtrag zur Indienstnahme Beethovens durch Staatsministerin Grütters zwecks Verteidigung der EUdSSR gegen die Schwefelbrüder (*Acta* von gestern): Eine Art europäischer Einigung erlebte der Komponist durchaus selber, und zwar durch Napoleon. Bekanntlich hatte er dem damaligen Ersten Konsul, den er für den Sendboten von *Liberté, Égalité, Fraternité* hielt, 1803 seine Es-Dur-Symphonie (die spätere »Eroica«) zugeeignet, doch als er die Nachricht bekam, Bonaparte habe sich zum Kaiser gekrönt, also gehandelt wie sämtliche exponierten Gleichheitsverkünder vor und nach ihm (und dies selber mit der Bemerkung zugab: »Die Idee der Gleichheit gefiel mir, weil ich mir Erhöhung davon versprach«), da rief der enttäuschte Beethoven aus: »Nun wird er ein Tyrann werden!« und zerriss das Titelblatt mit der Widmung. Fortan war Beethoven antinapoleonisch, also »nationalistisch«, also irgendwie »antieuropäisch«. Seinen »Yorckschen Marsch« hatte er zwar ursprünglich Erzherzog Joseph Anton von Österreich gewidmet, doch mir ist nicht bekannt, dass der Kompinost – warum nicht mal so herum? Hofrat Behrens hatte schließlich auch beschlossen, nur noch Manot statt Monat zu sagen! – gegen die Umbenennung protestiert hat; Generalfeldmarschall Yorck von Wartenburg war es, der im Dezember 1812 ohne Genehmigung des preußischen Königs die Konvention von Tauroggen unterzeichnete, also ein preußisch-russisches Bündnis schloss, das die Befreiungskriege gegen Napoleon einleitete. Die Erwägung, welche Kompositionen Beethovens uns entgangen sind, weil er Martin Schulz, Jean-Claude Juncker oder Ursula von der Leyen nie kennenlernen durfte, sei der Untröstlichkeit anheimgestellt.

Und die Neunte?

»Schiller konnte sein ›Seid umschlungen, Millionen‹ nur ausrufen, weil sie Jena und Weimar noch nicht belagerten.« (Frank Lisson)

* * *

Die Qualitätspresse berichtet über die Lage im deutschen TV-Kabarett:

»Thunberg, die wahrscheinlich nicht einmal um die Existenz (Dieter) Nuhrs weiß, bekommt nun Beistand aus dem deutschen Fernsehen, und zwar von Jan Böhmermann. Der 38-Jährige sprach in seiner Show ›Neo Magazin Royale‹ über die schwedische Aktivistin. ›Sie hat drei wichtige Forderungen: Erstens Emissionen senken. Klimafreundlicher leben ist Forderung zwei. Und die wichtigste Forderung von Greta Thunberg: Irgendjemand soll verdammt nochmal endlich Dieter Nuhr die Fresse polieren‹, so Böhmermann. Das Publikum feiert den wohl nicht ganz ernst gemeinten Seitenhieb gegen Dieter Nuhr mit Applaus und Jubel.«

Dass Böhmermann dahin geht, wo es weh tut, und dabei auch kein hohes persönliches Risiko scheut, ist bekannt; deswegen zitier' ich das nicht, sondern wegen der Feststellung, dass die Hl. Greta wahrscheinlich nicht mal weiß, wer Dieter Nuhr ist. Natürlich nicht! Unser Gretel kennt nur Mama, Papa und Onkel George, und den auch nur vom Telefon.

»Dieter Nuhr stand in der letzten Zeit nicht wegen seinen gelungenen Witzen (sic!) in den Schlagzeilen, sondern wegen denen, die vielen offenbar zu weit gegangen sind«, setzt das Qualitätsmedium seine Pirsch fort. Zu einem benachbarten Fall mit zur Hälfte identischer Besetzung kommentierte der oppositionskritische *Tagesspiegel:* »Uwe Steimle darf im Osten, was Böhmermann im Westen darf. Das ist von der Meinungsfreiheit in dieser Demokratie gedeckt. Aber beide müssen stets damit rechnen, dass jene, die sich von ihnen belämmert/belästigt/beleidigt fühlen, sich dagegen (ver-)wehren.«

Merkwürdig nur, dass der eine auf Sendung bleibt und der andere nicht.

12. Dezember

Der Pianist Igor Levit, der einen achtbaren, sich für meine Begriffe bisweilen zu affektiert in Pianissimi verlierenden Beethoven spielt, erhält den Internationalen Beethoven-Preis, wobei die Jury Levits »gesellschaftliches Engagement …

gegen die Ausgrenzung von Minderheiten und gegen den Klimawandel« hervorhob. Ob Levit seinen teils engagierten, teils enragierten und immer ziemlich mutigen politischen Statements gegen die rechte Minderheit tatsächlich noch eines »gegen den Klimawandel« beigefügt hat, entzieht sich meiner Kenntnis. Ich meinesteils sage *Ja zum Klimawandel!* Ansonsten möchte ich die womöglich irritierten Besucher meines kleinen Eckladens darauf hinweisen, dass der »Internationale Beethovenpreis für Menschenrechte, Frieden, Freude und Eierkuchen«, den Levit jetzt einsackt, erst neuerdings, erst seit dem *Jahr des freundlichen Gesichts der Fremdenführerin,* also praktisch seit der Ausrufung des *Besten Deutschland, das es je gab,* verliehen wird – vor Levit bekam ihn übrigens der große deutsche Tonsetzer und Inkludierer Wolfgang Niedecken zuerkannt –, und nichts zu tun hat mit dem altmodischen, noch in Kakanien gestifteten, sogar unter den Nazis verliehenen, also nationalen bzw. nationalistischen Beethovenpreis, den ausschließlich alte weiße deutsche Männer in Empfang nehmen mussten, die nie etwas für Minderheiten, Armutsbekämpfung und die Klimarettung unternommen haben, etwa Alexander von Zemlinsky, Richard Strauss und Hans Pfitzner (!). *Per aspera ad astra!*

***

»Die frühen Zionisten wurden vom jüdischen Establishment ungefähr so behandelt wie heute die Juden in der AfD.«
Wolfgang Fuhl, ehemaliges Mitglied des Zentralrats der Juden in Deutschland, heute stellv. Vorsitzender der Schwefeljuden

***

Nach beendeter Lektüre von Douglas Murrays *Wahnsinn der Massen. Wie Meinungsmache und Hysterie unsere Gesellschaft vergiften* kann ich das Buch nur nachdrücklich weiterempfehlen. Ich dachte, ich wüsste schon genug über *identity politics,* aber das war eine Fehleinschätzung. Es ist alles noch viel schlimmer. Anhand zahlreicher Beispiele, rubriziert unter den Hauptkapiteln »Homosexuelle«, »Frauen«, »Rasse« und »Trans*«, beschreibt der *Spectator*-Mitherausgeber den aktuell erreichten Stand bei der Verbreitung der *political correctness* in der angelsächsischen Welt. Wer glaubte, es handle sich um ein Phänomen, welches vor allem an den Universitäten (und letztlich nur dort) herrsche, irrt gewaltig. Das mag in den frühen 1990ern gegolten haben, als dieser intellektuelle Rinderwahn ausbrach – Johannes Gross fragte einmal, warum eigentlich fast alle dummen Ideen aus Universitäten stammen –, doch längst hat die hypermoralische Seuche die Colleges verlassen und über die fabelhaften Transmitter der sozialen Medien und der allzeit trendbefolgungsgeilen US-Star- und Sternchensphäre fast alle Poren der angelsächsischen Gesellschaften durchtränkt, von den traditionellen Medien über den Kulturbetrieb und die staatlichen Behörden bis hinein in die Geschäftswelt.

Last but not least ist das digitale Weltgehirn im Silicon Valley die wahrscheinlich politisch korrekteste Firmenansiedlungsregion der Erde. Jeder Bewerber dort, notiert Murray, werde beim Einstellungsgespräch auf Herz und Nieren getestet, damit nicht versehentlich jemand rekrutiert wird, der falsche Gedanken denkt. Bei *Google* sind Murray zufolge etwa 10 000 und bei *Facebook* etwa 30 000 Mitarbeiter ausschließlich damit beschäftigt, darauf zu achten, dass der *content* politisch korrekt ist. *Brave new world!* Dass die Dinge günstiger liegen werden, wenn dereinst die Chinesen wieder bzw. auch global die Gehirnwäsche übernehmen, mag ich nicht glauben.

Derzeit also betrachten die linken Wortführer in Übersee die gesamte Welt durch die Brille von »Identitätspolitik« und »Intersektionalität« (inzwischen versuchen sie es mit der Rassen- und Geschlechtertrennung 2.0 sogar in der Physik). Der neue Rassismus und Sexismus der Gruppenidentitäten schreitet triumphierend über den westlichen Individualismus hinweg. Das Verhältnis der Rassen (die es eigentlich nicht gibt, es sei denn, im Namen der Rasse werden fremde Privilegien beklagt und eigene gefordert) sowie der Geschlechter (dito) ist so nachhaltig vergiftet, dass die Verschmutzung der Weltmeere daneben wie eine Petitesse erscheint. Der geistige Bürgerkrieg ist längst eröffnet, die Frage lautet, ob bzw. wann die Bodentruppen – über die Neofa und vereinzelte »Sniper« hinaus – eingreifen werden. Termini wie »Transphobie«, LBGTI oder »Privilegien der Weißen« haben sich binnen kürzester Zeit aus der Nichtexistenz in den Mainstream etabliert, und täglich erfolgen multimedial inszenierte, einstweilen noch meist unblutige Menschenopfer an diese neuen Götzen. Dass alles im Netz und in »Echtzeit« geschieht, garantiert den titelgebenden Wahnsinn. Im indischen Mythos tanzt der Gott Shiva und dreht sich schneller und immer schneller, bis die Welt zerfällt und sich auflöst ...

Das entscheidende Statement, die schlechthinnige Feinderklärung, steht in Murrays Buch auf Seite 224 und stammt von Professor Robin DiAngelo, die an der University of Washington »Multicultural Education« lehrt, also ganz harte Wissenschaft (promoviert hat sie über »Whiteness in racial dialogue«). Frau DiAngelo beteuerte im März 2019 in einem Vortrag, dass sie »gern ein bisschen weniger weiß wäre, was nichts anderes heißt als weniger unterdrückerisch, selbstvergessen, defensiv, ignorant und arrogant« (»defensiv« war wohl ein Freudscher Verplapperer), um anschließend zu statuieren – jetzt kommt's –, dass »Weiße, die ihre Mitmenschen eher als Individuen ansehen und nicht aufgrund ihrer Hautfarbe beurteilen, wirklich gefährlich sind«.

Das muss man zweimal lesen. Es ist der lupenreinste rassistische Stoff, der momentan in Übersee gehandelt wird. Ihren moralischen Profit bezieht unsere Dealerin aus dem Hass auf die eigene Ethnie. Diese autoaggressiven Weißen hoffen, morgen verschont zu bleiben, wenn sie sich heute auf die Seite der tendenziell Stärkeren schlagen. Wahrscheinlich unterschätzen die meisten weißen Mittelschichtler die Dynamik dieses Prozesses, weil sie heute noch mehrheitlich am Ende der Nahrungskette stehen. Indem sie – und nur sie! – von ihren eigenen Wortführern und den globalistischen Eliten als Schuldige am Elend der Welt angeprangert und ihre Heimatländer den mit hypermoralischem Getröte geweckten »Verdammten dieser Erde« als Siedlungsgebiete und Beute angeboten werden, macht man sie wehrlos. Ihre Situation könnte einmal jener der französischen Aristokraten des ausgehenden 18. Jahrhunderts ähneln. (»Wie, und Sie leben noch?«, sagte ein Jakobinerführer zu einem Adligen – ich habe vergessen, wer es war –, nachdem er sein prachtvolles Schloss gesehen hatte ...)

Martin Luther King träumte noch von einer Welt, in der Rasse keine Rolle mehr spielt, doch das heutige Amerika ist ein Land, in dem »nahtlos von der Haltung, dass Rasse keine Rolle spielt, dazu übergegangen wurde, dass Rasse das einzige ist, was zählt« (Murray). Neu dabei ist, dass der Aufruf zum Rassenhass sich bei etablierten Weißen gegen die eigenen Ethnie richtet und nicht geächtet, sondern sozial belohnt wird. Du bist als Weißer künftig automatisch schuldig und damit dran, auch wenn du arm bist, auch wenn deine Vorfahren nie Kolonien besaßen, nie Sklavenhandel betrieben haben, wenn du nicht mal ein Möbelstück aus Tropenholz besitzt und in deinen Lebensgewohnheiten überhaupt nicht bemerken würdest, wenn Afrika nicht existierte, schuldig in allen Anklagepunkten, von historischer Unterdrückung und Ausbeutung bis zur Klimawandelverursachung. Und wer schuldig ist, muss sühnen – die Richter ausgenommen. Deswegen drängen derzeit so viele in dieses Ehrenamt. Es wird ihre Hälse aber womöglich nicht retten, wenn es wirklich einmal ernst wird.

Ich halte von den in den einzelnen Buchkapiteln angesprochenen Konfliktgruppen jene der »Rasse« *tendenziell,* also auf die nächsten hundert Jahre gesehen, für das gefährlichste Phänomen, allein schon deswegen, weil die anderen Gruppenidentitäten sich gegenseitig aufheben – man kann zum Beispiel nicht zugleich »toxische Männlichkeit«, »Homophobie« und den Islam bekämpfen. Selbst Foucault sei aufgefallen, notiert der Autor, »dass Sex oder auch Sexualität viel zu unfassbar und instabil ist, um darauf eine Identität zu errichten«. Rasse dagegen schon. Deswegen würde ich die Kapitel »Homosexuelle« und »Trans*«, so irrsinnig die dargebotenen Beispiele auch sind, eher unter die Beschreibung von Nachhutgefechten verbuchen. »Frauen« (= Feminismus und Gender-Gedöns) auch. Ich wiederhole mich: Man kann in Westeuropa bestens studieren, wie die Zeitgeistverweser ihre einstigen Hätschelkollektive eines nach dem anderen angesichts der neuen Herren der Straße fallenlassen.

Beiseite gesprochen: Taten wie zuletzt in Augsburg geschehen längst vor dem Hintergrund solcher ethnisch-kulturellen Schuld-Unschuld-Zuschreibung. Wenn einem Teil der Gesellschaft von klein auf vermittelt wird, dass die anderen, die

Einheimischen, die Deutschen (oder andernorts: die Weißen) dafür verantwortlich sind, wenn es mir nur mittelprächtig geht, wenn ich in der Schule oder im Job nicht vorankomme, politisch keinen Einfluss habe etc. pp., dass man jedenfalls die Schuld an seinem Geschick nicht primär selber trägt, führt das halt irgendwann auch zu Aggressionen mit gutem Gewissen, egal ob das nun beim Augsburger Fall eine Rolle gespielt hat; es geht um ein Klima der Unverantwortlichkeit und des sich Zukurzgekommenfühlens. Einschub beendet.

Ich greife ein paar Exempel aus Murrays Buch heraus. Im Dezember 2018 veröffentlichte *Bloomberg* eine Untersuchung über das Leben von amerikanischen Führungskräften. Dass Professoren in Übersee Gespräche mit Studentinnen nur noch bei geöffneter Bürotür führen, um Denunziationen wegen sexueller Belästigung zu entgehen, hat sich inzwischen herumgesprochen. In der Geschäftswelt sieht es ähnlich aus: »Über 30 Topmanager gestanden im Interview, dass sie keine Lust hätten, mit ihren Kolleginnen essen zu gehen. Oder im Flugzeug neben ihnen zu sitzen. Sie bestanden darauf, im Hotel auf einer anderen Etage untergebracht zu werden, und vermieden Gespräche unter vier Augen mit Frauen.«

Nachdem das Zusammenleben der Geschlechter weitestmöglich gestört ist, kommt jenes der Rassen bzw. Ethnien an die Reihe, und alles wird kunterbunt verquirlt. Murray berichtet von Zwangsschulungen zum Thema »Unbewusste Urteile« in Unternehmen. »Das US-amerikanische Amt für Personalverwaltung kündigte 2016 an, dass es plane, seine Beschäftigten in Sachen unbewusster Diskriminierung zu schulen. Aufgemerkt: Wir reden hier von 2,8 Millionen Mitarbeitern. Die britische Regierung hat allen Beschäftigten eine Anti-Diskriminierungs- und Pro-Diversifikationsschulung verordnet.«

Wahrscheinlich würden sie heute auch Jesus Christus in einen Antidiskriminierungskurs schicken. Das Problem ist nur: »Angenommen, jemand hat festgestellt, dass er ein kulturelles Klischee verinnerlicht hat. Und dann? Darf er es behalten?« Die Antwort schenken wir uns, wie wir uns auch die Frage schenken, nach welchen kulturellen Klischees eigentlich gefragt wird – und nach welchen nicht. Die Zahl der US-Amerikaner, die Rassismus für ein »großes Problem« halten, hat sich von 2011 bis 2018 verdoppelt. Obwohl in den vergangenen 50 Jahren die Schwarzen und anderen nichtweißen Ethnien, die Frauen, die Homosexuellen und auch die sexuell nicht ganz eindeutig Festgelegten in der westlichen Welt rechtlich in jeder Hinsicht gleichgestellt und gesellschaftlich akzeptiert, ja hofiert wurden, belehrt uns ein Blick in eine beliebige amerikanische Universität oder Oscar-Verleihung, dass Rassismus, Sexismus und Diskriminierungen aller Art offenbar noch nie so extrem waren wie heute. Es ist wie mit dem Feinstaub: Je niedrigere Grenzwerte man festlegt und je genauer man misst, desto schlimmer wird es, auch wenn die gemessenen Werte ständig sinken.

Tatsächlich wurde zumindest die Rassenkarte wohl niemals häufiger gezogen als heute – aus dem simplen Grund, dass eine individuelle Kritik nicht mehr möglich ist, wenn die Gruppenkarte ausgespielt wird. Und die Trümpfe sind nicht mehr weiß.

Das heißt keineswegs, dass du nicht auch als *PoC* in irgendeine Falle tappen kannst. Der Formel 1-Pilot Lewis Hamilton hatte Weihnachten 2017 ein Video seines kleinen Neffen gepostet, der sich als Prinzessin verkleidet hatte. »Weshalb trägst du ein Prinzessinnenkleid?«, hört man den Rennfahrer fragen, »Jungs tragen doch keine Kleider.« Prompt stand das Transen- und Schwulenvolk auf, und der Shitstorm brach los. Um der »digitalen Steinigung« (Murray) zu entgehen, ließ sich Hamilton für ein Interview mit dem sogenannten Männermagazin *GQ* im Rock ablichten (kein Witz); sowohl auf dem Cover als auch auf sämtlichen Fotos im Heft trug der Held allen Ernstes einen Rock; wahrscheinlich war ihm das Peinlichkeitsempfinden in einer besonders schnellen Kurve abhandengekommen. Von dergleichen Anekdötchen über Pranger und Canossagänge wimmelt das Buch, und dem Leser wird ganz blümerant zumute dabei. Es geht um Mimen, die sich erfrecht hatten, auf der Leinwand eine andere sexuelle oder ethnische Rolle zu spielen als im tatsächlichen Leben, um Köche, die keine Gerichte aus anderen Kulturkreisen kochen sollen dürfen (einer hatte bei einem exotischen Gericht eine exotische Zutat vergessen und wurde stracks des kulinarischen Rassismus bezichtigt), um die allmähliche Zerstörung des *Fair play* im Frauensport durch immer mehr Transsexuelle, also Männer, die sich den Penis wegmachen lassen und dann beispielsweise im Ring ihre Gegnerinnen windelweich prügeln; wer das kritisiert, ist hasserfüllt, transphob und gehört verfolgt.

Aus diesem Nebensalon des Murrayschen Narrenhauses stammt auch meine Lieblingsanekdote. Der Transsexuelle Bruce Jenner, der als Mann 1976 Olympiasieger im Zehnkampf wurde, *upgradete* sich anno 2015 zu Caitlyn Jenner; *sie* wurde von einem Glamour- und Blödenblatt sofort zur »Frau des Jahres« gekürt, erhielt bei der »Sportler des Jahres«-Gala den, na was schon, »Courage Award« (knapp vor Böhmermann) und danach lange *Standing Ovations.* Dabei begab es sich und trug sich zu, dass ein *Quarterback* namens Brett Favre, nachdem auch er stehend applaudiert hatte, sich als erster wieder hinsetzte. Nun, das hat er bereut. Nicht so sehr wie seine Vor-Irrläufer, die nach einer Stalin-Rede als erste ermüdet den Beifall eingestellt hatten, aber doch gehörig; *man machte ihn fertig* …

* * *

Wie aber umgehen mit der Information, dass man von Verrückten umgeben ist, die sich für *Opinion Leader* halten? Zunächst einmal sollte man sich daran erinnern, dass der »Wahnsinn der Massen« den tatsächlichen Massen am Allerwertesten vorbeigeht. Es sind nur Bruchteile der Gesellschaft, die sich in den sozialen Medien zu Scherbengerichten und zur politischen Meutenbildung einfinden.

Sodann gibt Murray eine gute Empfehlung für Debatten mit solchen Leuten. Man möge, sagt er, auf jede ihrer Klagen, wie rassistisch, sexistisch und diskriminierend unsere Gesellschaft sei, mit der Frage reagieren: *Im Vergleich womit?*

13. Dezember

Frohe Kunde kam des nachts über den Ärmelkanal: So wie sie sich bereits gegen die Europazwangsvereiniger Napoleon und A. Hitler stellten, sagen sich die Briten nun auch von der EUdSSR los. Gerade noch rechtzeitig, wird es einmal heißen, entsprangen sie dem Narrenfest, selig auf ihrem Eiland geborgen, wobei die eiskalte Alles-Abwicklerin Ursula von der Leyen mit ihrer Ankündigung, die EU werde in den nächsten zehn Jahren eine Billion Euronen für den sogenannten Klimaschutz verpulvern, »damit von 2050 an keine neuen Treibhausgase mehr in die Atmosphäre gelangen«, und es werde nur ein Anfang sein, das britische Servus erheblich erleichtert haben dürfte. Auch den dritten, nunmehr ökologischen Russlandfeldzug (»Green Deal«) werden die Briten aus der Distanz verfolgen. Heuer müssen sie keine Truppen, keine

Flotte, keine Royal Air Force schicken; dieses Waterloo werden sich die thanatophilen Festlands(west)europäer ganz allein bereiten.

***

Zum Augsburger Totmacher zitiert ein Blogger diesen Brief: »Ein Freund aus meiner Heimatstadt schrieb mir heute: ›Meine Frau unterrichtet an einer Augsburger Berufsschule, gestern kamen zwei Schüler auf sie zu und teilten ihr mit, dass sie den Täter aus der früheren Schule kennen und beschrieben ihn als einen sehr boshaften gewaltbereiten Menschen, vor dem alle Angst hatten, der in der Schule nur Probleme gemacht hat, Drogen und Alkohol war auch ein Thema bei ihm. Also von wegen ein hilfsbereiter anständiger Junge!‹«

Das ganze Lügengebäude des zufälligen, unglücklichen Totschlags muss allein deswegen zusammenbrechen, weil ja auch ein zweites Opfer von der »Gruppe« krankenhausreif geprügelt wurde.

Zur wiederholt gestellten rhetorischen Frage, ob denn ein Unterschied zwischen den Schafen und den Böcken in puncto Gewaltbereitschaft bestünde und keinerlei Geplärr angestimmt worden wäre, wenn der Täter ein etwas lupenreinerer als nur ein Passdeutscher gewesen wäre, ein *da capo*:

Die unterschiedliche Gewaltneigung innerhalb von Ethnien korreliert mit genetischen Unterschieden. In Rede steht das Mono-amino-oxidase A-Gen, kurz MAOA-Gen, das auf den plakativen Namen »Krieger-Gen« getauft wurde. Es handelt sich um ein Gen auf dem X-Chromosom, das in mehreren Allelen vorstellig wird. Seit den 1990er Jahren ist bekannt, dass das Vorkommen eines dieser Genloci, das MAOA-2R-Allel, mit aggressivem Verhalten korreliert. Die genetischen Details sind kompliziert, zusammenfassend lässt sich konstatieren, dass das MAOA-2R-Allel nur bei 0,1 bis 0,5 Prozent der Europäer vorkommt, bei amerikanischen Schwarzen mit Werten zwischen 4,7 bis 5,5 Prozent deutlich häufiger ist und bei Arabern den beeindruckenden Wert von 15,6 Prozent erreicht.

Die Volksempirie – das Vorurteil – sagt bekanntlich schon lange, »Südländer« seien heißblütig. Die Genetik pflichtet dem bei, wäre aber gar nicht nötig; die Erkenntnisse der Völkerkunde sind ausreichend. Eine plausible, wenn auch nicht allumfassende Erklärung für die besagte »Heißblütigkeit« lautet: Eine kriegerische, patriarchalische Beduinenkultur, in der Polygamie praktiziert wird, hat über Jahrhunderte im Kampf erfolgreiche, aggressive Männer mit mehreren Frauen und zahlreichen Nachkommen versorgt, während weniger aggressive Männer von der Fortpflanzung ausgeschlossen wurden. Plausibel oder nicht – in unserem Zusammenhang genügt die Feststellung des signifikanten Unterschieds. Auch das deckt sich mit den Alltagsbeobachtungen und den Pressemeldungen über Vorfälle mit »Gruppen« und Messern in Deutschland. Aggressivität kann durchaus »im Blut« liegen. (»Krieger-Gen« bedeutet übrigens nicht, dass dessen Träger besonders kriegstauglich sind, sondern dass ihre Affektkontrolle schlechter funktioniert als bei anderen; das kann einer wesentlich auf Disziplin fußenden Kriegstauglichkeit genau entgegenstehen.) Ein Blick in die Gefängnisse gibt darüber Aufschluss.

Zwischenfrage: Aber die sozialen Ursachen?

Die spielen eine wesentliche Rolle, doch es ergibt sich die Folgefrage, warum ethnisch-kulturell unterschiedliche Gruppen unterschiedliche soziale Milieus und, bei allen menschheitlichen Gemeinsamkeiten, signifikant oft unterschiedliche Lebens-, Verhaltens-, Intelligenzniveaus herstellen. (Jede Formulierung wird hier zum Eiertanz, es handelt sich immerhin um das zentrale Tabu unseres Epöchleins.)

Ob ebenfalls genetisch fixiert ist, was Rolf Peter Sieferle über die westeuropäischen *Letzten Menschen* (im Sinne Nietzsches) notierte – ein Passus, den ich schon mehrfach zitiert habe und so oft zitieren werde, bis jeder ihn so auswendig hersagen kann wie Recep der Prächtige die Zehn Gebote – stehe dahin, ist aber wahrscheinlich: »Die letzten Menschen werden erstaunt sein, wie viele Alltagskonflikte plötzlich mit ungewohnter Gewalt ausgetragen werden (...) Eine Welle unfaßbarer blutiger Gewalt überspült die letzten Menschen, die von einer Vertreibung aus ihrem Rentnerparadies bedroht sind. Sie werden die Verunsicherung in innere Konfliktlinien transformieren, sie werden in den eigenen Reihen Feinde identifizieren, die leicht zu bekämpfen sind, da sie aus dem gleichen Holz geschnitzt sind wie sie selbst« (*Das Migrationsproblem*).

Sela, Psalmenende.

* * *

Herbert Brücker vom Institut für Arbeitsmarktforschung und Berufsfragen (IAB) in Nürnberg erklärt: »Über den Daumen gepeilt dürften etwa 35% der Zuwanderer einen Hochschulabschluss haben», während es in der Gesamtbevölkerung 25% seien. In Jahren mit hoher Fluchtmigration (vor allem 2015) sei der Anteil etwas geringer gewesen.

Über den Daumen gepeilt sind ja praktisch alle Statistiken in Merkellegoland. Aufgemerkt denn gleichwohl: Bei den seit 2015 hier Hereinschwappenden ist der Anteil der Ärzte, Ingenieure, Atomphysiker, Waffenkonstrukteure, Ballistiker und Koranlehrer zwar etwas geringer als bei den Nichtfluchtmigranten 1961 ff., aber eben höher als der deutsche Durchschnitt. Allein die zahlreichen, meistens im nächtlichen Außendienst tätigen Chirurgen! Ungefähr jeder dritte bunte Passagier auf Fräulein Racketes »Exodus« hatte neben seinem Pass auch sein Universitätsdiplom verloren. Wieder plündert Europa Afrika aus. So helft doch! Stoppt den *Brain-Drain* nach Europa!

14. *Dezember*

Kleine *Wikipedia*-Kunde.

»Black pride is a movement encouraging people to take pride in being black.«

»Asian pride is a positive stance to being Asian American.«

»White pride is a slogan primarily used by white separatists, white nationalists, neo-Nazi and whiter suprematist organizations to signal their racist viewpoints.«

* * *

Der Angriff auf einen koscheren Supermarkt in Jersey City sei kein echter Einzelfall (wie zum Beispiel jede allnächtliche Messerattacke in ’schland), unkt *Spiegel online*. »Wie in Europa beobachten jüdische Organisationen auch in den USA einen starken Anstieg rechtsextremer und antisemitischer Gewalt. Nach Berechnung der Anti-Defamation League (ADL) wurden 2018 mindestens 50 Menschen von rechtsextremen Tätern ermordet, so viele wie seit 1995 nicht mehr.«

Drei Menschen fielen dem Angriff zum Opfer. Die Täter, informiert *Spiegel online*, sympathisieren mit den *Black Hebrew Israelites*, »die mit dem Judentum nichts zu tun haben«, denn sie betrachten »Schwarze und andere Nicht-Weiße als das einzige ›auserwählte‹ Volk Israels«. Nun, sie sympathisieren womöglich nicht nur; in amerikanischen Medien können Sie dem rechtsextremistischen Täterpaar ins erschüttend dunkle Antlitz schauen (die Wahrheitsausschütter von der Hamburger Relotiusspitze haben auf dieses Foto verzichtet, wahrscheinlich um keine Vorurteile zu bedienen und keine Ressentiments zu schüren) …

Wenn es nicht so traurig wäre, könnte es einen amüsieren, wie diese Pressbengel sich in ihren selbstangelegten Fesseln verheddern.

22. Dezember

»Um 1940 war es mein Ideal, Geld zu haben, mich in einem bequemen Hotel niederzulassen, in mein Zimmer einen dicken und weichen Teppich legen zu lassen und mich auf diesem zu wälzen und zu weinen.«
Cioran, Tagebuchnotiz vom 3. Februar 1969

***

Die DDR war, wie sämtliche Staaten des Ostblocks, eine sogenannte Nischengesellschaft. Bei Roger Scruton las ich die Bemerkung, in diesen Nischen habe sich die bürgerliche Gesellschaft gleichsam molekular neu konstituiert.

***

Es ist einigermaßen rätselhaft, wie die Linke in den Ruch geraten konnte, sozial zu sein. Die Linke ist zutiefst asozial. Sie ruiniert, sobald sie an die Macht oder wenigstens in die Redaktionen, Schulen und an die Lehrstühle gelangt, zuverlässig jeden Gemeinsinn und jedes Gemeinwesen, indem sie alle gewachsenen Bindungen zerstört und nichts an deren Stelle setzt außer Bürokratie, Gesinnungsterror und Nihilismus. Deswegen gehen alle linken Staaten zugrunde. Sie verbrauchen alles. Sie erwirtschaften nichts. Sie schaffen nur Hässliches. Die Politik der momentanen, ohne die Alimente aus dem Süden gar nicht lebensfähigen Berliner Regierung ist ein Beispiel dafür.

Ich erinnere an die bekannte Rede Otto von Bismarcks zum Sozialistengesetz, wo er über die Sozialdemokratie sagt: »Seit elf Jahren haben wir den Vorzug, mit Sozialdemokraten gemeinschaftlich zu tagen – mein Gedächtniß läßt mich vielleicht im Stiche, aber ich appellire an das eines jeden andern, ist Ihnen bei den langen Reden auch nur eine einzige in Erinnerung, wo auch der leiseste Schatten eines positiven Gedankens, eines Vorschlags über das, was künftig werden soll, nachdem sie das Bestehende in Bresche gelegt haben – ist Ihnen etwas derartiges erinnerlich? Ich wäre dankbar, darauf aufmerksam gemacht zu werden.«

Dass Finanzheuschrecken und »Manager« die Gesellschaften und gewachsene Strukturen ebenso zuverlässig zerstören, bleibt davon unbenommen; es ist im Gegenteil typisch, wie gut internationalistische Linke und globalistische Kapitalnomaden miteinander kooperieren.

* * *

Wenn ich an das alte Europa denke, steigt vor meinem inneren Auge folgendes Bild auf: Ein verlassener Konzertsaal, auf der Bühne noch sämtliche Instrumente eines Sinfonieorchesters, um deren Besitz sich rivalisierende Paviangruppen streiten, wobei einige der Affen sogar versuchen, auf ihnen zu spielen.

* * *

Definitionsvorschlag: Als rechtsextrem möge fortan jeder gelten, der oder dessen Familie, Haus, Auto bzw. Büro von Linksextremen attackiert wurden.

***

Im Parlament weist eine Rednerin auf die steigende Zahl von Frauen hin, die vor häuslicher Gewalt in Frauenhäuser fliehen.

Eine andere Abgeordnete ruft dazwischen: »Und wenn sie nicht gestorben sind, so leben sie noch morgen!«

Aus den Reihen der AfD? Der NPD gar?

Nein, aus dem Block der SPD. Vorher war nämlich noch der Satz gefallen: »Fast 70 Prozent der Frauen in Frauenhäusern haben Migrationshintergrund.«

Marianne Schieder heißt das fröhliche Frauenzimmer mit dem Hyänenhumor.

Es lohnt sich übrigens, den *Wikipedia*-Eintrag dieses Prachtexemplars einer weiter vorne platzierten Hinterbänklerin zu lesen. Er stammt wahrscheinlich direkt aus ihrem Vorzimmer (wobei ich die Leute ja schon bei der dritten Worthülse entlassen hätte):

»Schieder setzt sich besonders für faire Arbeitsbedingungen und gerechte Löhne, gute frühkindliche Bildung und gleichwertige Bildungschancen für alle Kinder, unabhängig vom Geldbeutel der Eltern ein. ... Sie setzt sich für ein vielfältiges und breites ehrenamtliches Engagement im Sinne eines guten gesellschaftlichen Miteinanders ein.«

Na dann: Gut Holz beim gesellschaftlichen Miteinander, Genossin!

***

Ein Leser macht mich auf eine Neuübersetzung des *Gattopardo* aufmerksam, der, wie geduldige Leser dieses Diariums wissen, zu meinen Lieblingsbüchern gehört.

In meinem soeben erschienen Essay-Band *Der fehlende Hoden des Führers* gibt es einen Text über den Roman – er trägt den Untertitel »Kniefall« –, in dem ich über das titelgebende Katzentier offenbar etwas Falsches geschrieben habe, nämlich: »Des Italienischen auch nur halbwegs Kundige stellen sich automatisch die Frage, warum Viscontis Film in Deutschland unter dem Titel ›Der Leopard‹ lief. Der Gattopardo ist ja der Pardel oder Serval, ein kleinerer und durch irgendein Spezifikum im Rachenraum sogar des Brüllens unkundiger Bruder des Leoparden. Lampedusas Roman führt den von ihm geschilderten Verfall also ironisch im Titel mit, aber den Filmverleihern war das vermutlich zu artifiziell und zugleich zu banal.«

Burkhart Kroeber, der neue Übersetzer, fand heraus, dass »Gattopardo« sizilianischer Dialekt ist und tatsächlich den Leoparden meint.

Damit wird auch die Bemerkung des Fürsten plausibel (alte Übersetzung): »Wir waren die Pardel, die Löwen; die uns ersetzen, werden die Schakälchen sein, die Hyänen«.

Also: desto besser! (Die Neuübersetzung ist bei Piper erschienen.)

23. Dezember

Aus einer gewissen Perspektive ist es immerhin witzig, dass die neueste Angriffswelle der Gleichmacherei ausgerechnet unter dem Schlachtruf »Diversity!« anrollt.

* * *

Wir sind Millionen Individualisten gegen einige wenige Konformisten.

* * *

Ich habe noch nie einen intelligenten Menschen geringschätzig über Vorurteile sprechen hören. Aber schon viele Trottel.

* * *

Gleichstellung: anderes Wort für Entdifferenzierung.
Antirassismus: anderes Wort für Hass auf Weiße.

* * *

Wein macht frei.

* * *

Welcher in die Jahre Gekommene errötet nicht bei der Erinnerung daran, was er als junger Mensch geglaubt, bewundert und als seine Überzeugungen ausgegeben hat?

* * *

Die Funktion des Claas Relotius im Biotop des deutschen Wahrheits- und Qualitätsjournalismus bestand darin, dass Heribert Prantl sich plötzlich für halbwegs objektiv halten konnte.

* * *

Hetzer? Es ist immerhin ein Unterschied, ob einer mit der oder gegen die Regierungsmeinung hetzt.

* * *

Neue Formulierung: islamisch besetzte Gebiete.

* * *

Der Grüne Habeck will 4000 angebliche Flüchtlingskinder – »viele Mädchen, viele zerbrechliche kleine Menschen« – aus Griechenland nach Deutschland holen, wo seit 2015 »unbegleitete minderjährige Flüchtlinge« sonder Zahl viele Milliarden gekostet und Straftaten ohne Ende begangen haben, wobei ein beträchtlicher Teil davon ungefähr so minderjährig war wie Josefine Mutzenbacher zwischen dem 150. und 175. Liebhaber. Vielleicht sind ja wirklich Kinder in den Lagern, aber wer glaubt diesen Figuren noch? Der perfide Mechanismus indes, dass Habeck etwas fordert, wofür Deutsche nicht nur mit Geld, sondern womöglich auch mit Blut bezahlen müssen, während der Grüne sich als Wohltäter spreizt, kann gar nicht genug denunziert werden.

Und siehe da, wenig später kommt schon die Bestätigung, dass Habeck, wie auch anders, erfunden resp. gelogen hat: »Sollte Deutschland unbegleitete Flüchtlingskinder aus griechischen Aufnahmelagern aufnehmen? ... Die EU-Kommission nennt nun Zahlen, denen zufolge es überwiegend gar nicht um Kinder geht.«

Warum fordert die EU-Kommission dennoch die Aufnahme? Weil ihr Hauptfeind und Hauptangriffsziel die europäischen Nationen sind. Weil die Einwanderung sehr vieler kulturell sehr andersartiger junger, viriler, hinreichend aggressiver, zeugungswilliger Menschen die europäischen Völker allmählich und verlässlich ihres Zusammenhalts berauben wird. Weil diese Zentralisten lose verbundene Siedlungsgebiete einfach besser beherrschen können als nationale Demokratien.

Auch hier liegt der Witz darin, dass die EU-holden Parteien sich als die »demokratischen« bezeichnen, obwohl sie an der Relativierung und sukzessiven Entmachtung des *Demos* werkeln – jenes Grundgesetz-Souveräns, auf den sie ihren Meineid geschworen haben –, obwohl sie an der schleichenden

Marginalisierung des Bundestages arbeiten, der Herabstufung des deutschen Parlaments zu einem machtlosen, symbolpolitischen Demokratiesimulationstheater, dessen Entscheidungsbefugnisse immer mehr an die EU abgegeben werden, an kein gewähltes Parlament, sondern an anonyme Bürokraten, die eines Tages Deutschland regieren werden wie eine fremde Besatzungsmacht.

Der »Kampf gegen rechts« ist ein Kampf gegen die nationale Souveränität (nur der Europäer; Ghana, Algerien und der Tschad müssen sich nicht gemeint fühlen).

24. Dezember

Aus Offenburg sendet mir Leser *** einen Bastelbogen, den er in der Auslage des katholischen Kindergartens vorfand, als er seine Tochter dort abholte. Darauf zu sehen sind »Maryam, Youssef und das Kind«. Die Bastelbögen stammen vom (katholischen) Kindermissionswerk »Die Sternsinger« e.V. Aus dem Pappbogen kann man sich eine vorgestanzte Krippe basteln. Das dortselbst abkonterfeite »Kind« stammt übrigens keineswegs von jenem Gott, welcher x-fach betont, er habe keinen Sohn gezeugt, das (unchronologisch) erste Mal in Sure 2, Vers 116. Wie ging gleich dieser Hetzreim mit »tolerant« und »fremd im eignen Land«?

* * *

Alle Jahre wieder und beinahe schon traditionell muss ich auf diesen Seiten ungebildete Wohlmeiner der Lächerlichkeit anheimstellen, die nicht in der Lage sind, zwischen Weihnachtsgeschichte (Lukas 2,1 - 20) und Flucht nach Ägypten (Matthäus

2,13 ff.) zu unterscheiden und uns die Geburt des Jesuskinds als die eines »Flüchtlingskinds« verkaufen wollen. Da mir Leser *** eine leicht aktualisierte Version der Weihnachtsgeschichte zugeschickt hat, muss ich mich heuer gottlob nicht wiederholen:

»Da ist ein Handwerksmeister aus Nazareth. Die Regierung hat beschlossen, neue Steuern zu erheben und diesmal auch wirklich niemanden durchs Netz gehen zu lassen. Darum hat man neue Steuerlisten angelegt. Aber in den Geburtsorten, nicht den Wohnorten. Da der Staat zu dumm oder zu bequem ist, die Steuerlisten hin und her zu schicken, müssen die Leute zu den Orten reisen, wo die faulen Staatsbeamten mit ihren Steuerlisten auf die Bürger warten.

So muss sich der arme Handwerksmeister aus Nazareth aufmachen, und es nützt ihm nichts, daß seine Frau hochschwanger ist. Sie müssen los nach Bethlehem, damit man sie danach besser finanziell ausnehmen kann. Nach einer beschwerlichen Reise kommen sie am Tag der Niederkunft dort an. Die Hotelbetten in Bethlehem sind alle belegt, es können nur noch einzelne Zimmer auf dem Schwarzmarkt zu Wucherpreisen erworben werden, was sich aber der arme Handwerksmeister nicht leisten kann. Also quartiert ihn ein Hotelier (gegen Cash) da ein, wo die Tiere der Gäste untergebracht sind – sozusagen der Vorläufer der Hotel-Tiefgarage. Dort muss die arme Frau dann ihr Kind bekommen. Kosten für heißes Wasser und Tücher berechnet der Hotelier extra.«

Am Rande: Die Wahrscheinlichkeit, dass ein heute geborener Heiland an Bord eines Schlepperbootes ginge und ertränke, bestünde durchaus, nämlich wenn die Eltern sich zu erkennen gäben und mitsamt Kind stracks über Bord geworfen würden.

* * *

»So unangenehm der Gedanke auch sein mag: Hitler war Christ«, schreibt Michel Onfray in seiner Universalgeschichte *Niedergang. Aufstieg und Fall der abendländischen Kultur* (S. 502).

Doch der Führer mochte das Christentum nicht. Dagegen gefiel ihm der Islam:

»Hätte bei Poitiers nicht Karl Martell gesiegt: Haben wir schon die jüdische Welt auf uns genommen – das Christentum ist so etwas Fades –, so hätten wir viel eher noch den Mohammedanismus übernommen, diese Lehre der Belohnung des Heldentums: Der Kämpfer allein hat den siebenten Himmel! Die Germanen hätten die Welt damit erobert, nur durch das Christentum sind wir davon abgehalten worden.«

* * *

Ich habe etwas nachzutragen. Beim Umräumen fiel mir ein Brief in die Hände, den ich seit einiger Zeit vermisse. Günter Maschke teilte mir am 21. Januar 2018 mit – ich wollte ihn schon damals zitieren; nun ergibt sich die Gelegenheit –, dass es eine Legende sei, er habe die *FAZ* 1985 wegen einer Kontroverse mit Jürgen Habermas verlassen (»Nach einer publizistischen Kontroverse mit Jürgen Habermas schied Maschke 1985 aus der *FAZ*-Mitarbeit aus«, liest man auf *Wikipedia*), denn:

»Es war nicht Habermas – meine zwei Polemiken gegen Habermas schrieb ich nach meiner Mitarbeit bei der FAZ –, sondern mein Nekrolog zum Tode von Carl Schmitt (›Positionen inmitten des Hasses‹, FAZ, 11. 4. 1985). Diesen Artikel hatte ich irgendwann, 2-3 Jahre zuvor, beim damaligen Chef des Feuilletons, Günther Rühle, eingereicht, – er akzeptierte ihn vollständig. Als er dann erschien, war der Teufel los, und in einer Zusammenrottung der Redakteure – bis hin zum Fußball-Fritzen

– empörte sich der ehemalige Herausgeber – immer noch sehr einflußreich – Dolf* Sternberger und schrieb dann einen doppelt so langen Gegennachruf ›Irrtümer Carl Schmitts‹. Wenn es um die Irrtümer, die endlosen Schlampereien, die wirklichen Fehler, argumentativen Tricks etc. bei CS geht, kommen Sie mit 900 Seiten nicht aus; – es gibt vermutlich keinen Gelehrten, der darin CS übertreffen könnte. (...) Ich hatte daraufhin die Faxen dicke und kündigte meine Mitarbeit als ›fester freier Mitarbeiter‹ – so hieß das tatsächlich damals –, ich hätte nie wieder die alte Position erreicht undundund. Zwar bemühten sich Joachim Fest, Günther Rühle u.a., mich bei der Stange zu halten, – aber ich hatte nach diesem wirklich massiven Tamtam genug.«
* »Stellen Sie sich vor, der Führer hätte Michael oder Günter geheißen – dann wären Sie Ichael und ich Ünter geworden!«

29. Dezember

Zum sogenannten »Krieger-« oder MAO-A-Gen (*Acta* vom 31. Juli) haben mir mehrere Leser geschrieben; leider war bislang kein Genetiker oder Evolutionsbiologe unter ihnen, so dass sich die Zuschriften meist in Fragen erschöpfen, etwa:

Wenn dieses Gen bei Europäern seltener vorkommt als bei Arabern, warum haben Europäer in den vergangenen 500 Jahren so viele Kriege geführt? Wenn dieses Gen bei Chinesen kaum messbar sei, wie erkläre ich mir die vielen Grausamkeiten der jüngeren chinesischen Geschichte (Taiping-Aufstand, Bürgerkrieg, Kulturrevolution)? Leserin *** verweist auf die internationale Statistik der Tötungsraten, wo süd- und mittelamerikanische sowie schwarzafrikanische Länder die Spitzenplätze mit Werten belegen, neben denen die arabischen Länder geradezu friedfertig wirken. In Saudi-Arabien liege die Mordrate bei 1,5 pro 100 000 Einwohner, in Deutschland bei 1,2, das sei keine besonders erhebliche Differenz, wenn man sehe, dass sie in Russland 10,8 und in den USA 5,4 betrage. Wie vertrage sich das alles mit dem angeblichen »Krieger-Gen«? Könne ich das vielleicht erklären?

Ich kann's ansatzweise versuchen, und wahrscheinlich werde ich mich noch mehr in den Fußangeln der bei Kollektiven geltenden Diffenzierungsverbote verheddern.

Der Begriff »Krieger-Gen« ist allzu plakativ gewählt, das ist gewissermaßen Boulevardpresse. Er führt mehr in die Irre, als dass er ein Phänomen erhellt. Es geht nicht um Kriegstauglichkeit oder -lüsternheit, sondern um Aggressivität und eingeschränkte Affektkontrolle. Ich hatte in meinem letzten Eintrag schon angedeutet, dass diese Eigenschaften die Eignung zum Krieger, zumindest in höher organisierten Truppen, wo Disziplin und taktische Kooperation die wichtigste Rolle spielen, eher behindern. Für moderne Kriege spielt dieses Gen keine Rolle (mehr); hier führt mangelnde Affektkontrolle zuverlässig ins Verderben. Man kann, seit es Fernwaffen gibt, Kriege bisweilen sogar relativ ruhigen Bluts führen. Die Organisiertheit in festen Kampfverbänden zwingt auch den völlig unaggressiven Soldaten ins Gefecht. Als Napoleons Infanteriekarrees 1798 in der Schlacht bei den Pyramiden die Mamluken-Kavallerie des Murad Bey niedermachten, war dies ein Sieg der kalten Organisation (und Bewaffnung) über Verwegenheit und wilde Leidenschaft. Nie habe er todesmutigere Kämpfer gesehen als diese muslimischen Reiter, sagte ein französischer Augenzeuge nach der Schlacht, und doch lagen die Verluste bei 1 zu 1 000. Ich wage die These, dass auch das MAO-A-Gen auf beiden Seiten sehr ungleich verteilt war.

Mit einem Satz: Kriegsverursacherstatistiken sagen wenig bis nichts über die Aggressivität der verschiedenen Völker aus. Das gilt sogar für Völkermorde; man muss nur die »Endlösung« der Nazis, den Massenmord an den Armeniern und die Massaker der Hutu an den Tutsis in Relation zur dabei ausbrechenden bzw. in den Dienst genommenen individuellen Aggressivität setzen. Die Kriege der Zukunft werden, zumindest seitens der technisch fortgeschrittenen Länder, vollkommen frei von individuellen Aggressionen geführt.

Was wiederum die Gewaltkriminalitätsstatistiken betrifft, stehen wir vor der Frage, was sie zu unserem Thema überhaupt auszusagen vermögen (davon abgesehen, dass ich arabische Statistiken als ungefähr so verbindlich betrachte wie arabische »fünf Minuten«). Zunächst einmal gehen verschiedene Staaten oder Gesellschaften auf recht unterschiedliche Weise gegen Gewalttäter vor. Dass viele arabische bzw. islamische Länder nach wie vor brutale Körperstrafen für unverzichtbar halten, deutet zumindest auf eine gewisse Grundaggressivität ihrer Bewohner hin (übrigens auch seitens der Vollstrecker solcher Strafen), die bereits präventiv sanktioniert werden muss; man stelle sich nur vor, was in ’schland los wäre, wenn hier jemand öffentlich ausgepeitscht werden sollte (außer der Höcke natürlich, da kämen sie alle begeistert herbeigelaufen). Warum verstecken denn orientalische Gesellschaften ihre Frauen unter Nikab, Tschador und Burka? Um sie zu schützen natürlich. Wovor? Diese Lektion wird neuerdings auch auf nächtlichen deutschen Straßen gelehrt. Westliche Zeitgenossen, die in Afghanistan waren, haben versichert, sie verstünden jetzt, warum die Mädels sich dort vollverschleierten. Der Schutz der Frauen ist in diesen Weltgegenden die Sache der männlichen Verwandten. Gerät eine Frau in sexuelle Schwierigkeiten, bekommt der Vater oder

der Bruder oder der Ehemann ein Problem, meistens eines, das mit Rache, Wiederherstellung der Ehre und Messern zu tun hat. Deshalb werden die Frauen daheim kaserniert, deshalb dürfen sie nicht allein in die Öffentlichkeit gehen, und wenn, dann gut verpackt.

Außerdem werden dergleichen Statistiken nach Ländern erhoben, nicht nach Ethnien. Was die Rate der Tötungsverbrechen in den USA betrifft muss man, um zu belastbaren Aussagen zu kommen, erst einmal unterscheiden, wie sich die Delikte auf die dort lebenden Ethnien verteilen – die amerikanischen Behörden tun es* –, und das wäre in Deutschland schon wieder: Hui Buh! In meinem Eintrag vom 31. Juli habe ich einen kurzen Passus zur Kriminalitätsstatistik in Vielvölkerstaaten zitiert, wo sich die ethnisch-kulturellen Differenzen auch in diesem Bereich niederschlagen.

Das erste europäische Land auf der Liste der Pro-Kopf-Tötungen befindet sich übrigens vorurteilsgemäß im Süden bzw. auf dem Balkan, Montenegro mit 4,5, weit vor Albanien (2,7). In Belgien als erstem westeuropäischen Land im Ranking beträgt die Mordrate 2,0. In Westeuropa verlieren solche Erhebungen freilich ihren Aussagewert, da die relative ethnische Homogenität dieser Länder täglich ein bisschen mehr schwindet. Man müsste also neben der Staatsbürgerschaft auch die ethnische Zugehörigkeit in die Kriminalitätsstatistik einfließen lassen, was speziell hierzulande kaum schwieriger sein dürfte, als wollte man in Saudi-Arabien Korankritik als reguläres Studienfach etablieren.

In China liegt die Tötungsrate übrigens bei 0,6 (die staatlichen Hinrichtungen werden wohl kaum mitgezählt), in Japan bei 0,3.

Der Traum der Progressisten ist die *Eine Welt* mit einer möglichst universell durchmischten Bevölkerung, also einer globalen Einheitsethnie mit Einheitskultur und Einheitssprache. Dann wären die verfluchten kollektiven Differenzen endlich verschwunden. Der kürzere, probatere Weg dorthin – »Doch guter Freund, die Zeit kommt auch heran / Wo wir was Gut's in Ruhe schmausen mögen« – führt über die Errichtung machtvoller Tabus, also das Beschweigen der Unterschiede. Wenn alle seit 2012 zu uns Hereingeschneiten die deutsche Staatsbürgerschaft erhielten, wäre die Kriminalitätsstatistik endlich ein Dokument nach linksgrünem Gusto.

Doch zurück zu unserem Krieger- oder Aggressivitäts-Gen. So sehr ich darauf vertraue, dass die Genetik im Laufe der nächsten Jahre noch weit mehr Differenzen zwischen den menschlichen Großgruppen entdeckt und damit die so evidenten wie verpönten Erkenntnisse der Völkerpsychologie bestätigt – sofern man solche ketzerischen Forschungen nicht kurzerhand verbietet (dann führen die Asiaten sie allein weiter) –, genügt doch, wenn man sich auf seine Alltagserfahrungen verlässt. Oder sich die Exempel auf *YouTube* anschaut. Da gibt es eben welche, die sofort ausrasten, wenn man ihnen die Vorfahrt nimmt, ihre Ehre verletzt, ihre Religion beleidigt oder die Treue ihrer Frau bezweifelt, und zu den vielfach bezeugten Eigentümlichkeiten dieses Ausrastens gehört, dass es so schnell kein Ende findet und durch drohende Konsequenzen nicht einzuhegen ist; Sie lesen darüber in den Medien jeden Tag unter »Vermischtes«. Nein, das gilt keineswegs für alle Menschen dieses Schlages, lediglich für signifikant viele. Und wenn Sie mich fragen, gehört sogar das Weinverbot in diesen Kontext, denn der Prophet Mohammed, durch dessen Mund Allah es aussprach, war ein sehr pragmatischer Mann.

Auch die deutsche Justiz hat das Problem erkannt, indem sie bei solchen leidenschaftsferngesteuerten Räbchen regelmäßig größere Milde zeigt als beispielsweise bei deutschen Rechtsextremisten, die vorsätzlich, schuldhaft und keineswegs nur im Affekt Böses tun.

* »Hui Buh! In den USA weisen die Rassisten vom FBI tatsächlich Mörder und Mordopfer getrennt nach Rassen aus«, schreibt Leser ***. »So waren 2018 38,7 % der Mörder ›Black or African American‹ und nur 29,9% ›White‹. Da 29,5 % der Mörder ›Unknown‹ waren, ist davon auszugehen, dass mehr als die Hälfte der Mordtaten von ›Black or African American‹ begangen wurden – und dies bei einem Anteil von nur 12,6% an der Gesamtbevölkerung (laut Volkszählung 2010). Das ist natürlich kein Zeichen höherer Aggressivität, sondern von mangelnder Integration, Unterdrückung usw. Auf der anderen Seite waren auch mehr als die Hälfte der Mordopfer ›Black or African American‹. In den Fällen mit einzelnen Opfern und einzelnen Mördern wurden mehr als 90% der Opfer bei ›Black or African American‹ von Mördern der ›Black or African American‹ umgebracht.«

31. Dezember

Trost: Um das meiste, was hier in den nächsten Jahren abgeräumt wird, ist es nicht schade. Nur um das Eigentliche.

* * *

»Ich höre gerade, dass Abellio um fünf Uhr morgens aufsteht, um bis neun zu schreiben, dann geht er ins Büro. Und ich ... Aber wozu?«
Cioran, 22. Februar 1969

PERSONENREGISTER

LICHTSCHLAG IN DER EDITION SONDERWEGE

Michael Klonovsky
LEBENSWERTE
Über Wein, Kunst, High-Heels
und andere Freuden

Dieses Buch geht der Frage nach, wofür es sich zu leben lohnt. Es geht fast immer um Genuß, häufig auch um Form und Haltung, aber nie um Luxus. Es geht um Handfestes und Konkretes, aber nie um die wertlose Münze abstrakten Zeitgeistgeklingels. Die Frage nach den Lebenswerten beantwortet der Autor mit einer ins Aphoristische gesteigerten Lebensklugheit, mal amüsant, mal polemisch. Sein Kompendium umfaßt Lebenswerte von »Gastronomie« bis »Ungleichheit«, von »Bücher« bis »Selbstironie«, von »Klaviermusik« bis »Radfahren« und von »Anzüge« bis »Schweigen«. Neu in dieser Ausgabe sind die Einträge »Fußball«, »Hörbücher«, »Kirchen« und »Speisewagen«. – Peter Sloterdijk pries die vibrierende Sprache von Klonovskys Feuilletons, und Martin Mosebach zufolge beschreibt dieses Buch »eine ganz eigene Art zu sein«.

»Solange Menschen Wein und Oliven anbauen, Sprachen lernen, Gedichte lesen, beim ersten Sonnenstrahl Tische auf die Straße stellen, solange Glocken läuten, zwischen all den Rentnern hin und wieder ein Kind auftaucht, irgendwo auf einem Klavier Bach gespielt wird und Frauen sich zurechtmachen, bevor sie das Haus verlassen, ist nichts verloren.«
Michael Klonovsky

160 Seiten, Klappenbroschur mit Fadenheftung
ISBN 978-3-944872-01-8

www.manuscriptum.de

AUS DER EDITION SONDERWEGE

Michael Klonovsky
LAND DER WUNDER
Roman

Johannes Schönbach, Geistesmensch und Bonsai-Casanova, trinkt sich durch eine von Alkoholikern, Spaßvögeln und Bonzen bevölkerte Kloake namens DDR. Er versucht zu vergessen, daß die Ostberliner Spitzenschönheit Katja Kommerell anscheinend nur mit SED-Mitgliedern – jedenfalls nicht mit ihm – ins Bett steigt. Als man den Philologie-Studenten wegen unliebsamer Äußerungen zu einer Hilfsarbeiterexistenz in einem Schnapslager verdammt, schwindet ihm der Daseinssinn vollends. Nach dem Novemberwunder 1989 betritt Schönbach ein von Selbstdarstellern, Gesinnungshuren und Endverbrauchern bevölkertes Casino namens Bundesrepublik, vertauscht seine Ost-Berliner Klause mit einem Münchner Penthouse und bringt es auf skurrile Weise zu einem Vermögen. Doch damit enden die Wunder im Leben des notorischen Katja-Kommerell-Wiederfinders noch lange nicht …

544 Seiten, gebunden, Leseband
ISBN 978-3-944872-26-1

AUS DER WERKREIHE TUMULT

Michael Esders
SPRACHREGIME
Die Macht der politischen Wahrheitssysteme

Wie gelingt es, eine Agenda durchzusetzen, deren zerstörerische Folgen keinem unverstellten Blick entgehen können? Und wie ist es möglich, in der Migrations-, Klima- und Identitätspolitik die Evidenz des Augenscheinlichen dauerhaft außer Kraft zu setzen? Schlüssel zur Beantwortung dieser Fragen ist die Macht der Sprache, die zum Gängelband unseres Denkens, Wahrnehmens und Fühlens geworden ist. Diese Macht entfaltet sich weniger in einzelnen Worten, als vielmehr in einem umfassenden, im Verborgenen wirkenden Sprachregime. Es verleiht der gewünschten Deutung jene Durchgängigkeit, aus der sich nach Belieben und auch gegen alle Vernunft Wahrheits- und Legitimitätsansprüche ableiten lassen. Unerwünschte Aspekte blendet es aus, erwünschte stellt es ins Rampenlicht. Es liefert Evidenzen, die gegen empirische Widerlegung immun sind, und stattet partikulare Deutungen mit dem Schein universeller Gültigkeit aus. Michael Esders inspiziert das Schlachtfeld der Begriffe und Metaphern, das sich auf alle Lebensbereiche ausgeweitet hat. Der Literaturwissenschaftler dechiffriert die »Wahrheitssysteme« (Michael Kretschmer) der deutschen Politik, die sich über alle diskursiven Gepflogenheiten hinwegsetzen. Er entziffert die Narrative der Willkommenskultur und des menschengemachten Klimawandels, in denen Haltungen über den Common Sense, Mythen über Theorien triumphieren.

148 Seiten, gebunden
ISBN 978-3-948075-14-9

www.manuscriptum.de

Edition Sonderwege

Korrektorat: Stefan Till Schneider

ISBN 978-3-948075-15-6
www.manuscriptum.de